U0114928

帝制的終結

辛亥革命簡史

插圖版

楊天石　著

驅除韃虜恢復中華

創立民國平均地權

孫文書

目錄 CONTENETS

第一章　**孫中山由體制內改革轉向體制外革命**

第二章　**體制內改革——戊戌維新運動及其失敗**

第三章　**革命、改良兩派的合作與破裂**

新序

　　中國政治體制發展史上有兩件大事：一是秦王朝的廢分封，設郡縣；一是辛亥革命時期的廢皇權，建共和。

　　周沿商制，分封王室宗親到各征服或歸附的地區進行統治，在全國範圍內建立以宗親為主、功臣為輔的統治體系。周初，有大大小小、可以世襲的諸侯國幾十個之多。至東周時，發展至一百四五十個。公元前 350 年，秦孝公將較小的鄉邑合併為 31 縣。公元前 221 年，秦國的嬴政統一中國，自尊自大，將甲骨文時期就有的兩個字，合為一個新詞——"皇帝"。既代表最高威權，又代表最大榮光。他自稱"始皇帝"，幻想由此二世、三世，代代相傳，永遠相續。鑒於商周時期的弊端，他不再分封諸侯國，而將全國分為 36 郡，郡的政務長官稱為"守"，軍事長官稱為"尉"，郡以下設縣，縣的長官稱為"令"或"長"。凡郡、縣長官均由皇帝或朝廷直接任免，隨宜遷調，不再世襲，也不受貴族勢力的干預或影響。自此，諸侯紛爭的局面基本結束，各種權力集中於皇帝一人，大一統的中央集權制與皇權專制政體形成。

　　"百代皆行秦政法"，自秦以後，皇權專制體制雖然受到歷代思想家的批判，各種"無君"、"非君"思潮起伏綿延，不絕如縷。激烈的思想家們指斥"君立而虐興"，甚至視君權為"天下之大害"。直到 1894 年 11 月 24 日，孫中山在檀香山成立興中會，誓詞為："驅除韃虜，恢復中華，創立合眾政府"，這才提出了反對皇權專制政體，建立新型民主國家的號召。1906 年秋冬之間，孫中山、黃興、章太炎等人在日本制訂《中國同盟會革命方略》。其中的《軍政府宣言》提出"恢復中華，建立民國"等四大任務。中稱：

> 　　今者由平民革命以建國民政府，凡為國民皆平等以有參政權。大總統由國民公舉。議會以國民公舉之議員構成之。制訂中華民國憲法，人人共守。敢有帝制自為者，天下共擊之！

這短短的幾行文字，確立了革命性質，國民平等、政府組成、國家領導人及討論國家大事的議員由選舉產生，"憲法"必須"人人共守"等基本民主原則，這就徹底否定了個人獨斷的皇權專制政體，是具有破天荒意義的創舉。它的制訂和公佈，標誌著民主共和理想的確立和新一代共和知識分子的誕生。到1911年10月10日，革命黨人在武昌發動起義，繼之以各省響應，風雷滾動。1912年1月1日，南京臨時政府成立，孫中山被推為臨時大總統，亞洲第一個共和國終於出現在世界東方。2月12日（十二月二十五日），隆裕太后召見群臣，率領小皇帝溥儀宣佈退位。至此，歷經12帝，295年的清朝統治結束，中國延續二千餘年的皇權專制政體被劃上了休止符。這是中國政體史上又一次偉大的變革。由於這一切都發生在舊曆辛亥，因此，這一革命遂被稱為"辛亥革命"。從創立興中會至此，時間不過流逝了17年，真可謂彈指一揮間。中國歷史還會有綿遠的未來，但它的民主大航向卻自此鎖定，任何人都無法動搖、改變。

我研究辛亥革命始於1958年，那時我在北京大學中文系文學專門化三年級讀書。正值"大躍進"和"教育革命"高潮，學生不怎麼上課，自己編書、寫書。我曾兩次參加《中國文學史》（紅皮本和黃皮本）的編寫，執筆部分都有南社歷史的內容。南社是辛亥革命時期成立的革命文學團體，研究南社可以看成是我研究辛亥革命的開始。兩次編寫《中國文學史》期間，我參加編注《近代詩選》。為了選詩、注詩，我大量閱讀過辛亥革命前後許多人的別集和那一時期期刊和報紙。1960年畢業離校，開始以業餘時間寫作《南社》一書。1973年，我應邀到近代史研究所協作編輯《南社資料》，做義工幾近4年。1978年4月，我被調入近代史研究所民國史研究室，執筆撰寫《中國同盟會成立後的革命鬥爭》等相關章節，後又參加統改全書，重寫武昌起義等章。這是我對辛亥革命研究的深入時期。1981年，有關辛亥革命的上下兩卷合為《中華民國的建立》先後出版。我於轉入撰寫第六卷《北伐戰爭與北洋軍閥的覆滅》之餘，還應邀為蔡美彪先生主持的《中國通史》寫了戊戌變法和辛亥革命兩部分初稿，後來併入《清代通史》出版。

《中華民國的建立》出版後，我先後訪問日本、美國、韓國、英國及我國

的香港、台北等地，所至之處，都繼續收集辛亥革命的相關史料，思考相關問題。2011 年是辛亥革命 100 周年，為了迎接這一紀念，並總結多年來的研究成果，我從 2010 年開始寫作本書。2011 年由湖南岳麓書社、香港三聯書店分別出版，經多位專家評議，榮獲《新京報》當年唯一的一本歷史類好書獎，其致敬詞云：

> 今年，關於辛亥革命的寫作紛紜雜陳，即便如此，楊天石先生撰寫的《帝制的終結》依舊憑靠扎實的寫作，填補空白的史料搜集，還有諸多耳目一新的觀點。

> 《帝制的終結》對辛亥革命的背景和歷史進程進行了全景式的展開，寫作簡明而不失其要，採擇眾說又發出自己的獨立聲音，顯示出深厚的學術積累和敘述功力，是大家寫 "小書" 的成功嘗試。

說老實話，我雖然畢業於名校，但史學並非本行，得到如此褒獎，常感汗顏。這本書，非朝夕之功，而是我五十餘年持續鑽研的結果，《致敬詞》稱："在幾十年的學術研究中，很多未被學界利用的新資料，經他之手，重躍紙上"，又稱：本書有些觀點具有啟發和警醒作用，例如關於 "辛亥革命的領導力量"，"有形" 與 "無形" 的 "專制主義"，等等，我都感到，這些並非泛泛褒詞，而是知書之言，於我心有戚戚焉。

本書繁體版，2011 年曾以書名《終結帝制：簡明辛亥革命史》（插圖本）在香港三聯書店出版，初版中有少數錯字。此次書店再版此書，並將本書作為個人 "近代史研究六種" 中一種，使我得到了一次糾謬的機會，謹表謝意。

謹以本書，紀念辛亥革命 110 周年。

楊天石

2020 年 10 月

再版序　辛亥之夢

　　本書寫於 2011 年，為紀念辛亥革命 100 周年而作，目的在於記述先人們推翻專制、創立共和的思想和業績。但是，由於排印匆忙，書稿有一些脫漏，常感遺憾。今年本書再版，得以彌補，我很高興。在校正重排，並且增寫了一兩個段落之餘，想起那年我還曾為《中國文化》秋季號寫過一篇小文，題為《辛亥之夢》，概括革命先行者們當年做過的三個夢。在當前人們競說"中國夢"的時候，重讀該文似乎也還有點意思，因取之以做本書的再版序言。

　　小文照錄如下：

　　　　辛亥革命時期，人們期待著一個新中國的出現，做過許多夢。概括言之，大致有三。一曰振興中華之夢，二曰民主共和之夢，三曰民生均富之夢。

　　　　還在 1894 年，孫中山在異國他鄉的檀香山成立興中會，興中者，振興中華也。那時，中國遭受列強侵凌，國勢疲弱，面臨"蠶食鯨吞"、"瓜分豆剖"的危險，孫中山有感於此，呼籲國人發奮為雄，"振興中華"，重建輝煌。

　　　　選擇何種政體呢？人們在飽受二千餘年君主專制制度之苦後，自然選擇當時世界上最先進的民主共和制度。孫中山期望：四萬萬人一切平等，人民之事，人民共同治理。在這個新的社會裡，人民真正成為國家的主人，包括總統在內的一切官吏都是人民的"公僕"。人民充分享有言論、出版、集會、結社、通訊、宗教信仰等各種自由，享有選舉、罷免、監督、批評、彈劾為自己服務的"公僕"的權利，以及創制、復決各種法案的民主權利，真正實行民治、民有、民享，創造出一種"各國制度上所未有"、"學說上也不多見"的"破天荒的政體"，成為世界上的"頭等民主大共和國"。

　　　　為了避免西方世界已經出現的貧富兩極分化嚴重的狀況，孫中山在民

族、民權主義之外，特別與眾不同，創造性地提出了民生主義。孫中山期望，既吸收現代西方文明的"善果"，又避免其"弊端"和"惡果"，消滅貧富懸殊，實現民生幸福，共富、均富，不僅國家富強，而且家給人足，無一夫不獲其所，使中國成為世界上的"安樂國"。

孫中山的三民主義比較完整地概括了當時中國人對未來、對新中國的期待，是當時中國最先進的理論。從它 1905 年面世以來，曾經鼓舞了大批仁人志士為之奮鬥，前赴後繼，雖斷頭瀝血而甘之如飴，其結果是，六年以後，就在一個面積一千多萬平方公里、人口超過四億的超級大國裡，推翻了延續兩千多年的君主專制制度，建成了亞洲第一個共和國，實現了中國歷史的巨大躍進。其意義，不能低估。

今年是辛亥革命百年紀念。百年來，中國人在風風雨雨中走過了漫長的一段路途。回首往事，不免思緒潮湧，感慨萬端。人們也許會問，當年的夢想實現了多少呢？自然，答案會是各色各樣的，難以盡述，也難以統一。然而，有一點，可能大家都會同意，這就是：辛亥之夢並未完全實現。我們的前面還有路，或者說，還有很長的路要走。這裡，就用得著孫中山說過的話了："革命尚未成功，同志仍須努力。"

兩年前的小文如上。

希望本書有助於讀者瞭解當年革命先行者的"夢"，瞭解他們為"圓夢"而奮鬥的英勇實踐，步武前賢，繼續投身於中華民族偉大復興的壯麗事業中去。

楊天石

2013 年 4 月於北京東城之書滿為患齋

初版序　辛亥革命的特點與領導力量

　　原始社會實行氏族民主制，無所謂帝制。帝制，全稱君主專制制度，或稱皇權專制主義，源自原始社會的酋長制。古代傳說中的堯、舜禪讓應該屬於氏族民主制，而夏禹傳子應該是帝制的雛形。公元前 221 年，出生於趙國邯鄲的三十九歲的嬴政統一中國，建立了統一的中央集權制的秦帝國。他自稱始皇帝，設想此後的歷史就這樣「二世」、「三世」地傳下去，萬世一系，以至永遠。「百代都行秦政法」，秦帝國雖然二世而亡，此後的中國，朝代不斷更迭，君主專制制度卻一直延續下來，始終是中國的統治制度，長達兩千多年。

　　君主專制制度的特點是：一、皇帝掌握至高無上的絕對權力，國家的行政、立法、司法三大權力都集中到一個沒有任何限制，不受任何監督的個人身上。因此，社會興衰、國家強弱、民生苦樂，也均繫於一人之身。二、實行終身制和以宗法血緣關係為繼承原則的世襲制。皇帝沒有任期，童稚幼兒可以登基，老昧糊塗不須去職。其人不論德或不德，才或不才，即使是痞子、流氓或者低能、弱智，均可按照宗法血統原則承襲。三、以天命論為護符。皇帝又稱天子，宣稱其統治的合法性來自天命，神聖不可侵犯。反對皇帝，那就是逆天，是最大的罪惡和不道。不論是庸君、昏君，甚或暴君，人民都只能接受、擁戴而無權另擇。因此，君主專制制度是一種十分落後、十分腐朽的制度，它和中國自給自足的地主—小農經濟相結合，構成了中國的中古社會──皇權專制地主小農社會，也就是人們通常所說的封建社會，使中國長期陷於發展緩慢、滯後的狀態。[1]

　　然而，這個在中國延續了兩千多年君主專制制度卻在公元 1911 年被推翻了。那一年，按照中國傳統的紀年法，是辛亥年。當年 10 月 10 日，爆發武昌

1　我將中國歷史分為遠古（傳說時代）、古代（夏至戰國）、中古（秦至清中葉）、近代（鴉片戰爭至中華人民共和國成立）、現代（中華人民共和國成立以來）等幾個階段，其中中古時代，我稱之為皇權專制地主小農社會，其特徵為地主、農民的小農經濟組合與皇權專制主義，其理由在此不作詳論。

起義。從那一刻起，歷史老人突然青春煥發，健步如飛。自武昌新軍打出第一槍起，至南京臨時政府成立，亞洲第一個共和國——中華民國誕生，前後不過80多天，三個月不到。如果從孫中山在異國他鄉成立興中會，提出「振興中華」的偉大口號算起，也不過17年。在一個幅員遼闊的超級大國裡，推翻綿延多年、根深蒂固的君主專制制度卻如此迅速，不能不說是一個奇跡。

凡革命，大都免不了流血、犧牲、破壞。有一種說法：革命不是請客吃飯，不是繪畫繡花，革命是暴動，是一個階級推翻另一個階級的暴動。辛亥革命前，康有為曾經以法國革命為例嚇唬人們說，革命會人頭滾滾、血流成河、伏屍百萬，然而，辛亥革命雖然有流血，有犧牲，但是並不大，社會更沒有大破壞。蘇州反正時，為了表示象徵意義，只命人挑去了巡撫衙門屋頂上的幾片瓦。不旋踵之間，制度大變，出現了新舊兩重天的迥異局面。這不能不說也是個奇跡。

辛亥革命之所以勝利快、代價小，原因很多，其原因之一在於滿洲貴族集團的自作孽、不可活。

滿洲貴族入主中原，靠殘酷的屠殺與嚴酷的鎮壓建立統治秩序，本來就缺乏正當性與合理性。晚清末年，國勢衰微，政權腐敗，列強入侵，滿洲貴族割地賠款以求苟安，其統治就更加缺乏合理性與正當性。甲午戰敗，維新運動興起，以慈禧太后為首的滿洲貴族集團鎮壓了維新派，使中國失去了一次改革、奮起的機會。緊接著，義和團運動失敗，八個帝國主義國家聯合入侵，慈禧太后拋棄國都，挾光緒帝西逃，這是中國多年未有的奇變。庚子回鑾，滿洲貴族集團創巨痛深，不得不撿起被他們否定過的維新派的改革方案，實行「新政」。客觀地說，這次改革在某些方面邁出的步子更大，是有成績的。例如：廢科學，興學堂；獎勵實業，鼓勵資產階級發展，編練新軍，實現軍事現代化，以及法制改革等。

對「新政」的成績，人們應該承認，但是，不應該誇大。在實行「新政」的過程中，滿洲貴族集團始終拒絕對君主專制制度作實質性的改革。一方面，它派人出洋考察，宣佈預備立憲，擺出一副要引進世界先進政治制度的姿態，但是，1908年頒佈的《欽定憲法大綱》、1911年成立的「皇族內閣」卻徹底暴

露了滿洲貴族集團的虛偽和頑固。

《欽定憲法大綱》宣佈：「大清皇帝統治大清帝國，萬世一系，永永尊戴。」「君上神聖尊嚴，不可侵犯。」皇帝可以頒行法律，發交議案，召集及解散議院，設官制祿，黜陟百司，統率陸海軍，編定軍制，訂立條約、總攬司法，委任審判衙門，集諸般權力於一身；對「臣民」則規定了種種「不得置議」、「不得干預」的限制。它雖然也照貓畫虎，學著西方憲法，規定「臣民」有言論、著作、出版及集會、結社等自由，但強調必須在「法律範圍」之內，實際上將這些「自由」又取消了。清廷在此前頒佈的《集會結社律》中規定，凡「宗旨不正，違犯規則，滋生事端，妨害風俗」者，均在取締之列；凡結社、集會、遊行等事，民政部、地方督撫、巡警道局、地方官等均可用「維持公安」的理由飭令解散。在《大清報律》中規定，報紙、雜誌不得揭載「詆毀宮廷」、「淆亂政體」、「擾害公安」、「敗壞風俗」等類語言，並均須在發行前一日中午 12時以前送「該管巡警或地方官署隨時查核」。[1] 可見，清廷制訂這些法律並沒有給人民自由，不是在提升和發展「民權」，而是給予清廷官吏管制、取締、鎮壓的最大自由，旨在進一步鞏固滿洲貴族的專制統治。1908 年 11 月，慈禧太后臨危，在去世之前，搶先毒死光緒皇帝，命令只有三歲的小兒溥儀即位，由光緒皇帝的親弟弟載灃攝政。載灃攝政後，首先致力於集中軍權，然後，進一步將政治權力集中到滿洲貴族手中。1911 年，載灃宣佈內閣名單，在十三個內閣成員中，漢人僅四人，而滿族大臣則有九人，其中皇族五人，所以當時被稱為「皇族內閣」。

清初，滿洲貴族為了拉攏漢人，曾在部分中樞機構實行「均衡滿漢」政策，例如：內閣大學士，規定滿漢各二人，協辦大學士，滿漢各一人；吏、兵、禮、戶、刑、工等六部尚書，滿漢各一人，侍郎四人，滿漢各半。然而到了「皇族內閣」，卻出現了前所未有的大倒退。

《欽定憲法大綱》的頒佈和「皇族內閣」的成立，表明滿洲貴族集團不想「讓權於民」、也不想「分權於民」，相反，卻將權力更多地集中到君主個人和一小

1　《東方雜誌》第 4 期。

撮貴族手中。晚清時期，中國出現過立憲派和頗具規模的國會請願運動，他們求穩怕亂，害怕激烈的革命會造成社會的巨大變動和破壞，力圖走君主立憲道路，但是，滿洲貴族集團的倒行逆施讓他們徹底失望。1911 年，滿洲貴族集團宣佈鐵路幹線國有，與民爭利，這就徹底與廣大人民對立。轟轟烈烈的保路運動興起，幾乎所有的人都站到了革命方面，武昌起義的炮聲一響，立刻風起雲湧，全國響應。革命在哪裡發生，何時發生，有其偶然性，但是，在偶然性中，又存在著歷史發展的鐵的必然性。

辛亥革命成功，亞洲第一個共和國 —— 中華民國誕生，緊接著六歲的小兒溥儀退位，帝制終結。但是，孫中山很快就讓位於袁世凱，袁世凱很快又復辟帝制。論者常常以此責難辛亥革命，貶損其價值。然而，殊不知，革命黨人勝利雖快，卻缺乏爭取徹底勝利所需要的力量。定鼎南京後，缺乏北伐所必需的經費，四處借貸，四處碰壁。革命黨人的金庫裡一度只剩下十塊大洋，不僅無法支付進軍北京所必需的龐大軍費，連維持政府的周轉也艱窘異常。在這種情況下，何能北伐！更何能徹底革命！

1911 年 12 月，當孫中山風塵僕僕，自海外歸國時，就曾制訂策略。那時，孫中山的親密助手胡漢民已經出任廣東都督，勸孫留在廣東，練兵北伐，對抗已經掌握清廷軍政大權的袁世凱，然而，孫中山不以為然地說：「謂袁世凱不可信，誠然，但我因而利用之，使推翻二百六十餘年貴族專制之滿洲，則賢於用兵十萬。縱其欲繼滿洲以為惡，而其基礎已遠不如，覆之自易，故今日可先成一圓滿之段落。」[1] 所謂「利用」，就是應許袁世凱，只要其「反正」，就推舉其為民國大總統。果然，袁世凱為總統的寶座所誘惑，停止進攻革命軍，與革命黨人談判議和。其後，孫中山雖多方籌集經費，準備北伐，直搗北京，以便徹底推翻清帝國統治，為民主、共和奠定堅實基礎，但是，籌款始終沒有進展，孫中山不得不採取此前所訂策略，接受和議。不久，清帝即宣佈退位。世界歷史上出現了一個「以和平收革命之功」的例子。[2] 袁世凱後來雖然背叛了自己的

1　《胡漢民自傳》，《近代史資料》第 45 號。
2　許師慎《孫中山先生自美經歐返國》，《革命開國文獻》第一輯，《史料》三，台北：國史館 1996 年版，第 2061 頁。

諾言，在 1916 年當了皇帝，但是，只當了 83 天，就在全國人民的反對中倒台並且一命嗚呼了，完全應驗了孫中山的「覆之自易」的預言。次年的張勳復辟壽命就更短，只不過 12 天。中國歷史上前所未有的民主共和制度終於確立。從這個意義上講，孫中山是大智者，是最終的勝利者。

孫中山曾經將清朝的司法比喻為希臘神話中國王奧吉亞斯的「牛圈」，養了三千頭牛，三十年中從不打掃，糞穢堆積如山。實際上，中國的專制制度，特別是皇權專制制度也是這樣的「牛圈」。辛亥革命勝利得快，代價小，自然難免有其弊病，這就是孫中山早就說過的：「滿清遺留下之惡劣軍閥、貪污官僚及土豪地痞等之勢力依然潛伏，今日不能將此等餘毒剷除，正所謂養癰遺患，將來種種禍患未有窮期，所以正為此憂慮者也。」[1] 但是，這只能說明，中國的需要打掃和清除的「糞穢」太多，歷史包袱過於沉重，即以君主專制主義而言，它既然綿延兩千餘年，又何能在短時期內就鐃歌奏凱，徹底清除其影響和流毒。辛亥革命只是「先成一圓滿之段落」，就這一點上來說，它是成功的。我們不能要求它在短時期內完成所有中國革命應該完成的任務。段落不是文章，孫中山和他的同志們一生都在寫一篇大文章。為此，孫中山不懈奮鬥，鞠躬盡瘁，至死方已。他也一直提醒人們：「革命尚未成功，同志仍須努力。」我們紀念辛亥革命，就要繼續寫好這篇大文章。

辛亥百年，辛亥革命研究也已百年，但是，對這次革命的若干基本問題似乎還可以討論。例如，多年來，人們將辛亥革命定義為資產階級革命，其領導力量定為資產階級革命派。但是，對此卻一直缺乏認真的、充分的、強有力的論證，也很少有人要求這樣的論證。似乎是一種無須論證、不言自明的真理。其實不然。

在西方，推翻君主專制制度本來是資產階級的任務，但是，辛亥革命卻與之不完全相同。第一，這一革命的目的之一是反對滿洲貴族集團，具有種族鬥爭的意義，這是西方資產階級革命所沒有的。第二，這一革命發生的主要原因在於列強入侵，中國面臨被瓜分危機，救亡圖存成為第一緊急要務，這也是

1　《孫中山三赴紐約》，《近代史資料》，總第 64 號。

西方資產階級革命所沒有的。第三，西方資產階級革命時，它面對的是專制制度、封建貴族等敵人，但是，當它革命成功、資本主義發展起來之後，很快就發現自己的身後站起一個新的反對者，這就是早期的工人階級和工人運動。中國的革命者有鑒於此，力圖避免資本主義前途，或者取其「善果」，避其「惡果」，節制資本主義在中國的發展。南京臨時政府成立後，並沒有提出強有力的、有利於發展資本主義的政策，在這一方面，他們還趕不上清廷實行的「新政」。關於此點，讀者只須比較「新政」時期發展資本主義的措施和南京臨時政府頒佈的多項法令，就不難明白。當然，他們的某些政策，例如，實行「平均地權」，徵收單一的地價稅，免除其他稅種，會有利於資本主義的發展，但是，當時的革命黨人卻視之為消滅貧富差別、造福全民的良方。我覺得，如果就這次革命過程中的提出的動員口號來說，革命黨人的主觀願望是使革命成為種族革命、政治革命、社會革命的三合體，但是，革命黨人所期望的「社會革命」始終未及實行，因此，就這次革命的實際內容來說，是以推翻滿洲貴族為主體的君主專制制度的愛國的民族、民主革命。

關於這次革命的領導，最初的一種說法是資產階級、小資產階級領導的，後來乾脆省略小資產階級，只說是資產階級領導的了。但是，遺憾的是，中國資產階級並不為這說法爭氣，放眼辛亥革命史，資產階級熱衷的似乎只是收回利權運動一類的愛國抗爭和立憲運動一類體制內的改革，對體制外的革命並不感興趣，他們寧願跟著康有為、梁啟超和袁世凱跑，而不願意追隨孫中山。有鑒於此，有些學者不得不提出，中國民族資產階級分上層和中下兩個階層，辛亥革命是民族資產階級中下層領導的，然而，客觀存在的歷史事實也並不支持這種說法。有關史家們說不出這兩個階層是如何劃分的，各自的代表人物是誰，其經濟地位如何影響著他們政治主張的分野？客觀存在的事實是，辛亥革命前後，中國只存在一個發達不足、力量微弱的資產階級，資產階級只支持一種政治主張，走康有為、梁啟超宣導的君主立憲道路。只是在革命即將或已經在全國爆發時，資產階級和「立憲派」的士紳們才逐漸地、部分地轉向革命。

辛亥革命的領導者實際上是一批青年學生，留學生或者國內新式學堂的學生，也就是 19 世紀末年至 20 世紀初年在中國出現的新型知識份子。據統計，

至 1905 年，僅當時在校的留日學生就有八九千人之多，而至 1910 年，國內新式學堂的學生已達一百五十餘萬，成為一支很大的社會力量。這批人，和中國社會的傳統知識份子不同，所受的不只是儒家文化的浸染，也不需要通過科舉以謀進身之階。在他們的思想、文化結構裡，既增加了聲、光、化、電等近代自然科學知識，也增加了西方 17 世紀以來逐漸發展起來的民主主義、以至社會主義的成分。他們在校或者離開學校後就成了職業革命家，或者投筆從戎，成為「混」進軍隊的職業軍官和職業士兵，有的則「拿起筆，作刀槍」，成為投身新興文化事業的腦力勞動者，辦報、辦學堂、辦出版社，當記者、教師、文人。眾所周知，馬克思主義是根據人們在社會生產體系中的地位，同生產資料的關係，在社會勞動組織中所起的作用，以及取得社會財富的方式來劃分階級的。這批革命者大部分尚未進入社會經濟結構，人們根據什麼來為他們劃分階級呢？能根據他們的思想和世界觀嗎？須知，其中有若干人嚮往「社會主義」，主張「社會革命」呢！在《民報》發刊詞中，孫中山就明確表示：中國不能重走歐美資本主義老路，他說：「近時志士舌敝唇焦，惟企強中國以比歐美，然而歐美強矣，其民實困。觀大同盟罷工與無政府黨、社會黨之日熾，社會革命其將不遠。吾國縱能媲跡於歐美，猶不能免於第二次之革命，而況追逐於人已然之末跡者之終無成耶！」朱執信在《民報》發表的文章曾大罵資產階級是「掠奪盜賊」，[2]後來孫中山也大罵資本家「無良心」，「以壓制平民為本分」，「對於人民之痛苦，全然不負責任」。[3] 將大罵資本家的思想家定為「資產階級」是不是有點冤？

　　某次討論會上，一位學者表示：「孫中山不是資產階級革命家，難道是無產階級革命家？如果將孫中山定為無產階級革命家，他一定會跳起來反對。」孫中山生前，曾表示要當「工人總統」。[4] 將孫中山定為無產階級革命家，他會不會跳起來反對，我看不一定，但將他定為資產階級革命家，我估計他一定會跳起來反對。列寧在分析俄國革命時，曾經分析過俄國先後出現過的「三代人物」，第一代是十二月黨人和赫爾岑等貴族知識份子，第二代是以車爾尼雪夫斯基和

1　　《孫中山全集》第 1 卷，中華書局 1981 年版，第 288—289 頁。

2　　朱執信《德意志社會革命家小傳》，《民報》第 2 期。

3　　參見楊天石《孫中山與中國革命的前途》，《哲人與文士》，中國人民大學出版社 2007 年版，第 124 頁。

4　　《孫文力助工人之宣言》，《香港華字日報》，1921 年 6 月 9 日。

民意黨為代表的「平民知識份子革命家」。第三代才是「無產階級」。[1] 可見，列寧不曾認為「非無即資」，政治舞台上除了這兩大階級外，沒有其他階級或階層。毛澤東在分析五四運動時也曾認為，五四運動在其開始，是共產主義的知識份子、革命的小資產階級知識份子和資產階級知識份子三部分人的統一戰線的革命運動。[2] 他並沒有說，五四運動是資產階級領導的，還是無產階級領導的，似乎至今也沒有史學家或其他人對此做過判斷。那麼，我們有什麼充分的理由論定早於五四運動的辛亥革命是資產階級領導的呢？

在《民報》和《新民叢報》的辯論中，梁啟超主張實行「制限選舉」，反對給家無足夠儲糧、目不識丁的「貧民」以選舉權和被選舉權。在他看來，如果窮光蛋、大老粗們進了議會和政府，那麼，就「不知議會果復成何議會，而政府果復成何政府」。[3] 革命派與此相反，主張實行沒有任何財產和文化限制的「普通選舉」。反問說，何以家無足夠儲糧，就沒有資格成為議員，「猶是橫目兩足，猶是耳聰目明，獨以缺此區區阿堵故，不得有此權利，吾不知其何理也」。[4] 值得指出的是，孫中山很早就鄙棄西方資產階級的政治制度。1906 年，他在東京《民報》創刊周年慶祝大會上演說時表示：「我們這回革命，不但要做國民的國家，而且要做社會的國家，這絕是歐美所不能及的。」孫中山這裡所說的「國民的國家」，也許可以理解為資產階級的國家，但是，他所說的「歐美所不能及」的「社會的國家」呢？聯繫他所提倡的「社會革命」來考察，難道不應該理解為孫中山對一種「破天荒」的前所未有的政體的追求嗎？1912 年，辛亥革命剛剛勝利不久，他一方面肯定美利堅、法蘭西是「共和之先進國」，但是，他同時以極為明確的語言表示：「兩國之政治，操之大資本家之手」，「英美立憲，富人享之，貧者無與焉」。[5] 1915 年 11 月，他致函第二國際，要求派人協助他「把中國建立成為全世界第一個社會主義國家」。[6] 到了 1924 年國民黨第一次全國代表大會的宣言中，孫中山就把他的國家理想表達得更顯豁：「近世各國所謂民

1　《紀念赫爾岑》，《列寧全集》第 18 卷，人民出版社 1963 年版，第 15 頁。
2　《新民主主義》，《毛澤東選集》合訂本，人民出版社 1967 年版，第 660 頁。
3　梁啟超《開明專制論》，《新民叢報》第 75 號，第 21 頁。
4　縣解（朱執信）《論社會革命當與政治革命並行》，《民報》第 5 號，第 61 頁。
5　分別參見《孫中山全集》第 2 卷，中華書局 1981 年版，第 354、371 頁。
6　《孫中山集外集補編》，上海人民出版社 1994 年版，第 186 頁。

權制度，往往為資產階級所專有，適成為壓迫平民之工具。若國民黨之民權主義，則為一般平民所共有，非少數者所得而私也。」在資本問題上，梁啟超歌頌資產階級是「國民經濟之中堅」，認為中國應該「以獎勵資本家為第一義」，為了與外資競爭，應該有大資本家，有托拉斯壟斷集團。革命派則主張實行國家民生主義，將一切操縱國計民生的大企業掌握在國家手中，使國家成為大資本家。他們針鋒相對地提出，不能只考慮資本家的利益，置其他人的利益於不顧，必須鄭重研究財富分配問題，避免出現歐美社會貧富懸絕，勞動者如在地獄的情況。姑不論今天我們應該如何分析這些爭辯的是非曲直，但這些情況至少可以說明，當時，梁啟超等人是在為資產階級說話，代表的是資產階級的利益和要求，而革命黨人則是在為廣大人民群眾說話。考慮到當時的革命者追求的是與君主專制相反的「共和」制度，以「平民」自居，自稱所從事的革命為「平民革命」，因此，我以為稱這批革命者為「共和知識份子」或「平民知識份子」較為恰當。

歷史是已經發生過的歷史。歷史學家的任務是還原、重建、說明已經發生過的一切。有一種說法，當時，如果不革命，按照清廷「新政」的路子，或者按照康有為、梁啟超設想的道路走下去，是不是更好？所付出的社會代價是不是會更小？歷史不能假設，我不贊成這一種研究方法。因此，本書只以辛亥革命的實際發生過程為敘述對象，而不做離開這一過程的猜想式的分析和議論。

我踏入辛亥革命研究這一領域，如果從研究那一時期的文學團體南社算起，斷斷續續，已經五十多年。如果從參加寫作《中華民國史》第一編《中華民國的創立》算起，也有三十多年了。其間曾比較深入地研究過孫中山思想、新型知識階層的興起，同盟會的內部矛盾、辛亥革命前夜的保界拒約運動、南京臨時政府的財政困難與北伐夭折等專題，寫作過若干篇論文，這些論文，大部分已結集為《從帝制走向共和——辛亥前後史事發微》一書，後來則收入拙作《楊天石近代史文存》中的《晚清史事》。2000 年至 2001 年期間，我還參加過蔡美彪先生主持的《中國通史》第 12 卷的寫作，負責撰寫戊戌維新和辛亥革命兩章的初稿。這本小書就是在綜合自己的上述研究，又部分吸收前輩和同輩們的成果基礎之上完成的。我的原則是：簡明而不失其要，採擇眾說而又

保持自己的獨立見解，盡量發掘並利用新史料，希望以不大的篇幅，全景式地講述辛亥革命的歷史，使讀者能以較少的時間全面瞭解這一革命。我曾經想重讀重要資料，更廣泛地參考海內外諸家的著作，但是，中間插進了赴台訪問、講學，歸來後，交稿期間已迫，只就這樣見讀者了。亂頭粗服，在所難免，修訂、加工，精益求精，期以異日。

2011 年 5 月 1 日

中國社會科學院近代史研究所

「我認為人民自治是政治的極則。因此，我的政治主張是共和主義，單從這一點來說，我認為就有責任從事革命。」

第一章

孫中山由體制內改革
轉向體制外革命

鴉片戰爭以後，列強入侵中國，清廷對外妥協，不惜割地、賠款以求苟安，中國人民不斷掀起各種形式的鬥爭，或以各種努力，外抗列強，內謀改革。但是，完全意義上的民族、民主革命則自孫中山始。他的思想，經歷了從體制內改革到體制外革命的發展過程。

一　體制內改革的試探 ——上書李鴻章

　　異域中成長的愛國者　孫中山，譜名德明，幼名帝象，號日新，稍長後取名文，號逸仙。1866 年 11 月 12 日（同治五年十月六日）出生於廣東省香山縣（今中山市）翠亨村的一所狹小的泥磚屋裡。翠亨村鄰近澳門，背山臨海，僅有六七十戶人家。孫文有一兄，名孫眉（1854—1915），字德彰；一姐，名妙茜（1863—1955）。由於孫文在日本從事革命時曾化名中山樵，辛亥革命後遂被通稱為孫中山。

　　孫中山的祖上世代務農，父親孫達成（1813—1888）原是貧苦農民，當過鞋匠，做過更夫。母楊氏（1828—1910）。孫中山六歲時即參加勞動，打柴、養豬、放牛。九歲才入村塾讀書，所以他後來自述：「生而貧」，「某也，農家子也，

早年孫中山

生於畎畝，早知稼穡之艱難」。[1] 孫中山出生的這一年年初，太平天國後期的「擎天一柱」、康王汪海洋在廣東嘉應州戰死，太平軍的最後一支部隊被消滅。孫中山幼年時常在住屋門前的老榕樹下，聽參加過太平軍的老農馮爽觀講故事，對洪秀全很敬慕，說：「洪秀全滅了滿清就好啦！」

孫中山的哥哥孫眉原在地主家作長工，後來到太平洋上夏威夷王國的檀香山墾荒。檀香山又名火奴魯魯（Honolulu），位於瓦胡島的東南海岸。在夏威夷語中，意為「屏蔽之地」或「屏蔽之灣」，因為早期盛產檀香木，而且大量運銷中國，故被華人稱為檀香山。在當地，孫眉開辦牧場、商店，逐漸發展成為華僑企業家。1879 年（光緒五年），孫中山十三歲，隨母親離鄉到檀香山，「始見輪舟之奇，滄海之闊，自是有慕西學之心，窮天地之想」。[2] 在當地，孫中山先入英國基督教聖公會主辦的意奧蘭尼（Iolani School）學校學習英文。早在 1850 年（道光三十年），法國就將民主制度帶進夏威夷，王國開始出現議會制度。因此，孫中山能在學校裡比較多地接受新思想。同學問他為何還拖著辮子，他回答：「這種愚蠢的風俗，是滿洲人強迫我們做成的，必須等全體的中國人決心把它去掉，或者至少要有一個大多數，使全世界都知道才行。並且這髮辮不過是中國所受許多恥辱中的一種，我們應該立刻地把許多恥辱全體去掉的。」[3] 十六歲時，孫中山畢業，進入島上的最高學府奧阿厚書院（Oahu College）就讀。這所學校為美國教會所辦，比意奧蘭尼學校開放，孫中山在那裡系統地接受西方政治和自然科學教育，逐漸形成新的世界觀。孫中山痛感檀香山的教育和國內迥然不同。課餘，他常向同校的中國同學傾訴衷曲，立志「改良祖國，拯救同群」。後來孫中山回憶這一段經歷，自稱「當時所懷，一若必使我國人皆免苦難，皆享福樂而後快者」。[4] 1883 年（光緒九年）孫中山因企圖受洗，加入基督教，被孫眉責令回國。

境內外的兩重天地　孫中山歸國途中，先到香港，再搭船回鄉。途經中國關卡，親身體驗官吏的刁難和勒索，使孫中山倍感中國和檀香山之間的

1　《致鄭藻如書》、《擬創立農學會書》，《孫中山全集》，中華書局 1981 年版，第 1 卷，第 1 頁和 25 頁。
2　《覆翟里斯函》，《孫中山全集》，中華書局 1981 年版，第 1 卷，第 47 頁。
3　陳錫祺主編《孫中山年譜長編》（上冊），中華書局 1991 年版，第 27 頁。
4　《在廣州嶺南學堂的演說》，《孫中山全集》，中華書局 1981 年版，第 2 卷，第 359 頁。

差異。回到翠亨村後，孫中山因與村塾同學陸皓東毀壞北極殿神像，不能為世俗所容，只能到香港拔萃書室讀書。其間，與同學談太平天國史跡，常以洪秀全第二自命。年底，加入基督教。次年三月，轉學中央書院。1886年

（光緒十二年），進入廣州博濟醫院學醫，在同學中結識三合會會員鄭士良。次年，轉入香港西醫書院學習。孫眉聽說弟弟毀壞神像及加入基督教，命其返檀，加以責打。孫中山不僅不服，反而將孫眉書房裡的關帝神像扔進廁所，毅然重返香港。

在香港期間，孫中山見到當地市街秩序整齊，建築宏美，社會進步，與故鄉情形迥異，自念兩地相距僅五十餘里，何以成為兩個世界？他問自己：「外人能在七八十年間在一荒島上成此偉績，中國以四千年之文明，乃無一地如香港者，其故安在？」[1] 他想為家鄉做點小規模的改良工作，如修橋、鋪路，但是，困難重重。求助於縣令，縣令深表同情，但不久更換，新縣令花五萬元買得此職，自然無心於此。求助於廣東省，省裡的官僚比縣裡更腐敗。他多次動念，想上書清廷的外交機構 —— 總理各國事務衙門，指陳時勢得失。[2] 這一時期，他與同學陳少白、尤列、楊鶴齡結交。四個年輕人都敬慕洪秀全，相與縱談革命，被人戲稱為「四大寇」。1890年（光緒十六年），他曾與陳少白共同研讀《法國革命史》和達爾文的《物種起源》。同年，他寫信給鄉先輩，曾任清廷出使美國、西班牙、秘魯三國大臣，正退休在家的鄭藻如，提出鼓勵農民、勸戒鴉片、興辦學堂等三條意見，顯示出這位二十四歲年輕人「遠觀歷代，橫覽九州」的才識。1892年（光緒十八年），孫中山以第一名的優異成績畢業，先後在澳門、廣州兩地行醫。他的醫術精湛，名噪一時，有一年的收入竟高達萬元之多。但是，他總覺得，醫術救人，所救有限，世上最大的權力是政治，政治

1　《在香港大學的演說》，《孫中山全集》，中華書局1985年版，第7卷，第115頁。

2　《致鄭藻如書》，《孫中山全集》，中華書局1985年版，第1卷，第1頁。

既可以為「大善」，也可以為「大惡」，中國人的苦難均源於「不良之政治」，因此，決心棄醫從政，改「醫人」為「醫國」，「改革中國之惡政治」，「鋤去此惡劣政府」。[1]

1885 年（光緒十一年）中法戰爭失敗後，孫中山即萌發「傾覆清廷」的念頭。1893 年（光緒十九年）冬初，他在廣州城南廣雅書局南園的抗風軒內召集會議，商議成立一個以「驅除韃虜，恢復華夏」為宗旨的團體，不過，參加者很少，僅有陸皓東、鄭士良、尤列、程奎光、程璧光等人。當時沒有確定名稱。後來有學者認為應將之視為興中會的發軔。[2]

上書李鴻章受挫　這一時期的孫中山，還處於革命或改良的猶豫之中。1893 年底，孫中山回到翠亨村，將他長期深思所得寫成上李鴻章信稿，企圖勸說統治者走自行改革的路。次年春夏間，孫中山和陸皓東到上海，會見改良主義思想家鄭觀應和王韜。鄭觀應為他致函盛宣懷推介。盛是近代中國著名的企業家和政治家，原是李鴻章的幕僚，當時正受李鴻章委派，在上海督辦紡織工廠。王韜熱情地為孫修改信稿，並為他們介紹關係。6 月，孫、陸結伴到天津，向時任北洋大臣的李鴻章上書，反對洋務派的「船堅炮利」的富強綱領，主張學習歐洲各國「富強之本」，提出「人能盡其材，地能盡其利，物能盡其用，貨能暢其流」等四項主張，要求改革教育和人才選拔制度，發展農業，採用機器生產，保護商業並開通國內市場。函稱：「此四事者，富強之大經，治國之大本也。」信中，孫中山表示，願出國考察農業，特別強調：「天下之事，不患不能行，而患無行之人；方今中國之不強，固患於能行之人少，而尤患於不知之人多」，實際上提出了人的思想觀念轉變問題。但是，李鴻章當時正忙於籌劃即將爆發的中日之戰，僅由幕僚為孫中山代辦了一張農桑會遊歷泰西各國的護照，沒有接見這兩位滿懷希望而來的年輕人。

由於上書無成，孫、陸就直奔北京，窺探清廷虛實。孫中山發現，清廷的政治齷齪，超過廣州百倍。這樣，孫中山就徹底絕望，決計從此拋棄體制內改革的一切念頭，從事體制外的革命。他和陸皓東南下，深入武漢、海州等地，

1　《在廣州嶺南學堂的演說》，《孫中山全集》，中華書局 1985 年版，第 2 卷，第 359 頁。
2　張玉法《清季的革命團體》，台北：中央研究院近代史研究所，1975 年版，第 157 頁。

考察山川地理，為將來的軍事行動做準備。他自述說：「吾黨於是憮然長歎，知和平之法無可復施，然望治之心愈堅，要求之念愈切，積漸而知和平之手段不能不稍易以強迫。」[1]

二 「振興中華」偉大口號的提出

檀香山興中會呱呱落地 1894 年 7 月（光緒二十年）末，中日戰爭爆發。9 月，日軍佔領平壤，中日海軍在黃海大戰，致遠、經遠、超勇、揚威四艦沉沒，管帶鄧世昌英勇戰死。大概就在此前後，孫中山認為時機可用，便先到上海，結識宋嘉樹 —— 他後來的岳父，宋積極支持孫中山的革命活動。從上海，孫中山放洋出海，再赴檀香山，擬向舊日親友籌資，回國革命。到達後，孫眉首先表示贊成，願劃撥部分財產資助，並且寫信給親友介紹。但是，當地風氣閉塞，孫中山奔走逾月，僅得同志數十人。11 月 21 日（十月二十四日），日軍攻佔旅順，大肆殺掠。次日，美國駐華公使田貝向清廷總理各國事務衙門提出賠償日本兵費、先行停戰等辦法，清廷表示接受。11 月 23 日（十月二十六日），清廷以「調度乖方」為理由將李鴻章革職留任，摘去頂戴。清軍的慘敗加深了孫中山的危機感。11 月 24 日（十月二十七日），孫中山等人在卑涉銀行（Bishop Bank）華人經理何寬寓所集會，成立興中會，何寬、李昌等僑胞二十餘人出席。會議選舉永和泰號司理劉祥及何寬為檀埠本會正副主席，永和泰商號司賬黃華恢為司庫，程蔚南、許直臣為文案，李昌、鄭金、鄧松盛（蔭南）等為值理。孫中山命各會員填寫盟書：「聯盟人某省某縣人某某，驅除韃虜，恢復中國，創立合眾政府，倘有二心，神明鑒察。」宣誓時，由李昌朗讀誓詞，各人以左手置於《聖經》之上，舉右手向天依次宣讀。

合眾政府，指實行憲政的聯邦共和制政府。孫中山再到檀香山前一年。美國海軍陸戰隊登陸夏威夷，支援當地的美國人發動政變，迫使女王遜位，成立

1　《孫中山全集》，中華書局 1981 年版，第 1 卷，第 52 頁。

夏威夷共和國臨時政府。孫中山再到檀香山之時，正是夏威夷共和國正式成立之後不久。[1]他將「創立合眾政府」列入興中會誓詞，顯然受到美國民主觀念和夏威夷政權變化的影響。

孫中山起草的《興中會章程》指出多年來中國衰弱不振的狀況和當時所面臨的危急局勢：

> 中國積弱，非一日矣。上則因循苟且，粉飾虛張；下則蒙昧無知，鮮能遠慮。近之辱國喪師，剪藩壓境。堂堂華夏，不齒於列邦；文物冠裳，被輕於異族。有志之士，能不撫膺！夫以四百兆蒼生之眾，數萬里土地之饒，固可發奮為雄，無敵於天下。乃以庸奴誤國，荼毒蒼生，一蹶不興，如斯之極。方今強鄰環列，虎視鷹瞵，久垂涎於中華五金之富，物產之饒。蠶食鯨吞，已效尤於接踵；瓜分豆剖，實堪慮於目前。有心人不禁大聲疾呼，亟拯斯民於水火，切扶大廈之將傾。用特集會眾以興中，協賢豪而共濟，抒此時艱，莫我中夏。

《章程》共列《規條》九條，其首條規定：「是會之設，專為振興中華，維持國體起見。蓋我中華受外國欺凌，已非一日。皆由內外隔絕，上下之情罔通，國體抑損而不知，子民受制而無告。苦厄日深，為害何極。茲特聯絡中外華人，創興斯會，以申民志而扶國宗。」鴉片戰爭以後，列強入侵，清廷簽訂不平等條約，割地、賠款、裝孫子，作奴態，而列強不知饜足，得寸進尺，貪慾愈來愈大，胃口愈來愈旺，中國面臨前所未有的亡國危險。《章程》表現出強烈的民族主義和愛國主義熱情，呼籲海內外華人協力同心，「振興中華」。自此，這一口號就成為團結和鼓舞億萬中國人民奮鬥的最強音。

《規條》還確定了捐款、公舉、收支、入會、少數服從多數（捨少從多）等原則，說明它已經完全脫離舊式幫會，成為具有現代民主色彩的政治團體。

華僑期望祖國強大，愛國人人贊成，但是，參加政治活動並不積極，對革命更不熱心。經過艱苦動員，興中會會員陸續發展至 126 人左右，其中，經營小商店或小農場者約七十餘人，工人約 35 人。原籍全部是廣東。[2]

1　夏威夷共和國正式成立於 1894 年 7 月 4 日。
2　馮自由《興中會會員人名事蹟考》，《革命逸史》第四集，中華書局 1971 年版，第 23—36 頁。

人數雖少，但是，孫中山卻在積極為發動武裝起義做準備。他組織部分華僑成立華僑兵操隊，進行軍事訓練，聘請一位丹麥人做教練，每周操練兩次。會員報名者二十餘人。同時，孫中山又開展募捐，籌集經費。112 名會員交來會底銀 228 元，另以舉辦公家事業的名義收得股份銀 1100 元。到當年年底，清兵在和日軍的戰鬥中繼續失敗，在上海的同志宋嘉樹要求孫中山迅速歸國。孫中山遂決定改變原來赴美洲發展組織的計劃，歸國舉事。為了幫助弟弟，孫眉賤價賣掉牧場的部分牛隻，鄧蔭南則賣掉了自己的農場和商店，以示一去不再返回的決心。

新型知識份子與傳統會黨的結合 —— 香港興中會　中日甲午戰爭中，清廷被新起的島國日本打敗，人們對清廷的憤懣增強。孫中山急於利用這一時機行動，向人們宣告革命黨人的存在。1894 年（光緒二十年）冬，他帶著鄧蔭南和孫眉等資助的六千餘元美金，匆匆歸國，籌備起義。興中會中的少數工人會員及歐美技師、將帥隨行。舟過日本橫濱，在船上向僑胞演講革命要義，為橫濱僑商陳清所聞，邀請孫上岸商談。孫中山因開船在即，交給興中會章程及討滿檄文一束，要他轉交當地僑商馮鏡如等。孫告訴陳，廣州不日起事，陳若有意參加，可到香港投效。不久，陳清果然到香港參加革命，可見孫中山演講魅力之大。

1895 年（光緒二十一年）1 月，在歡慶夏曆新年的炮竹聲中，孫中山回到香港。2 月 21 日（正月二十七日），孫中山與陸皓東、鄭士良、陳少白及香港輔仁文社的楊衢雲、謝纘泰等，在中環士丹利街 13 號成立興中會總部，託名「乾亨行」。輔仁文社成立於 1892 年（光緒十八年）3 月 13 日，社綱共六條：一、磨礪人格，臻於至善；二、不得沉溺於當世之惡習；三、為未來中國青年作表率；四、以多途增進中外、文武兩種學識；五、精通西學；六、以愛國者自勵，努力掃除吾國所遭之屈辱。[1] 該社發起者七人，陸續入社者共 16 人，楊衢雲為社長。[2] 輔仁文社成員的加入增強了香港興中會的力量，不過也增加了矛

1　《孫中山年譜長編》，中華書局 1991 年版，第 57—58 頁。
2　《楊衢雲略史》第 7 頁，轉引自張玉法《清季的革命團體》，台北：中央研究院近代史研究所，1975 年版，第 287 頁。

楊衢雲

盾、分裂的因素。謝纘泰認為孫中山是一個「輕率的莽漢」,「他認為自己沒有什麼幹不了的事情——事事一帆風順——『大炮』」!「念念不忘『革命』,而且有時全神貫注」,「一言一行都顯得奇奇怪怪」,因此,不能「將領導運動這個重大責任信託給他」。[1] 謝和孫的政治理念不完全相同,對孫有偏見。不過,從他的評論裡倒不難發現孫中山性格中的若干優點。

和檀香山興中會宣言比,香港興中會宣言增加了指責清廷的一段:「乃以政治不修,綱紀敗壞,朝廷則鬻爵賣官,公行賄賂;官府則剝民括地,暴過虎狼。盜賊橫行,饑饉交集,哀鴻遍野,民不聊生。嗚呼慘哉!」原有的《規條》九則改為《章程》十條,如會名宜正、本旨宜明、志向宜定、人員宜得、交友宜擇、支會宜廣、人材宜集、款項宜籌、公所宜設、變通宜善等。在「本旨宜明」部分,特別加強了對救亡圖存的緊迫性和責任感的呼籲:「不思中國一旦為人分裂,則子子孫孫世為奴隸,身家性命且不保乎?急莫急於此,私莫私於此,而舉國憒憒,無人悟之,無人挽之,此禍豈能倖免!」在「志向宜定」部分列舉「利國利民」事件四項:「設報館以開風氣,立學校以育人材,興大利以厚民生,除積弊以培國脈」,《章程》表示,期望通過人人「惟力是視」的努力,使中國達到國泰民安的理想境界:「上匡國家以臻隆盛,下維民眾以絕苛殘,必使吾中國四百兆生民各得其所,方為滿志。」這就說明,孫中山從革命的一開始,除關心國家強盛外,也深切關心民生幸福問題。

香港興中會的主要成員一部分是具有近代政治理念的新型知識份子,以孫中山、陳少白、陸皓東、楊衢雲為代表;一部分是具有傳統反滿精神的會黨份子,以鄭士良、鄧蔭南、謝纘泰為代表。在以後的革命過程中,長時期起作用的主要是這兩種社會力量。不過,年深月久,會黨初建時的精神早已蕩然無存,參加興中會的手續有時也過於簡單。據記載:其方式為,約好在茶樓喝

1　謝纘泰《中華民國革命秘史》,《孫中山與辛亥革命史料專輯》,廣東人民出版社 1991 年版,第 156 頁。

茶，孫中山來到時，凡起立者即為會員。[1] 以這種方式發展的成員自然沒有信仰和戰鬥力。

孫中山在西醫書院時的老師、英國人康德黎（James Cantline, 1851-1926）這時仍在香港，孫中山向他透露了自己的返港目的，希望得到有良知的外國人士的援助。康德黎為孫介紹了在當地開照相館的日本富商梅屋莊吉。孫中山迅速造訪梅屋，對他說：「歐美各國人都稱中國為睡獅。如果是獅子，要醒起來才有用。」「現在的情況如果繼續下去，中國就會被西歐列強殖民主義者所瓜分。不獨是中國，所有亞洲各國都將成為西歐的奴隸。中日兩國不幸發生戰爭，但我們非團結起來不可，使中國脫離殖民化的危險，是保衛亞洲的第一步。為了拯救中國，我與同志們正準備發動革命，打倒清朝。」[2] 他向梅屋詳細介紹了在廣州發動起義的計劃，要求得到援助，梅屋讚賞孫中山的理想，富於俠義精神，當即爽快地答應：「君若舉兵，我以財政相助。」[3] 這一天的談話締結了兩個人一輩子的友誼。梅屋很快為孫中山籌集了一筆資金，派人赴澳門、新加坡、廈門等地購買軍械。

除香港興中會外，日本橫濱、台灣台北、南非的約翰尼士堡及彼得馬尼士堡、越南的河內、美國的三藩市等地陸續成立分會。橫濱分會成立於廣州起義失敗之後，會員有經營印刷事業的前僑商馮鏡如、馮紫珊、馮懋龍（自由）等十餘人。台北分會成立於 1897 年（光緒二十三年）冬，由陳少白介紹美時洋行買辦楊心如創建，有商民會員數人。南非兩地的分會由楊衢雲創建，有僑商黎民占等會員數十人。河內分會由孫中山於 1902 年（光緒二十八年）創建，會員有洋服店商人黃隆生等。三藩市分會成立於 1904 年，發起人為孫中山，僅會員數人。

1　田桐《革命閒話》，《太平雜誌》，太平雜誌社 1929 年版，第 1 卷，第 2 號。
2　車田讓治《孫中山與梅屋莊吉》，《孫中山與辛亥革命史料專輯》，廣東人民出版社 1991 年版，第 268—270 頁。
3　梅屋莊吉《永代日記》，轉引自俞辛焞、熊沛彪《孫中山宋慶齡與梅屋莊吉夫婦》，中華書局 1991 年版，第 17 頁。

涓涓細流，可以匯為江海；星星之火，可以發展為燎原烈焰。這時的興中會，雖然人員寥落，勢孤力單，但是它卻很快發展、壯大，終於在十幾年後改變了古老中國的歷史進程。

三　對清廷的最初一擊——廣州起義

香港興中會成立後，即積極籌備在廣州發動起義。孫中山駐廣州指揮，楊衢雲駐香港，負責後勤供應及財政支持。1895 年（光緒二十一年）3 月，孫中山多次訪問日本駐香港領事中川恒次郎，聲稱擬奉康有為為統領，在兩廣成立共和國，要求日方提供步槍二萬五千枝，手槍五千枝。[1] 同月 16 日，楊衢雲、孫中山、謝纘泰等商討以三千精兵攻佔廣州的計劃，香港《德臣西報》的編輯湯瑪斯・哈・黎德、《士蔑西報》的編輯切尼斯・鄧肯都表示支持。不久，黎德同意設法爭取英國政府和英國人民的同情和幫助。[2]

3 月下旬，孫中山、鄭士良、陳少白、陸皓東等到廣州，在雙門底王氏家祠建立機關，假借「農學會」名義活動。鎮濤號兵艦管帶、原福建馬江水師學堂學生程奎光及其水師數百人加入興中會。起義的基本隊伍是：新安、深圳等地的會黨，中日戰爭後遣散的部分營勇，三元里、香山等地的民團，北江、順德等地的綠林等。具體計劃是以 10 月 26 日（九月九日）為期，由楊衢雲率領集中在香港的會黨份子三千人作前鋒，攻擊廣州地方衙署，其他隊伍分頭埋伏在廣州城內響應。孫中山等認為，這一天是夏曆重陽節，不少人回省城掃墓，有利於掩護起義隊伍行動。為了爭取列強承認起義軍是交戰團體，黎德和特・高文起草了對外宣言，香港律師、立法局議員何啟和謝纘泰作了修訂，陸皓東製作了以青天白日為圖案的旗幟。

10 月 6 日（八月十八日），孫中山在廣州《中西日報》發表由興中會會員、基督教牧師區鳳墀代為起草的《擬創立農學會書》，徵集同志。書中，孫中山表

1　《原敬關係文書》第 2 卷，書翰篇第 392—393 頁，又書翰篇 2 第 392—396 頁。
2　謝纘泰《中華民國革命秘史》，《孫中山與辛亥革命史料專輯》，廣東人民出版社 1991 年版，第 295 頁。

示將翻譯各國農桑新書，設立學堂，開設博覽會，躬操耕作，以此啟發農民，振興農業。廣州很多士紳參加發起。其中有一位孫中山的香山同鄉劉學詢，因操縱與科舉考試有密切關係的賭博，成為巨富，權傾一方。他曾資助孫中山行醫。某日，孫中山在香港訪問劉學詢，閉門密談。孫稱：「中國現要瓜分矣。」「中國人猶醉生夢死，不知國亡之無日。」「與其希求官僚之振作，不如運動草莽之奮起。」他向劉闡述了利用會黨在廣東發動起義的計劃，要求劉支持，但劉認為《馬關條約》已訂，時機已過，僅僅依靠炸藥進行暗殺，或聯絡「會匪」，容易重演「排外」事件，引起「瓜分」危機。孫中山意欲推劉為領袖，但劉稱讚孫「年少有為」，要孫不要「妄自菲薄」。辭別時，孫向劉表示：「當緩圖之。」[1] 不過，事後，孫中山並未停止活動，和劉學詢之間仍然保持著秘密而複雜的關係。

　　10 月 10 日（八月二十二日），興中會總部在香港集會，選舉孫中山為會長，稱為伯里璽天德（President），起義後即為合眾政府大總統。第二天，楊衢雲要求孫中山將會長一職讓給自己，鄭士良、陳少白堅決反對。鄭聲言：此席大家都屬意孫先生，如有人作非份之想，就親手殺了他。孫中山為了不在起義前夕引起分裂，同意讓位。

　　10 月 26 日晨，各路會黨、民團、營勇按原部署埋伏在廣州城內，但楊衢雲卻臨時打電報給孫中山，聲稱「貨不能來」。孫中山無法，只好一面資遣會黨首領，一面電告楊衢雲：「貨不要來，以待後命」。陳少白認為處境危險，勸孫中山離開廣州，孫稱自己有事要辦，要陳先回香港。其間，會員朱淇的哥哥朱湘向緝捕委員李家焯告密，李立即派士兵監視孫中山行動。當日，孫中山赴某牧師的宴會，發現路上滿佈營勇，笑著對同行者說：「此輩都是來偵察我的行蹤的吧！」27 日（九月初十日），兩廣總督譚鍾麟得到確報，立即派人到王家祠堂等

陸皓東

1　陳肇琪《總理史實訪問記》，台北中國國民黨黨史館藏檔 030/90。

廣州起義失敗後孫中山亡命香港居所

處搜緝，陸皓東、程奎光等六人被捕。[1] 楊衢雲因已有七箱軍械裝輪啟運，仍派朱貴全、丘四等率 200 人前往廣州，28 日（九月十一日）晨登岸時，清軍早有戒備，朱貴全、丘四等多人被捕。孫中山在事後曾在廣州匿居三天，得知陸皓東被捕後，燒毀同志名簿，埋妥炸彈，化裝為苦力，從容登上開往澳門的輪船，轉赴香港。

孫中山到港後，清兩廣總督譚鍾麟照會英國領事，知照港督，要求交出孫中山等四人，港督以「英國不願交出政治犯」為理由拒絕，但表示，如孫文來港，將驅逐出境。11 月 2 日（九月十六日），孫中山與陳少白、鄭士良等東渡日本。鄧蔭南避走澳門，楊衢雲則遠走南非。

陸皓東被捕後，遭到非刑審訊，但他堅貞不屈，在供詞中慷慨自陳：「憤異族政府之腐敗專制，官吏之貪污庸懦，外人之陰謀窺伺，憑弔中原，荊榛滿目，每一念及，真不知涕淚之何從也。」又稱：「要知今日非廢滅滿清，決不足以光復漢族；非誅除漢奸，又不足以廢滅滿清，故吾等尤欲誅一二狗官，以為我漢人當頭一棒。今事雖不成，此心甚慰，但我可殺，而繼我而起者不可盡殺。」[2] 他向清吏表示：「吾言盡矣，請速行刑！」11 月 7 日（九月二十一日），陸皓東、朱貴全、丘四三人同時被害，程奎光被清吏嚴刑逼供，被笞至六百軍棍，氣絕身亡。時稱「四烈士」。後來，孫中山稱陸皓東為「中國有史以來為共和革命而犧牲者之第一人」。[3]

廣州起義準備不足，敵我力量懸殊，失敗有其必然性，但是，它是革命黨

1　據楊崇伊光緒二十四年八月二十八日上慈禧太后密摺稱：「臣聞孫文定三策：第一策踞廣州，炸藥已運入省城，紳士劉學詢揭發其奸，遂亡命於東洋。」可備一說，見國家檔案局明清檔案館編《戊戌變法檔案史料》，第 480 頁。

2　《中國國民黨史稿》第 3 編（甲）第 1 章，上海書店 1989 年版，第 658—659 頁。

3　《孫中山全集》第 6 卷，中華書局 1986 年版，第 230 頁。

人用武裝起義推翻清朝，建立共和的第一次勇敢的嘗試，陸皓東等以無畏與犧牲精神為繼起者樹立了光輝榜樣。

四　倫敦被囚與《倫敦蒙難記》的寫作

最初的宣傳品　廣州起義失敗後，孫中山、陳少白等流亡日本橫濱。橫濱是留日華僑最為集中的地區，人數達三千餘人，佔當時旅日華僑總數的百分之六十以上。1895 年（光緒二十一年）10 月底，孫中山在僑商馮鏡如、馮紫珊弟兄的幫助下，在當地建立興中會分會，馮鏡如任會長。孫中山將《揚州十日記》及黃宗羲的《原君》、《原臣》等著作交給馮鏡如印刷，作為宣傳品分寄海外。這是孫中山從事革命宣傳活動的開始。

《揚州十日記》，王秀楚著，記 1645 年（順治二年四月）南明兵部尚書史可法在揚州抗禦清軍圍攻，城破後清軍進行大屠殺的史實。征服者殺人、放火、強姦、搶劫，無所不為，據估計，被害人民在 30 萬以上，甚至有說被害者高達 80 萬者。《原君》、《原臣》是明末清初思想家黃宗羲《明夷待訪錄》中的名篇。《明夷待訪錄》成書於公元 1663 年（康熙二年），早於法國盧梭《民約論》100 年，被稱為中國的《人權宣言》。共收論文 21 篇。其中《原君》批判君主「以我之大私為天下之大公」，實乃「為天下之大害」。《原臣》指出臣子之責任，「為天下，非為君也；為萬民，非為一姓也。」孫中山使用這兩種歷史文獻進行革命宣傳，說明他所關注的不僅是排滿復仇，而是指向皇權專制制度，是從民主主義出發的。

斷髮改裝，赴美宣傳　當時，清朝駐日公使裕庚抵任，陸續在橫濱、長崎、神戶各地派駐領事，外間傳言日本政府將向清廷引渡革命黨人。孫中山遂斷髮改裝，離開日本，再到檀香山。他遍遊各島，宣傳革命，籌集軍費。時值廣州新敗之後，舊日同志灰心失望，應者寥寥。12 月 2 日（十月十六日），清廷諭令譚鍾麟迅速緝拿孫中山、楊衢雲等人，廣東當局以一千元懸賞捕孫，以一百元至二百元懸賞捕捉楊衢雲、陳少白等 14 人。1896 年（光緒二十二年）2

月，香港英國當局宣佈對孫中山的驅逐令，五年內禁止其在港居留。

同年 6 月上旬，孫中山轉赴美國三藩市，繼續宣傳革命，成效仍然很小，華僑聽到革命、排滿等字眼，大都掩耳避走。從三藩市到紐約，孫中山坐火車橫穿美洲大陸，一路宣傳清政府腐敗，非從民族根本改革，無以救亡，而改革之任，人人有責。儘管孫中山口乾舌燥，然而言者諄諄，聽者藐藐，能說動的不過數人或十數人。美洲華僑很多加入秘密會社 —— 洪門。關於洪門的源流，言人人殊，其中一說創設於清康熙年代，為懷念明朝，力圖恢復的遺老們所立。化名很多，有紅幫、三點會、三合會、三河會、天地會、致公堂等等。孫中山用「革命」的語言作宣傳，效果不好，就改用洪門「反清復明」的傳統語言做工作，大多數人也還是不明所以。萬事起頭難，孫中山的思想一時還難於為廣大群眾所接受。

被誘入駐英使館　9 月 23 日（八月十七日），孫中山自紐約赴英國，早在當年 6 月，清廷總理各國事務衙門聽說孫中山準備轉往歐洲，就電令駐美公使楊儒，查明孫中山行蹤，電告駐英公使龔照瑗。龔照瑗在得知孫中山來英消息後，立即與英國政府外交部交涉引渡，遭到拒絕，龔照瑗即僱用英國偵探社的偵探，計劃監視孫中山。

9 月 30 日（八月二十四日）孫中山到利物浦上岸，英國偵探立即跟蹤盯梢。10 月 11 日（九月五日），孫中山在行經清廷駐英使館時被誘入館內拘留。龔照瑗決定將他秘密用船押回國內處理，孫本人也作了中途跳海，或被送回廣州後嚴刑拷打，寧死也決不出賣同志的準備。在使館工人科爾（George Cole）和女管家霍維夫人（Mrs. Howe）的幫助下，孫中山舊日的老師康德黎得到訊息，採取赴警署及英國外交部報告等多項營救行動。10 月 19 日（九月十三日），英國首相兼外相沙士勃雷侯爵（Lord Solisbury）決定干預。10 月 22 日（九月十六日），英國政府以強硬措辭照會清公使館，要求釋放孫中山，當地《地球報》同時刊發號外，報導孫中山被囚消息，引起倫敦全城轟動。10 月 23 日（九月十七日），孫中山獲釋。至此，孫中山共被囚 43 天，死裡逃生。

《倫敦蒙難記》的寫作　孫中山被釋後，於 10 月 24 日（九月十八日）致函倫敦各報主筆，對英國政府、報界和英國人民表示感謝，內稱：「我對立憲

政府和文明國民意義的認識和感受愈加堅定，促使我更積極地投身於我那可愛而受壓迫之祖國的進步、教育和文明事業。」[1]他在接受《每日新聞》記者採訪時特別說明，和舊式的白蓮教不同：「我們的運動是新的，限於受過教育的中國人，他們大部分在國外。」除英國各報刊外，美國、澳大利亞、日本、新加坡、香港以及上海的《萬國公報》、《時務報》等紛紛發表報導和評論，孫中山的國際知名度因此大為提高。

在倫敦期間，孫中山應劍橋大學漢學家翟里斯（H. Giles）之邀，撰寫自傳，聲稱「心傷韃虜苛殘，生民憔悴，遂甘赴湯火，不讓當仁」，因此決心「驅除殘賊，再造中華，以復三代之規而步泰西之法」。這裡，「三代之規」是套語，而「步泰西之法」才是真意。自12月5日（十一月一日）起，孫中山逐日赴大英博物館讀書，開始在康德黎的幫助下寫作《倫敦蒙難記》，敘述被挾持進入公使館及被救經過。為了感謝被囚時給過幫助的英國工人科爾，孫中山將演說得來的幾百英鎊都送給了他。

《倫敦蒙難記》書影

《倫敦蒙難記》的英文本於1897年1月21日（光緒二十二年十二月十九日）出版。書中，孫中山激烈地批判清政府統治下的中國政治：專制、無法、貪污、腐敗，如「糞土之壤，其存愈久而其穢愈甚」。他說：

> 無論為朝廷之事，為國民之事，甚至為地方之事，百姓均無發言或與聞之權。其身為民牧者，操有審判之全權，人民身受冤抑，無所籲訴。且官場一語等於法律，上下相曚相結，有利則飽其私囊，有害則各委其責任。婪索之風已成習慣。官以財得，政以賄成。

孫中山尤其批判清廷所施行的的文化禁錮政策：禁止人民閱讀政治書籍，閱讀報紙，不讓人民瞭解世界大事；儒學經典「四書」、「五經」，只允許人們誦讀欽定的符合皇家意志的註釋本，任意刪節、曲解其中的具有反抗意味的成

1　《孫中山全集》第 1 卷，中華書局 1981 年版，第 35—36 頁。

分，使人民成為「聾子」、「瞎子」、「傻子」和奴才。他說：

> 至其塗飾人民之耳目，錮蔽人民之聰明，尤有可駭者。凡政治之書，多不得流覽；報紙之行，尤懸為厲禁。是以除本國之外，世界之大事如何，人民若何，均非其所知……士人當束髮受書之後，所誦習者不外於四書、五經及其箋註之文字。然其中有不合於奉令承教，一味服從之義者，則且任意刪節，或曲為解說，以養成其盲從之性。

孫中山形容，當時「中國之人民，無一非被困於黑暗之中」。五四前夜，魯迅曾在小說《狂人日記》裡將當時的中國比作「黑漆漆的，不知是日是夜」，「屋裡面全是黑沉沉的」，孫中山這裡的論述，要比魯迅早 20 年。

孫中山認為：英國人性格保守、和平，因此他比較強調興中會最初偏重於「請願、上書」等「積漸」而「和平」的形式，但是，朝廷「不特對於上書請願之人加以譴責」，而且禁止此後的類似行動，因此才不得不「稍易以強迫」，「迨至和平無效，始不得不出於強力」。

與俄國人的交往　如果說，在《倫敦蒙難記》中，孫中山將自己的革命意志講得比較含蓄，那麼，到 1897 年（光緒二十三年）初，他在和一位俄國人談話，推薦《倫敦蒙難記》時，就講得比較激烈、袒露了：

> 俄人：您相信在中國有可能爆發一場進步的人民運動嗎？

> 孫：噢，當然啦。目前中國的制度以及現今的政府絕不可能有什麼改善，也決不會搞什麼改革，只能加以推翻，無法進行改良。期望當今的中國政府能在時代要求影響下自我革新，並接觸歐洲文化，這等於希望農場的一頭豬對農業全神貫注，並善於耕作，哪怕這頭豬在農場裡餵養得很好，又能接近它的文明的主人。

> 俄人：您希望在中國有什麼樣的制度來取代現存的制度呢？

> 孫：我希望有一個負責任的、有代表性的政體。此外，還必須使我們的國家對歐洲文明採取開放態度。我不是說，我們要全盤照搬過來。我們有自己的文明，但是，因為無法進行比較，選擇，它也就得不到發展了。時至今日，這種文明已經和人民群眾完全格格不入了。

在近代中國長期存在著中西文化之爭，一派主張發揚光大中國固有文化，一派主張充分吸取歐洲文化。孫中山在這場爭論剛剛露頭時就提出了比較正確的主張，即「對歐洲文明採取開放態度」，但又不「全盤照搬」；中國的固有文化因為缺乏和異文化的比較、選擇，已經得不到發展，落後於時代，脫離於人民，必須改造、重鑄。談話最後，孫中山回到革命這一主題，表示要有武器才行，在中國，人民的起義不過是一個時間問題而已。[1]

當年年底，這位和孫中山談話的俄國人將《倫敦蒙難記》全文譯為俄文。不久，又被日本人宮崎寅藏譯為日文。

孫中山在倫敦接觸的俄國人不止一個。他自己回憶，在圖書館裡看書的時候，曾經遇到幾位俄國人，知道彼此都是革命同志，俄國人問孫，中國革命何時成功？孫雖經廣州起義失敗，但「捲土重來之氣正高，心中希望一二年內就要再舉，再舉又必期成功」，不過，為了表示穩健，便回答：大約三十年可以成功。俄國人很吃驚，表示說：

　　大概一百年後能夠成功，我們便大滿足，此刻正是在奮鬥。成功雖然在一百年之後，但是現在不能不奮鬥。如果現在不奮鬥，就是百年之後也不能成功。因為要希望一百年可以成功，所以我們現在便努力奮鬥。

孫中山聽了俄國人的這段話，覺得很慚愧。從那以後，孫中山便經常環遊地球，一面考察各國政治得失，國勢強弱，一面從事革命運動。據孫自己估計，他約計每二年繞地球一周，到武昌起義前，大概繞過地球六七周。每當有人問他：「不知道失敗多少次了，為什麼還不喪氣，總是這樣熱心呢？」他便用在倫敦圖書館裡和俄國人的談話回答：「我不管革命失敗了有多少次，但是我總要希望中國的革命成功，所以便不能不總是這樣奮鬥。」[2]

和英國人合作寫書　在倫敦期間，孫中山還計劃和英國人柯林斯（E. Collins）合寫一本書，由孫中山陳述事實和見解，柯林斯加工、整理。1897年3月1日，該書的部分內容以《中國的現在與未來》為題發表於倫敦的《雙周

1　《孫中山全集》第1卷，中華書局1981年版，第86—87頁。
2　《孫中山全集》第9卷，中華書局1986年版，第105—106頁。

論壇》。文章尖銳地抨擊當時「根深蒂固遍及全國」的貪污，認為「除非在行政的體系中造成一個根本的改變，局部的和逐步的改革都是無望的」。文章宣稱「中國人和中國政府並不是同義語」，「全體人民正準備著要迎接一個變革」，「目前我們所需要的援助僅是英帝國以及其他列強善意的中立」。[1] 不同時用兩個拳頭打人，希望在推翻清廷的革命鬥爭中，能得到列強的理解和同情，保持「善意的中立」，這是整個辛亥革命時期孫中山對外政策的基本方針，本文已經勾畫了它的大體輪廓。

孫中山和柯林斯合著的另一部分以《中國的司法改革》為題發表於倫敦《東亞季刊》第一卷第一號。文中，孫中山揭露清廷司法的黑暗與慘酷，將之比喻為希臘神話中國王奧吉亞斯的「牛圈」，養了三千頭牛，三十年中從不打掃，糞穢堆積如山。孫中山聲稱，清廷司法的慘毒是「促使我從事中國的改革事業，以把我的同胞從水深火熱之中解放出來的主要動機之一」。[2]

曾在中國長期傳教的李提摩太（Timothy Richad）這時正在倫敦。李提摩太擔任過英美基督教新教教士、外交人員、商人在中國創辦的出版機構廣學會的督辦，編輯《萬國公報》。他和孫中山之間有過辯論。孫中山認為，滿清官吏貪贓枉法，必須由漢人代替滿人執政。李認為滿漢各有優劣，須在政府的中心部分作根本改變；中國需要改革，而不是革命。二人誰都沒有說服誰，各自堅持自己的主張。

離英東返　7月1日（六月初二日），孫中山乘輪離開英國。從去年登岸到此次離去，孫中山在英國共生活九個月，跨越兩個年頭。

倫敦是國際共產主義運動的重要發源地，1847年（道光二十七年）6月，國際無產階級政黨——共產主義者同盟誕生於這個城市。次年，《共產黨宣言》在這個城市出版。1864年，國際工人協會（第一國際）在這個城市成立。馬克思為寫作《資本論》曾經成年累月地在倫敦的博物館裡收集資料。孫中山到倫敦，正是馬克思去世後的第15年。《資本論》英文版出版後的第九年。馬克思讀書的倫敦博物館，孫中山也多次去閱覽，認識該館東方部主任道格拉斯。後

1　《孫中山全集》第 1 卷，中華書局 1986 年版，第 88、95、106 頁。
2　《中山大學學報》1984 年第 1 期。

來，孫中山自述：「倫敦脫險後，則暫留歐洲，以實行考察其政治風俗，並結交其朝野賢豪。兩年之中，所見所聞，殊多心得。始知徒致國家富強，民權發達如歐洲列強者，猶未能登斯民於極樂之鄉也。予欲為一勞永逸之計，乃採取民生主義，以與民族、民權問題同時解決，此三民主義所由完成也。」[1] 孫中山一輩子崇敬馬克思，稱他為社會主義的「聖人」，「集幾千年人類思想的大成」，但是，始終不同意照搬馬克思主義，而提倡：「今日師馬克思之意則可，用馬克思之法則不可」。[2]

五　結交日本朝野

再到扶桑　當時歐洲還沒有中國留學生，華僑也少，孫中山雖想鼓吹革命，但沒有對象。1897 年 7 月 1 日（光緒二十三年六月初二日），孫中山離開英國，經加拿大，於 8 月 16 日（七月十九日）抵達日本橫濱。橫濱華僑多。當時，旅日華僑約 5200 多人，橫濱有 3252 人，佔總數的百分之六十以上。橫濱離中國近，交通方便。到了橫濱，孫中山就有可為之地了。

孫中山回到日本時，陳少白正準備赴台北建立興中會分會，他對孫中山說：「滿清政府把台灣割給日本之後，近年來不知搞到一個什麼地步」，「我能夠在那裡活動活動，或者也可以把那裡的中國人聯絡起來，發展我們的勢力」。孫中山支持陳的計劃，陳少白於是離日赴台。

日本朝野的盟友　日本自 1868 年（同治七年）明治維新以後，逐漸形成了一股

1897 年秋，孫中山與日本友人合影

1　《孫中山全集》第 6 卷，中華書局 1986 年版，第 232 頁。
2　《孫中山選集》，人民出版社 1981 年版，第 807、809、842 頁。

提倡天皇主義、國粹主義和大亞洲主義的熱潮。1881 年（光緒七年），頭山滿、平岡浩太郎等創立玄洋社，以平岡任社長。該社標榜忠於天皇，熱愛日本，保護人民權利，表面上是民間團體，實際上和日本政府及軍方有密切的聯繫。其活動特點為：託言援助亞洲革命黨人，目的則在於培植親日勢力，實行擴張主義。1884 年（光緒十年），該社在上海開辦東洋學館，1901 年（光緒二十七年）以內田良平為中心，頭山滿為顧問，成立黑龍會，謀劃在中國東北、蒙古、俄國的西伯利亞以及朝鮮等地開展擴張活動。1908 年，頭山滿進一步搜羅沒落士族，即所謂「浪人」，組織浪人會。其成員或直接由外務省、軍部派遣，或接受財閥、政客的資助，到中國進行偵察調查，搜集各種情報，被稱為「大陸浪人」或「支那浪人」這批人遂成為玄洋社的別動隊。

明治維新之後興起的另一股熱潮是研究亞洲，研究中國。1897 年（光緒二十三年），日本成立東亞會與同文會。東亞會由陸實、三宅雄二郎、犬養毅、池邊吉太郎、平岡浩太郎等二十九人組成，以研究時局為目的，主張邀請正在中國鼓吹變法的康有為、梁啟超入會。同文會則以啟發中國人、匡救東亞時局為宗旨，由井手三郎、岸田吟草、宗方小太郎等人所宣導。1898 年（光緒二十四年）底，東亞會與同文會合併，成為東亞同文會。該會的不少成員後來都到中國活動，聯繫維新、革命兩派人士。

孫中山到橫濱後數日，日人平山周與宮崎寅藏迅速來訪。平山周（1870—1940），號南萬里，日本福岡縣人。早年與宮崎寅藏同學於東洋英和學校。1897年，經日本眾議院議員、進步黨常務委員犬養毅斡旋，接受日本外務省秘密資

宮崎寅藏

助，赴華南調查秘密結社情況，同時尋訪孫中山行蹤。他從英文報紙獲悉孫已從歐洲東返，立刻回國。宮崎寅藏（1871—1922），本名宮崎虎藏，別號白浪庵滔天，出身日本熊本縣的下級武士家庭。與兄長宮崎八郎、宮崎民藏、宮崎彌藏四人，合稱為宮崎兄弟。年輕時，向父親學習過劍道刀法。後入東京專門學校，接觸自由民權運動，開始關注亞洲革命運動，立意幫助中國革命，並皈依基督教。

1892 年來華瞭解民情，熟悉語言。1897 年與平山周同時受外務省資助，接受到中國調查的任務，因病未能與平山同行。不過，他後來還是趕到香港，參加調查，宮崎在日本見到孫中山後，向孫詢問革命的宗旨和方法、手段。孫中山答稱：

> 我認為人民自治是政治的極則。因此，我的政治主張是共和主義，單從這一點來說，我認為就有責任從事革命。

孫中山強烈批評共和政體不適合於中國國情的觀點，讚美共和是中國「治世的真髓，先哲的遺業」，古已有之。為避免地方豪傑割據和外國列強入侵，只有實行迅雷不及掩耳的革命，建立共和政治。他說：為了「拯救中國的四億蒼生，驅除東亞黃種人的恥辱，恢復和維護世界的和平與人道，關鍵只在於我國革命的成功。」他表示：方今世界文明日益增進，國皆自主，人盡獨立，但中國人卻淪為「三等奴隸」，自己為此焦灼萬分，「不得不自進為革命之先驅」，但倘若另「有豪傑之士慨來相援」，就甘心退讓，「自服犬馬之勞」。[1] 聽了孫中山的一席話，宮崎完全被孫中山的魅力征服了，決定「把希望完全寄託在他身上」。他寫道：「乍一看去，其外貌氣質像是涉世不深的後生小夥，又如天真無華的村野姑娘。然而其思想何其深邃，其見識何其拔群，其抱負何其遠大，其情感又何其真切。」宮崎和平山離開孫中山寓所後，又回來繼續談話。孫中山本來急於赴越南，聯絡同志，到雲南發動起義。平山以日本比較安全，勸孫留在日本，孫中山遂改變計劃，寫信給陳少白，勸他自台灣返回日本。

平山、宮崎見到孫中山後，迅速到東京向犬養毅報告。犬養毅希望將孫中山控制住，以為他日之用，便表示：「這是份大禮物，怎能不會他一面？」平山、宮崎遂陪同孫中山拜會犬養毅。辭出之後，住宿對鶴館，登記時，孫中山希望用假名，平山代填中山二字，孫中山奪過筆來，加上一個「樵」字，並說：「是中國山樵之意。」[2] 自此，孫中山即以「中山樵」的假名來往於東京、橫濱之間，陸續結識外相大隈重信、內務相副島種臣以及頭山滿、平岡浩太郎、秋山

1　《與宮崎寅藏平山周的談話》，《孫中山全集》第 1 卷，中華書局 1981 年版，第 172—174 頁。
2　平山周簽注，見《總理年譜長編初稿各方簽注彙編》，油印本，中國社會科學院近代史研究所藏。

定輔、山田良政、山田純三郎、菊池良一、萱野長知、宗方小太郎、久原房之助、犬塚信太郎等人。這些人，懷著各種不同的目的，曾經在不同時期，以各種方式，支援過孫中山和中國革命。

討論武裝起義計劃 在日本時間多，孫中山與宮崎、平山，特別是宮崎有過多次筆談，討論在中國舉事、聯絡日本朝野人士等多方面的問題。宮崎建議，中日合作，共成亞洲盟主，阻遏西方勢力向東發展。孫中山同意宮崎的意見，但認為，先合者勝，必須搶在歐人結盟的前面。他說：「瓜分之機已兆，我輩則須靜觀清政府之所為如何，暗結英、日兩國為後勁，我同志之士相率潛入內地，收攬所在之英雄，先據有一二省為根本，以為割據之勢，而後張勢威於四方，奠定大局也。」[1] 孫中山相信，中國已如「枯木之山」，只要「一星之火」就可以燃起熊熊烈焰。關於首義之地，孫中山提出「急於聚人、利於接濟、快於進取」三原則。十多年前，孫中山就曾考察過江蘇海州，但他還是鍾情於廣東沿海的惠州、潮州、嘉應三地，認為當地民風強悍，居民十之八九是三合會會員，久有反清復明之志。又鄰近台灣，便於接濟軍火。[2]

和改良派的最初合作 孫中山早有和康有為、梁啟超聯絡的準備。他提出，邀康有為來，驚動太大，擬邀請梁啟超或其親信一人東來，共商大事。橫濱華僑早有開辦中文學校的打算。孫中山也曾與犬養毅計議，在東京開設中國語學堂，招攬同志，擔任教習，暗中商量舉事。至此，適逢中華會館校董與孫中山商量，擬向國內聘請新學之士來日擔任教員，孫中山遂建議定名為中西學校，推薦梁啟超為校長。學校總理持函到上海會見康有為，當時，梁啟超正在主編《時務報》，康有為遂推薦學生徐勤代替，並改名為大同學校，親書四字為門額。

不久，戊戌政變發生，康有為、梁啟超先後流亡日本，兩派合作問題提上日程。

1　《與宮崎寅藏等筆談》，《孫中山全集》第 1 卷，中華書局 1981 年版，第 182 頁。
2　《與宮崎寅藏等筆談》，《孫中山全集》第 1 卷，中華書局 1981 年版，第 182—184 頁。

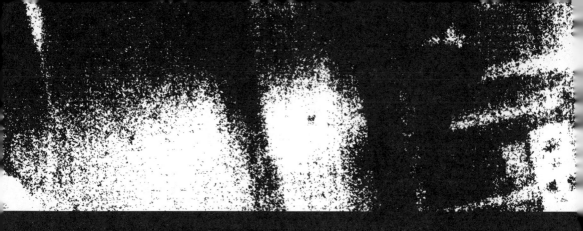

一曰大誓群臣以革舊維新，
而探天下之輿論，取萬國之良法。
二曰開制度於宮中，
徵天下通才二十人為參與，
將一切政事、制度重新商定。
三曰設招待所，許天下人上書。

第二章

體制內改革——戊戌

維新運動及其失敗

甲午戰爭，清廷敗在一個後起的島國日本手下。這一事實，激起中國人的「普天忠憤」，也引起中國人的普遍反思。上至皇帝、王公大臣，下至士庶百姓，舉凡瞭解這次戰爭結果的人幾乎都得出了一個相同的結論，中國必須發奮圖強；其中部分受「西學」影響較多的愛國知識份子更提出了一個尖銳的問題，為什麼「洋務」辦了多年，卻經不起日本人的「一擊」？中國人是不是應該「變法更張」，棄舊圖新？這部分知識份子以康有為為代表，後來被稱為維新派。由於他們主張在保存中國傳統君主制度的前提下實行部分改革，所以又被稱為改良派。

光緒帝批准了《馬關條約》，但是，他心情況痛，於 1895 年 5 月 11 日（光緒二十一年四月十七日）日發佈上諭，要求文武大小官員，「自今以後，深省愆尤，痛除積弊，咸知練兵、籌餉為今日當務之急，切實振興，一新氣象，不可因循廢弛，再蹈前轍。」[1] 論文所述「練兵、籌餉」兩項急務並無新意，但「切實振興」云云，卻顯示出這位年輕皇帝真想有所作為了。

一　改良思潮的興起

康有為、梁啟超的改良思潮有其前驅。

鴉片戰爭驚醒了中國的「天朝」夢和「上國」夢，少數知識份子睜眼看世界，他們痛苦地發現，「夷人」也有長處，主張「師夷之長技以制夷」。這就是自強運動，或稱洋務運動。自強運動失敗後，部分知識份子進一步發現，「夷人」的長處不僅在工藝、技術層面，其文教、政治也頗有可以效法之處。同時，由於中西交往的發生、發展，一部分知識份子出洋留學或出使，對西方社會制度、文化有了比較深入的瞭解，他們更積極地主張效法西方，致中國於富強之境。這兩部分知識份子中，馮桂芬、容閎、王韜、薛福成、鄭觀應、馬建忠等早於康有為等，企圖在體制內改革，使之良性發展，因此這批人通稱早期改良主義者，他們的思想則通稱早期改良思潮。另一部分知識份子，如陳虬、

1　《光緒朝東華錄》，中華書局 1958 年版，總 3595 頁。

陳熾、湯震、宋育仁、何啟、宋恕等人，他們與康有為同時，除個別人外，大都參與了維新活動。

馮桂芬（1809—1874），字林一，江蘇吳縣人。進士，曾任翰林院編修。太平天國農民軍起義期間，奉旨在籍興辦團練。1861年（咸豐十一年）被李鴻章聘入幕府，寫成《校邠廬抗議》一書，於1876年（光緒二年）刊行。1886年（光緒十二年）翁同龢將該書推薦給光緒帝，光緒帝命榮祿印刷一千部，頒發給大學士、軍機大臣及各省將軍督撫等閱讀並簽注意見。

《校邠廬抗議》凡40篇，闡述他對吏政、戶政、禮政、兵政、刑政、工政、洋務等各方面的意見。馮桂芬認為，當時中國受制於「小夷」的狀況是「有天地以來未有之奇憤」，其所以如此，乃因許多方面落後：「人無棄材不如夷，地無遺利不如夷，君民不隔不如夷，名實必符不如夷。」[1] 他明確提出「鑒諸國」，主張改革科舉，引導知識份子學習西方的工藝製造，「始則師而法之，繼則比而齊之，終則駕而上之」。[2] 他並建議，在廣東、上海設立翻譯公所，選擇十五歲以下少年，學習西方曆算、格致等學問。

容閎（1828—1912），號純甫，廣東香山南屏鎮（今屬珠海）人。七歲入教會學堂讀書。1847年（道光二十七年）赴美留學。1854年（咸豐四年）畢業於耶魯大學。他身受美國文明影響，立志「以西方之學術，灌輸於中國」。1855年（咸豐五年）回國。1860年（咸豐十年）赴天京向洪仁玕獻「建設善良政府」等七策。1863年（同治二年）入曾國藩幕。1867年（同治六年）向江蘇巡撫丁日昌建議，選派青年出國留學，得到批准。甲午戰爭期間，他上書張之洞，建議借款購艦，聘用外兵，與日作戰。次年，向張之洞面陳聘用外籍顧問等「新政策」。1896年（光緒二十二年）北上，向總理衙門大臣、戶部侍郎張蔭桓及戶部尚書翁同龢建議，設立國家銀行，得到光緒帝批准，撥款1000萬兩作為經

容閎

1　《制洋器議》，《校邠廬抗議》卷下，光緒二十四年校刻本。
2　《制洋器議》，《校邠廬抗議》卷下，光緒二十四年校刻本。

費。著有《西學東漸記》。

王韜

王韜（1828—1897），字仲弢，號紫銓，江蘇
長洲（今吳縣）人。22 歲時到上海，受聘於英國教
士開辦的墨海書館。1861 年（咸豐十一年）赴天
京，結交太平天國將領。次年避走香港。1867 年
（同治六年）赴英，講學於牛津大學。1871 年（同
治十年）在香港經營出版業。1873 年（同治十二年）
創辦《循環日報》。1883 年（光緒九年）將在報上
所發文章輯為《弢園文錄外編》。次年定居上海，
任格致書院山長。

王韜認為，中國當時的局面為秦漢以來所未有，必須貫徹《易經》的「窮
則變，變則通」的精神，才能轉禍為福，化弱為強。1883 年（光緒九年），王
韜著《論變法》三篇，分析中西差距，從「取士之法」、「練兵之法」、「學校
之虛文」、「律例之繁文」等四個方面提出變革要求。他說：「四者既變，然後
以西法參用乎其間，而其最要者，移風易俗之權，操之自上，而與民漸漬於無
形，轉移於不覺。」[1]

薛福成（1838—1894），字叔芸，又字庸庵，江蘇無錫人。1865 年（同治
四年）入曾國藩幕府，十年後改入李鴻章幕。1888 年（光緒十四年）任駐英、
法、意、比四國公使。著有《籌洋芻議》。他認為，與列國言「和」的局面不
可常恃，必須講求「防之之策」，內容為「修政刑，厚風俗，植賢才，變舊法，
祛積弊，養民練兵，通商惠工」。他並提出，對西方國家，要「奪其所長而棄
其所短」。[2]

鄭觀應（1842—1922），字正翔，號陶齋，廣東香山（今中山）人。早年
任上海英商寶順洋行、太古輪船買辦，後任上海機器織布局總辦，輪船招商局
幫辦、總辦等職。1884 年（光緒十年）寫成《盛世危言》。他認為中學是本，
西學是末，提出「主以中學，輔以西學」，但他又認為中學「墮於虛」，西學「徵

1　　《變法》，《弢園文錄外編》卷 1，中華書局 1959 年版。
2　　薛福成《出使日記》，《籌洋芻議》。

諸實」，明顯地讚賞西學。他聲稱「習兵戰，不如習商戰」，主張大力發展中國經濟，與列國競爭。[1] 在為《盛世危言》所作序言中，他提出，西方「治亂之源，富強之本，不在船堅炮利，而在議院」，「自有議院，而昏暴之君無所施其虐，跋扈之臣無所擅其權，大小官司無所卸其責，草野小民無所積其怨」。[2]

馬建忠（1845—1900），字眉叔，江蘇丹徒（今鎮江）人。出身天主教家庭，曾在上海徐家匯公學讀書。1876 年（光緒二年）赴法留學，曾任清廷駐法公使郭嵩燾翻譯。1879 年（光緒五年）獲法國政治學院博士學位，歸國後協助李鴻章辦理洋務。他認為：西方之所以富強，並不只在於「製造之精」和「兵紀之嚴」，而在於「以護商會為本」，「以得民心為要」，主張設立商務衙門，開採礦山，擴大出口貿易。[3] 著有《適可齋記行》、《適可齋記言》及《馬氏文通》。

陳虬（1851—1904），字志三，浙江瑞安人。1884 年（光緒十年）至 1892 年（光緒十八年）之間，先後寫成《治平三議》、《經世博議》及《救時要議》，提出「欲圖自強，首在變法」，建議都察院「設議員三十六人」，「縣各設議院，大事集議而行」。[4]1889 年（光緒十五年）中舉。次年赴京會試。1893 年（光緒十九年），將前述各書彙集為《治平通議》八卷出版。該書得到張之洞的欣賞。1898 年（光緒二十四年）入京會試，參加保國會。

陳熾（1855—1900），號次亮，江西瑞金人。1889 年（光緒十五年）任戶部主事，次年升戶部員外郎，其間，他曾赴江浙沿海及香港、澳門考察，寫成《庸書》。1895 年（光緒二十一年）該書由翁同龢進呈光緒帝。

《庸書》內篇談傳統政務，外篇談洋務，極為完備地闡述西書、遊歷、議院、育才、藝科、商部、稅則、考工、商務、鐵政、利源、鐵路、賽會、公司等西學的各方面。他熱烈讚美西方的議院制度「合君民為一體，通上下為一心」，「可否從違，付諸公論」，是西方國家「強兵富國，縱橫四海之根源」。[5] 他建議照此實行，「投匭公舉」，成立下議院，同時，改造中國傳統的「閣部會

1　《商戰》，《盛世危言》初編卷 3。
2　《鄭觀應集》，上海人民出版社 1982 年版，第 312 頁。
3　《上李伯相言出洋工課書》，《適可齋記言》，卷 2。
4　《變法》一、《變法》二，見《治平通議》。
5　《議院》，《庸書·外篇》卷下。

議」，成立上議院，作為議事、諮詢機構，「事之行否，仍由在上者主之。」

湯震（1856—1917），字蟄先，後改名壽潛，浙江山陰天樂鄉（今屬蕭山）人。1886 年（光緒十二年）入山東巡撫張曜幕。1890 年（光緒十六年）出版《危言》，提出改革考試、任官制度，裁併機構，遣汰冗員，學習西法以及設立議院、實行晚婚等主張。1892 年（光緒十八年）會試中榜，被選為翰林院庶吉士。1895 年（光緒二十一年）外放安徽青陽縣任知縣。行前，受翁同龢召見。1898 年（光緒二十四年），皇帝曾兩次傳旨引見。

宋育仁（1857—1931），字芸子，四川富順人。1875 年（光緒元年）入張之洞尊經書院。1886 年（光緒十二年）考中進士。1894 年（光緒二十年）被任命為出使英、法、意、比四國使館參贊，後升任代理公使。1897 年（光緒二十三年）創辦《渝報》。次年發起成立蜀學會。著有《時務論》及《採風記》。他主張「伸民權」，以議院為立國、治國之本，批評洋務派不談議院是捨本逐末。

何啟（1859—1914），字迪之，號沃生，廣東南海人。1872 年（同治十一年）赴英，學習醫學及法律。1882 年（光緒八年）回香港任律師。1890 年（光緒十六年）任香港立法局議員。1894 年（光緒二十年）冬，與香港大書院教師胡禮垣（1847—1916）合著《新政論議》，主張從七個方面進行改革，其第七條提出，各省每年派代表到首都「開議院」，「以宰輔為主席」，將議決之事請皇帝簽名為據。如有不完備之處，則再議再奏。作者認為，這一制度，可以做到「一公而無不公，一平而無不平，國家無復有懷二心之人，君民永保咸有一德之慶」。[1]

宋恕（1862—1910），字平子，號六齋，浙江平陽人。早年師事孫衣言、孫詒讓。1887 年（光緒十三年）遊歷上海、江寧、杭州等地。1890 年（光緒十六年），赴武昌謁見張之洞。1892 年（光緒十八年）寫成《六字課齋卑議》初稿，同年赴天津上書李鴻章，提出變法主張，被派任水師學堂教習委員。1895 年（光緒二十一年），寫成《六字課齋津談》。他自稱「弱冠以後極端主張唯物論」，尖銳抨擊叔孫通、董仲舒、韓愈、程頤等人的思想，提出「易服改

1　《新政論議》，《新政真詮》二編，遼寧人民出版社 1994 年版，第 117 頁。

制，一切從西」，被時人稱為「曠世之大儒」。

上述改良主義思想家大都和洋務派有密切的聯繫，他們的思想和洋務思潮也有一致之處，但是，又和洋務思潮有重要區別。洋務思潮的主要內容是富國強兵，而上述改良主義者則在不同的程度上超出這一範圍。他們提出開議院，這就觸及到了改變傳統的君主專制主義，進入政治體制領域；他們提出以商立國，允許百姓自辦企業，這就進入經濟體制領域；他們要求改革科舉，這就進入文化體制領域。這樣，他們就不僅反映地主階級的「自強」要求，而是在為資本主義發展開闢道路了。

二　康有為的變法理論與公車上書

康有為及其變法理論　康有為（1858—1927），又名祖詒，字廣廈，號長素，廣東南海人。十九歲從學於朱次琦（九江）。1879 年（光緒五年）入西樵山讀書，「由陽明學以入佛學」。同年，讀到當時人所編《西國近事彙編》、《環球地球新錄》等書，對西方粗有所知。接著，遊歷香港，「覽西人宮室之瑰麗，道路之整潔，巡捕之嚴密，乃知西人治國有法度，不得以古舊之夷狄視之」，自此，立意講求西學。1882 年（光緒八年）秋，康有為到上海，大量購置江南製造總局所譯西書，訂閱英國傳教士林樂知（Young John Allen）所編《萬國公報》，思想日新。

康有為

1886 年（光緒十二年）至 1887 年（光緒十三年）之間，康有為寫成《康子內外篇》，預言百年之後，世界將有三變：「君不專，臣不卑；男女輕重同；良賤齊一。」[1] 在此前後，他還運用生吞活剝得來的自然科學知識寫成《實理公法全書》，論證「天地生人，本來平等」，並據此設計出一系列

1　姜義華等編校《康有為全集》第 1 卷，上海古籍出版社 1987 年版，第 190 頁。

第二章　體制內改革──戊戌維新運動及其失敗　　　　047

制度，成為他後來撰寫《大同書》的草圖。[1] 1888 年（光緒十四年），康有為有感於中法戰爭後「國勢日蹙」的狀況，寫成《上光緒皇帝書》，請求翁同龢、徐桐等人代奏。書中，康有為痛陳列強侵逼，中國如「累卵之危」，要求清廷「酌古今之宜，求事理之實」，「講求變法」，但翁、徐都不見。[2] 1890 年（光緒十六年），康有為在廣州會晤推崇《公羊春秋》的今文經學家廖平，接受今文經的「三統說」，與「三世說」，用以作為維新變法的理論根據。自此，康有為以西學為營養哺育出來的新思想就披上了中國古老學說的外衣。

梁啟超

1891 年（光緒十七年），康有為受陳千秋、梁啟超之請，在廣州萬木草堂開始講學。梁啟超（1873 — 1929），字卓如，號任公，廣東新會人。1889 年（光緒十五年）中舉，次年到北京會試落第，歸途中在上海購得徐繼畬所著《瀛環志略》，同時見到上海製造局所譯西書，為喜好西學之始。回廣州後，慕名投到康有為門下。自此，梁即成為康有為變法活動中的得力助手。同年，康有為刊行《新學偽經考》。該書認為：東漢以來的古文經學，多為劉歆偽造，目的是為了協助王莽篡奪漢朝，建立新朝，因此，歷來為古文家所尊崇的傳世儒學經典並非孔學「真傳」，而是「偽經」。此說一出，傳統儒學的神聖地位立即受到挑戰。1894 年（光緒二十年），給事中余聯沅奏劾康有為「非聖無法，惑世誣民」，要求焚毀該書，禁止粵士從學。[3] 康有為不得不應龍澤厚之邀，到廣西講學。1898 年（光緒二十四年），康有為再刊《孔子改制考》，聲稱孔子「與時更化」，首創「選舉」制度，提倡「開議院」，「託堯舜以行民主之太平」，是「託古改制」的「素王」。康有為的本意是藉助孔子的權威，減少變法的阻力，但是，由於結論過於武斷，難以服人，結果，招致許多人的不滿，反而增加了阻力。

公車上書　1895 年（光緒二十一年）4 月，清廷與日本簽訂《馬關條約》。

1　姜義華等編校《康有為全集》第 1 卷，上海古籍出版社 1987 年版，第 290 頁。

2　湯志鈞編《康有為政論集》上冊，中華書局 1981 年版，第 55、59 頁。

3　《軍機處檔》台北故宮博物院藏，133658；參見茅海建《康有為〈我史〉鑒注》，人民出版社 2009 年版，第 39 頁。

《馬關條約》簽訂情形

康有為乘入京會試機會,於5月1日至3日(四月初七至初九日)在松筠庵集會,聯絡各省舉人聯名上書,要求清廷「塞和款而拒外夷,保疆土而延國命」。漢制,以公家車馬遞送應舉者入京,因此這次上書通稱「公車上書」。書中,康有為等提出「權宜應敵之謀」三條:「下詔鼓天下之氣」、「遷都定天下之本」、「練兵強天下之勢」,同時提出「富國」、「養民」、「教民」等「立國自強之策」。康有為特別提出,中國貧弱的最大根源在於壅塞,以致君臣隔絕、官民隔絕。他要求頒行特詔,允許士民公舉「博古今、通中外、明政體」的「方正直言之士」,「准其隨時應對,上駁詔書,下達民詞」,參與討論內外興革大事。[1] 這次上書,使變法從個人籲請發展為各省士人的群體行動,是清廷歷史上從未發生過的事件。書上,都察院以清廷已在《馬關條約》上簽字為理由拒絕接受。

公車上書後不久,康有為中進士,授工部主事。5月29日(五月初六日),康有為第三次上書皇帝,對公車上書進行補充。光緒帝見到後,命閣臣抄錄四份副本,一份呈太后,一份存軍機,發各省督撫將軍討論,一份留乾清宮,一份存勤政殿備覽。6月30日(閏五月初八日),康有為第四次上書,提出「立科以勵智學」,「設議院以通下情」等主張,同時要求光緒帝「下詔求言」、「開門集議」、「辟館顧問」、「設報達聰」、「開府辟士」,做到「有情必通,有才必用」。但是,都察院、工部等衙門都不肯代呈。7月5日(閏五月十三日),

---

1　《康有為政論集》,中華書局 1981 年版,第 114—136 頁。關於此次上書的情況,參見茅海建《康有為〈我史〉鑒注》,第 63—76 頁。

光緒帝諭令各部院堂官及各省將軍督撫保舉人才。同月 19 日（閏五月二十七日）發佈上諭稱：「求治之道，必當因時制宜」，要求將軍、督撫們根據本省情形，各就籌餉、練兵、恤商、惠工等問題「分晰覆奏」。[1] 維新派受到鼓舞，認為這是「三百年之特詔」。

北京強學會 康有為第四次上書被拒後，接受陳熾、沈曾植等人建議，暫留京師。為了開通風氣，進行輿論宣傳，康有為於 1895 年 8 月 17 日（光緒二十一年六月二十七日）創辦《萬國公報》，雙日出版，遍送京師「士夫貴人」。每冊載論文一篇，介紹世界各國的兵制、通商、學校、鐵路、農學、工藝、報館等方面的情況，大多出於梁啟超和康有為的另一個弟子麥孟華之手。9 月 1 日（七月十三日），組織強學會，初以陳熾、沈曾植為正董，沈曾桐、文廷式為副董，後以陳熾、張孝謙、丁立鈞、沈曾植為總董，而以當國軍機李鴻藻的門生張孝謙主事。列名會籍或參加會務者有康有為、梁啟超、麥孟華、汪大燮、袁世凱、徐世昌、楊銳以及張之洞之子張權等 22 人。其中有維新人士，也有帝黨官僚。支持者則有翁同龢、孫家鼐、張蔭桓、劉坤一、張之洞、王文韶以及李佳白、李提摩太等傳教士，劉、張、王並各捐五千金。在《京師強學會序》中，康有為敘述了強鄰環伺的危急形勢，聲稱「學業以講求而成，人才以磨礪而出」，呼籲「凡百君子」共同講求「尊攘」之學。[2]

強學會最初打算以翻譯西方書籍為主，因此它一名譯書局，又稱強學書局或強學局。12 月 16 日（十一月初一日），為避免重名，將《萬國公報》改名《中外紀聞》，以梁啟超、汪大燮為主筆。《紀聞》仍為雙日刊，內容有閣抄、照譯路透電、選譯西報、錄各省報，譯印西國格致有用書籍等欄。強學會成員複雜，內部意見分歧，除出版《紀聞》外，無力舉辦其他活動。

翁同龢

1　《光緒朝東華錄》，總 3631 頁。
2　《康有為政論集》，中華書局 1981 年版，第 165—166 頁。

光緒帝親政後，與慈禧太后不和，帝黨與后黨之間也多有矛盾。1895 年 12 月 3 日（光緒二十一年十月十七日），光緒帝在慈禧壓力下，以「信口妄言，跡近離間」的罪名革去吏部右侍郎汪鳴鑾和戶部侍郎長麟的職務，永不敘用。[1] 汪、長在甲午戰爭期間都主戰，對慈禧有微詞，其後台是李鴻藻和翁同龢。二人被革意味著李、翁失勢。強學會初起時，李鴻章曾「以三千金入股」，為陳熾所拒，此際便慫恿兒女親家、御史楊崇伊彈劾。1896 年 1 月 21 日（光緒二十一年十二月七日），楊上書奏參「強學書院植黨營私，請旨嚴禁」，一時間，與會諸人畏懼「黨禍」，「紛紛匿遁」，翁同龢「默不一言」。[2] 同日，光緒帝諭令都察院查明封禁，強學會被迫停止活動，《中外紀聞》發行僅一個月零五天，也被迫停刊。事後，李鴻藻向光緒帝力辯楊崇伊參奏之誣，光緒帝自悔處置不當。1 月 29 日（十二月十五日，李鴻藻將強學會改名為官書局，由孫家鼐管理，規定以「譯刻各國書籍」為主，不准「瀆亂宸聽」。同年 3 月 30 日（二月十七日），楊崇伊再次奏劾帝黨官僚、翰林院侍讀學士文廷式，「互相標榜，議論時事」。結果，文被革職永不敘用，驅逐回籍。[3]

三　各地維新活動

上海　康有為在北京強學會略有頭緒後，即於 1895 年 10 月 17 日（光緒二十一年八月二十九日）離京，到江寧，會見暫署兩江總督張之洞，對談多日。張要求康有為不談「公羊學」和孔子改制，為康拒絕，但張同意出資，支持康到上海組織強學會，發行會刊。康有為除代張之洞起草《上海強學會序》外，自己還寫了《後序》，號召「思保其教，思保其類」的「通人志士」們入會，共同講求「自強之學」。章程是康有為和張之洞的幕僚黃紹箕、梁鼎芬共同起草的，它聲稱「中國之弱，由於學之不講，學之未修，故政治不舉」，因

1　《清代起居註冊》，台灣《聯合報》文化基金會 1987 年版，第 27211—27213 頁。
2　《戊戌變法》（二），第 2 頁，上海書店出版社 2000 年版。
3　《清代起居註冊》，台灣《聯合報》文化基金會 1987 年版，第 27889—27890 頁。

而，該會「專為聯人心，講學術，以保衛中國」。[1]
章程宣佈在上海設總會，逐漸向各省發展。其活動
內容為：譯印圖書、刊佈報紙、開大書藏（圖書
館）、開博物院。簽名者有張之洞周圍的主要僚屬
黃體芳、屠仁守、梁鼎芬、黃遵憲、黃紹箕以及康
有為、汪康年、張謇等 16 人。11 月（十月），上
海強學會成立。

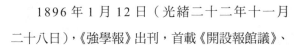
張之洞

　　1896 年 1 月 12 日（光緒二十二年十一月
二十八日），《強學報》出刊，首載《開設報館議》、
《孔子紀年說》、《論會即荀子群學之義》三文。報名之下，大書「孔子卒後
二千三百七十三年」字樣。該報繼續宣傳孔子改制思想，提出「幡然改圖」，「開
議院，立議員，以通上下之情」等主張。1 月 21 日（十二月初七日），北京強
學會被彈劾，張之洞隨即囑幕僚致電上海，指令停辦強學會和《強學報》。當
時《強學報》僅發行到三號。

　　強學會停辦後，黃遵憲與汪康年等於 1896 年 8 月 9 日（光緒二十二年七月
初一日）在上海創辦《時務報》，以汪康年為經理，邀梁啟超為撰述。其後，梁
啟超即在該報連載長文《變法通議》，呼籲清朝統
治者掌握時機，自動變法。他說：「法者，天下之
公器也；變者，天下之公理也。」「變亦變，不變
亦變。變而變者，變之權操諸己，可以保國，可以
保種，可以保教；不變而變者，變之權操諸人，束
縛之，馳驟之。嗚呼！則非吾之所敢言矣。」[2]由於
梁啟超文筆淺近，議論新穎，《時務報》出刊後，
大受歡迎，銷量迅速發展至萬餘份，「通邑大都，
下至僻壤窮陬，無不知有新會梁氏者」。[3]

《時務報》

1　《上海強學會序》，《上海強學會後序》，《康有為政論集》，中華書局 1981 年版，第 169—172 頁。
2　梁啟超《論不變法之害》，《時務報》，1896 年 8 月 19 日。
3　《戊戌履霜錄·黨人列傳》，上海書店出版社 2000 年版。

1888 年（光緒十四年）康有為曾企圖組織不纏足會，未成。1896 年（光緒二十二年），廣東人賴弼彤等在順德龍山鎮組織戒纏足會，入會者達數百人。梁啟超特為該會寫作序言並在《時務報》上刊出。次年 5 月，梁啟超又以報館名義創辦不纏足會，號召各省成立分會，湖南、四川、廣東、福建等 11 個省份相繼成立類似組織。為了提倡女子教育，梁啟超還在報上發表《倡設女學堂啟》。1898 年 5 月（光緒二十四年四月），經元善在鄭觀應、梁啟超、汪康年等人支持下，於上海創辦中國女學堂，成為近代中國女學之始。

初時，張之洞對《時務報》表示讚賞，譽之為「中國創始第一種有益之報」，但不久，梁啟超在個別文章中批評到了與張之洞有關的「金陵自強軍」，引起張的不滿。1897 年 10 月（光緒二十三年九月），梁發表《知恥學會序》，以辛辣的語言警告清朝統治者，如不迅速圖強，「則放巢流彘之事，興不旋踵」，會遭到和夏桀、周厲王同樣的命運。張之洞認為「太悖謬，聞者人人驚駭，恐遭大禍」，下令禁止該期發送。[1]

汪康年本有維新之志，但是，他原是張之洞的親信，一再受到壓力。他在《時務報》所發《論中國參用民權之利益》一文中肯定西方的「君民共主之制」，有的官僚即揚言「要打『民權』一萬板，『民權』屁股危矣哉」！[2] 梁鼎芬致函汪康年，要他「常存君國之念，勿惑於邪說，勿誤於迷途」。[3] 康門弟子徐勤的《中國除害議》批判科舉時文，梁鼎芬致函汪康年，指責該文「太悍」，「專攻南皮」，汪即腰斬該文，不再刊出，並擅自改削梁啟超連載的《變法通議》。[4] 康廣仁和梁啟超成立大同譯書局，企圖出版康有為的《孔子改制考》和《春秋董氏學》，汪康年居然拒登廣告。梁啟超忍無可忍，於 1898 年 3 月（光緒二十四年二月）致函汪康年：「如兄願辭，弟即接辦」；「如兄不願辭，弟即告辭，再行設法另辦」。[5] 結果，梁啟超憤而離職，《時務報》鋒芒頓失。此後，報紙即全為汪康年掌控。第 65 冊汪所撰《論將來必至之勢》闡述對「流品混淆，地痞流氓」

1　《致長沙陳撫台、黃署臬台電》，《張文襄公電稿》卷 29，第 6 頁。
2　《汪康年師友手箚》，上海古籍出版社 1986 年版，第 1900—1901 頁。
3　《汪康年師友手箚》，上海古籍出版社 1986 年版，第 1899 頁。
4　《汪康年師友手箚》，上海古籍出版社 1986 年版，第 1897 頁。
5　《汪康年師友手箚》，上海古籍出版社 1986 年版，第 1854 頁。

參與變法活動的憂慮，被張譽為「有報以來之傑作」。

天津　在天津活動的主要維新人士是嚴復。嚴復（1854—1921），字幼陵，又字幾道，福建侯官人。初入福州船政學堂，後被選送英國海軍大學學習。1879 年（光緒五年）畢業回國，先後任教於福州船政學堂及天津北洋水師學堂。1895 年（光緒二十一年），在天津《直報》發表《論世變之亟》、《原強》、《辟韓》、《救亡決論》等文，批判君主專制制度和封建文化，要求變革。1897 年 10 月 26 日（光緒二十三年十月一日），與夏曾佑共同創辦《國聞報》，與上海《時務報》相呼應。次月，創辦《國聞彙編》旬刊，發表翻譯作品。

嚴復

嚴復長期留學英國，西學造詣遠遠超過康、梁等人。他在《救亡決論》中稱，當時的西方全面勝過中國，中國的唯一出路是「以西學為要圖」，「救亡之道在此，自強之謀在此」。在《辟韓》一文中，他以盧梭的天賦人權說批判唐代文學家韓愈的君權神授觀念，認為君與民本是根據「通功易事」原則確定的一種契約關係，人民「出什一之賦而置之君，使之作為刑政、甲兵，以鋤強梗，備其患害」，因此，人民乃是「天下之真主」。嚴復特別歌頌西方的自由觀念，《原強》一文稱：「政欲利民，必自民各能自利始；民各能自利，又必自皆得自由始；欲聽其皆得自由，尤必自其各能自治始，反是且亂。」但他認為當時中國人尚未具備自治能力，因此急務是：鼓民力，開民智，新民德。這樣，他在理論上雖然急進，而在行動上則主張漸進。

甲午戰敗後，嚴復憤而翻譯英國生物學家赫胥黎所著《進化論與倫理學》，易名《天演論》，自 1898 年 12 月（光緒二十四年十一月）起在《國聞彙編》連載，次年 5 月（四月）結集成書。嚴復在該書按語中，突出宣揚「物競天擇」、「優勝劣敗」思想，呼籲國人奮起救亡，爭取民族生存的權利，宛如警鐘號角，廣泛地影響了 19 世紀末至 20 世紀初的一代中國人。其後，嚴復又陸續翻譯並出版了斯賓塞的《群學肄言》、亞當‧斯密的《原富》、穆勒的《群己權界論》、孟德斯鳩的《法意》等書。他是戊戌前後翻譯西學著作用力最勤、

影響最大的人。

嚴復的《辟韓》在 1896 年 4 月（光緒二十二年三月）為《時務報》轉載，張之洞見後，大為不滿，指使屠仁守作《辨〈辟韓〉書》，批評嚴復「溺於異學，純任胸臆，義理則以是為非，文辭則以辭害意」。[1] 嚴復自此謹言慎行，鋒芒大斂。1898 年 2 月（光緒二十四年正月），他在《國聞報》上連載《擬上皇帝萬言書》，建議光緒帝在變法之前先做三件事：一是到外洋遊歷，聯各國之歡；二是到中國各處，縱人民觀看，結百姓之心；三是破守舊者把持之局。全文態度溫和，並無多少激烈意見，但仍然受人參劾，以致嚴復不得不將《國聞報》轉歸日本人經理。

湖南　當時各省督撫中，以湖南巡撫陳寶箴（1831—1900）最為開通。陳字右銘，江西義寧人。1895 年 10 月（光緒二十一年九月）到任，次第興辦礦務總局、火柴公司、水口山鋅鉛礦等實業。當時，江標任學政，「以變風氣，開闢新治為己任」。1897 年（光緒二十三年），黃遵憲到湘，出任鹽法道，署湖南按察使。同年，徐仁鑄繼任學政。他們和本省紳士譚嗣同、熊希齡、唐才常、皮錫瑞等人都支持陳寶箴，積極推進維新事業，因而，湖南的維新活動生氣勃勃，在各省中最有成績。

譚嗣同（1865—1898），字復生，號壯飛，湖南瀏陽人。父親譚繼洵，任湖北巡撫。譚嗣同幼年師事歐陽中鵠，喜讀王夫之著作；後來漫遊各地，廣泛

譚嗣同

瞭解中國社會。中法戰後發奮鑽研西學。甲午戰後立志變法，斷言「今日中國能鬧到新舊兩黨流血遍地，方有復興之望」。同年在瀏陽設立算學格致館，組織算學社。1896 年（光緒二十二年）到北京，與梁啟超相識。同年從父命，入資為候補知府。旋赴江寧，結識居士楊文會。他吸收西學，融合佛學、儒學，寫成《仁學》一書，將「仁」視為天地萬物之源，認為生民之初，本無所謂君臣，只

1　《屠侍御仁守致時務報館辨〈辟韓〉書》，《翼教叢編》卷三。

是由於「辦事」需要，才「共舉一民為君」；倘若「君」不能為民「辦事」，自然可以「共廢之」。他猛烈抨擊儒學所鼓吹的三綱五常的「慘禍烈毒」，聲言「君臣一倫，尤為黑暗否塞，無復人理」。在譚嗣同看來，中國二千年來的政治都是秦始皇的「大盜」之政，學術均為荀子的「鄉愿」之學，不僅「制人之身」，而且「制人之心」。他號召人們「沖決網羅」，甚至讚美「法人之改民主」，「誓殺盡天下君主，使流血滿地球，以洩萬民之恨」。不過，他認為，在當時的中國，「亟當效法者，莫如日本」。1898 年 2 月（光緒二十四年正月），應陳寶箴之邀返湘。

湖南次第舉辦的新政有《湘學報》、時務學堂、南學會、《湘報》、保衛局等多種。

《湘學報》，初名《湘學新報》，旬刊，創辦於 1897 年 4 月 22 日（光緒二十三年三月二十一日），江標、徐仁鑄先後督辦，唐才常任主筆，楊毓麟、易鼐等參加編輯。「以講求中西有用之學」為目的，內分史學、時務、輿地、算學、商學、交涉、格致等欄，是湖南維新派最早的刊物。

時務學堂由陳寶箴倡辦，以熊希齡為總理，延請梁啟超、李維格為中、西學總教習，康門弟子韓文舉、葉覺邁、歐榘甲為分教習。1897 年 11 月 29 日（光緒二十三年十一月初六日），學堂開學。梁啟超採取「急進」辦學方針，鼓勵學

時務學堂諸教習合影

生閱讀西學書籍，常在課卷的批語中大力發揮民主思想。如：「臣也者，與君同辦民事者也，如開一舖子，君則其舖之總管，臣則其舖之掌櫃等也。」他甚至指責二十四朝皇帝中的大多數是「民賊」。這時候，梁啟超實際上已有「排滿」思想，曾在批語中寫道：「屠城屠邑，皆後世民賊之所為，讀《揚州十日記》，尤令人髮指皆裂。」[1] 1898 年（光緒二十四年）春，梁啟超因病離湘。他在學堂

---

1 《學堂日記梁批》，《覺迷要錄》卷 4。

擔任教職的時間雖不長，但卻迅速培養了一批年輕新銳。

南學會成立於 1898 年 2 月 21 日（光緒二十四年二月初一日）。設會之意，在於兼具學會與地方議會雙重性質。會友分三種。一為議事會友，由南學會創辦者譚嗣同、唐才常、熊希齡等充任。二為講論會友，以皮錫瑞主講學術，黃遵憲主講政教，譚嗣同主講天文，鄒代鈞主講輿地。三為通訊會友，凡遠道寄函，講求興利除弊的的官紳士商均是。南學會的主要活動內容是演講，其講稿則發表於《湘報》。自成立之日起，有記錄可查的演講共 13 次。南學會成立後，瀏陽、巴陵、沅州成立分會，湖南不纏足總會、延年會、積益學會、學戰會、公法學會、法律學會、群萌學會、任學會、興算學會、致用學會、明達學會等相繼成立。

《湘報》創刊於 1898 年 3 月 7 日（光緒二十四年二月十五日）。每日一張。由熊希齡倡辦。熊與梁啟超、李維格、譚嗣同、鄒代鈞、唐才常等八人任董事，以唐才常為總撰述。陳寶箴撥款支持。該報大力介紹西方政治、社會學說，宣傳變法維新，盡力擴大讀者層面，「使圓臚方趾能辦之無之人，皆易通曉」，成為與《時務報》並稱的新派報紙。

保衛局實為地方警察機構，由黃遵憲倡辦。黃認為「欲衛民生」，「必當使吾民咸與聞官事」，因此，他主張「官民合辦」，「使諸紳議事而官為行事」。其法為每二百戶選一戶長，稱「議事紳士」；保衛局所用巡查，由戶長公舉或撤換。黃企圖由此削官權，興紳權，作為實行「地方自治」的試驗。

《湘學報》、時務學堂、南學會、《湘報》初創之際都受到普遍歡迎，但不久即因部分「激烈」言論受到官方的干預和守舊派的反對。3 月 29 日（三月初八日），《湘報》刊載易鼐的《中國宜以弱為強》說，主張「西法與中法相參」、「民權與君權兩重」、「中教與西教並行」、「黃人與白人互婚」。陳寶箴認為「過於偏激」。張之洞認為「十分悖謬」，「遠近傳播，必致匪人邪士，倡為亂階」，指令陳寶箴和黃遵憲「諭導阻止，設法更正」。[1]同時，張之洞並指責《湘學報》「奇談怪論，較去年更甚」。[2]4 月 6 日（三月十六日），《湘報》發表皮錫瑞之子

1　《致長沙陳撫台、黃臬台》，《戊戌變法》（二），上海書店出版社 2000 年版，第 609 頁。
2　《致長沙徐學台》，《戊戌變法》（二），上海書店出版社 2000 年版，第 610 頁。

皮嘉祐所作《醒世歌》，中有「若把地球
來參詳，中國並不在中央。地球本是渾圓
物，誰是中央誰四旁」等句，葉德輝認為這
將導致「破夷夏之防，合中外之教」，致函
皮錫瑞抗議。他勸皮錫瑞在南學會「勿言
《孟子》、《公羊》之教」，並要他離開南學
會。[1] 同月 19 日（三月二十九日，樊錐在《湘
報》發表《發錮篇》，昌言「無人非天之所
生，則無人非天之子也」。邵陽「士民」即
於 6 月 3 日（四月十五日）在大成殿禱告孔
子，宣告將「亂民」樊錐驅逐出境。

陳寶箴

　　守舊派的攻勢越來越猛。6 月 13 日（四月二十五日），湘籍京官御史黃均
隆疏劾陳寶箴，攻擊時務學堂，要求解散南學會、保衛局。其後（夏曆五月），
嶽麓書院學生賓鳳陽等人致函書院山長王先謙，指控梁啟超等人所批學堂課
卷「有悖亂實跡」，函稱「今康梁所用以惑世者，民權耳，平等耳。試問權既
下移，國誰與治？民可自主，君亦何為？是率天下而亂也。」[2] 王先謙原先參與
過部分維新活動，向陳寶箴申請開辦時務學堂的呈文即由他領銜，對南學會
和《湘報》，也曾表示支持，但他不能容忍有違「聖教」的「越軌」言行。接到
賓鳳陽的書信後，王先謙即與葉德輝等十人聯名上書陳寶箴，要求對時務學堂
「嚴加整頓」。不久，又要求停辦《湘報》。夏曆六月，王與人訂立《湘省學約》，
提出「正心術」、「尊聖教」、「辟異端」等七項條規。[3] 賓鳳陽等更散佈匿名揭帖，
誣衊時務學堂師生之間「肆行雞姦」。

　　陳寶箴支持維新，讚譽康有為「為人所不肯為，言人所不敢言」，是「一時
奇士」。但是，他反對康有為的「孔子改制」之說，也不贊成維新派的「民權
平等」之論。在張之洞和湖南守舊派的壓力下，陳寶箴指令《湘報》刪去報首

1　《與南學會皮鹿門孝廉書》，《翼教叢編》卷 6。
2　《賓鳳陽等上王益吾院長書》，《翼教叢編》卷 5。
3　《翼教叢編》卷 5。

議論。5 月 20 日（四月初一日），《湘學報》開始連載張之洞的《勸學篇》。但是，陳寶箴仍然企圖保護維新力量。7 月 2 日（五月十四日），陳委任黃遵憲為時務學堂總理，黃即發佈告示稱，市上流傳的學堂課藝係「冒名偽作」。當時，熊希齡等為反擊王先謙等人，上書陳寶箴，指陳書院弊端，要求整頓。對此，陳寶箴判為「門戶紛爭」，企圖調和了事。8 月 10 日（六月二十三日），光緒帝下諭，表揚陳寶箴「銳意整頓」，指示他可以嚴懲那些「有意阻撓，不顧大局」的「縉紳」，陳即下令傳喚散佈匿名揭帖的賓鳳陽等人，但王先謙隨即以辭去嶽麓書院山長相要脅，致使陳寶箴不了了之。[1]

在守舊派壓力下，南學會自 6 月 29 日（四月初十日）之後即停止演講。不久，皮錫瑞離開湖南，韓文舉、葉覺邁、歐榘甲被迫辭去時務學堂教職，學堂長期放假。7 月 19 日（六月一日），陳寶箴停發《湘報》津貼。30 日（六月十二日），清廷下令，命黃遵憲、譚嗣同迅速來京。熊希齡也於隨後離湘。湖南的維新活動逐漸趨於沉寂。

上海、天津、長沙之外、兩廣、澳門、陝西、四川也都是比較活躍的地區。澳門有梁啟超、徐勤任撰述，康廣仁任經理的《知新報》。陝西有劉古愚等組織的復邠學會及不定期出版的《時務齋隨錄》。四川有宋育仁等創辦的《渝報》、蜀學會及《蜀學報》。溫州有陳虬創辦的《利濟學堂報》。杭州有陳虬、宋恕、章炳麟創辦的《經世報》。無錫有裘廷梁的《無錫白話報》。據統計，1895 年（光緒二十一年）至 1898 年（光緒二十四年）間，全國各地創辦的學會、學堂和報刊，共有三百多個。一時間，學會林立、報刊紛起，古老的中國出現了一批新事物，就像一座深閉多年的宅院，吹進了陣陣清新之風。

張之洞刊刻《勸學篇》　戊戌時期的思想派別大體可分三類，守舊派、洋務派與維新派。守舊派堅持「祖宗之法不可變」，認為「凡子孫欲革先人之法，則其禍亂必尤甚於未革之世」。但是，這種理論，不論揆諸史事，或揆諸儒學經典，都無法成立，並無多大影響。洋務派堅持西方的「技」、「藝」可學，「器」可用，「道」不可變，是當時的主流思潮。維新派繼承早期改良主義者的思想，

1　參見《清代起居註冊》，台灣《聯合報》文化基金會 1987 年版，第 30991—30995 頁。

但是，在若干方面又有發展。一是提出「民權、平等」之說，用以挑戰君主專制思想。中國社會長期認為「君權天授」，維新派則認為「君權民授」，可以公舉，也可公廢。二是批判綱常名教。儒學長期視「三綱五常」為天經地義，而維新派則指責其「慘禍烈毒」。三是提出「以西學為要圖」。當時，洋務派普遍崇奉「中學為體，西學為用」說，嚴復則批判這樣說法不合事理：他認為，體用本就一物而言，不能以牛為體，以馬為用。他由此論證說：「中學有中學之體用，西學有西學之體用，分之則並立，合之則兩亡。」在維新派的推動下，近代中國出現了第一次思想解放的潮流。

維新派的思想有激烈的一面，但是，又有溫和、妥協的一面。他們一般只主張「民權」，而不主張「民主」，而且主張興「民權」之前，必須先興「紳權」。顯然，他們只要求封建統治者向自己開放部分權力，並不想將權力徹底交給人民。儘管如此，維新派的思想仍然為守舊派、洋務派所不滿，在北京、湖南、湖北等地相繼發生新舊思想的激烈論辯。其中，最突出的事件是張之洞刊刻《勸學篇》。

中日甲午戰爭期間，張之洞屬於主戰派。馬關條約簽訂後，他擔心「從此中華何以自立」，致電總理衙門，指斥「倭約各條，貪苛太甚」，甚至上疏要求將李鴻章「明正典刑，以謝天下」。此後，他即提倡「變通陳法」。1895 年（光緒二十一年）7 月 19 日，他向光緒帝上《籲請修備儲才摺》，提出練陸軍、治海軍、造鐵路、設槍炮廠、廣開學堂、速講商務、講求工政格致、多派人員出國遊歷等九條建議。8 月（七月），又與兩江總督劉坤一聯名上《遵議廷臣條陳時務摺》，主張整頓軍事、發展實業、「中學宜兼西學」，反對以八股、試帖、取士。維新運動初起，他取支持態度，先後資助強學會及《時務報》。1897 年（光緒二十三年），張之洞自江寧回湖廣總督任，大力在轄區內建立新式企業、學堂，以西法練兵，一時間，使湖北成為推行新政最有實效的省份。但是，他不同意康有為的孔子改制以及維新派的「民權、平等」說。1898 年（光緒二十四年），張之洞刊刻《勸學篇》，企圖糾正維新思潮之「偏」。《勸學篇》分內外兩部分，序稱：「內篇務本，以正人心；外篇務通，以開風氣。」在外篇部分，張之洞闡述了學習西方科技、文化，設立學堂、改革科舉、翻譯日文書

籍，提倡閱報等多方面的問題，可以視為張之洞的內政改革綱領，也是他為變法劃定的範圍。但是，《勸學篇》的重點在內篇。張之洞專闢《正權》一章，批評「民權之說，無一益而有百害」，「愚民必喜，亂民必作，紀綱不行，大亂四起」。他聲稱，西方所謂「民權」，只不過「欲民申其情，非欲民攬其權」。他特別批評梁啟超在《時務報》中提出的西方國家「人人有自主之權」的說法，認為那將出現「工願高價，無業貧民願劫奪，子不從父，弟不尊師，婦不從夫，賤不服貴」的狀況。不過，張之洞對西方「政必有法」，「君民皆不得違其法」的情況卻頗為肯定，他也不堅決反對開議院，僅認為尚非其時。他說：「此時縱欲開議院，其如無議員何！此必俟學堂大興，人才日盛而後議之。」這些地方，是張之洞思想超出洋務派之處。

《勸學篇》極力維護中國的綱常名教。在《明綱》篇中，張之洞說：「五倫之要，百行之原，相傳數千年更無異義，聖人所以為聖人，中國所以為中國，實在於此。」在中西文化關係上，張之洞提倡「中學為體，西學為用」。他在《循序》篇中提出：學者必須「先以中學固其根柢」，「必先通經，以明我中國先聖先師立教之旨。」在《設學》篇中說：「四書、五經、中國史事、政書為舊學，西政、西藝、西史為新學。舊學為體，新學為用，不使偏廢」。「中體西用」本是洋務派的一貫主張，但其明確表述則始於 1895 年（光緒二十一年）3 月沈壽康在《萬國公報》上所發表的文章《匡時策》中云：「夫中西學問，本自互有得失。為華人計，宜以中學為體，西學為用。」次年，孫家鼐在籌議開辦京師大學堂時也提出：「自應以中學為主，西學為輔；中學為體，西學為用。」梁啟超也有過類似提法。不過，其影響都沒有張之洞大。

《勸學篇》出版後，被光緒帝認為「持論平正通達，於學術人心大有裨益」，諭令軍機處頒發各省督撫、學政。[1] 守舊派也大表歡迎。戊戌政變後，蘇輿彙集攻擊維新思潮的文章為《翼教叢編》，其中即有《勸學篇》中的《教忠》、《明綱》、《知類》、《正權》等四篇。

1　《德宗景皇帝實錄》卷 421，第 6 頁。

四　變法高潮與「百日維新」

康有為的第五、第六、第七次上書　1897 年

榮
祿

11 月（光緒二十三年），德國派軍艦強佔膠州灣。
次年 1 月，康有為鑒於民族危機日益嚴重，趕赴
北京，第五次上書光緒帝，建議：一、採法俄、日
以定國是；二、大集群臣而謀變政；三、聽任疆臣
各自變法。他警告皇帝說，如果依然故我，「恐自
爾之後，皇上與諸臣雖欲苟安旦夕，歌舞湖山而不
可得矣！且恐皇上與諸臣求為長安布衣而不可得
矣！」[1] 他要求光緒帝將「國事付國會議行」，「盡革舊俗，一意維新」。這道奏
章，為工部尚書淞溎所阻，但卻受到給事中高燮曾的重視，上疏推薦，要求光
緒帝召見康有為。清制，非四品以上官，不能召見。恭親王奕訢據此反對，聲
稱康有為是「小臣」，「皇上若欲有所詢問，命大臣傳語可也。」[2]

光緒帝也感到形勢危迫。1898 年 1 月 16 日（光緒二十四年十二月二十四
日），光緒帝向翁同龢、奕訢徵詢「變法」意見。翁同龢主張「從內政根本起」，
奕訢等人沉默不語。次日，光緒帝連發三道上諭，要求提高辦事效率，同時要
求各省督撫推薦人才，裁汰綠營，開辦製造局廠。同月 24 日（光緒二十四年正
月初三日），光緒帝命王大臣在總理衙門接見康有為。參加者有李鴻章、翁同
龢、榮祿等人。榮祿（1836—1903），字仲華，滿洲正白旗人。因在咸豐帝去
世後，支持慈禧太后奪權有功，官至步軍統領、總署大臣兼督辦軍務大臣。他
對康有為稱：「祖宗之法不能變。」康答：「祖宗之法，以治祖宗之地也，今祖
宗之地不能守，何有於祖宗之法乎？即如此地為外交之署，亦非祖宗之法所有
也。因時制宜，誠非得已。」[3] 他聲稱：「日本維新，仿效西法，法制甚備，與我
相近，最易摹仿」，自己編有《日本變政考》及《俄彼得變政記》二書，可以採

1　《康有為政論集》上冊，中華書局 1981 年版，第 203 頁。
2　《康有為自編年譜》，《戊戌變法》（四），上海書店出版社 2000 年版，第 188 頁。
3　《康有為自編年譜》，《戊戌變法》（四），上海書店出版社 2000 年版，第 140 頁。

鑒。這一天的接見在翁同龢的日記中留下的記載是：「康有為到署，高談時局，以變法為主，立制度局、新政局、練兵局，開鐵路，廣借洋債數大端，狂甚。」第二天，翁同龢向光緒帝保薦康有為，光緒帝再次表示要召見康有為，仍為恭親王所阻。光緒帝命康條呈所見並送呈《日本變政考》、《俄彼得變政記》二書。

1月29日（正月初八日），康有為以《外釁危迫，分割薦至，急宜及時發憤，大誓臣工，開制度、新政局，革舊圖新，以存國祚》為題，第六次上書，要求光緒帝仿照日本明治維新的辦法：「一曰大誓群臣以革舊維新，而採天下之輿論，取萬國之良法。二曰開制度局於宮中，徵天下通才二十人為參與，將一切政事、制度重新商定。三曰設待詔所，許天下人上書。」[2] 在這三項建議中，康有為最重視開制度局，其具體設計是：選天下通才十數人為修撰，以王大臣為總裁，相互平等，每日在宮中討論舊制新政，何者當改，何者當增，由皇帝折衷一是，然後交由法律、稅計、學校、農商、工務、礦政、鐵路、郵政、造幣、遊歷、社會、武備等十二局施行。按照這一設計，就將重構清廷的權力分配，在皇帝周圍形成一個新的決策機構，領導變法與改革，同時也將形成適應現代化要求的新的行政系統。為了擴大影響，造成聲勢，康有為先後為御史楊深秀、宋伯魯等多人草擬了主題大體相同的奏摺。

康有為的奏摺被總理衙門的王大臣們壓了一個多月，在光緒帝的一再催問下，才於3月11日（二月十九日）上呈。光緒帝讀到後，非常滿意，命王大臣們「妥議具奏」，但沒有下文。

次日，康有為進呈《俄彼得變政記》，第七次上書光緒皇帝，闡述「體制」和「變法」的關係。內稱：「今明知法敝不能不變，而卒不能變者，大率為體制所拘，與天下賢士不接，不能大變也。」又稱：「富樂莫如美，而民主之制，與中國不同。強盛莫如英、德，而君民共主之制，仍與中國少異。」在康有為看來，只有俄國，「其君權最尊，體制崇嚴，與中國同」，因此，他建議光緒皇帝，效仿俄國的彼得大帝，「以君權變法」。[3] 4月10日（三月二十日），康有為

1　《翁同龢日記》第6冊，中華書局1998年版，第3086頁。
2　本摺文字據故宮博物院藏宮內府抄本《傑士上書彙錄》卷一，見孔祥吉《康有為變法奏議輯證》，台灣聯合報1998年版，第8頁。
3　孔祥吉《康有為變法奏議輯證》，第39頁。

再次進呈《日本變政考》。建議光緒皇帝仿效日本的明治維新，竭力鼓吹，「採鑒於日本，一切已足」。[1]

在維新運動中，康有為先後進呈光緒帝的自編書籍還有《泰西新史攬要》、《列國變通興盛記》、《孔子改制考》、《列國政要比較表》、《日本書目志》、《波蘭分滅記》等。

康有為一面上書皇帝，爭取王公大臣的支持，一面組織團體，積聚力量。當時，強學會之後，旅京人士相繼組織知恥學會（壽富等發起）、粵學會（康有為發起）、關學會（宋伯魯等發起）、閩學會（林旭等發起）、蜀學會（楊銳等發起）。4月17日（三月二十七日），康有為與御史李盛鐸在北京成立保國會，以保國、保種、保教為宗旨，章程稱：「本會以國地日割，國權日削，國民日困，思維持振救之，故開斯會以冀保全。」[2] 其後，保滇會、保浙會、保川會先後成立。不久，浙江人孫灝、御史潘慶瀾、黃桂鋆等相繼撰文或上疏彈劾，指責康有為等「聚眾不道」，聲稱「權操於上則治。權分於下則亂」，現在「民主、民權之說日益猖獗」，「其患不可勝言」。[3] 李盛鐸受到榮祿壓力，自除己名。喬樹楠致函梁啟超，指責保國會「濫列多名，乘機作亂，居心狡詐，行同誆騙」。[4] 在此情況下，保國會形存實亡。

保國會的被劾使維新派再次處於不利局面，但是5月28日（四月十日）恭親王奕訢的病故卻使形勢發生變化。奕訢於光緒十年被慈禧太后免去軍機大臣及總理衙門大臣職務，中日戰爭中被起用。他在教育、通商、修築鐵路，興辦機器工業、加強武備等方面支持改革，但是，反對削弱皇族權威，變更軍機處

1　《日本變政考跋》，台北：故宮博物院《日本變政考》卷尾。
2　《保國會章程》，《國聞報》，1898年5月7日。
3　《覺迷要錄》卷1。
4　《總記保國會逆跡》，《申報》，1898年10月25日。

等政權機構。他竭力阻攔光緒帝重用康有為，在臨終前向慈禧太后泣訴翁同龢「心叵測」。[1]他的去世，使康有為覺得少了一個障礙，光緒皇帝覺得少了一個掣肘的人，變法活動的鑼鼓就敲打起來了。

百日維新　自1898年6月11日（光緒二十四年四月二十三日）光緒帝下詔變法至同年9月21日（八月初六日）慈禧太后發動政變止，共103天，史稱百日維新。

康有為完全寄希望於光緒帝，希望他以皇帝之尊打擊舊派，支持變法。6月1日（四月十三日），康有為代楊深秀草擬《請定國是，明賞罰，以正趨向而振國祚摺》，陳述割讓台灣、膠州灣（青島）被德國軍隊所佔之後的危急形勢，要求光緒帝「明降諭旨，著定國是，宣佈維新之意，痛斥守舊之弊」。[2]同月8日（四月二十日），又代侍讀學士徐致靖草擬《為外侮方深，國是未定，守舊開新，兩無所據，請特申乾斷，明示從違，以一眾心而維時局摺》，要求光緒皇帝「求可求成，風行雷動」。[3]

據光緒皇帝向翁同龢傳達，他曾向慈禧太后彙報，慈禧太后贊成楊深秀和徐致靖的主張，指示說：「今宜專講西學」。[4]老成持重的翁同龢覺得皇帝傳達的精神可能過頭，於是在「折衷至當」之後，在為光緒帝起草的《定國是詔》中聲稱：「五帝三王，不相沿襲，譬之冬裘夏葛，勢不兩存。用特明白宣示，嗣後中外大小諸臣，自王公以及士庶，各宜努力向上，發憤為雄，以聖賢義理之學植其根基，又須博採西學之切於時務者實力講求，以救空疏迂謬之弊。」[5]6月

《應詔統籌全局摺》

奏為應
詔陳言乞統籌全局以救危立國恭摺仰祈　正月初八日具奏
聖鑒事竊頃者德人劫據膠州俄人覬伺旅大諸國環發
欲待亡自甲午和議成後臣累上書極陳時危力請變法檢
未得達旋即告歸士宅撫膺閉門泣血未及三年遂有茲變
臣萬里浮海再詣
闕廷荷蒙
皇上不乘芻蕘特命總理各國事務王大臣詢問以大計。
復命具摺上陳並宣取臣所著日本變政考俄大彼得變政
考進呈

1　金梁《四朝佚聞》，《戊戌變法》（四），上海書店出版社2000年版，第222頁。
2　孔祥吉《康有為變法奏議輯證》，第71頁。
3　孔祥吉《康有為變法奏議輯證》，第95—96頁。
4　《翁同龢日記》，第6冊，中華書局1998年版，第3132頁。
5　《清代起居註冊》，台灣《聯合報》文化基金會1987年版，第30767—30771頁。

11 日（四月二十三日），《定國是詔》頒佈，維新變法定為國策。13 日（四月二十五日，徐致靖上摺，密保康有為、黃遵憲、譚嗣同、張元濟、梁啟超為「維新救時之才」，要求光緒帝「特旨破格委任」。光緒帝命康有為、張元濟預備召見，黃遵憲、譚嗣同送部引見，梁啟超由總理衙門察看具奏。

光緒帝發佈變法詔書當然經過慈禧太后同意，但是慈禧對光緒並不放心，力圖加以防範。6 月 15 日（四月二十七日），光緒帝連發五道上諭，其中一道規定凡補授文武一品暨滿漢侍郎，均須親向慈禧太后謝恩，牢牢控制用人大權。另一道命王文韶來京陛見，直隸總督由榮祿暫行署理。榮祿曾任步軍統領、兵部尚書，負責拱衛北京的董福祥的甘軍就是由他調入的。當時的直隸總督管轄區域達七州一百零四個縣，其行政區劃伸展到內蒙古、山東、奉天、山西境內。榮祿署理直隸總督，就有了控制京畿地區的軍政大權。還有一道命翁同龢開缺回籍，其理由是：「近來辦事多未協允，以致眾論不服，屢經有人參奏，且每於召對時諮詢事件，任意可否。喜怒見於詞色，漸露攬權狂悖情狀，斷難勝樞機之任。」膠州灣事變後，翁同龢在和德國交涉過程中「低顏俯就」，引起普遍不滿。此後，光緒帝要改革外交禮儀，在宮中接見外國使臣，翁同龢反對。光緒帝要重用並獎賞歷任外交職務、見識開通的張蔭桓，翁同龢反對。5 月 26 日（四月初七日），光緒帝命翁同龢傳諭康有為，將此前進呈的書籍再抄一份，翁同龢居然回答，「與康不往來。」「此人居心叵測。」第二天，光緒帝再次索要康書，翁同龢對答如前。光緒帝發怒詰責，翁同龢將此事推給總理各國事務衙門。光緒帝要翁親自傳知張蔭桓，不料翁仍然拒絕，反問皇帝：「張某日日進見，何不面諭！」6 月 13 日（四月二十五日），徐致靖奏保康有為、張元濟、黃遵憲、譚嗣同、梁啟超等人時，求才若渴的光緒帝意欲即日召見，但翁同龢不贊成，主張「宜稍緩」。因此翁的開缺原因雖然複雜，但他和光緒皇帝日益加深的矛盾應是主因。[1]

光緒皇帝身邊沒有翁同龢掣肘，就準備放手大幹。6 月 16 日（四月二十八日），光緒帝召見康有為，表示中國危亡，「皆守舊者致之耳」，「今日誠非變

1　參見楊天石《翁同龢罷官問題考察》，《晚清史事》，中國人民大學出版社 2007 年版，第 76—93 頁。

法不可」。康有為鼓勵光緒帝統籌全局，採取「全變」的大動作，「先開制度局而變法律」，聲稱「變法三年，可以自立，此後則蒸蒸日上。富強可駕萬國」。光緒帝聽得心花怒放，肯定康有為「條理甚詳」。康乘機詢問：「皇上既見及此，何為久而不舉，坐致割弱？」光緒帝目睨簾外，歎氣道：「奈掣肘何！」康有為心知慈禧太后是阻力，建議皇帝就「現在之權」，「扼要以圖」，將開民智作為首務。對康有為所述，光緒帝都點頭稱是。二人談得很投機，直到光緒皇帝要康「下去歇歇」，並告訴他：「汝尚有言，可具摺條陳來」，康有為這才起立退出。

召見結束後，光緒帝有意重用康有為，但榮祿、剛毅反對，僅著康有為在總理衙門章京上行走。章京是滿語，含意之一為辦理文書事務的官員。因此，康有為的新職務地位並不高，但是，康有為被皇帝召見，又得到「具摺條陳」的「皇命」，心情仍極為興奮。6 月 19 日（五月初一日），康有為上書向皇帝「謝恩」，要求皇帝「親御乾清門，大誓群臣，下哀痛嚴切之詔，佈告天下」：

> 一則盡革舊習，與之更始；二則所有庶政，一切維新；三則明國民一體，上下同心；四則採萬國之法；五則聽天下之上書；六則著阻撓新政，既不奉行，或造謠惑眾，攻訐毀新政者之罪。

康有為並建議，將改革詔書張貼在通衢大道上，令群臣具表簽名奉行新政。他認為這樣做，就可以「令下如流水無有阻礙者矣」。[1] 自此，康或本人具名，或以他人名義，不斷向光緒帝上摺，提出具體的變法建議，光緒帝也幾乎每天都發佈上諭，推行新政，一時間似乎春風頻拂，頗有陰霾頓掃，萬物昭甦之概。

一、文化教育改革。當年年初，光緒帝曾根據貴州學政嚴修奏請，決定設經濟特科，以策論形式考選內政、外交、理財、經武、格物、考工等六個方面的特殊人才，作為對傳統科舉考試的補充。6 月 17 日（四月二十九日），康有為以御史宋伯魯和本人的名義分別上摺，痛陳八股之弊。光緒帝命軍機大臣擬旨，剛毅認為「此事重大，行之數百年，不可遽廢」，光緒帝厲聲責問道：「汝

欲阻撓朕耶？」剛毅要求請示慈禧。[1]同月 20 日（五月初二日），光緒帝得到慈禧同意。22 日（五月初四日），康有為再以徐致靖之名上摺，要求光緒帝「勇斷」。[2]次日，光緒帝降旨，自下科起改試策論。

在要求廢除八股的同時，維新派又積極要求創辦新式學堂。6 月 11 日（四月二十三日），《明定國是詔》諭令創辦京師大學堂。7 月 8 日（五月二十日），光緒帝派孫家鼐管理大學堂事務。10 日（五月二十二日），康有為上摺，要求將各省書院改為中學堂，鄉邑淫祠改為小學堂，兒童六歲入學。同日，光緒帝再發上諭，命將各地書院分別改為新式學堂，民間祠廟之不在「祀典」者，由地方官曉諭居民改為學堂，同時獎勵民間捐資辦學。其後，光緒帝又陸續下令，籌辦礦務、海軍、農務、編譯、茶務各類學堂。為了瞭解外情，取益外國富強經驗，光緒帝命將上海譯書局改為官督商辦，將北京譯書局併入京師大學堂，並命各省挑選學生赴日留學。

當時，《時務報》已為汪康年掌握。7 月 17 日（五月二十九日），康有為以御史宋伯魯名義上《奏改〈時務報〉為官報摺》。同月 26 日（六月初八日），光緒帝派康有為督辦，旨稱：「各報體例，自應以臚陳利弊，開拓見聞為主，中外時事均許據實昌言，不必意存忌諱，用副朝廷明目達聰、勤求治理之至意。」[3]顯然，其中包含著某種成分的新聞自由和言論自由思想。

西方各國普遍設立教會。為了與之抗衡，6 月 19 日（五月初一日），康有為上摺，要求由孔子的後裔衍聖公開設孔教會，吸收王公士庶有志者加入，以衍聖公為總理。摺上，沒有反響。

二、經濟改革。維新派重視商務。在《日本書目志》中，康有為特列「商業門」，包括商業歷史、商業地理、商業、銀行、貿易、交通、度量衡、簿記等

1　《康有為自編年譜》，《戊戌變法》（四），上海書店出版社 2000 年版，第 147—148 頁。

2　《康有為政論集》上冊，中華書局 1981 年版，第 286 頁。

3　《清代起居註冊》，台灣《聯合報》文化基金會 1987 年版，第 30931 頁。

各類書籍，他說：「商若能盛，國以富強。」「諸國並立之世，商務不立，則為人取矣。」6 月 11 日（四月二十三日），光緒帝發佈上諭，接受總理衙門議請，在各省設立商務局。7 月 19 日（六月初一日），康有為上《條陳商務摺》，要求設商學、出商報、立商會，在中央設立商部。25 日（六月初七日），光緒帝諭令劉坤一、張之洞在上海、漢口等地試辦商務局。8 月 2 日（六月十五日），再發上諭，要求各督撫「悉心講求，次第興辦」，「毋得徒託空言，一奏塞責」。[2]

為了發展科技、工藝，康有為於 6 月 26 日（五月初八日）上摺，要求獎勵新藝、新法、新書、新器，特許專賣。7 月 13 日（五月二十五日），光緒帝批准總理衙門所擬專利和獎勵章程十二條，允許民間設廠，規定凡能製造新器，發明新械，或興辦學堂、藏書樓、博物院、建造槍炮廠者，均可申請給獎，予以專利，授予官銜。

在農業方面，光緒帝於 7 月 4 日（五月十六日）批准御史曾忠彥等人奏請，要求各地方官勸諭紳民兼採中西各法，興辦農政。8 月 18 日（七月初二日），康有為上《請開農學堂地質局以興農殖民而富國本摺》，建議在各省建立農學局，設農學堂，辦農學報，開農學會，譯農學書，繪農學圖。同月 21 日（八月初五日），光緒帝諭令在北京設立農工商總局，同時命各省設立農務學堂，廣開農學會，創辦農學報。

三、軍事改革。3 月 18 日（二月二十六日），光緒帝根據榮祿等人奏請，諭令各省武鄉試自 1900 年（光緒二十六年）始，會試自 1901 年（光緒二十七年）始，童試自下屆始，一律停試弓、刀、步、石等傳統項目，改試槍炮。7 月 9 日（五月二十一日），再次諭令奕劻等「按照泰西兵制，更定新章」，改練洋操。[3] 15 日（五月二十七日），諭令水陸各軍一律裁員節餉，挑留精壯，勤加訓練。28 日（六月初十日），命各省將軍、督撫籌撥經費，以備添設海軍，籌造兵輪。

四、風習改革。康有為要求將鄉邑淫祠改為小學堂，不僅為了振興教育，

1　《康有為全集》第 2 卷，中國人民大學出版社 2007 年版，第 886—902 頁。
2　《清代起居註冊》，台灣《聯合報》文化基金會 1987 年版，第 30965 頁。
3　《清代起居註冊》，台灣《聯合報》文化基金會 1987 年版，第 30876 頁。

而且也具有改革社會風習的意義。他在摺文中批評「中國民俗，惑於鬼神，淫祠遍於天下」，恰是當時社會的一種病態。[1] 8 月 13 日（六月二十六日）為光緒帝生辰，康有為上摺，陳述女子裹足危害，要求光緒帝下詔，改革惡俗，但此摺上奏後，卻被官僚們以「穢屑不關政體」為理由否決。

　　五、政治改革。政治改革涉及權力和利益的再分配，百日維新期間，光緒帝僅在有限的幾個方面有所推進。一是修改衙門條規。7 月 29 日（六月十一日），光緒帝諭令各部院堂官督率司員審閱衙門例案，刪去其含義不明，語涉兩歧，或貌似詳細而不合情理者，另訂簡明案例。二是開放言路。清制，低級官員沒有直接給皇帝上書的權利。為此，光緒帝於 8 月 2 日（六月十五日）下詔：「部院司員有條陳事件者，著由各堂官代奏；士民有上書言事者，著赴都察院呈遞。毋得拘牽忌諱，稍有阻格。」[2] 三是精簡機構。8 月 30 日（七月十四日），光緒帝接受太僕寺少卿岑春煊奏請，諭令裁撤詹事府、通政司、光祿寺、鴻臚寺、太僕寺、大理寺等六個冗署，外省裁汰湖北、廣東、雲南三省巡撫以及東河總督等冗缺，同時命有關官員詳議京外應裁、應併各缺，切實辦理。四是任用新人。9 月 5 日（七月二十日），光緒帝賞楊銳、劉光第、林旭、譚嗣同四品卿銜，在軍機章京上行走，參與新政。

　　楊、劉等四人的思想、觀點並不完全一致。楊銳（1857—1898），字叔嶠，四川綿竹人。張之洞弟子，張任兩廣總督時，曾入張幕。1889 年（光緒十五年）考授內閣中書，晉侍讀。1898 年（光緒二十四年）發起組織蜀學會。他讚賞康有為上皇帝書的救國精神，但認為其主張「多謬妄」。劉光第（1859—1898），字裴村，四川富順人。1883 年（光緒九年）進士，授刑部主事。甲午戰爭爆發，他上書建議光緒帝，首先鑒酌古今成敗，中外利害，然後「用開創之規模，為繼述之事業」，同時建議他「乾綱獨斷」，不必事事請示太后。他與楊銳友善，同為蜀學會的倡設者，後曾列名保國會，但在聽了康有為的演說後，即「絕惡之」。林旭（1875—1898），字暾谷，號晚翠，福建侯官（今福州市）人。《馬關條約》簽訂時，任候補內閣中書，曾上書拒和。1898 年（光緒二十四年）

1　《請飭令各省改書院、淫祠為學堂摺》，《康有為政論集》上冊，中華書局 1981 年版，第 313 頁。

2　《清代起居註冊》，台灣《聯合報》文化基金會 1987 年版，第 30959 頁。

林旭

初倡議建立閩學會。他崇信康有為的孔子改制之說，自稱弟子。四人任軍機章京後，受到原在軍機處工作的滿漢人員的排斥，他們之間也有矛盾。大體上，林旭激烈，楊銳穩重。楊曾向光緒帝建議三條：第一，對慈禧，「宜遇事將順，行不去處，不宜固執己意」；第二，變法宜有次第；第三，進退大臣不宜太驟。[1]

維新派的理想是開國會（議院），在皇權統治下爭取部分議政權利。但是，康有為逐漸認為，舊黨盈塞，民智未開，如果頑固、守舊份子掌握議院，將成變法阻力，反不如「以君權治天下」，依靠「天錫智勇，千載罕逢」的光緒帝更為簡捷。康有為樂觀地估計，如此做去，中國只需三年功夫，便可強盛。[2]基於這種考慮，康有為便將奮鬥目標改為開制度局，使維新人士參與決策，輔佐光緒，推行新政。康此議侵犯軍機處的權力，被大臣們視為「是廢我軍機也」。他們表示：「我寧忤旨而已，必不可開。」軍機大臣王文韶表示：「上意已定，必從康言，我全駁之，則明發上諭，我等無權矣，不如略敷衍而行之。」8月2日（六月十五日），軍機大臣世鐸領銜上奏，認為皇上延見廷臣，隨時召對即可，實際上否定開制度局的必要。

維新派估計開制度局的要求一時難以通過，企圖另立名目，在舊形式中裝入新內容。7月中旬（六月初），梁啟超為刑部侍郎李端棻草擬奏摺，提議在內廷「開懋勤殿，議制度」。懋勤殿位於乾清宮內，為翰林修書、入值之處。梁啟超提議「開懋勤殿」，其目的仍在於為維新人士創造與皇帝見面，參與決策的

1　《楊參政公事略》，蘇繼祖《清廷戊戌朝變記》引《綿竹縣誌》。
2　《答人論議院書》，《康有為全集》第 4 冊，中國人民大學出版社 2007 年版，第 362 頁。
3　《康南海自編年譜》，《戊戌變法》（四），上海書店出版社 2000 年版，第 153—154 頁。

機會。李端棻於 24 日（六月初六日）上奏，光緒帝當日批交奕劻、孫家鼐會同軍機大臣覆議。開懋勤殿是清廷雍正、乾隆、嘉慶三朝舊法，奕、孫不便明顯反對，但強調其人選必須「慎之又慎」，算是沒有強烈反對。

五　圍園除后密謀的失敗

新舊互劾與禮部六堂官事件　維新派認為要推行新政，必須罷黜守舊大臣。6 月 1 日（四月十三日），康有為代楊深秀擬摺，建議光緒帝為推行新政而「大用賞罰」，「嘉獎其舉行者，罷斥其廢格者，明降諭旨，雷厲風行」。[1] 20日（五月初二日），宋伯魯、楊深秀上奏，彈劾禮部尚書、總理各國事務大臣許應騤「守舊迂謬，阻撓新政」，「痛詆西學」，仇視「通達時務之士」，要求令其退出總理衙門。[2] 光緒帝本欲將其罷斥，因剛毅說情，改為令其自行回奏。22日（五月初四日），許在回奏中反守為攻，指責康有為「襲西報之陳說，輕中朝之典章，其建言既不可行，其居心尤不可問」，要求將其驅逐回籍。[3] 7 月 6 日（五月二十日），文悌上摺讚揚許應騤，攻擊康有為「名為保國，勢必亂國而後已」。[4] 光緒帝認為此摺「受人唆使」，明確批示：「文悌不勝御史之任，著回原衙門行走」。[5]

文悌未能驅逐康有為，但是，時勢卻創造了一個將康有為調出北京的機會。7 月 17 日（五月二十九日），御史宋伯魯上摺，建議將《時務報》改為官報，移設北京，在上海設分局，由梁啟超主持。26 日（六月初八日），管學大臣孫家鼐上摺，認為梁啟超已奉旨辦理譯書事務，勢難兼顧，提議由康有為督辦，得到光緒帝批准。對於這一任命，康有為的解釋是：「殆由大臣相愛，慮其喜事太甚，故使之居外以斂其氣。」[6] 但是，這以後康有為並未動身，仍在北京

1　孔祥吉《康有為變法奏議輯證》，第 71 頁。
2　孔祥吉《康有為變法奏議輯證》，第 131 — 132 頁。
3　《戊戌變法文獻資料繫日》，第 726 頁。
4　《戊戌變法文獻資料繫日》，第 763 頁。
5　《戊戌變法文獻資料繫日》，第 765 頁。
6　《致汪康年書》，《戊戌變法文獻資料繫日》，第 815 頁。

指揮維新運動。不久，發生禮部六堂官事件，新舊矛盾進一步激化。

光緒帝宣佈變法維新後，在一段時期內頗有幹勁。但是，他的改革舉措受到守舊大臣的強烈反對，有些舉措，守舊大臣雖不反對，但短時期內難以貫徹。光緒帝急於見效，便一次次下詔催促，口氣也一次比一次嚴厲。8 月 10 日（六月二十三日）為光緒帝「聖誕」之日，「明定國是」詔已頒佈兩月，光緒帝再頒上諭，要求諸臣認真對待交議各事，不得面從心違，敷衍塞責，同時要求各省將軍督撫悉心籌度，「推廣口岸，展拓商埠」，加強開放力度。[1] 26 日（七月初十日），光緒帝傳旨申斥劉坤一、譚鍾麟稱：「洩遝如此，朕復何望！倘再藉詞延宕，定必予以嚴懲！」[2] 次日，光緒帝再發上諭，要求大小臣工「洗心革面，力任其難，於應辦各事明定期限，不准稍涉遲玩」。[3] 他很想懲處幾個守舊派大臣，藉以立威。9 月 4 日（七月十九日），革去阻撓王照上書的六個禮部堂官。

王照時任禮部主事。他認為慈禧好名，關心個人權利，沒有固定政見，和光緒帝之間沒有什麼大不了的矛盾，可以彌合。8 月 21 日（七月初五日），王照上摺建議光緒帝奉慈禧巡幸中外，造成「奉太后之意以變法」的印象。他按照光緒帝廣開言路的新規定，請禮部尚書許應騤和懷塔布代遞，為二人所拒。王照在康廣仁鼓動下上奏彈劾，又為禮部侍郎堃岫、溥頲所阻。王照稱：你們不收，我即遞都察院。堂官無奈，只得收下。許應騤為了替自己辯解，反過來彈劾王照「咆哮署堂，借瑞挾制」，「妄請乘輿出遊異國，陷之險地」，「用心不軌」。[4] 9 月 1 日（七月十六日），光緒帝諭令交部議處。4 日（七月十九日），吏部提議降三級調用，光緒帝認為太輕，諭令革去許、懷等六個禮部堂官的職務，同時表揚王照「不畏強御，勇猛可嘉」，賞給三品頂戴，以四品京堂候補。[5]

慈禧太后長期掌握朝中大權。光緒皇帝罷免禮部六堂官，是大事，但是，居然事前沒有向她請示，自然，這是慈禧太后無論如何不能容忍的。

懷塔布和慈禧太后同屬葉赫那拉一族，滿洲正藍旗人，靠親貴的地位發

1　《戊戌變法文獻資料繫日》，第 845—846 頁。
2　《戊戌變法文獻資料繫日》，第 891—892 頁。
3　《戊戌變法文獻資料繫日》，第 897 頁。
4　《德宗實錄》，卷 424，第 10—12 頁。
5　《戊戌變法文獻資料繫日》，第 921 頁。

跡。他的老婆經常出入頤和園，陪侍慈禧太后，直接通天。懷塔布被革職後，立即趕赴天津，與榮祿密謀。他的老婆則到頤和園向老佛爺哭訴，造謠說皇帝「且盡除滿人」！慈禧太后對光緒帝變法本持觀察態度，廢八股之類的改革可以允許，但是，一涉及滿族親貴的權益和政治體制的改革，她就不能容忍了。

8月24日（七月初八日），光緒皇帝到頤和園向慈禧請安，出園後發佈諭旨稱，將於九月巡幸天津，舉行閱兵。諭旨引起了康有為等人的疑慮，擔心慈禧太后借閱兵之機，廢掉光緒帝，便以之為藉口，開始策劃武力奪權。

光緒帝密詔求救 9月13日（七月二十八日），光緒帝命譚嗣同查考雍正、乾隆、嘉慶三朝開懋勤殿故事，擬一上諭，準備赴頤和園向慈禧請示。康有為覺得事成有望，便指使王照和徐致靖分別上摺，推薦自己和康廣仁等為顧問。次日，光緒皇帝到頤和園，剛剛露了幾句口風，發現慈禧怒形於色，就沒有敢多說下去。請安中，慈禧太后特別批評光緒皇帝，對懷塔布等人處罰過重，亂了家法。15日（七月三十日），光緒帝即召見楊銳，交給他一道密諭，內稱：「近來朕仰窺皇太后聖意，不願將法盡變，並不欲將此輩荒謬昏庸之大臣罷黜，而用通達英勇之人令其議政，以為恐失人心。」密諭自述為難之處道：「必欲朕一旦痛切降旨，將舊法盡變，而盡黜此輩昏庸之人，則朕之權力實有未足。果使如此，則朕位且不能保，何況其他！」光緒皇帝要楊銳與諸同志妥速籌商，找出「良策」，既能罷免守舊大臣，選用新進，變法圖強，而又能不觸犯太后。他表示：「十分焦急翹盼之至！」[1] 這道密詔傳出了慈禧反對變法，皇帝力量薄弱，「朕位且不能保」等資訊，令楊銳既震驚，又緊張，不知道怎麼辦，直到八月初二日才將密詔交給林旭。

在賜楊銳密詔之後，光緒帝又於9月17日（八月初二日）以明詔形式，命康有為迅速離京，「毋得遷延觀望」，還召見林旭，命他帶給康有為一道密詔，解釋命康迅速離京的用意，內稱：「朕今命汝督辦官報，實有不得已之苦衷，非楮墨所能罄也。汝可迅速出外，不可延遲。汝一片忠愛熱腸，朕所深悉。其愛惜身體，善自調攝，將來更效馳驅，共建大業，朕有厚望焉。」[2] 兩道密詔，說

1　《戊戌變法文獻資料繫日》，第 1019—1020 頁。
2　《戊戌變法文獻資料繫日》，第 1021 頁。

明光緒帝已經預感到形勢將有大變動。

康有為策劃武力奪權　在對慈禧太后的估計上，王照是一種意見，但康有為則認為，慈禧太后頑固不化，要擴大光緒皇帝的權力，維新變法，必須除去太后。康有為只是一介文人，他完全懂得，必須取得武人的支持和保護。淮軍將領聶士成是王照的把兄弟，康想利用這一關係通過王去爭取聶，許以直隸總督之任，但是，王照不認為慈禧太后有廢皇帝之心，否定此議。康有為覺得，此外就非袁世凱莫屬。

袁世凱是淮軍將領袁甲三的姪孫，曾隨吳長慶督兵駐紮朝鮮。1895 年（光緒二十一年）簽訂《馬關條約》之後，袁世凱在北京請人譯撰兵書十二卷，獻給榮祿，自稱門生。袁提倡用西洋辦法治軍，得到榮祿賞識，因此，被委任為

新建陸軍督辦，負責在天津小站訓練新軍。康有為成立強學會時，袁世凱不僅捐款資助，而且和康飲酒高談，稱康為「大哥」。1897 年（光緒二十三年）膠州灣事件後，袁世凱向翁同龢連上兩份說帖，建議選擇「二三忠誠明練督撫」，參照西法，就用人、理財、練兵三大項試行變革。這兩份說帖康有為未必能夠見到，但言談間必然對袁的觀點有所瞭解，視袁為同志。他便一面派人去袁處，離間袁和榮祿的關係，一面建議光緒帝召見袁世凱，「隆以禮貌，撫以溫言，賞以茶點」，爭取袁感恩圖報。

當年 7 月（六月），康有為派徐致靖的姪子徐仁祿到袁世凱幕中，對袁進行考察，同時離間袁和榮祿的關係。袁稱讚康有為有「悲天憫人之心，經天緯地之才」，並隱約表示對榮祿不滿。康有為得到訊息後，決心薦袁。他先替徐致靖草摺，要求光緒皇帝召見袁世凱，加官獎勵；接著，又命譚嗣同上密摺，要求光緒皇帝收撫袁世凱以備不測。處於孤立狀態的光緒皇帝也覺得是個辦法，便於 9 月 11 日（七月二十六日）命榮祿傳知袁世凱即行來京。16 日（八月初一日），光緒帝召見袁世凱，詳細詢問軍事狀況，旋即命袁世凱以侍郎候補，專辦練兵事務。袁世凱原來的職務是直隸按察使，晉升為侍郎，屬於不次之拔。

17 日（八月初二日），袁世凱向光緒帝謝恩，光緒帝說：「人人都說你練的兵、辦的學堂甚好。此後可與榮祿各辦各事。」[1]

光緒帝用袁，當然具有「自保」的意味，但未必有具體打算，而康有為薦袁，則已經有了明確方案。唐朝宰相張柬之為了廢掉武后，曾命羽林大將軍李多祚率兵入宮。康有為熟知史事，想重新搬演這一故事。9 月 12 日（七月二十七日），譚嗣同的好友，和會黨廣有聯繫的畢永年到京，康有為便於 14 日（七月二十九日）夜動員畢扮演李多祚的角色。他的計劃是，派畢到袁世凱軍中當參謀，在袁軍包圍頤和園之際，由畢率領百名士兵逮捕並處死慈禧。[2] 袁世凱在受到光緒帝的不次之擢後，曾向康有為送過一張感謝帖，表示蒙薦引提拔，不勝感激，雖赴湯蹈火，在所不辭。[3] 康有為收到此帖後，更加堅定了用袁之心。

9 月 18 日（八月初三日），林旭到南海會館，將光緒帝要康有為盡快離京的密詔交給他，同時帶來的還有光緒帝 15 日（七月三十日）交給楊銳的密詔，康有為找來譚嗣同，共同跪讀，又召來梁啟超、康廣仁等人，研究營救光緒皇帝的計劃。這時，袁世凱的幕僚徐世昌也來了。康有為等便有意哭得更響亮、更動情一點，企圖以此感動徐世昌。這樣，徐世昌也哭將起來。於是，南海會館裡頓時一片哭聲。

譚嗣同夜訪袁世凱　譚嗣同不贊成康有為依靠袁世凱，圍園除后的方案，但他也別無良策，便聽從康的意見，建議電調唐才常到京協助。9 月 18 日（八月初三日）夜，譚嗣同到法華寺夜訪袁世凱，直率表示：「皇上現有大難，非公不能救！」袁當即作出大驚失色的樣子，詢問「皇上難在何處」。譚稱：「榮某

1　袁世凱《戊戌日記》，《戊戌變法》（一），上海書店出版社 2000 年版，第 549 頁。
2　參見楊天石《康有為謀圍頤和園捕殺西太后確證》，《晚清史事》，中國人民大學出版社 2007 年版，第 98—106 頁。
3　袁世凱《戊戌日記》，《戊戌變法》（一），上海書店出版社 2000 年版，第 549—553 頁。

近日獻策，將廢君弒君。」隨即出示一份擬就的奏摺草稿，內容大意是：「榮某謀廢立弒君，大逆不道，若不速除，上位不能保。袁世凱初五請訓，請面付朱諭一道，令其帶本部兵赴津，見榮某，出朱諭宣讀，立即正法，即以袁某代為直督，傳諭僚屬，張掛告示，佈告榮某大逆罪狀，即封禁電局、鐵路，迅速載袁某兵入京，派一半圍頤和園，一半守宮，大事可定。如不聽臣策，即死在上前。」袁讀後問譚：「圍頤和園欲何為？」譚答稱：「不除此老朽，國不能保。此事在我，公不必問。」他向袁坦陳：「我倀有好漢數十人，並電湖南召集好將多人，不日可到。去此老朽，在我而已，無須用公。只請您做兩件事：誅榮某，圍頤和園。公如不應允，我即死在公前。公之性命在我手，我之性命在公手。今晚必須定議，我即進宮請旨。」譚並向袁保證，皇帝一定會批准這一計劃：「我有挾制之法，必不能不准。明日皇上定有硃諭一道，當面交給您。」

至此，關於計劃本身，袁世凱已無話可說，他便擺困難：「北洋宋慶、董福成、聶士成各軍，有四五萬人，淮練各軍有七十多營，京內有旗兵數萬，本軍不過七千人，能夠動用的不過六千人，如何能辦此事？」他還談到：「本軍糧械子彈，均在天津營內，存者極少，必須先將糧彈領運足用，方可用兵。」他要求譚容許他熟思，佈置半月、二十日，然後再回覆具體辦法。他打定主意，既不答應，也不拒絕，而譚嗣同卻一再催促，聲色俱厲，要袁立即決定，以便入宮面奏。袁世凱覺得譚嗣同衣襟高聳，似乎藏有兇器，便轉變語氣，推延到九月行事，他說：「九月皇上即將巡幸天津，到時軍隊匯集，只要皇上一寸紙條，誰敢不遵？何事不成！」他向譚嗣同保證：「此事在我，你可放心。」譚即鼓勵袁：「報皇上之恩，救皇上之難，建立奇功大業，掌握天下事，在公此舉。」說到這裡，譚嗣同用手拍了拍脖子：「如您到頤和園告變，殺我，害及皇上，可以得富貴。」譚嗣同覺得該攤牌了，以激烈的語氣將兩條路擺得分分明明，要求袁世凱決斷。

「你以為我是什麼人！我三代受國家深恩，斷不至喪心病狂，貽誤大局。但能有益於君國，必當死生以之。」說著，袁世凱慷慨激昂起來，「閱兵時，如果皇上到了我營中，殺榮祿如殺一狗耳！」這時，譚嗣同從座上起立，連連向袁世凱作揖，稱他為「奇男子！」最後，譚嗣同表示：「自古非流血不能變法，

必須將一群老朽全行殺去，才能辦事！」[1]

袁世凱沒有答應馬上行動，譚嗣同很失望；但是，袁世凱也沒有堅決拒絕，這使譚對未來仍然抱有希望。康有為除寄希望於袁世凱外，還寄希望於列強。當年夏曆四月，康有為曾與日本駐華公使矢野文雄約定，召開「兩國合邦大會議」。[2] 9 月 18 日（八月初三日），康有為見到光緒帝的密詔後，立即會見英國傳教士李提摩太（Timothy Richard），提出以李為光緒皇帝的顧問，李則建議中國、日本、美國、英國組成「合邦」（聯盟），共同抵禦俄國。[3] 次日，康有為訪問李提摩太，擬請英國駐華公使出面相助，但公使已到北戴河避暑；再擬尋美國公使，美國公使已赴西山。

當日下午，慈禧太后突然從頤和園回宮。

慈禧太后發動政變　慈禧太后突然回宮是楊崇伊頭天上奏章的結果。楊崇伊，字莘伯，江蘇常熟人。進士出身，時任廣西道監察御史。他和李鴻章是姻親，其活動常有李的背景。康有為組織強學會後，他曾上疏劾強學會和文廷式。懷塔布等六堂官被撤職後，他即繼懷塔布之後赴津與榮祿密謀，確定計劃。9 月 18 日（八月初三日），他通過奕劻向慈禧上奏，聲稱文廷式創立大同學會，「外奉廣東叛民孫中山為主，內奉康有為為主」；又稱：今春會試，康有為偕其弟康廣仁及梁啟超來京講學，「將以煽動天下之士心」。奏章激烈地攻擊維新運動，說是「兩月以來，變更成法，斥逐老成，藉口言路之開以位置黨羽。奏章特別提出：「風聞東洋故相伊藤博文即日到京，將專政柄」，「伊藤果用，則祖宗所傳之天下，不啻拱手讓人。」[4] 楊崇伊要求慈禧即日訓政，召見大臣，密捕大同學會中人，分別嚴辦。在旁哭訴的除慶親王奕劻，還有端王載漪。

楊崇伊的這道奏章很有煽動性。它不僅迎合了慈禧的守舊心理，而且也迎合了慈禧對洋人的疑懼感。伊藤博文原是日本的總理大臣，馬關談判時李鴻章的對手。戊戌年下野後，以從事遠東外交自任。9 月 8 日（七月二十三日）來華，14 日（七月二十九日）到達北京，先後會見總署王大臣、康有為、張蔭桓

1　畢永年《詭謀直紀》，日本外務省檔案，161422，491183。
2　《康南海自編年譜》，《戊戌變法》（四），上海書店出版社 2000 年版，第 144 頁。
3　參見《遠人忠告》，《國聞報》，1898 年 9 月 22 日。
4　國家檔案局明清檔案館編《戊戌變法檔案史料》，第 461 頁。

等人，定於 9 月 20 日（八月初五日）晉見光緒皇帝。當時，李提摩太已經提出，建議中國政府聘請伊藤為顧問，中國官員中也有聘任伊藤為「客卿」的類似意見，還傳說伊藤有可能進入軍機處，等等。楊崇伊奏章中所說伊藤「將專政柄」，即指此類傳說。慈禧本來就擔心變法會損害自己的地位和權力，現在則更擔心「東洋鬼子」和皇帝「結合」！

9 月 20 日（八月初五日），光緒帝首先召見袁世凱。袁奏請光緒帝「忍耐待時，步步經理」，不必「操之過急」。他建議選用「真正明達時務、老成持重如張之洞者」，出而主持變法，並且意有所指地說：「新進諸臣，固然不乏明達勇猛之士，但閱歷太淺，辦事不能縝密。倘有疏誤，累及皇上，關係極重。」[1] 自從譚嗣同夜訪後，袁世凱就「反覆籌思，如癡如病」。這時候，袁世凱顯然已經決定了自己的政治走向。據袁世凱日記記載，光緒皇帝聽了這一段話後，「頗為動容」。但是，「無答諭」。

當日中午，光緒皇帝召見伊藤博文和日本駐華公使林權助。光緒帝稱：「貴邦與敝國同處一洲，彼此最屬親愛，唇齒相依。講求新政乃敝國當今急務，願侯相有以教寡人。若蒙將維新之謀，細述於總署王大臣之前，則必增長朕之所欲也。」在伊藤表示「敬奉諭旨」之後，光緒皇帝又說：「朕之所願，無有過於兩國永遠同心合力，彼此資助，而無詐無虞也。」[2]

慈禧太后還宮之後，即下令呈繳譚嗣同、楊銳、林旭、劉光第等四個新章京所簽各項文件。9 月 21 日（八月初六日）晨，慈禧太后宣佈重新臨朝「訓政」。同時，以光緒皇帝的名義發佈上諭，聲稱康有為「結黨營私，莠言亂政」，著革職，並其弟康廣仁均著步軍統領衙門捕拿，交刑部治罪。御史宋伯魯「濫保匪人」，革職永不敘用。[3] 命下，崇禮立即出動士兵，查抄南海會館。不過只抓到了康廣仁，前一天，康有為已經譚嗣同力促，遵照光緒皇帝指示，離開北京，經天津，換乘英船南下。

六君子就義　袁世凱 9 月 20 日（八月初五日）向光緒帝請訓後，當日回

1　袁世凱《戊戌日記》，《戊戌變法》（一），上海書店出版社 2000 年版，第 553 頁。
2　《戊戌變法文獻資料繫日》，第 1042 頁。
3　《戊戌變法文獻資料繫日》，第 1046—1047 頁。

臨朝「訓政」時期的慈禧太后

津，到總督衙門拜見榮祿，「略說內情」，並稱：「皇上聖孝，實無他意，只有群小結黨煽惑，謀危宗社，罪實在下，必須保全皇上以安天下。」[1] 說話間，有榮的幕僚等人入坐，袁不便暢言，約定第二天早晨再訪。次日晨，榮祿突然訪袁，袁詳述譚的夜訪情況。接著，二人籌商如何既向慈禧報告而又能不牽累光緒帝，未有善策。當日，楊崇伊趕到天津，向榮祿報告政變消息。初七日，楊崇伊返回北京，向奕劻報告袁所述情況，奕劻飛報慈禧。23 日（八月初八日），慈禧訊問光緒皇帝，同時下令逮捕譚嗣同等人。

　　9 月 21 日（八月初六日），梁啟超到瀏陽會館訪問譚嗣同，商議挽救時局辦法。二人對楊密談之際，陸續聽到查抄南海會館和慈禧垂簾聽政的消息，譚嗣同早已作好犧牲準備，從容對梁說：「昔欲救皇上既無可救，今欲救康先生亦無可救。吾已無事可辦，惟待死期。」[2] 他建議梁到日本駐華使館，拜會伊藤博文，請伊藤致電駐上海領事，設法救助康有為。梁啟超依言進入日本使館。次日，譚嗣同到日本使館會晤梁啟超，將所著書及詩文辭稿本、家書等物交梁，託他保管。譚勸梁出走日本：「不有行者，無以圖將來；不有死者，無以酬聖主。今南海之生死未卜。程嬰、杵臼，月照、西鄉，吾與足下分任之。」[3] 他將生的希望推給了梁，將為變法犧牲，激勵國人的責任留給了自己。

　　自 9 月 23 日（八月初八日）起，譚嗣同、劉光第、楊銳、林旭、張蔭桓、

1　袁世凱《戊戌日記》，《戊戌變法》（一），上海書店出版社 2000 年版，第 553 頁。
2　梁啟超《譚嗣同傳》，《清議報》，第 4 冊。
3　梁啟超《譚嗣同傳》，《清議報》，第 4 冊。

徐致靖等陸續被捕。楊深秀因上疏反對慈禧訓政，也同時被捕。接著，清廷又下令拿辦楊崇伊奏章中提到的孫中山和文廷式。同月初十日，「上諭」稱：皇帝病重，命中外保薦精通醫理之人。同月26日（八月十一日），清廷宣佈：恢

康廣仁

復被光緒帝精簡掉的詹事府、通政司等機關；禁止士民上書言事；停辦官報館，停止各省祠廟改設學堂。同日，慈禧太后下令派軍機大臣會同刑部、都察院嚴行審訊譚嗣同等人。次日，加派御前大臣會審，但不久又通知「勿用審訊」。28日（八月十三日），清廷將譚嗣同、楊深秀、楊銳、林旭、劉光第、康廣仁等六人殺害於北京宣武門外的菜市口。次日，清朝政府發佈「上諭」云：「主事康有為首倡邪說，獲世誣民，而宵小之徒，群相附和，乘變法之際，包藏禍心，潛圖不軌，前日竟有糾結亂黨，謀圍頤和園，劫制皇太后，陷害朕躬之事，幸經察覺，立破奸謀。」[1] 顯然，這「謀圍頤和園，劫制皇太后」的新罪名，自是袁世凱告密的結果。

譚嗣同等犧牲這一天，北京先是陰霾密佈，繼而風雨交作。當時，嚴復正在北京，作詩哀悼說：「求治翻為罪，明時誤愛才。伏屍名士賤，稱疾詔書哀。燕市天如晦，宣南雨又來。臨河鳴犢歎，莫遣寸心灰。」他對譚嗣同等被害表現了強烈的不平，也勉勵自己，不要因此灰心，要為中國的改革和富強繼續奮鬥！

9月29日（八月十四日），清廷下令將張蔭桓發往新疆，徐致靖永遠監禁，徐仁鑄革職永不敍用，梁啟超與康有為一併拿辦。其後，參與維新的人士都受到不同處理。李端棻革職，交新疆地方官嚴加管束。王照革職嚴拿，查抄家產。陳寶箴、陳三立、江標、熊希齡革職永不敍用，交地方官嚴加管束。黃遵憲本已被光緒帝任命為出使日本大臣，時在上海，因日、英兩國干預，得以免職還鄉。10月6日（八月二十一日），清廷下令裁撤湖南南學會、保衛局，銷

1　《德宗實錄》卷 427。

毀箚記、答問等書。同月 9 日（八月二十四日），慈禧懿旨宣佈：科舉考試「悉照舊制」，停罷經濟特科，裁撤京師農工商總局。11 日（八月二十六日），慈禧通諭嚴禁聯名結會。至此，戊戌維新的成果摧毀殆盡。

戊戌維新的失敗，其首因自然在於頑固派的強大，慈禧太后掌握國家大權，但是，也和維新派以及光緒帝的策略失誤有關。變法救亡，本是當時人的普遍要求，但是，康有為的孔子改制理論既不能取得普遍認同，開制度局、懋勤殿的主張又嚴重侵奪王公大臣們的既得利益，以致除光緒帝一個光桿司令外，維新派幾乎沒有其他助力。光緒帝雖有心變法，但他倉促下令精簡機構，平添大量阻力；對禮部六堂官的處罰也嫌過重，易於失去同情。

戊戌維新是近代中國史上第一次比較全面的改革運動。它雖然失敗了，但其意義是巨大的。一是它激起了人們對滿洲權貴的憤恨，此後，以武力推翻清朝統治為宗旨的革命黨人即進入歷史舞台中心，並最終導致辛亥革命的成功。二是近代中國的新思想、新文化由此發端，而且一浪高過一浪。戊戌變法後，學堂、報刊、學會等新生事物如雨後春筍般地湧現，中國人的精神面貌日新月異，迅速變化。慈禧太后的屠刀雖然可以暫時中斷變法的歷史進程，但是，近代中國的改革、革命和思想解放潮流卻再也無法阻遏。

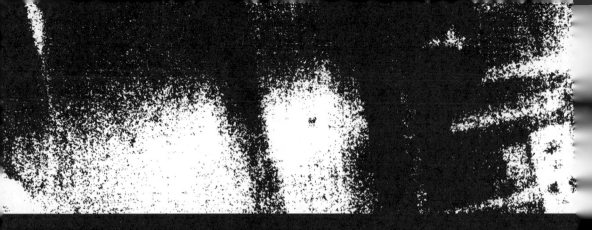

大聲疾呼，發聾振聵，
俾中國之人盡知中國之可興，
而聞雞起舞，奮發有為也。

第三章 ————

革命、改良兩派的
合作與破裂

一　康有為力圖以武力使光緒皇帝復位

保皇會的成立　1898 年 9 月 21 日（光緒二十四年八月初六），慈禧太后臨朝，宣佈重新「訓政」。同時下令抓人。康有為事前得到消息，於 20 日清晨匆匆離京，當晚，乘英商公司重慶號輪船離開塘沽。9 月 25 日到上海，英國駐上海領事班德瑞到船上與康有為談話，康稱：假如英國肯派兵兩百名幫忙，就可以扶持光緒皇帝重新執政。接著，康有為換乘英艦到香港，又企圖說服前海軍少將柏麗輝勳爵，請英國出面拯救被軟禁的皇帝，還曾多次致函李提摩太，請他代向英國求助，主持公道。此外，還曾和日人宮崎寅藏討論，如何派日本壯士刺殺慈禧太后。

梁啟超也將挽救光緒皇帝的希望寄託在外國人身上。9 月 21 日晚，梁啟超避往日本公使館，26 日乘輪東渡。27 日，梁啟超與王照聯名致函日本前總理大臣伊藤博文，其後，又致函日本現任總理兼外務大臣大隈重信等人，剖析中、日、俄三國之間的關係，說明慈禧太后親俄，日本為自身安全，必須支持中國改革。[1] 康有為於同年到達日本後，也積極遊說日本人士，「不惜一臂之力，助皇帝復位」，[2] 但是，日本政客只表示同情，不肯在實際上有所行動。

康有為到達日本不久，唐才常也自國內東來，與康有為等共同計劃以武力推翻慈禧太后的統治。10 月 31 日，康有為等人向日本東亞同文會會員宗方小太郎表示，擬在湖南舉事，希望日本借兵並援助。康虛張聲勢，聲稱湖南南學會有會員一萬二千人，一旦舉事，將引軍直進，奪取武昌，沿江東下，攻佔南京，然後移軍北上。康並稱，有可能得到張之洞的回應。[3] 這是康有為等人流亡海外提出的第一份武裝拯救光緒皇帝的計劃。11 月初，康有為發佈《奉詔求救文》，假借皇帝名義，公開號召「勤王」。

康、梁到達日本後，孫中山、陳少白託日人宮崎寅藏、平山周、犬養毅等

1　《伊藤博文關係文書》（八），第 414 頁；《日本外交文書》第 31 冊，第 689 頁；《梁啟超年譜長編》，上海人民出版社 1983 年版，第 163—166 頁。

2　《近衛篤麿日記》，明治 31 年 11 月 2 日，12 日。

3　《日記》，《宗方小太郎文書》，日本原書房版，第 673 頁。

陳少白

致意，企圖聯合，但康聲稱奉有光緒皇帝秘密詔書，不便與革命黨來往。孫中山派陳少白往訪，康表示：「惟有鞠躬盡瘁，力謀起兵勤王」，「其他非余所知」。[1] 1899 年 3 月，原來庇護康有為的大隈重信內閣倒台，在清廷壓迫下，康有為離開日本，遠遊歐美。到英國時，通過柏麗輝勳爵再次要求英國政府支持他的「復辟」計劃，未獲議會多數同意。7 月 20 日，康有為在加拿大千島與僑商李福基等人成立「保救大清皇帝會」，簡稱保皇會。其後，保皇會自加拿大逐漸向美國、墨西哥等地發展，共建立總會 11 個，支會 103 個，號稱有會眾數百萬。康有為任會長，梁啟超、徐勤任副會長。8 月 4 日（六月二十八日），適逢光緒皇帝 30 歲生日，康有為率領僑胞在中華會館慶祝，其場景是：「燭設輝煌，簫鼓鏗鏘，冠裳璀璨，龍旗在上，龍旗在頂」，一群人，或長袍，或短衣，一律「拳跪起伏，九叩首」。會後，致電清廷的外交機構 —— 總理各國事務衙門，「問聖躬安否？祝聖壽萬年，願皇上復政以保中國」。[2] 後來在有些地方，保皇會開會還形成了一套儀式：「會所奉萬歲聖牌，會眾懸皇上聖像」，與會者起立，恭祝皇帝萬壽，齊聲喝彩三聲，次祝康有為到處平安，喝彩如前。[3] 11 月 12 日，慈禧太后生日，南洋各埠華僑再次致電總理各國事務衙門，聲稱太后年高，不宜過勞，應「歸政頤養」。此後，海內外報紙紛紛刊發文章，要求太后撤簾，皇上親政。

1899 年（光緒二十五年），慈禧太后召開王公會議，詔立自己的外甥、端郡王載漪之子溥儁為大阿哥，為廢去光緒皇帝做準備。消息傳出，中外喧騰。上海電報局總辦經元善聯絡葉瀚、張通典、章炳麟（太炎）、汪貽年、丁惠康、沈藎、唐才常等 1231 人聯名電爭，這是上海地區前所未有的一次大規模的士紳聯合行動。天津、杭州、武昌等地的士紳繼起響應，海外華僑也紛紛通電反對，僅各地保皇會的通電即達百數十通。康有為致函大隈重信及進步黨領袖犬

1　《革命逸史》初集，中華書局 1971 年版，第 23 頁。
2　《美洲祝聖壽記》，《清議報》第 27 冊，1899 年 9 月 7 日。
3　《南海先生上皇帝書》，《清議報》第 67 冊，1900 年 12 月 22 日；參見楊天石《保皇會的妙語妙事》，《橫生斜長集》，百花文藝出版社 1998 年版，第 15 頁。

養毅，要求二人向日本政府請兵，討伐慈禧，[1] 同時則催促唐才常、畢永年等人在國內動作。1900 年（光緒二十六年）1 月，康有為經香港抵達新加坡，在香港、澳門設立保皇會總局，作為辦事機構。次年 8 月，受新加坡總督之邀，遷居檳榔嶼。

1900 年，義和團運動爆發。暹羅華僑陳斗南等人上書李鴻章、張之洞等，要求他們舉兵勤王，清君側，復大仇。保皇會則呼籲國民以獨立自主精神勤王討賊。康有為最初計劃在兩廣起兵。原台灣巡撫唐景崧在 1895 年的反割台鬥爭失敗後回到故鄉廣西。他派人到新加坡會見康有為，約期舉事。康有為於是決定先攻廣西桂林，然後破長沙，下武昌，直趨襄陽，進入直隸，攻入北京。保皇會在日本的總部還曾指示洛杉磯分會，以礦物、鐵路為報酬，請美國人荷馬李將軍募集美國苦力兩萬五千人，計劃由美國軍官率領，自澳門攻打廣州。康有為則聯絡原台灣民主國義軍統領丘逢甲，動員他在廣東潮州、惠州一帶起兵。但是，所有這些，都停留在計劃階段，沒有付諸實施。[2] 11 月 14 日，康有為致函英、日兩國領袖，建議他們利用機會，幫助光緒帝復位，函稱：「帝黨由這片土地上最開明、進步的人士組成，這些人友好地對待外國人，也希望將他們國家古老的文化和西方文明結合起來。」[3] 但是，英、日兩國領袖都未加理睬。

《大同書》的寫作　1901 年（光緒二十七年）11 月，康有為赴印度，定居大吉嶺，陸續寫作《中庸注》、《孟子微》、《論語注》、《大學注》及《大同書》等著作。在《大同書》中，康有為根據他對西方資本主義世界的觀察，對人權、平等學說以及空想社會主義思想的瞭解，融合中國古代儒家的社會理念、建構了他對人類未來社會的理想：全世界為一總政府，「天下為公，無有階級，一切平等」，生產高度發達，每人每日僅勞動很少時間，此外「皆遊樂、讀書」之時。它是近代中國知識份子第一份完整的共產主義設計。但是，在現實中，康有為仍然堅持保皇、改良道路。《大同書》一直秘不示人，民國二年（1913 年）部分發表，至民國二十四年（1935 年）才全文出版。

1　《致大隈函》，見於蔣貴麟編《萬木草堂遺稿補編》，台北版，第 584—585 頁；《致犬養毅》函為日本岡山木堂紀念館所藏原件。
2　參見桑兵《庚子勤王與晚清政局》，北京大學出版社 2004 年版，第 67 頁。
3　楊天石《海外訪史錄》，社科文獻出版社 1998 年版，第 48 頁。

二　梁啟超的文化宣傳活動及其思想新趨向

《清議報》與《新民叢報》　梁啟超流亡日本後，他的維新同志徐勤、麥孟華、湯覺頓以及時務學堂學生蔡鍔等人隨後相繼到達。當時的日本，正處於明治維新之後。梁啟超親眼見到了一個國家的興起，「如呼吸凌晨之曉風，腦清身爽」。他為自己取名吉田晉，以示對於日本維新思想家吉田松陰的景仰。1898 年 12 月 23 日，梁啟超得到在日華商馮鏡如、馮紫珊等人資助，在橫濱創辦《清議報》旬刊，在當時中國的思想、文化界發生巨大影響。

《清議報》宣稱「專以主持清議，開發民智為主義」。[1] 所謂「主持清議」，指抨擊慈禧太后和頑固派大臣榮祿、剛毅的「偽政府」，鼓吹改良派在戊戌政變後的政治主張：尊皇，勤王，興師討賊，歸政光緒皇帝。和戊戌變法時期相比，《清議報》對光緒皇帝的宣傳多了美化、神化的成分。例如聲稱「皇上之聖」，「數千年之所未有」，是「天縱之資」，等等。[2] 所謂「開發民智」，指宣揚民權主義，介紹新鮮的西方社會政治思想和文化道德觀念。《清議報》除陳述世界大勢和列強對華政策，呼籲中國人民熱愛國家，奮起救亡外，將主要精力集中於提倡民權。梁啟超空前地提高了「國民」的地位，宣稱「國民者，以國為人民公產之稱也。國者，積民而成。捨民之外，則無有國。」這就將傳統的「君國」觀轉變為現代的「民國」觀。他同意天賦人權說，認為言論、行為、居住、財產、請願這五大自由，猶如水之於魚，氧氣之於鳥獸，誰也不能剝奪。「君不能奪之民，父不能奪之子，兄不能奪之弟，夫不能奪之婦。」[3] 他鼓勵破壞主義，認為要清除中國數千年來的沉痾痼疾，必用「破壞」之藥，讚美其為「今日第一要件」，「第一美德」。[4] 他的《少年中國說》鼓勵年輕人面向未來，積極進取，建設富強、自由、雄飛的「少年中國」，是一篇起過巨大歷史作用的名文。

由於《清議報》的內容新，思想新，文字好，使讀者宛如幽室見光。出版

1　《本報改定章程告白》，《清議報》第 11 冊，1899 年 4 月 10 日。
2　哀時客《尊皇論》，《清議報》第 9 冊，1899 年 3 月 22 日。
3　《草茅危言》，《清議報》第 27 冊，3b 頁。
4　《十種德性相反相成義》，《清議報》第 84 冊，3a 頁。

後，風行一時，在很短的時期內就銷售三千餘份，各地代銷點達 38 處之多。至
1901 年（光緒二十七年）12 月，出滿百期，因火災停刊。

　　1902 年 2 月 8 日（光緒二十八年正月一日），梁啟超改出《新民叢報》。該

刊宣稱：「取《大學》新民之
義，以為欲維新吾國，當先
維新吾民。中國所以不振，
由於國民公德缺乏，智慧不
開，故本報專對此病而藥治
之。」梁啟超繼續宣揚改良
主義觀點，在該刊發表的最
有影響的文章當推《新民

說》。該文長達 11 萬字，連載四年。通過該文，梁啟超提出了人的思想道德轉
型問題。他激烈地批判中國人在長期專制統治下所形成的國民劣根性，系統地
介紹了權利義務、國家思想、合群思想、尚武精神、進取冒險、平等一系列價
值觀念，企圖為國民樹立新的道德規範。同時，梁啟超繼承《清議報》的傳統，
以更大的熱情介紹西方思想和人物，如，亞里斯多德、邊沁、孟德斯鳩、達爾
文、培根、笛卡爾、康德、黑格爾、約翰彌爾、波倫哈克、伯倫知理、亞當斯
密、李嘉圖、聖西門、傅立葉、馬克思等，據統計，梁啟超在《新民叢報》上
介紹的西方學者、思想家、科學家約在百人以上。其成績，在辛亥革命前後無
人可以與之相比。其作用，一直發揮至五四時期，影響過許多人。胡適曾說：
「《新民說》諸篇給我開闢了一個新世界，使我徹底相信中國之外還有很高等的
民族，很高等的文化。」

　　在宣導改造國民性的同時，梁啟超又大力宣導學界革命、史界革命、詩界
革命、文界革命。他的文章，明白暢達，筆鋒常帶感情，富於鼓動性，被稱為
「新民體」。梁啟超在這些方面的努力，開啟了五四新文化運動的先河。

　　《新小說》與「大中華民主國」設想　1902 年（光緒二十八年）11 月，
梁啟超創辦《新小說》，將戊戌前夜業已開始的「小說界革命」推向新階段。
他大力宣揚小說的社會啟蒙和教育作用：「欲新一國之民，不可不先新一國之

小說。故欲新道德，必新小說。欲新宗教，必新小說。欲新政治，必新小說。欲新風俗，必新小說。欲新學藝，必新小說。乃至欲新人心，欲新人格，必新小說。」[1]梁啟超自己帶頭寫作《新中國未來記》，表述自己的政治觀點和理想。小說主人公黃克強、李去病，一個主張改良，一個主張革命。二人之間展開辯論，最後歸結為現在國民資格不夠，只能先行預備。按梁啟超的構想，將來要建設「大中華民主國」，第一代大統領羅在田（隱指光緒皇帝），第二代大統領黃克強（隱指黃帝子孫）。[2]不過小說發表到第五回就停筆了，沒有寫到這地步。這一點顯示出，梁啟超後來已經失去了對民主共和的熱情。

除創辦刊物外，梁啟超還在 1899 年（光緒二十五年）10 月間在東京辦了一所高等大同學校，經費三千元，來自橫濱華商捐獻。從學者有前湖南時務學堂學生林圭、秦力山、范源濂、蔡鍔、周宏業、唐才質等十餘人，橫濱大同學校的學生馮自由、鄭貫一等七人。梁自任校長，日人柏原文太郎為幹事。以提倡自由、平等、天賦人權的英法名著為教材。學生們高談革命，紛紛以盧梭、福祿特爾、丹唐、羅伯斯比爾、華盛頓自命。在東京其他學校留學的戢翼翬、沈雲翔等也常到學校訪友，通宵達旦地高談闊論。一時之間，該校成為引領東京中國留學界的思想中心。

三　兩派的合作與破裂

畢永年組織興漢會　在改良派中，唐才常屬於激烈份子。戊戌政變後，他哀悼死友，迅速赴日，會見康有為和梁啟超，建議起兵勤王。1899 年 11 月初，他偕同為激烈派的畢永年再次訪問宗方小太郎，爭取支持。宗方勸以沉潛待機，專力準備。[3]同月，唐又經畢永年介紹，和孫中山會晤，商討在湘、鄂及長江流域起兵計劃，決定合作。不久，唐才常首途回國。畢永年接到湖南即將

1　梁啟超《論小說與群治之關係》，《新小說》第 1 期，1902 年 11 月。
2　梁啟超《范報界歡迎會演說詞》，《梁啟超年譜長編》，上海人民出版社 1983 年版，第 298 頁。
3　《口記》，《宗方小太郎文書》，日本原書房版，第 673 頁。

起事的電報，也於 12 月偕平山周返國。行前，他
致函犬養毅，聲稱「西后淫虐之極，湘人激於義
憤，咸思一旦制其死命」。他表示：「將來各國干預
時，亦望貴國出面干預。」[1]

畢永年在東渡日本後即加入興中會。他化裝
和尚，和平山周一起到漢口，會見原時務學堂學生
林圭，三人共同入湘，擬在長沙縱火舉事。畢永年
等遍訪哥老會山堂，結識該會頭目楊鴻鈞、李雲彪
等，認為沉毅可用。哥老會是源於四川，後來活躍
於長江流域的民間秘密結社組織，在湘軍中發生過巨大影響。

當時正值政變之後，湖南人心消沉，活躍一時的南學會等團體均已消亡解
體，並不具備迅速起義條件。康有為指示畢永年「製造事端」，引起畢的強烈不
滿，決心和康決裂。[2]1899 年春，畢永年再到日本，向孫中山彙報湖南之行的情
況，孫中山決定利用哥老會，在湘、粵、鄂三省同時大舉，然後向長江中游發
展。他命陳少白去香港創立《中國日報》，命鄭士良聯絡廣東三合會，命畢永年
再次回國活動。同年夏，畢再次入湘，向哥老會頭目介紹孫中山的生平與興中
會宗旨。其後，楊鴻鈞、李雲彪、張堯卿等六名哥老會頭目持畢永年函赴港，
與鄭士良、陳少白及三合會首領會談，聲稱：「現在，如不瞭解國際情勢，貿然
揭竿而起，則將遺禍於百年之後。而我們會黨之中無人通曉外國情況，所以，
對孫先生期望甚切。」雙方[3]決定興中會、哥老會、三合會聯合，成立中和堂興
漢會，合併之日，到會 12 人，計哥老會 7 人，三合會 2 人，興中會 3 人。其
時，畢永年自上海來港，提議推孫中山為會長。會後，分三路向兩廣、閩浙、
上海等地同志轉達，宮崎與陳少白攜帶諸會黨頭目到日本，向孫中山彙報，送
去興漢會會長印章。

參加興漢會的會黨頭目並無堅定的政治信仰。同年 11 月，康有為由美

1   日本岡山木堂紀念館藏原件。
2   小田切萬壽之助《湖南地方近況及送呈畢永年著詭謀直紀之件》，日本外務省檔案，第 16142—2。
3   宮崎滔天《三十三年之夢》，香港三聯書店 1981 年版，第 168 頁。

洲、經日本到香港，企圖拉攏李雲彪等人。那時，康有為得到華僑資助，囊中富有，每個會黨頭目各贈百金，李等便改投保皇黨門下。畢永年責以大義，無效，一怒削髮為僧，留書平山周說：「中國久成奴才世界，至愚且賤。蓋舉國之人無不欲肥身、瞻身以自利者，弟實不願與斯世斯人共圖私利，故決然隱遁，歸命牟尼。」[1]

廣州起義前夜，孫中山將興中會會長一職讓位於楊衢雲。孫中山得到興漢會的擁戴後，自覺有了實力，便向楊衢雲提出：揚子江各省的哥老會已經推選他為會長，暗示說，不能有兩個會長。楊倒也爽快，表示說：「為了我們的事業，我一向願意犧牲自己的生命，更不用說我的職位了。」孫中山要楊徵求謝纘泰的意見，謝同意。1900 年 1 月 24 日，楊衢雲決定辭去興中會會長職務。[2]

兩派的初步合作　唐才常於光緒 1899 年 4 月到上海，主持日人創辦的雜誌《亞東時報》的編輯。同年秋，再到日本，周旋於革命與改良兩派之間，「對康、梁則曰勤王，對留學生則曰保國保種」。[3] 當時，林圭已在大同學校求學，唐才常便邀他及秦力山、田邦璿等回國，共同舉事，湖北留學生吳祿貞、傅慈祥等也都表示願意相助。

以慈禧太后為首的滿洲貴族集團鎮壓「六君子」，阻塞了中國變法圖強的道路，梁啟超胸中鬱積著對滿洲貴族的強烈憤恨。康有為離日後，梁啟超一度傾向革命，其他同門的言論也日趨激烈。1899 年夏秋間，梁啟超與孫中山達成兩派合作的初步協議，擬推孫為會長，梁為副會長。梁曾與同門學友韓文舉、歐榘甲、梁炳光、麥仲華等共 12 人在日本鎌倉江之島的金龜樓結盟。這批人中，歐榘甲帶頭倡言革命，認為革命之義已經行於五洲，革命之效已經普及四海，是「去野蠻而進文明」的必經之路。[4] 據馮自由說，梁啟超等人曾聯名致函康有為，認為「國事敗壞至此，非庶政公開，改造共和政體，不能挽救危局。」[5] 梁等表示，光緒皇帝聖明，倘民心愛戴，將來可以選為總統，要康有為「息影林

1　平山周《中國秘密社會史》，商務印書館 1912 年版，第 146 頁。
2　謝纘泰《中華民國革命秘史》，《孫中山與辛亥革命史料專輯》，廣東人民出版社 1981 年版，第 306 頁。
3　馮自由《記上海志士與革命運動》，《革命逸史》第 2 集，中華書局 1971 年版。
4　歐榘甲《中國歷代革命說略》，《清議報》，1899 年 10 月 25 日。
5　馮自由《革命逸史》第 2 集，中華書局 1971 年版，第 29 頁。

泉，自娛晚景」。梁並為此到香港，推陳少白和徐勤起草聯合章程。徐勤將梁啟超的動向密報康有為，聲稱梁「漸入行者圈套」，康擺出老師架子，責令梁啟超離日赴美，參加保皇活動。此說有人指為「捏造無端事實」，不過，梁啟超後來確實給康有為寫過信，聲稱「中國以討滿為最適宜之主義」。他說：「滿廷之無望久矣，今日日望歸政，望復辟，夫何可得？」[1] 倘證以康有為、梁啟超這一段時期的其他資料，馮說的具體情節或有出入，但主要方面應該屬實。[2]

同年 11 月，唐才常、林圭啟程，梁啟超、孫中山及陳少白、沈翔雲、宮崎寅藏、平山周等在東京紅葉館聯合為唐、林等餞行，兩派把酒暢談，出現了前所未有的融洽氣氛。容閎的姪子容星橋時任漢口俄國商行買辦，是興中會會員，孫中山特意將這一關係介紹給林圭。

梁啟超提議推舉光緒皇帝做總統　1899 年底，梁啟超帶著孫中山的介紹信抵達檀香山。梁當時的想法是將「共和」和「勤王」二者統一起來。1900 年（光緒二十六年）1 月，慈禧太后詔立溥儁為大阿哥，準備廢除光緒皇帝，上海經元善等與海外華僑保皇會紛紛通電反對，這使梁啟超感到鼓舞。1900 年 4 月，梁啟超致函孫中山，建議利用這一形勢，函稱：「廢立事起，全國人心悚動奮發，熱力驟增數倍，望勤王之師，如大旱之望雨。今若乘此機會用此名號，真乃事半功倍。」他勸孫中山說：「夫倒滿洲以興民政，公義也；而借勤王以興民政，則今日之時勢最相宜者也。」怎樣將兩者統一起來呢？辦法還是「舉皇上為總統」。梁啟超認為這樣做，可以「兩者兼全，成事甚易」。[3] 梁啟超不是不想推翻滿洲貴族，也不是不贊成共和，梁啟超所擔心的是革命會造成外敵入侵，社會動亂，形成大殘殺，大破壞，所以總想找到一條比較穩妥的道路。一時間，這種「名為保皇，實則革命」的說法吸引了當地的不少華僑，原興中會成員幾乎全部被拉入保皇會，所得捐款超過十萬元。同年 8 月，梁啟超秘密回到上海，準備參加自立軍起義，但到滬伊始，就得悉唐才常等已被捕，梁在滬僅逗留十天，怏怏改赴新加坡，會晤康有為。10 月，梁啟超應悉尼保皇會邀

1　梁啟超《與夫子大人書》（光緒二十八年四月），《梁啟超年譜長編》，上海人民出版社 1983 年版，第286 頁。
2　參見桑兵《庚子勤王與晚清政局》，北京大學出版社 2004 年版，第 194—197 頁。
3　《梁啟超年譜長編》，上海人民出版社 1983 年版，第 258 頁。

請，偕同康有為女婿羅昌訪問澳洲，所至之處，發表演說，倡立保皇分會，直到 1901 年 5 月，才返回橫濱。1903 年（光緒二十九年）2 月，梁啟超應美洲保皇會之邀，先後訪問加拿大及美國，為時十個月。

兩邊不討好　康有為不能容忍梁啟超等人對自己的任何背離。1902 年春，發表《與同學諸子梁啟超等論印度亡國由於各省自立書》，《答南北美洲諸華商論中國只可行立憲不可行革命書》，指責梁啟超言論中的「革命」方面。同年，康有為鬱憤成疾，頭痛大作，寫信痛罵梁啟超等「背義」，聲稱要自此「決絕，分告天下」。[1] 梁啟超無奈，連發兩電，表示「悔改」，「痛改」。[2]

孫中山則不能容忍梁啟超言論中的「保皇」方面。在東京時，孫、梁二人之間已多有不和。1902 年 3 月，章炳麟到東京，發現孫、梁矛盾。他認為，中國的希望在孫、梁，便婉轉地勸說孫中山，「無相搆怨」，然而效果不大。[3] 1903 年 9 月，孫中山重返檀香山，發覺當地華僑已在保皇會的掌握之下，便憤而在當地《隆興報》上發表《敬告同鄉書》，宣稱「革命、保皇二事，決分兩途，如黑白之不能混淆，如東西之不能易位」。稍後，又在致革命和尚黃宗仰函中指責梁的「名為保皇，實則革命」的說法比康有為的「直白保皇」更為陰險毒辣，聲稱「非將此毒剷除，不能做事」。[4] 這樣，兩派的合作終於破裂。

梁啟超遊美洲而夢俄羅斯　梁啟超在美期間，看到了美國選舉中的弊端以及政治生活中的陰暗面，也看到了當地華人社會中的自私、專制、內鬥等不良現象，認為中國人距離共和國國民的水準相距過遠，倘若在中國實行立憲、共和一類政體，無異「自殺其國」。1903 年 12 月，梁啟超返回橫濱。自此，議論大變。他「涕淚滂沱」地宣佈，與「十年來所醉、所夢、所歌舞所尸祝之共和」告別，在《政治學大家伯倫知理》一文中聲稱：「吾之思想退步，不可思議，吾亦不自知其何以如此其疾也。吾自美國來，而夢俄羅斯者也。」1906 年（光緒三十二年），他發表長文《開明專制論》，神往於彼得大帝式的「聖君」。遊美前，他歌頌西方新道德，而現在則轉而認為，維持中國社會的一線希望在於

1　《康有為與保皇會》，上海人民出版社 1982 年版，第 157 頁。
2　《與勉兄書》，《梁啟超年譜長編》，上海人民出版社 1983 年版，第 320 頁。
3　章炳麟《致吳君遂等書》，湯志鈞編《章炳麟政論選集》上冊，中華書局 1977 年版，第 163 頁。
4　《孫中山全集》，第 1 卷，中華書局 1981 年版，第 229—230 頁。

「吾祖宗遺傳固有之舊道德」。

四 唐才常與自立軍起義

徘徊於兩派之間 唐才常離日後，再次回到上海，即在日本東亞同文會會員、澳門《知新報》記者田野橘次的支持下，聯絡江浙維新人士，秘密組織正氣會。該會以東文譯社為掩護，成立於 1899 年 12 月 24 日（光緒二十五年十一月二十二日）。以上海維新人士的代表汪康年為會長，《會章》明確規定：「務合海內仁人志士，共講愛國忠君之實，以濟時艱」。為了團結各派人士，唐才常在《正氣會序》中痛陳中國國勢不振，人心萎頓的狀況：「諸夏之大，人民之眾，神明之胄，禮樂之邦，文酣武嬉，蚩蚩無睹，方領矩步，奄奄欲絕，低首腥膻，自甘奴隸，至於此極！」繼而明確表達「勤王」立場：「日月所照，莫不尊親；君臣之義，如何能廢？」但是，其中又有「國於天地，必有與立，非我種類，其心必異」一類語句，用以爭取「種族革命」論者。[1] 唐才常與汪康年有矛盾，掌握正氣會實權，許多「內圈之事」並不告訴汪康年。他曾到香港接受南洋華僑邱菽園的資助，帶回「海賊」三十餘人，計劃由田野橘次率領，北上刺殺慈禧太后，驅逐奸臣，「打碎北京政府」，同時自率會黨首領，攻掠南京、武昌，據長江天險以圖天下。[2] 後來前一計劃因田野病重流產，唐才常只能獨立進行自己的計劃。1900 年（光緒二十六年）3 月，唐才常將會名改為自立會，仿照會黨辦法建立富有山堂，發行票布，籌備起義。原已出家當和尚的畢永年也重回塵世，到上海參加富有山堂，被任命為副龍頭。畢

唐才常致日人宗方小太郎親筆函，商議舉兵事宜

北平先生大人執事 前蒙□□□□□□□□□□□□□□□□□□□□□

1　《亞東時報》第 19 號，1900 年 2 月 28 日。
2　田野橘次《最近支那革命運動》，第 20—21 頁。

一面繼續策劃在湖南舉事，一面要求唐才常斬斷和保皇會的關係。二人徹夜激辯，唐稱須依靠保皇會的財政接濟，「為權宜計，不得不措施如是」。[1] 畢永年無法說動老友，痛哭而去，南下福建、廣東，投入孫中山正在籌備的起義。

上海的中國國會 義和團運動爆發後，清廷向列強宣戰，張之洞、劉坤一等聯合南方各省督撫抗旨，拒絕執行對外宣戰命令。張、劉與各國駐滬領事訂立東南互保條約，規定租界由各國保護，長江一帶各國商民由中國官吏保護。改良派普遍覺得是個機會，設想借機以武力迎接光緒皇帝南下，另立政府，自主處理南方各省事務。6 月 12 日，汪康年親到武昌遊說張之洞，又曾託人到南京動員劉坤一。結果，劉無反應。7 月 9 日，陳三立致函張之洞幕僚梁鼎芬，希望張能帶頭發難，挾持劉坤一，「以冀起死於萬一」。[2] 其間，日本也想乘此控制中國南方各省，不少人士到中國活動。

1900 年 7 月 26 日（光緒二十六年七月一日），唐才常在上海愚園召開中國國會，文廷式、汪康年、章炳麟等五十二人參加。[3] 葉瀚任會議主席，以無記名投票方式推舉容閎為議長（會長），嚴復為副議長（副會長）。同月 28 日，國會第二次會議，推鄭觀應、汪康年、唐才常等十人為幹事。國會的公開宗旨是：一、不認通匪矯詔之偽政府。二、聯絡外交。三、平定內亂。四、保全中國自主。五、推廣中國未來之文明進化。另有秘密宗旨 12 條，如「廢除舊政府，建立新政府，保全中外利益」等，由容閎起草英文，通告英、美、日三國。同月 30 日，章炳麟提出《請嚴拒滿蒙人入國會狀》，遭到否定。他反對使「光緒帝復位」，主張「救出光緒帝為平民」，[4] 當場與唐才常辯論。結果，「言保皇者十得八九，言復漢者十得二三」。[5] 他憤而割去辮髮，表示和保皇道路決裂。8 月 4 日，北京危急，光緒皇帝生死難卜，汪康年設想：第一，眾人議定政令、法令，一旦大變之後，即推戴一名人為總統。第二，各省按地區自行處

1　馮自由《畢永年削髮記》，《革命逸史》第 1 集，中華書局 1971 年版。
2　周康燮《陳三立的勤王運動與唐才常自立會的關係》，香港《明報月刊》第 9 卷第 10 期，1974 年 10 月。
3　馮自由《中華民國開國前革命史》稱，國會開會地點在張園，人數逾百人，此據孫寶瑄《日益齋日記》及日人《井上雅二日記》訂正。
4　《井上雅二日記》，1900 年 7 月 30 日。
5　章炳麟《致中國旬報》，《中國旬報》第 19 期。

理。[1]

自立軍起義　林圭受畢永年影響較多，思想激進。據稱：「有同志來訪，則相與縱談自由、平等、共和之說，悲滿清之暴政，說革命之急潮，其義氣甚激昂也。」[2] 他既熱心與孫中山合作，又和會黨廣有聯繫，在漢口英租界設立機關，廣泛聯絡湘、鄂、皖、贛各省哥老會頭目，逐漸形成一支軍事隊伍，稱為自立軍。共分七路：秦力山、吳祿貞統前軍，駐安徽大通；田邦璿統後軍，駐安慶；陳猶龍統左軍，駐湖南常德；沈藎統右軍，駐湖北新堤；傅慈祥、林圭統中軍，駐漢口。另兩路為總會親軍與先鋒隊。以日人、東亞同文會會員甲斐靖為顧問，唐才常任各軍總司令。計劃於 8 月 9 日（七月十五日）全面發動起義。

為保證自立軍起義勝利，改良派可謂竭盡全力。康有為駐新加坡，主持一切，梁啟超在檀香山負責籌款，但除新加坡富商邱菽園捐助 25 萬元外，其他款項均未到位，哥老會頭目李雲彪等紛紛離去。唐才常不得已，將起義改期至 8 月 22 日（七月二十八日）。秦力山因遠在安徽，照原訂日期發動，宣佈「討賊勤王」，以「保全中國自立之權，請光緒帝復辟」為宗旨。[3] 起義軍佔領大通。8 月 11 日，清軍援兵開到，義軍敗退九龍山。

8 月 9 日，唐才常自上海啟程赴漢。行前，委託日本東亞同文會會員井上雅二到南京，聯絡官僚紳士及軍中將領，計劃武漢起事後長江下游能有所回應。8 月 14 日，慈禧太后挾光緒皇帝出逃，八國聯軍攻入北京。16 日，唐才常趕到漢口，即致函沈藎，告以「此時此機，絕大題目，萬不可失」，將於 23 日起事。唐的計劃是，首先奪取漢陽兵工廠，然後拘禁張彪、張之洞等人。[4] 此前，容閎已用英文起草了《通告友邦書》，宣稱「不再認滿洲政府有統治中國之權」，「我等定議，恢復光緒皇帝權位，建立立憲制國家，務使成為 20 世紀最高智力與啟蒙之模範。」[5]

1　《井上雅二日記》，《近代史資料》總第 74 號，第 114 頁。
2　田野橘次《最近支那革命運動》，第 10 頁。
3　《大通揭帖》，《蘇報》，1900 年 8 月 18 日。
4　井上雅二《維新黨的失敗及將來》，《近衛篤麿日記》第 3 卷，近衛篤麿日記刊行會，昭和 43 年，東京版，第 296—301 頁。
5　英文原件見《井上雅二日記》。

唐才常等人的活動受到張之洞的嚴密監視。7月初，當形勢混沌的時候，張之洞曾秘密召集荊州江陵知縣朱滋澤及幕僚等人，密議應付時局方案。會上，出現過「打倒現政府，組織純然由漢人領導的新政府」或「聯合同志，實行中央支那獨立計劃」等兩種意見，但張之洞認為，當時「附和政府之人尚多」，「必須制定最為慎重周密的計劃」，「稍待時局變化，再行會議決定」。[1]但是，不久之後，張之洞就確定了繼續維護清廷統治的態度。8月21日，張之洞從英國駐漢口總領事處取得逮捕證，連夜派兵搜捕英租界自立軍機關，逮捕唐才常、林圭、田邦璿、傅慈祥等三十人。次日凌晨就義前，唐才常慷慨賦詩：「七尺微軀酬故友，一腔熱血濺荒丘。」其他人同時被害。事後，沈藎急率新堤右軍發動，因人心已散，全軍潰敗；秦力山在大通得知失事消息，便解散隊伍，逃往國外。

康有為放棄武裝鬥爭　自立軍起義是維新派以武力開闢道路的唯一嘗試。其後，康有為認為犧牲過大，「株連死者無算」，「自是不敢言兵」，[2]而秦力山等人則迅速轉變為革命者。事敗後，秦再次亡命日本。1901年在東京創辦《國民報》，成為留日學界第一份宣傳革命的報紙。

康有為捨棄武力鬥爭這一形式之後，覺得暗殺簡捷省事，便收買「俠士」，策劃刺殺榮祿等人。由於投入財力過大，使負責籌募資金的梁啟超叫苦不迭。1904年冬，康有為委託老友梁鐵君（名爾煦）主持，訓練暗殺人員。次年，梁鐵君化名入京，勾結太監，擇機行刺慈禧太后。1906年8月8日，因遭人告發被捕。9月1日被毒死於囚室。

五　孫中山與惠州起義

清廷企圖招撫孫中山，捉拿康有為　康有為在戊戌政變後，受到清廷的

1　日本駐沙事領事二口美久致青木外務大臣報告，《北清事變》，《日本外交文書》第33卷別冊二，第242—243頁。參見戴海濱《「題外作文」/度外舉事「與」借資鄂帥背後》，《近代史研究》，2011年第2期。
2　康有為《唐烈士才常墓誌銘》，《白立會史料集》，第221頁。

通緝。1898 年 11 月，慈禧太后接受御史楊崇伊的建議，派劉學詢、慶寬二人以考察商務為名赴日，企圖結好日本政府，伺機捕殺康、梁。1899 年（光緒二十五年）7 月，二人到了東京，會見日本天皇，但未達到目的。[1] 27 日，劉學詢在宗方小太郎的安排下與孫中山密談，以後又多次見面。劉學詢詢問孫中山的「革命宗旨究如何」，孫答：「我之革命宗旨始終在興起中國。」劉稱：「若政治革命，可以協力；種族革命，恐其事甚難。天下事當先為其易而後圖其難。今日之中國，如日本斯可矣。」談話中，孫中山詳述康有為種種背信事實，指責其目的在於自私自利，斂錢肥己。[2] 當時，康有為已離開日本，劉便要求孫中山刺殺梁啟超以立功。他表示，將向朝廷保薦孫中山，招撫孫手下的人馬，保證孫氏必得大權，創成大事。其間，孫中山為了向日本方面說明康有為的乖謬，曾介紹劉會見犬養毅及大隈重信。

　　同年 9 月，劉學詢返國，通過慶親王奕劻將談話記錄《與孫文問答》呈報慈禧太后，表示願以身家性命保孫中山歸國。據奕劻稱：慈禧太后讀後指示說：「今聯日已妥，新政待舉，正需孫文回國效用。他人尚優容之不暇，自己何獨不能吸引之！」她肯定劉學詢所陳意見「甚是」。11 月，慈禧太后任命李鴻章為商務大臣，前往通商各埠考察，面諭稱：康有為已到香港，受到英員保護，應設法交涉捉拿。此後，李鴻章即通過劉學詢，企圖利用孫中山捕康。30 日，劉學詢致電李鴻章，提出用誘，用擄，活捉為上，斃命為次的方針，聲稱為防止康有為「外竄」，將待孫來商量截斷康的逃往「南洋之路」。30 日，李鴻章復電指示，「能生獲尤妙。」他對於孫中山處遲無回音訊表示懷疑，問劉：「孫無信來，何也？」[3] 12 月 19 日，慈禧太后改任李鴻章署理兩廣總督，將劉學詢交李鴻章差遣委用，目的仍在於利用劉學詢招撫孫中山，以孫制康。次年 2

李鴻章

1　參見孔祥吉《罕為人知的中日結盟及其他》，巴蜀書社 2004 年版。

2　陳肇琪《總理史實訪問記》，台北中國國民黨黨史館藏檔 030/90。

3　《李鴻章全集》（三），《電稿》三，上海人民出版社 1986 年版，第 870—871 頁。

月，清廷再次傳諭，緝拿康有為、梁啟超，賞銀十萬兩。

孫中山企圖在中國南部建立聯邦共和國　1900 年 1 月 25 日（光緒二十五年十二月二十五日），陳少白在香港創辦《中國報》，分日報和旬報兩種。日報成為革命黨人最早創辦的報紙，旬報則係彙編日報有關資料而成。該報聲稱，其創刊目的在於「大聲疾呼，發聾振聵，俾中國之人盡知中國之可興，而聞雞起舞，奮發有為也。」[1] 其後，香港逐漸成為革命黨人的重要活動與宣傳基地。

義和團運動興起後，在香港的陳少白、楊衢雲、謝纘泰等人與容閎等商量，推進各派聯合。4 月 11 日，謝纘泰會見香港議政局議員何啟博士，共同討論政治局勢和革命成功的前景。26 日，楊衢雲赴日，會見孫中山，進行協商。一切跡象都表明，香港、廣東的革命黨人正在加緊活動，籌備起義。

新到廣東履任的李鴻章擔心孫、康聯合，乘機舉事，便命劉學詢致電孫中山，勸孫回國，聲稱「此時回來最合時機」。[2] 其後，李鴻章又通過清廷駐日公使向孫中山轉達：「值此國家危難之時，願與孫氏會晤，共計匡救天下之策，務請來粵一行。」[3] 除此之外，李鴻章還派遣特使到東京催促。[4] 孫中山不清楚李鴻章、劉學詢的心中盤算，但他企圖利用形勢，借助李、劉二人達成自己的目標，答稱：擬先派代表赴廣東，然後考慮親自返粵問題。

孫中山此前雖已計劃與唐才常聯合在長江中游起義，但他的主要努力仍然放在廣東方面。同年 3 月上旬，孫中山會見來日訪問的文廷式，得知山東的義和團 4、5 月間有可能舉事，將是可乘之機。其後，孫中山得到日本九州實業鉅子中野德次郎的資助，又得到使用菲律賓革命黨人在日所購武器的允許，便加緊與宮崎等籌畫在廣東惠州發動起義。

6 月 6 日，孫中山走訪法國駐日公使朱爾斯·哈馬德，敘述自己「要推翻清政府，建立起一種新的社會秩序」，希望從法國政府得到武器，或由法國軍事

1　《中國報序》，《中國旬報》第 1 期。
2　陳肇琪《總理史實訪問記》，台北中國國民黨黨史館藏檔 030/90。關於劉、孫通訊內容，馮自由《劉學詢與革命黨之關係》稱：「至庚子夏，總理在日本忽接劉自粵來書，謂粵督李鴻章因北方擾亂，欲以粵省獨立，思得足下為助，請速來粵協同進行。」見《革命逸史初集》，中華書局 1981 年版，第 77 頁。
3　內田良平《中國革命》，《近代史資料》總 66 號。
4　根據《續對支回顧錄》，1900 年 4、5 月間，劉學詢曾到日本與孫中山密議，商定孫歸國條件。因此，這裡的「特使」也可能就是劉學詢。

顧問來訓練其追隨者。他聲稱廣西的起義者已經活躍了好幾年，請求法國政府允許通過越南向起義者運送武器，相信能夠在廣西建立革命政府，迫使湖南、福建的督撫們「參加或承認一個新的南中國的聯邦共和國」。他表示，一旦革命成功，將在南部中國給與法國某些特權。[1] 6 月 8 日，孫中山偕鄭士良、宮崎寅藏、清藤幸七郎、內田良平等人乘輪赴港。行前，他與人密談稱，此行的最終目的是：「和支那南部的人民一道努力，從支那帝國中劃出一部分，建立一個新的共和國。」[2] 航行途中，宮崎建議聯合康有為，共同協力辦事，得到一致同意。

6 月 17 日，孫中山一行抵達香港海面，在一隻舢板上與楊衢雲、陳少白等會議，決定廣州、惠州同時發動，鄭士良等赴惠州發動，史堅如、鄧蔭南赴廣州，組織起事及暗殺機關，楊衢雲、陳少白、李紀堂等在港接濟餉械。會後，孫中山因香港政府禁令無法入境，又懷疑李鴻章有設計逮捕的密謀，便轉往安南西貢，等待消息，有外交豁免權的宮崎、清藤、內田等日本人則換乘李鴻章派來迎接的軍艦，代表孫中山到廣州和劉學詢深夜密談。

密談中，宮崎要求清廷特赦孫中山，保障其生命安全；同時貸款十萬兩。劉稱：貴方的意見將馬上報告總督。明日即可在香港面交五萬兩，其餘部分容後送上。在隨後舉行的宴會上，傳來李鴻章的答覆：將奏請太后，特赦孫中山。[3] 次日，原艦將宮崎等送回香港。劉學詢之子交來三萬元港幣。宮崎等即轉赴新加坡，等待自西貢來此的孫中山，並企圖勸說流寓當地的康有為與孫合作，促進各派之間的牽手。

孫中山在與宮崎等分手後於 6 月 21 日到達西貢，會見法國駐安南總督韜美（P. Dormer），爭取支持。韜美含糊地講了些同情的話，表示希望中國太平無事，不發生革命和騷亂。他於事後向法國殖民部彙報說，孫中山的想法和行動方案「不值得加以贊助」，孫本人「不值得認真對待」。[4] 孫中山爭取法國支持的

1　《法國駐東京公使館致印度支那總督》，1900 年 6 月 7 日，法國國家檔案館，印支，B11（36）參見《孫中山年譜長編》，第 207—208 頁。
2　《神奈川縣知事淺田德則報告》，明治 33 年 6 月 11 日，《辛亥革命史資料新編》（6），湖北人民出版社 2006 年版，第 36—37 頁。
3　內田良平《中國革命》，《近代史資料》總 66 號。
4　參見《孫中山年譜長編》上冊，第 215—216 頁。

願望落空。

聯邦共和國的方案設計　同年 7 月，何啟博士建議港督卜力（N. A. Blake）出面，聯絡兩廣總督李鴻章，與孫中山合作，宣告兩廣獨立。這一建議得到卜力同意，同月，孫中山領銜，楊衢雲、陳少白、謝纘泰、鄭士良、鄧蔭南、史堅如、李柏（紀堂）等署名，聯合致函卜力，提出《治平章程》六條，規定新政府的政治、實業、薪金、法制、教育等基本方針：第一條為遷都於南京、漢口等適中之地，第二條比較具體地規劃了新政府的體制：於都內設中央政府，於各省設自治政府；中央政府「舉民望所歸之人為首」，在憲法允許範圍內統轄水陸各軍，主管外交；設立議會，由各省推薦人士若干名，充任議員；各省總督由中央政府選派，設立省議會，初始由各縣推薦人士組成，若干年後由民間選定；本省人為本省官，由省議會公舉。第三條為公權利於天下。關稅與別國妥議後實行。鐵路、礦產、船政、工商各業，分沾利權。第四條為增添文武官俸，以期「廉潔持躬，公忠體國」。第五條為平其政刑。大小審判，仿照歐美，設立陪審員，允許律師代理，「不以殘刑致死，不以拷打取供」。第六為「變科舉為專門之學」。文學、科學、法律分門教授，學成後，「因材器使，毋雜毋濫」。[1]

卜力見到此函後，即通過英國駐廣州領事和李鴻章交涉，表示願介紹孫中山與之合作。

7 月 8 日（六月十二日），清廷調李鴻章為直隸總督兼北洋大臣。過港時，卜力勸李留在南方實行「兩廣獨立計劃」，並安排好了孫中山、李鴻章二人見面時間，李拒絕，僅表示「視時局趨勢徐徐解決」，又表示：慈禧太后「無疑是中國最有能力的統治者[2]。陳少白登上李鴻章坐船，詢問究竟。劉答：傅相意志堅決，無法勸阻。

宮崎等到達新加坡後，原擬會見康有為，但康門弟子徐勤懷疑宮崎奉有李鴻章刺康的密命，急電康有為防範，康遂向新加坡殖民當局告發，宮崎和清藤

1　馮自由《革命逸史》第四集，中華書局 1971 年版，第 91—92 頁。
2　《孫逸仙談話》，1900 年 7 月 25 日兵庫縣知事報告，發兵秘字第 410 號，日本外務省檔案《各國內政關係雜纂（支那）（革命黨）》；參見史扶鄰《孫中山與中國革命》，山西人民出版社 2010 年版，第 147 頁。

因而被捕。7月9日，孫中山到達新加坡，得知宮崎等被捕消息，設法救出宮崎。16日，再返香港，對登輪來訪的英國官員表示：「我已放棄與康有為協力商討當前局勢的想法。」[1]

8月7日（七月十三日），清廷任命李鴻章為全權大臣，負責與各國議和。14日（七月二十日），八國聯軍攻陷北京。孫中山急於利用時機，在南方宣佈獨立。29日（八月初五日），孫由台灣趕到上海，和劉學詢在日輪上會談，劉稱，如果皇帝和太后回鑾後「仍不聽取政見，就擁立（李鴻章之子）李經芳，使廣東獨立，而那時將率同志與孫會合」。[2] 當時，李鴻章正以健康不佳為理由滯留上海，觀望形勢。劉學詢後來回憶說：他曾陪同孫中山會見李鴻章，李對孫表示：「明年余當到北洋，屆時方可回來任事。」[3] 其時，正值自立軍新敗之後，上海形勢緊張。9月1日（八月初八日），孫中山偕容閎、容星橋返日。

為了再次在廣州發動起義，9月（閏八月），孫中山在台灣託平山周攜函面見尚在上海的劉學詢，告訴他惠州之軍已起，肇慶、高州等地必將回應。函稱「四百州之地，四百兆之人，有坐待瓜分之勢。是可忍，孰不可忍！」孫中山提出：可以先行設立由五人組成的臨時政府：主政一人，或稱總統，或稱帝王。關於主政一職，孫中山特別說明，本來準備託劉央請李鴻章出面擔任，但李已接受議和全權大臣的任命，因此決定改推劉學詢；其餘內政、外政、財政各職，分別由盛宣懷、李紀堂、楊衢雲擔任；孫中山自任兵政。信中，孫中山要求劉學詢代為籌款百萬，交平山周匯來，以便即行設法，挽救大局，再造中華。[4] 劉學詢有帝王思想，以朱元璋、洪秀全自命，孫中山一貫反對帝制，之所以提出「或稱總統，或稱帝王」，主要是為了不致杜絕劉的帝王夢，是一種權宜的說法。但是，劉不拒絕，也不肯定。

惠州起義及其失敗　義和團運動發生後，日本台灣總督兒玉源太郎即謀劃乘機侵佔福建，派人與孫中山聯繫，偽稱可以支援起事。當年 7 月 17 日，孫

1　《英國自治領中之中國革命黨》，英國外務部檔案，F.O.N. 第 1718 號。
2　《駐上海總領事小田切萬壽之助致外務大臣青木周藏書》，1900 年 9 月 5 日，《辛亥革命史資料新編》（6），湖北人民出版社 2006 年版，第 69 頁。
3　陳肇琪《總理史實訪問記》，台北中國國民黨黨史館藏檔 030/90。
4　馮自由《劉學詢與革命黨之關係》，《革命逸史》初集，中華書局 1971 年版，第 79 頁。

中山召集楊衢雲、陳少白及宮崎寅藏、平山周等會議，決定先在惠州發動，然後沿海岸向廈門進軍。8月23日，日方命人放火焚燒廈門東本願寺佈教所，兒玉以此為藉口於次日派海軍陸戰隊登陸。28日，又因英、美、德三國領事的抗議撤出。9月25日，孫中山、內田良平、山田良政等一行趕赴台灣。同月28日，日本內務省與外務省長官會商後，電示台灣總督府民政長官後藤新平，要求他制止孫中山的「陰謀」，同時也禁止日本人助孫，以免「在外交上引起麻煩」。[1]但是，後藤新平在會見孫中山時仍然應允，在孫軍到達廈門時，可以提供武器援助。此後，孫中山即坐守台灣，利用該地儲存軍械，募集日本退役軍人，準備在義軍進抵廈門後即渡海督師。他致函劉學詢，陳述聯軍入侵後的危急形勢，要他籌款百萬，支援起義，同時要劉向劉坤一及張之洞致意，「力守」疆土，「遏外人侵入」。10月6日（閏八月十三日），惠州起義爆發。

鄭士良選定的根據地是惠州歸善（今寶安）所屬的三洲田。該地三合會和綠林勢力都很深厚，又地近香港，山深林密。義軍以三合會領袖黃福為元帥，鄭士良為軍師，黃耀廷為先鋒。一律頭纏紅布，身穿白布鑲紅號褂，旗幟上書有「大秦國」字樣。起事當日，黃福率軍夜襲清廣東水師提督何長清部，略有斬獲。但是，義軍嚴重缺乏餉械，孫中山初命義軍暫時解散，繼命向廈門進軍。嗣後，義軍在和清軍作戰中迭獲勝利。10月21日，義軍抵達三多祝，已發展至二萬餘人。

孫中山和菲律賓獨立軍代表彭西早有聯繫，彭西答應將一批在日本訂購的武器借給中國革命黨人使用。孫中山接獲義軍沿海岸進軍的消息後，即致電宮崎寅藏，提取彭西所允武器，同時向兒玉接洽，請求支援槍械彈藥。不料，由於日本政客貪污欺騙，彭西所存武器均為廢鐵；日本外務大臣青木周藏又嚴令兒玉，不得幫助中國革命黨人，否則即「更動」其職位。[2]孫中山無奈，只得派山田良政向鄭士良傳達，「政情忽變，外援難期，即至廈門，亦無所得」，要鄭自行決定進退。鄭隨即召開軍事會議，決定返回三洲田，從香港購取械彈，

1　日本外務省檔案，1900年9月29日。
2　《宮崎滔天氏之談》及《宮崎滔天氏談》，《宮崎滔天全集》第4卷，東京：平凡社1971年版，第286—321頁。

會合新安、虎門義軍，進攻廣州。會後，義軍大部分解散，僅餘數百人回到原地，也因餉彈殆盡，於 11 月 7 日解散。鄭士良等逃亡香港，山田良政在歸途中遇害，孫中山等被「勸令」離開台灣。

史堅如原定夏曆七月某日在廣州發動，因軍械未到改期。義軍在三洲田發動後，史堅如決定炸斃繼李鴻章擔任粵督的德壽，以為回應。他挖通督撫衙門後牆，安放炸藥，於 9 月 6 日晨引爆。震塌督署圍牆，德壽自床墮地，未受傷害。次日，史堅如在前往碼頭時被捕。11 月 9 日被害。

惠州起義後，興中會接連損失了幾位領導者。1901 年 1 月，楊衢雲被清廷廣州當局僱人刺死於香港。1901 年 8 月，鄭士良在香港被清廷收買的奸細下藥毒死。1902 年 1 月，畢永年逝世於廣州羅浮山寺。由於接連損失了幾位骨幹，興中會的活動一時趨於沉寂。

洪全福起義　惠州起義後，興中會的活動總體上趨於沉寂，但會員謝纘泰仍在獨力籌備新的起義。

謝纘泰出生於澳大利亞，任英商祺昌商洋行買辦。父親謝日昌是在悉尼經營出口業的華僑富商、哥老會成員。謝纘泰於 1892 年（光緒十八年）在香港參加輔仁文社，1895 年（光緒二十一年）加入興中會，1899 年（光緒二十五年）結識洪秀全的姪子洪全福。洪全福原名春魁，被封瑛王，太平天國失敗後逃亡香港。謝纘泰企圖利用洪全福的軍事經驗，奪取廣州，建立「聯邦」政府。1900 年 1 月（光緒二十六年十二月），楊衢雲辭去興中會會長職務，謝對孫不滿，決定單獨行動。次年夏曆八月，謝纘泰、洪全福及華僑富商李紀堂集議，決定召集香港及廣州的洪門兄弟起義。李承擔全部軍費，並提議事成後推容閎為臨時大總統。

為了發動會黨，謝纘泰以「大明順天國」為號召，聲明將「脫我漢人於網羅之中，行歐洲君民共主之體，天下平後，即立定年限，由人民公舉賢能為總

統」。洪全福則在香港、廣州建立機關，計劃於夏曆元旦，廣州官吏齊集萬壽宮行禮時，縱火為號，佔領軍械局及各衙署。

此前，謝纘泰已先後聯絡《香港日報》記者肯寧漢（A. Cunninghan）、《德臣西報》編輯黎德（T. H. Reid）、英國《泰晤士報》記者莫里遜（G. E. Morrison）以及在美國的容閎等人，得到不同程度的支持。1902 年 10 月 19 日（光緒二十八年九月十八日），謝纘泰通知肯寧漢和黎德，要他們準備「革命的來臨」。11 月 6 日（十月七日），收到容閎來信，容稱已作好準備，並將盡力滿足謝纘泰等人的需要。12 月 24 日（十一月二十五日），肯寧漢為謝印就獨立宣言，洪全福先後兩次出入廣州，作好了除夕（1903 年 1 月 28 日）發動的準備。但是，香港洋行企圖吞沒李紀堂預交的巨額軍械訂款，向粵吏告密。港警和粵吏分頭緊急搜查，在香港查獲軍械、旗幟、冊籍多件，在廣州逮捕二十餘人。洪全福不得不化裝出逃。1904 年（光緒三十年），謝纘泰創辦《南華早報》，不再從事武裝鬥爭。

欲補救時艱，必自推廣學校始，
而欲推廣學校，必自先停科舉始。

第四章

清廷的新政和袁世凱集團的崛起

一　清廷推行新政

八國聯軍入侵，慈禧太后挾光緒帝倉促西逃，國破家亡、顛沛流離的生活不能不對慈禧太后的思想發生影響。1901 年 1 月 29 日（光緒二十七年十二月十日），慈禧在西安以光緒帝的名義下詔，聲稱「不易者三綱五常，昭然如日月之照世；而可變者令甲令乙，不妨如琴瑟之改弦」。詔書指責康有為所講「新法」，乃是「亂法」，辯稱皇太后所為，乃是「剪除叛逆」，並非「不許更新」，要求軍機大臣、各省督撫等，各舉所知，各抒所見，在兩個月內詳悉條議。[1] 4 月 21 日（光緒二十七年三月三日），清廷成立督辦政務處，籌辦「新政」。政務處以慶親王奕劻為首，李鴻章、榮祿、王文韶、鹿傳霖等為督辦大臣，劉坤一、張之洞「遙為參預」。但是，這個政務處實際上只是個諮詢機構，任務是彙編中外政典，供慈禧太后參考。7 月 24 日（六月九日），清廷詔改總理各國事務衙門為外務部，以奕劻為總理大臣。

袁世凱聞風即動。當年 4 月 25 日（三月七日），率先奏陳慎號令、教官吏、崇實學、增實科、開民智、重遊歷、定使例、辨名實、裕度支、修武備等意見十條。同年 7 月至 8 月（六月），劉坤一、張之洞聯合上《江楚會奏變法三摺》。第一摺提出設文武學堂、酌改文科科舉、停罷武科，獎勵遊學等「興學育才」意見四條；第二摺論整頓中法十二條，如提倡節儉、打破資格限制、停止捐官，改進刑獄，裁撤綠營等；第三摺論採用西法十一條，如廣派官員出國遊歷、練外國操、提倡工藝製造、制訂礦律、路律、商律、交涉律、刑律等。10 月 2 日（八月二十日），清廷發佈慈禧「懿旨」，要求劉、張二人「按照所陳，隨時設法，擇要舉辦」，同時要求各省疆吏「一律通籌，切實舉行」。此後，新政遂全面推開。

奕劻

1　《德宗景皇帝實錄》，卷 476。

編練新軍　1901 年（光緒二十七年）8 月，清廷下令自明年始，停止武科考試，傳統的弓箭刀矛等冷兵器被淘汰。1903 年（光緒二十九年）12 月 4 日，清廷接受袁世凱建議，設立練兵處，以慶親王奕劻任總理大臣，袁世凱為會辦大臣，鐵良為幫辦大臣，統一領導訓練新軍事宜。同時，清廷又在各省設立督練處（督練公所），設督辦，訓練並統轄全省新軍。次年，清廷仿照日本軍制，擬定《陸軍營餉章程》，將新軍分為常備、續備、後備三類，士兵自應徵入伍至退伍，為時共十年。常備軍的最高建制為軍，軍下設二鎮（相當於師），每鎮 12512 人。鎮以下的建制依次為協（旅）、標（團）、營、隊（連）、排、棚（班）。每棚目兵 14 名。至 1906 年（光緒三十二年）陸軍部成立前，清廷共練成北洋新軍六鎮，約八萬人。

同年 11 月（九月），清廷將傳統的兵部改為陸軍部，將練兵處併入，以鐵良為尚書，計劃在全國編練新軍 36 鎮，至 1911 年（宣統三年）武昌起義前夕，全國各省共編練新軍十四鎮，十八協，四標，外禁衛軍二協，總兵力約 20 萬人。其中北洋原定練成四鎮，實際練成六鎮；浙江、福建、吉林按原定計劃練成一鎮；其他各省則均未完成預定任務，其中湖北原定練成二鎮，實際練成一鎮，一個混成協；江南原定練成二鎮，實際練成一鎮、一個混成協。沒有完成的主要困難是財政。按當時標準，如 36 鎮全部編成，僅建軍費及一年軍餉即需一億二千萬兩白銀，超過清廷全年的財政收入。這自然是難以做到的。

新軍仍採傳統的募兵制，但已不同於舊軍。它採用日本操法訓練；全部裝

湖北新軍將領合影

備近代武器，步、馬、炮、工程、輜重等兵種混合編組；士兵文化程度較高；軍官大多畢業於新式軍事學堂，年紀較輕，具有近代軍事知識和技能。因此，這是迥別於綠營、巡防的一支新式武裝。1905 年（光緒三十一年）至 1911 年（宣統三年）間，清廷在直隸河間、河南彰德、安徽太湖、直隸永平舉行會操，每次會操人數都在三萬以上，標誌著新軍的訓練已經達到了相當水準。

清廷海軍在甲午之戰中幾乎全軍覆沒。清廷在編練陸軍過程中，也在積極恢復海軍。1909 年（宣統元年）春，清廷派肅親王善耆、尚書鐵良、提督薩鎮冰等人籌建海軍。同年 7 月（五月），任命郡王貝勒載洵及薩鎮冰為籌辦海軍大臣。1910 年（宣統二年）12 月，清廷撤銷籌辦海軍事務處，成立海軍部。次年 3 月，任命載洵為海軍正都統（總司令），薩鎮冰為海軍統制（艦隊司令）。當時，清廷設有巡洋艦隊和長江艦隊，分別擔任海防及江防。

在編練新軍的同時，清廷還創辦了「巡警軍」。1901 年（光緒二十七年），清廷在日本人川島浪速的幫助下，成立京師警務學堂。次年，袁世凱在保定仿照西法試辦巡警，得到清廷表揚，命令各省照辦。1905 年（光緒三十一年），清廷成立巡警部，以徐世昌為尚書，毓朗、趙秉鈞為左右侍郎。次年 11 月（九月），清廷將巡警部改名為民政部，在各省設立巡警道或警務總局。

廢科舉，興學堂　變法失敗後，清廷一度復活八股取士制度，但為時不久，即宣佈廢除。1901 年（光緒二十七年）6 月，清廷下令自明年始，鄉試、會試均用策論。1904 年 1 月（光緒三十年十一月），張百熙、榮慶、張之洞聯合奏請「遞減科舉，注重學堂」，建議自丙午（1906 年）科起，每科遞減名額三分之一。1905 年（光緒三十一年）9 月，袁世凱、趙爾巽、張之洞、周馥、岑春煊、端方等再次聯合上奏，聲稱「欲補救時艱，必自推廣學校始，而欲推廣學校，必自先停科舉始」。[1] 同月，清廷下令自丙午年（1906 年）開始，停止所有鄉試、會試及歲考，一切士子皆由學堂出身。中國的科舉制度始於 607 年（隋大業三年），至此，已推行一千三百餘年。它的廢除，是中國教育史和文化史上的大事。

1　舒新城《中國近代教育資料》上，人民教育出版社 1981 年版，第 63—64 頁。

清廷在逐步廢科舉的同時，不斷推動新式學堂的興辦。1901 年（光緒二十七年）9 月，清廷命各省將省城書院改為大學堂，各府書院改為中學堂，各縣書院改為小學堂。次年 8 月，清廷頒佈管學大臣張百熙所擬《欽定學堂章程》，將教育分為初等、中等、高等三段七級，被稱為「壬寅學制」，但公佈後並未實行。1904 年 1 月（光緒三十年十一月），清廷批准張百熙、榮慶、張之洞三人共同擬定的《奏定學堂章程》，規定蒙養院四年，初等教育九年（初等小學五年、高等小學四年）、中等教育五年、高等教育十一年至十二年（預科性質的高等學堂三年、分科大學堂三至四年、研究院性質的通儒院五年）。學生從進入小學至通儒院畢業約需二十五至二十六年。普通教育之外，另有師範、實業兩個教育系統。這一教育制度，通稱「癸卯學制」，一直實行到辛亥革命發生。1906 年（光緒三十二年）2 月，慈禧太后指示學部振興女學。次年，頒佈《女子學堂章程》和《女子師範學堂章程》，女子教育取得合法地位。1911 年（宣統三年），允許初等小學堂男女合校。

清廷向由禮部管理科舉，國子監管理國學，此外就沒有管理教育的機構。1901 年（光緒二十七年），清廷以張百熙為管學大臣，管理京師大學堂及全國學務。1905 年（光緒三十一年）12 月，清廷設立學部，以榮慶為尚書，管理全國教育。次年，各省設提學使司，管理全省教育，在府州縣廳設勸學所，下分若干學區，每區設勸學員。

清廷雖然決定興辦學堂，邁開了教育現代化的步子，但是，清廷又在《奏定學堂章程》中明確規定：「無論何等學堂，均以忠孝為本，以中國經史之學為基，俾學生心術一歸於正，而後以西學瀹其智識，練其藝能。」學部成立後，進一步規定以「忠君、尊孔、尚公、尚武、尚實」為教育宗旨。這就決定了清末的教育仍然有濃厚的封建性。

在各方推動下，清末學校教育發展迅速。1903 年（光緒二十九年），有學校 719 所，1910 年（宣統二年），發展至 52000 多所，增加 73 倍。1902 年（光

緒二十八年），有學生 6943
人，1910 年（宣統二年），
發展至 1562170 人，增加
225 倍。

清末留日學生

　　在興辦學堂同時，清廷
開始較多地向國外派遣留學
生。1901 年（光緒二十七
年），清廷通令各省選派學生
出洋留學，同時規定，對自費留學，獲得優等憑照歸國的學生可以一體獎勵，
「分別賞給進士、舉人各項出身，以備任用」。[1] 由於日本鄰近中國，因此，大批
學生湧向扶桑三島。1901 年（光緒二十七年）為 274 人，1902 年（光緒二十八
年）為 608 人，1905 年（光緒三十一年）即發展至 8000 人，次年，增加至
12000 人。[2] 但是，據學者研究，當時有不少學生兼有數校學籍，其實際人數約在
8600 人左右。[3]

　　獎勵實業　1903 年 9 月（光緒二十九年七月），清廷應華僑資本家張振勳
奏請，設立商部，以載振為尚書，伍廷芳、陳璧為左右侍郎。1906 年（光緒
三十二年），清廷將工部併入商部，改設農工商部。商部和農工商部都陸續公佈
過一系列鼓勵發展實業的章程，如《商人通例》、《公司律》、《公司註冊試辦
章程》、《商標註冊暫擬章程》、《破產律》等。其中《公司律》共 11 節 131 條，
規定凡向商部註冊的局、廠、行號、店舖均享「一體保護之利益」；各項公司，
不論官辦、商辦、官商合辦，「均應遵守商部定例辦理」；凡「附股人」（投資
者），不論官階大小，有職無職，皆「利益均沾」，「無稍立異」。《商標註冊章
程》共 28 條，為商標製作、註冊、註銷、保護、懲罰等方面的問題作了詳細規
定。《破產律》共 69 條，規定了申報破產條件及處理辦法。三者在中國法律史
上均屬首創。

1　　《光緒朝東華錄》（四），總第 4720 頁。
2　　《近代中國的留學生》，第 126—127 頁。
3　　實藤惠秀《中國人留學日本史》，北京三聯書店 1983 年版，第 38—39 頁。

外務部和路礦總局在 1902 年（光緒二十八年）制訂《籌辦礦務章程》時曾允許洋商獨資辦礦，但外務部與農工商部在 1907 年（光緒三十三年）制訂《大清國礦務正章》時卻提出了比較多的限制，規定外國人不准收買礦地，如無華人合股，不准他國礦商單獨開礦。《正章》比較注意保護華股權益，明確規定華商、洋商「權利均分，盈虧與共」，「華洋股份以各佔一半為度」等，反映出當時正在蓬勃開展的收回利權運動的影響。《正章》公佈後，英、法、美等國紛紛反對，迫使清廷於 1910 年（宣統二年）修改，取消了原有限制外商、保護華商的規定。

商部最初鼓勵華商投資鐵路建設。1903 年（光緒二十九年）頒行的《重訂鐵路簡明章程》規定，凡華商集股修路，地方官應一體保護，「不得干涉公司辦事之權」；「不得已而搭附洋股，則以不逾華股之數為限」。

為了鼓勵民間投資近代企業，商部、農工商部陸續頒佈過《獎勵公司章程》、《華商辦理實業爵賞章程》等條例，規定可根據集股額多寡，分別賞給不同的官銜，如 1907 年（光緒三十三年）農工商部頒佈的《改定獎勵華商公司章程》規定，集股 800 萬元，可獲商部頭等顧問官頭銜，加頭品頂戴；集股 300 萬元，可任為商部頭等商務議員，加五品頂戴。為了獎勵發明、創造，農工商部於 1906 年（光緒三十二年）頒佈《獎勵商勳章程》，規定凡能製造新式機器者，獎一等商勳，加二品頂戴；有特別發明、創造者，破格獎勵。1907 年（光緒三十三年），張謇獲頭等議員稱號，其他許鼎霖等人則分獲三等至五等議員稱號。

新政允許商人組織各種商業團體。1903 年（光緒二十九年），商部頒佈《商會簡明章程》。1906 年（光緒三十二年），頒佈《訂定商會章程附則》。此外，商部於 1904 年（光緒三十年）頒佈《試辦銀行章程》。度支部於 1908 年（光緒三十四年）頒佈《大清銀行則例》和《銀行通行則例》，對認股、發行紙幣、經營金銀、外匯等問題作出規定。

清廷實施獎勵實業的政策後，民用新式企業發展加快。如 1895 年（光緒二十一年）的資本額為 100 萬元，則 1905 年（光緒三十一年）為 300 萬元，1906 年（光緒三十二年）即發展至 700 萬元以上。1908 年（光緒三十四年）時，

全國各地商會發展到近三百個。但是，清廷仍然掌控官辦企業，凡屬「可興大利」之事，往往定為官辦。1906年（光緒三十二年），湖南申請商辦鐵路，即遭否定。上述各項政策在實際執行中既常遇阻力，清廷又無力建立關稅保護制度，廢除阻礙近代工商業發展的釐金，因此，1907年（光緒三十三年）以後，民用新式企業的創立即呈下降趨勢。

法制改革 1902年（光緒二十八年）3月，袁世凱、劉坤一、張之洞聯名會保刑部左侍郎沈家本和出使美國大臣伍廷芳「修訂法律，兼取中西」。但是，伍廷芳此際尚在國外，直到第二年12月之後，才以外務部右侍郎的身份參與修律。1904年5月15日（光緒三十年四月一日），修訂法律館開館，首先翻譯外國法律，如：德意志《刑法》、《裁判法》，俄羅斯《刑法》，日本《現行刑法》、《改正刑法》、《陸軍刑法》、《海軍刑法》、《裁判所構成法》等，同時，著手刪修《大清律例》。該律例沿襲明律，順治以後陸續增益，死罪竟多至840餘條，成為中國有史以來苛繁律例之最。1905年（光緒三十一年）4月，沈家本、伍廷芳奏請刪除凌遲、梟首、戮屍、緣坐、刺字等重刑、酷刑，並建議輕罪不准刑訊，笞杖改為罰銀或勞役，都得到清廷批准。次年，沈、伍奏請試行《刑事民事訴訟法》，設立陪審員及律師。《刑事民事訴訟法》多達五章260條，是此前中國不曾有過的法律。但是，張之洞等督撫大臣認為該法「於中法本原似有乖違」，強烈反對，未能公佈，施行自然更談不上。同月，沈、伍二人奉命會同商部擬訂《商律》中的《破產律》，得到批准。6月1日（四月二十九日），伍廷芳請假回籍修墓，此後，修律工作由沈家本單獨主持。6月12日（閏四月二十一日），沈家本撰《禁革買賣人口變通舊例摺》，主張廢除奴婢律例。11月6日（九月二十日），清廷實行官制改革，將大理寺改為大理院，沈家本被任命為大理院正卿，但仍兼修訂法律大臣。不久，京師法律學堂開學，沈家本又被

任命為管理京師法律學堂事務大臣。

1907 年（光緒三十三年），沈家本吸收西方法律思想，主持完成《刑律草案》的編纂，清廷發交各部院、督撫核議。舊律分笞、杖、徒、流、死等五種刑名；新律則改為死刑、徒刑、拘留、罰金四種，死刑酌減，16 歲以下少年犯實行「懲治教育」。次年 6 月 5 日（五月七日），學部根據張之洞的意見，覆奏批駁新刑律，特別指責其內亂不處死刑，和姦無夫婦女無治罪條文等多項內容。奏摺稱：「其有關倫紀之處，應全行改正，總以按切時勢而仍不背於禮教為主。」[1] 清廷支持張之洞的意見於 1909 年 1 月（宣統元年）下諭稱：「凡我舊律義關倫常諸條，不可率行變革，庶以維天理民彝於不敝。」[2] 1910 年 1 月（宣統二年十二月），沈家本等將修正後的《刑律草案》奏報清廷，清廷交憲政編查館核議。該稿仍然受到守舊派的攻擊，憲政編查館參議勞乃宣指責《草案》「一味模仿外國，而於舊律義關倫常諸條棄之如遺」，沈家本著文反駁，形成「法理派」和「禮教派」的一次著名辯論。沈認為：「無夫婦女犯姦，歐洲法律並無治罪之文」，「當於教育上別籌辦法，不必編入刑律之中。」[3] 而勞乃宣則堅持認為，此乃「大犯不韙之事，故不能不治罪」。[4] 11 月 5 日（十月初四日），憲政編查館將《修正刑律草案》核議完畢，改名《大清新刑律》上奏，清廷交資政院議決。勞乃宣以議員身份邀集親貴議員 105 人，提出修正案。沈家本時任資政院副總裁，兩派再次辯論。結果，總則通過，分則未及討論；「和姦無夫婦女罪」一條，由於「禮教派」佔多數，勞乃宣獲勝。[5] 1911 年 1 月 25 日（宣統三年十二月二十五日），清政府將《大清新刑律》全文頒佈。

這一時期，沈家本等完成的另一項工作是《刑事訴訟律草案》。該稿提出原、被告待遇同等，允許被告人用辯護人及輔佐人，審判公開，以及不服一審、二審，均可上控等現代審判原則。清廷發交憲政編查館覆核。第二年，因辛亥革命爆發，未能頒行。

---

1   《清朝續文獻通考·刑考六》。
2   明清檔案局編《清末籌備立憲檔案史料》下冊，第 858 頁。
3   《書勞提學新刑律草案說帖後》，《寄簃文存》卷 8。
4   《管見聲明說帖》，收入《新刑律修正案彙錄》，見《桐鄉勞先生遺稿》附錄。
5   勞乃宣《韌庵老人自訂年譜》，台灣文海出版社 1974 年版，第 20 頁。

清廷推行新政的目的是鞏固和加強自己的統治，但是，新政是具有現代化性質的進步改革。它表明，清廷雖然頑固，但終於無法抵禦歷史潮流，不得不在某些方面順應時勢。新政實施的結果之一是，資本主義現代化經濟有所發展；之二是促進了新型知識份子階層的形成，也促進了一支新型軍隊的發展。這一文一武兩支隊伍，不久以後，都成了清廷的掘墓人。

二　袁世凱集團的崛起

在清廷推行新政的過程中，袁世凱出力最大，成績突出，也得益最多，逐漸形成以之為核心的北洋集團。

袁世凱以小站練兵起家，因戊戌告密和鎮壓山東義和團有功，得到慈禧太后信任。1901 年 11 月 7 日（光緒二十七年九月二十七日），李鴻章去世，遺摺向清廷保奏：「環顧宇內人才，無出袁世凱右者。」同日，袁世凱被命署理直隸總督兼北洋大臣。次年 6 月 9 日（五月四日）實授。此後，他先後兼任督辦政務處大臣、督辦關內外鐵路大臣、會議修訂商約大臣、練兵處會辦大臣、辦理京旗練兵事務大臣、督辦電報事務大臣等職，權力幾乎伸展到了新政的各個方面。

清廷在天津小站練兵，始於 1894 年（光緒二十年），名定武軍，有士兵4750 人。袁世凱到任後，增至 7300 人，改稱新建陸軍。1901 年（光緒二十七年），清廷將張之洞、劉坤一陸續訓練的自強軍約 3000 人從江南調到山東，交袁世凱訓練、指揮，袁所掌握的兵力進一步擴展。1903 年（光緒二十九年），袁世凱出任練兵處會辦。這一職務雖上有總理大臣奕劻，下有鐵良，但奕劻位尊事冗，鐵良人微言輕，才具平平，實權完全掌握在袁世凱手中。練兵處提調徐世昌是袁的密友，小站時期的參謀營務處總辦，軍政司正使劉永慶是袁的姻親，軍令司正使段祺瑞、軍學司正使王士珍都是袁的部將。這樣，練兵處雖是清廷的中樞軍事機構，實際上成了袁的私人衙門。

袁世凱擔任直隸總督後，迅速派人赴各地招募，練成北洋常備軍左鎮。又

與鐵良合作，挑選旗兵，練成京旗常備軍一鎮。1904 年（光緒三十年）日俄戰爭期間，袁世凱奏請擴軍，成立北洋常備軍右鎮及北洋第三鎮。次年，又以武衛右軍及江南自強軍等為基礎，成立第五、第六鎮。至此，袁世凱超額完成了原來編練四鎮的任務，其成績為各省之冠。

袁世凱練兵，編制、操法、武器，均採西法，但沿襲湘軍、淮軍「兵為將有」的傳統，形成封建性很強的軍事派系。袁世凱認為：「治軍之道，首在訓兵。」凡兵丁入伍之初，必為之講解「忠義」要旨，編為歌訣，經常考問。同時還制訂了一系列森嚴的軍法，用以控制士兵。其《簡明軍律》規定的「斬」罪多至 18 條，如：臨陣回顧退縮及交頭接耳者斬，結盟立會、造謠惑眾者斬，黑夜驚呼、疾走亂伍者斬；如頭目戰死，本棚兵丁無一傷亡，則全棚均斬。[1] 經過袁世凱的訓練，北洋六鎮成為當時中國最為精銳、作戰能力最強的現代化部隊。

袁世凱不僅注意掌握士兵，而且重視控制軍官。在長期練兵過程中，袁利用結拜、親朋、同鄉、同僚、同學、門人、故舊等種種關係，拉幫結派。北洋六鎮所用將領，大都是袁世凱小站練兵時的親信，如段祺瑞、馮國璋、王士珍、曹錕、張勳、張淮芝、段芝貴、陸建章、姜桂題等。他們視袁為「衣食父母」，只知忠於袁世凱，惟袁之馬首是瞻。1906 年 11 月（光緒三十二年九月），

1　袁世凱《新建陸軍兵略錄存》卷三。

清廷設立陸軍部，以鐵良為尚書，規定「所有各省軍隊，均歸該部統轄」，但是，清廷並不能改變北洋軍忠於袁世凱私人的狀況，袁事實上成為當時中國的最高軍事權威。

袁世凱也高度重視文人的作用。徐世昌原是進士，翰林院庶吉士，袁用之為謀士。唐紹儀是美國哥倫比亞大學學生，袁用之為西文翻譯，兼洋務委員，成為袁的重要助手。阮忠樞原是舉人，曾任北洋水師學堂漢文教習，袁用之為總文案。楊士驤原為李鴻章的親信幕僚，袁用之治理直隸。楊的弟弟楊士琦，袁用之為洋務總文案。其他淮系官吏、幕僚，如孫寶琦、趙秉鈞、于式枚等，袁世凱也都一一收羅重用，形成武將之外的文人官僚集團。

袁世凱深知，除了軍事實力，還必須有經濟實力。他出任直隸總督後，迅即通過唐紹儀、梁士詒、楊士琦、周學熙等人掌控原由李鴻章、盛宣懷所經營的官辦或官督商辦的企業、鐵路和航運。1902 年（光緒二十八年），袁被派任督辦關內外鐵路，即將二成盈利撥歸北洋。同年年底，袁將招商局收歸北洋名下。次年初，袁以電務督辦大臣名義接管電報局，任命親信楊士琦為幫辦電政大臣，兼招商局總辦。兩局每年均須向北洋報銷官款。1903 年（光緒二十九年），清廷成立商部，尚書載振、伍廷芳、陳璧都與袁關係密切。1906 年（光緒三十二年），成立郵傳部，唐紹儀、胡燏棻分任左右侍郎，梁士詒掌握「部中樞要」。此外，袁世凱還網羅了一批經濟人才，如周學熙、孫多森、梁士詒、張鎮芳、毛慶蕃等，他們受袁委派，或得到袁支持，陸續創辦起一批新式企業。其中廠礦如：1903 年（光緒二十九年），袁支持周學熙在天津創立北洋工藝局，成為北洋官辦實業的總樞。1907 年（光緒三十三年），成立灤州煤礦公司。1908 年（光緒三十四年），與德人漢娜根（Von Hanneken）合辦井陘煤礦。上述煤礦，每年均須從營業額中抽取百分之五報銷北洋。金融如：1904 年（光緒三十年），袁世凱受原管理戶部事務大學士榮祿與戶部尚書鹿傳霖委託，以官商合辦名義在天津代設戶部銀行，鑄造貨幣，發行鈔票，代理國庫。其後，袁世凱又陸續委派周學熙等創辦銀元局、銅元局，依靠特權，壟斷原料，取得高額利潤。北洋集團創立的其他著名企業還有啟新洋灰公司、京師自來水股份有限公司等。這些企業的創立，壯大了北洋集團及其成員的經濟實力。袁世凱

清末新軍操練

本人，在漳德、汲縣、輝縣三地擁有土地四萬畝，在開灤煤礦及啟新洋灰公司擁有大量投資，財產逾二千萬。當然，這些企業的創立也帶動了天津地區工業的發展。在袁的宣導和影響下，天津紳商紛紛投資建立紡織、製油、製革、製鹽、製棉、麵粉等各類公司，使天津成為當時全國的工業發達城市之一。

袁世凱高度重視教育，認為「經國要圖，莫此為巨」。1901年（光緒二十七年），袁世凱在山東濟南首辦省立大學堂。1902年（光緒二十八年）、1903年（光緒二十九年），先後在保定、天津創辦直隸大學堂及北洋大學堂。1903年，北洋派赴日本的官費留學生達60人，僅次於湖北，約佔全國所派官費生的五分之一。袁和張之洞同為「立停科舉，推廣學校」的奏請者之一。1906年（光緒三十二年），直隸有高等學堂5所，初等農、工、師範類學堂121所，中學堂27所，小學堂4344所，女子學堂41所，學生入學人數已達86652之眾。袁世凱尤為重視軍事教育。1902年（光緒二十八年），袁世凱在保定開辦行營將弁學堂，培訓直隸、山東、河南、山西等省軍官。次年，創辦北洋武備速成學堂，招收各省陸軍小學堂畢業生。自1903年（光緒二十九年）至1906年（光緒三十二年），袁世凱還先後開辦保定陸軍小學堂、姚村陸軍小學堂、陸軍經理學堂、陸軍師範學堂、憲兵學堂、北洋講武堂、保定軍官學堂以及軍醫、馬醫、軍械等學堂，培養了大批軍事骨幹。袁在這一方面的績效，在清末督撫中無人能與之比肩。

在政治上，袁世凱不僅是新政的首倡者之一，而且積極支持立憲運動，博得「開明之鉅子」的聲譽。1905年（光緒三十一年），袁世凱首倡清廷派大臣出洋考察憲政。次年，應詔參與閱看考察政治大臣的回京陳奏，促成清廷宣佈預備立憲。袁世凱隨即成立憲政研究所，編刊《立憲綱要》，同時創辦自治局與

自治研究所，推行地方自治。1907 年（光緒三十三年），立憲運動進入高潮，袁世凱上奏，要求皇帝親詣太廟，昭告立憲。同年，天津士紳集會，選舉 30 人為議員，組成天津議事會。袁世凱並命直隸各州縣，以天津為榜樣，於三年內完成地方自治。1908 年（光緒三十四年）11 月，光緒帝和西太后相繼去世，載灃攝政，袁世凱立即向清廷提議，速開國會，實行憲政，以安人心。袁世凱的這些做法，博得國內立憲派領袖張謇等人的歡心，也得到部分在國外的立憲派份子的擁護。1907 年（光緒三十三年）冬，楊度自日本回國為伯父治喪，袁世凱即與張之洞聯名奏保他為四品京堂，在憲政編查館行走，後來又推薦他為慈禧太后和滿族親貴講解立憲問題，使楊樂為其用。

奕劻是爵位世襲罔替的親王。自 1884 年（光緒十年）起管理總理各國事務衙門，長達 20 年。1903 年（光緒二十九年）進入軍機處，成為領班軍機大臣。袁世凱摸準他愛財的弱點，不斷以鉅款行賄。凡王府的年節、生辰、請客、婚嫁、子孫滿月、周歲等一切費用，均由袁世凱預先佈置。因此，袁長期得到奕劻的充分支持和保護。通過行賄等手段，袁還與內閣協理大臣那桐、內務府大臣世續、太監總管李蓮英等深相結納。

在山東巡撫任上，袁世凱殘酷鎮壓義和團，被聯軍統帥瓦德西稱為「明達督撫」，博得列強普遍欣賞，認為他是中國「最有才幹的政治家」，將會「超越李鴻章所能達到的高度」。1905 年（光緒三十一年），中國各地因反對美國排斥華工，發生抵制美貨運動，袁世凱多次指示天津巡警「壓抑風潮」。同年，他應美國公使要求，上奏清廷，請飭令各省嚴禁抵制美貨。袁的這些舉措，使美國使館官員極為滿意。1907 年 9 月（光緒三十三年七月），清廷為了削弱袁世凱對軍隊的控制，調袁世凱為軍機大臣兼外務部尚書，但這卻進一步增強了袁世凱與列強的關係。任內，袁繼續貫徹對外妥協方針。同年，江浙人民反對清廷出賣蘇杭甬路權，要求集款自辦，但是，袁世凱卻斷然反對，表示「寧用十分壓力，決不為眾議所奪」，並於次年與英國銀公司簽訂合同。袁的「友好」態度自然使英方十分滿意。英國駐華使節薩道義（Sir Ernest Mason）、朱爾典 (Sir

---

1   愛德溫‧丁格爾：《辛亥革命目擊記》，中國青年出版社 2002 年版，第 154 頁。

John Newell Jordan) 都與袁關係密切。當時北京的外交圈中就在議論：「人們相信袁世凱。此人的確很聰明。他能把有才能的人搜羅在他自己身邊。這便是他的主要優點。」[1]

清廷推行新政的時間不長，在這一過程中，以袁世凱為核心的北洋集團迅速崛起，在軍事、經濟、政治、外交等方面都聚集了大量權力，成為足以搖撼清廷的一支舉足輕重的力量。

---

1 《總形勢：同柔克義先生的談話》，法國外交部檔案，《辛亥革命史資料新編》（7），湖北人民出版社 2006 年版，第 64 頁。

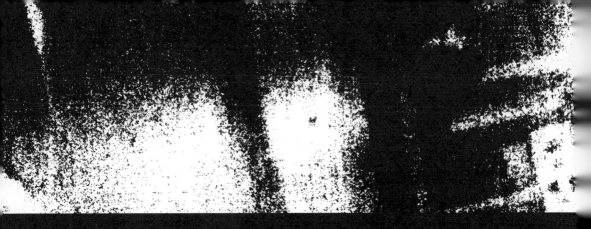

勿因難而易志，
勿畏勢而結舌，
俾眾志之成城，
作中流之砥柱，
中國不亡，黃種不滅，
是所厚望於諸君子焉。

第五章

新型知識階層的興起
與國內革命團體的出現

一　新型知識階層走上政治舞台

　　晚清新型知識份子的構成　20世紀初年，中國逐漸出現新型知識份子。
他們雖自幼濡染儒家典籍，但出身新式學堂，或在國外留學，具有與科舉出身
的傳統文士不同的知識結構。除聲、光、化、電等現代自然科學外，在不同程
度上掌握西方人文和社會科學知識，如達爾文的進化論、盧梭的天賦人權論
等。他們的身份相對獨立，或者尚未就業，或者大部分服務於新興的教育、新
聞、出版事業。其中部分人憤恨清廷的腐敗、專制、喪權辱國，由投身救亡運
動而逐漸走上革命道路，以在中國建立民主、共和制度為理想。這部分人就社
會地位論，可以稱為平民知識份子；就政治態度言，可以稱為革命知識份子。
由於他們追求民主、共和，以在中國建立共和國家為目標，因此可以稱為共和
知識份子，他們是當時各項政治運動的先鋒和主力，構成清末革命黨人的主
體，也是這一革命的領導力量。其中又分幾種類型。以對資本主義的態度言，
一種人主張在中國發展資本主義經濟，另一種人不同程度上接受歐洲社會主義
思潮影響，希望避免西方資本主義已經產生的弊病，走一條新的道路。以文化
態度言，一種人強調保存國粹，發揚傳統文化；一種人強調吸收西方先進文
化，對傳統文化持比較嚴厲的批判態度。

　　共和知識份子之外，另有部分知識份子，雖有拯救民族危亡之志，渴望改
革和進步，甚至嚮往民主，但害怕革命暴力和處於社會底層的勞動大眾，求穩
求安，擔心革命會造成社會大破壞，招致內亂，或引起列強瓜分，因此與戊戌
維新時期形成的改良派合流。這部分人，主張在中國發展資本主義，希望以溫
和的辦法實行君主立憲制度，可以稱為立憲知識份子。他們構成清末立憲派的
主體。

　　另外還有少數知識份子，痛惡資本主義發展所帶來的弊端和災難，也看出
了資本主義政治制度的虛偽和醜惡一面，受西方無政府主義思想影響，主張在
中國實行無政府主義。其中一類人既反對在中國發展資本主義，也反對建立民
主、共和政體；另一類人認為無政府是一個比較長遠的目標，在當前，不妨與

推翻清廷，建立民主、共和政體的革命黨人同行。

上述三種新型知識份子組成了清末思想界、文化界五光十色的拼圖，導致政治鬥爭中紛紜複雜局面的出現。

東京留日學界的辦刊熱 日本東京是中國新型知識份子集中的地區。1900年11月1日，東京高等大同學校學生鄭貫一、馮自由、馮斯欒等組織開智會，創辦《開智錄》，隨《清議報》附送。以之為起點，各種刊物如雨後春筍，競相面世，層出不窮。1901年5月10日，秦力山等創辦《國民報》，明確地宣揚反清。此後，留日學生，特別是留日各省同鄉會的刊物即層出不窮。如《遊學譯編》、《湖北學生界》、《浙江潮》、《江蘇》等。這些刊物，大都具有強烈的愛國、愛鄉意識，在拒俄運動前後紛紛轉向革命。現擇其主要者，按出版時間先後，簡介於下：

《開智錄》，1900年11月1日出版於橫濱。月出兩冊。1901年春停刊。《論帝國主義之發達及二十世紀世界之前途》一文痛斥帝國主義為「膨脹主義」、「擴張版圖主義」、「侵略主義」、「強盜主義」，呼籲中國人民奮起反抗，「破其勢，挫其銳，摧其鋒，屈其氣，敗其威」。《義和團有功於中國說》肯定義和團「出於愛國之心」，「冒萬死以一敵八」的精神，公開提出推翻滿洲貴族統治的主張，「傾此二百餘年根深強固野蠻無紀之政府」。這是留學生刊物發出的第一聲革命吶喊。事後，《清議報》經理馮紫珊禁止刊物在該報印刷，解除鄭貫一的編輯職務。孫中山聞訊，介紹鄭赴香港任《中國日報》記者。

清末留日學生創辦的革命刊物

《譯書彙編》，1900年12月6日出版於東京。月刊。由江蘇人楊廷棟、楊蔭杭、雷奮等編輯。他們都是東京中國留學生中第一個團體勵志會的會員。該會以「聯絡感情，策勵志節」為宗旨，刊物則以譯介西方和日本的政法名著為宗旨，先後譯介了盧梭的《民約論》、孟德斯鳩的《萬法公理》、英國斯賓塞爾的《政治哲學》、德國柏倫知理的《政治哲學》以及日本人的《近代政治史》等書。刊物

之外，以增刊的形式譯介《波蘭衰亡史》、《美國獨立史》等著作數十種。從第 12 期起，該刊並發表作者對西方政法名著的研究心得和一般政論《時事漫論》一文指出：「兼弱攻昧」，是「帝國主義」本質；「利己損人」，是「帝國主義」目的；《法蘭西革新機關》一文讚美法國革命時雅各賓派所組織的「俱樂部」，認為在當時中國，成立類似的機關「尤為急務」，馬君武的《社會主義與進化論》介紹聖西門、布魯東、馬克思等人的學說，認為社會進化，必將「打破今日資本家與勞動者之階級，舉社會皆變為共和資本、共和產業，以造於一切平等之域」。[1]

1903 年 4 月，該刊改名為《政法學報》，共出八期。

《國民報》。創刊於 1901 年 5 月 10 日，終刊於同年 8 月 10 日，共出四期。編者有秦力山、戢元丞、沈翔雲等。《二十世紀之中國》一文揭示中國的危急形勢：「久已為列強俎上之肉，釜中之魚，其存其亡，不容自主」；義和團運動之後，列強侵華已經改變了手法，「其用無形瓜分之手段，愈巧而愈密」；號召中國人民「併力一心，翻然變計，共謀圖存」。同文指出：秦漢以來，中國人屈服於專制之下，已二千餘年，獨夫民賊們「以種種牢籠、束縛、壓制、威脅之術，以便其私圖」。學術，非以智民，而是用以「養成奴隸」。用人行政大權，完全出於「一人之喜怒哀樂」；中國的法律，為一人掌控，「恃為威脅人民、摧鋤士氣之具」。[2]《說國民》一文指出，到了晚清，專制更甚：「報館有禁，出版有禁，立會演說有禁，倡公理目為邪說，開民智則誣為惑人」，結果，「一國之人而無一不為奴隸」。[3] 章炳麟的《正仇滿論》一文批判梁啟超的《中國積弱溯源論》，認為當時的滿洲貴族「無一事不足以喪吾大陸」，因此「革命固不得不行」。[4]

《遊學譯編》，留日湖南籍學生編，1902 年 11 月創刊，以譯文為主，兼刊論著，參加編譯的人員有楊度、周宏業、曾鯤化、楊毓麟（篤生）、黃軫（興）、張孝準等。該刊範圍廣泛，舉凡西方國家的學術、政治、教育、歷史、現狀、

1　《譯書彙編》第 2 年第 11 期。
2　《國民報》第 1 期。
3　《國民報》第 2 期。
4　《國民報》第 4 期。

列強侵華報導等，均在譯述之列。以拒俄運動為線，此前不超出改良主義範圍，拒俄運動後，迅速轉變。《滿洲問題》一文稱：「滿洲政府禁制吾四萬萬人之與俄宣戰，吾國民當以四萬萬人之同意，與滿政府宣戰。」《民族主義之教育》一文宣稱：「革命者，今日支那民族最大之幸福也。」[2]

《湖北學生界》，1903 年 1 月由湖北留日學生創辦，《開辦章程》規定，以「輸入東西之學說，喚起國民之精神」為目的。月刊，共出版五期，王璟芳等編輯及發行，參與編輯者有劉成禺、藍天蔚、李書城等多人。《敘論》一文認為中國已成「各國競爭中心」，「存亡關鍵在於今日」。[3]《痛黑暗世界》一文指責清廷「束縛國民之言論，鉗制國民之舉動，恣睢暴虐，為所欲為」，批判中國君主「愚民、弱民之罪，誠所謂罄南山之竹而筆不能書者矣」。[4]《論中國之前途及國民應盡之義務》、《中國當重國民教育》等文指出：中國人民「如在網之魚，在籠之獸，一任主人之左右之、支配之」；學者們只能歌功頌德，「文章中有一不祥之字，一過激之語，即蒙擯斥」。[5]《憲政平議》一文直斥「中國素不知人權之說」，呼籲打倒君權，設議院，行選舉，使人民享有參政權。[6]《學生之競爭》一文認為「民為國之主人，君為國之公僕」，言論、思想、出版是「自由三大權」。[7]

自第六期起，《湖北學生界》改名《漢聲》，另出增刊《舊學》，企圖利用漢民族的傳統文化宣傳反清革命。其題詞是：「擷懷舊之蓄念，發思古之幽情，光祖宗之玄靈，振大漢之天聲。」

《浙江潮》，浙江同鄉會主辦，1903 年 2 月 17 日創刊，同年 12 月 8 日停刊，共發行十冊。蔣方震在《發刊詞》中提出，刊物取名浙江潮，是用來「作革命潮洶湧的象徵」，「挾其萬馬奔騰排山倒海之氣力，以日日激刺於吾國民之腦」。他作《民族主義論》，大力提倡民族主義，認為這一主義與民權自由緊密

1　《遊學譯編》第 9 冊。
2　《遊學譯編》第 10 冊。
3　《湖北學生界》第 1 期。
4　《湖北學生界》第 4 期。
5　《湖北學生界》第 3 期，第 2 期。
6　《湖北學生界》第 2 期。
7　《湖北學生界》第 2 期。

相連，「與專制政體不能相容」。《國魂篇》提倡「祖國主義」，要求「發達吾民之愛國心」，[1]《血痕花》號召人們以「斷脰殉命，樂死不悔」的精神，「把這銅牆鐵壁的專制政體打破」。[2]《最近三世紀大勢變遷史》以平民主義建立平民社會，「各人皆以自己之力，生存於競爭之社會」，「使上層主人公個個滾下」。《新社會之理論》認為人類已從奴隸制、貴族制、大資本家階級制，發展為無產階級的「平民時代」，介紹了共產主義的創始人罷勃（巴貝夫）和埋蛤思（馬克思）。

　　《江蘇》，1903年4月27日。由江蘇同鄉會編輯出版，秦毓鎏、黃宗仰主持。月刊。至1904年3月17日，共出10期。《發刊詞》以「談腐敗」為主旨，聲稱「我支那無所有，所有者惟腐敗」，號召人們「去其陳，謀其新，腐敗既去，輸入不腐敗」，矛頭暗指清廷。《露西亞虛無黨》一文表面上歌頌俄羅斯「虛無黨」，提倡「破壞主義」，而實際上提倡以革命推翻清廷。文章指責「專制政體」為「國民之公敵」，專制政府為「生人之蠹」，「社會之蟊賊」，號召人們「糜萬人之血」，「磔萬人之身」爭取自由、民主。[3]《新政府之建設》鼓吹「平民政治」，建立「法治國」，提出新政府的三項標準：必由全國國民所組織，必為全國國民之機關，必以全國國民為範圍，專謀全社會幸福為目的。孫中山曾在該刊發表《支那保全分割合論》，號召中國人民「再造一新支那」。

　　當時，柳亞子還是16歲的少年，在《鄭成功傳》中讚美他「拒滿洲，排荷蘭，闢台灣新地」的功績，歌頌其為「黃族好男兒模範。」[4]在陳涉（勝）傳中稱之為「推倒政府，普救國民」的大英雄、大豪傑，是「中國革命家第一人」。[5]

　　上述雜誌，痛斥帝國主義侵略和清廷賣國，指陳民族危機，熱烈地號召救亡，無情地抨擊專制制度，呼喊自由、平等、民主與共和，洋溢著強烈的愛國主義、民主主義精神。留日學生大多是熱血青年，身處異國他鄉，既眷戀民族、鄉邦、宗國，又比國內知識界能更早、更多地接觸世界先進文化，這就使他們迅速成為當時中國人中間最早覺悟的群體，發揮其先鋒作用和啟蒙作用。

1　《浙江潮》第1期。
2　《浙江潮》第4期。
3　《江蘇》第4期。
4　《江蘇》第4期。
5　《江蘇》第9、10期合刊。

留日學生的初期政治活動　在創辦雜誌，進行文化宣傳的同時，留日學生開始從事政治活動，逐漸出現愛國或有革命色彩的小團體。秦力山在創辦《國民報》之外，還組織國民會，發展「願為國民而不願為奴隸」的中國人入會。

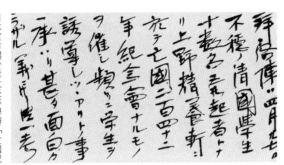

1902 年 4 月 27 日（光緒二十八年三月二十日），章炳麟（太炎）、秦鼎彝（力山）、周達（宏業）、唐蟒、馬同（君武）、馮懋龍（自由）、王熊（思誠）、馮斯鑾、李群（彬四）、朱楞（菱溪）等十人署名「支那遺民」，在東京發起召開「支那亡國二百四十二年紀念會」，鼓吹反清。《會啟》追溯南明永曆皇帝自登基至逃亡緬甸，被執送清軍的的歷史，號召雲南人毋忘李定國，福建人毋忘鄭成功，浙江人毋忘張蒼水，廣西人毋忘瞿式耜，湖北人毋忘何騰蛟，遼寧人毋忘李成梁等抗清英雄，共起推翻滿洲貴族的統治。[1]《會啟》附有《會約》五條，宣稱無論官、商、士、庶，「凡屬漢種，皆可入會」，日本人有贊成者，待以來賓之禮，同時表示每年開會兩次。[2] 從《會約》看，它既是會議章程，又具有某種團體性質。會議原定在東京上野精養軒舉行，清朝駐日公使蔡鈞密報日警，日警於前一日召章太炎等談話。章穿著華服，長衣大袖，手搖羽扇，進入警察署。警長詢問各人為清國何省人，章太炎答說：「余等皆支那人，非清國人。」警長再問屬何階級：「士族乎？平民乎？」章太炎答稱：「遺民。」聽得警長一再搖頭，宣稱奉東京警視總監命，制止開會。屆時，精養軒密佈警察，到達軒門的中國學生均被勸散。孫中山率橫濱華僑十數人到會，臨時改為聚餐，以遮警察耳目。餐後回到橫濱，在永樂樓補行紀念儀式。

同年冬，葉瀾、秦毓鎏、張繼、蘇子谷（曼殊）、馮自由、陳由己（獨秀）等創辦青年會，「以民族主義為宗旨，以破壞主義為目的」，這是東京中國留學

1　馮自由《章太炎與支那亡國紀念會》，《革命逸史》初集，中華書局 1971 年版，第 57—69 頁。

2　參見楊天石《晚清史事》，中國人民大學出版社 2007 年版，第 218—221 頁。

生中第一個革命色彩鮮明的團體。

中國東南的學界風潮 上海是新型知識階層活躍的另一個地區。東京召開「支那亡國二百四十二年紀念會」的同一日，蔡元培等在上海創立中國教育會。蔡元培（1868－1940），字鶴卿，後改號民友、子民，浙江山陰（今紹興）人。出身商人家庭。1868年（同治七年）考中進士。1901年（光緒二十七年）應聘為上海南洋公學特班總教習。當時，上海留東學界翻譯之風大盛，出版新書的出版社，如作新社、廣智書局、商務印書館、鏡今書局、東大陸圖書局等，如雨後春筍，紛紛在上海成立。但是，譯本教科書多不適用，蔡元培創立教育會，本意為自編教科書，嗣因駐日公使蔡鈞建議停派留日學生，藉以阻遏新思想的傳播，蔡元培等遂計議自辦學校。成立後，吳稚暉、黃宗仰、汪德淵、鍾憲鬯、林獬、陳競全、章炳麟、金天翮、龍澤厚、吳葆初、馬君武、馬敘倫、陳範、張繼、劉師培等陸續加入。次年11月，南洋公學無理開除一伍姓學生，該班學生不平，校方竟進一步開除全班學生，學生憤而全體罷課、退學。退學後的學生何靡施、胡敦復等人在中國教育會的支持下成立愛國學社。不久，南京陸師學堂學生章士釗等亦因事退學，加入愛國學社。初時，愛國學社有學生55人。至1903年4月，發展至132人。學校學生高談革命，放言無忌。《本紀》在舊史中原是皇帝的傳記，但章太炎卻要學生書寫自己的生平，都自稱「某某本紀」。[1]

愛國學社的機關刊物是《童子世界》，創刊於1903年4月6日（光緒二十九年三月九日）。前21號為日刊，22號至30號為雙日刊，31號至32號為旬刊。至1905年（光緒三十一年）5月中旬停刊。由於該刊的執筆者都是學生，因此充分表現出年輕人的銳氣和無畏，自稱本報「無一語不激烈」。該刊批判清廷的賣國行為：「我們祖國已經糟的不成樣子，你道不是那些賣國賊、民

1　參見楊天石《柳亞子評傳》，《哲人與文士》，中國人民大學出版社2007年版，第357－358頁。

愛國學社成立時師生合影

賊弄壞的？」「拍外國人的馬屁，東邊割了一塊地皮，西邊送了十萬銀子，窮是窮了，亡是差不多了，我們還不要罵他、恨他麼！」[1] 該刊特別激烈地批判君主專制政體，指出「做皇帝的人把全國的權柄，全國的財產都拿在自己手裡，做百姓的隨便做什麼事，都要他答應下了那一道什麼上諭才可以。[2] 化名「祛魔子」的文章指出，皇帝「比強盜、官吏惡過十倍，害過萬分」，「盜了天下人的天下，拿天下人做奴隸」。[3] 這是此前還未有過的痛快淋漓、尖銳潑辣的言論。俗話說：初生之犢不怕虎，《童子世界》的作者完全不把歷代統治者所膜拜的至聖先賢放在眼裡，自稱「他有一雙眼，我們也有兩隻；他有四肢，我們也有兩手兩腳。」吳憶琴的文章承認孔子是「大聖」，但並不認為出自娘胎，天生如此，滿懷信心地表示：「他能這樣，我們就不能這樣？我們就不能做一個聖人的聖人麼？」[4] 在這些年輕人身上，找不到任何偶像崇拜和迷信的影子。

南洋公學風潮之後，吳興潯溪公學、江寧江南陸師學堂、杭州浙江大學、上海廣方言館、杭州蕙蘭書院等校紛紛發生退學風潮。據不完全統計，1903年（光緒二十九年）全國 15 省共發生各類學潮 59 次，其中，江浙兩省發生 26 次。1904 年全國 13 省發生各類學潮 67 次，其中江蘇、浙江、湖北發生 36 次。[5] 這些風潮，是近代中國學生運動的開端，反映出新型知識份子自治、民主意識的覺醒，預示著他們在中國政治舞台上即將發出更大的聲響。

1 　《童子世界》第 15 號。
2 　錢瑞香《印度滅亡史》，《童子世界》第 22 號。
3 　祛魔子《盜的最巧的手段》，《童子世界》，第 32 號。
4 　《學問》，《童子世界》，第 24 號。
5 　桑兵《晚清學堂學生與社會變遷》，學林出版社 1995 年版，第 100 頁。

二　拒俄運動與革命宣傳熱

阻法運動　廣西多游勇，常聚眾起事。1903 年 4 月 24 日（光緒二十九年三月二十七日），日本報紙刊載消息，廣西巡撫王之春向駐紮越南的法兵求援，並向洋行借款，許以事平之後，用全省路礦權作為酬勞。當日，東京清國留學生會館幹事決定致電抗爭，聲稱「假款乞援，桂省必非我有。各國從此生心，大局立可動搖。」[1] 同時決定電告上海中國教育會回應。4 月 25 日（三月二十八日），留學生會館在錦輝館召集會議，與會留日學生五百餘人一致贊成幹事們的意見，向清廷政務處發出長函。同日，廣西人龍澤厚（積之）發起在上海張園召開會議，中國教育會、愛國學社師生及上海士紳四百餘人參加。廣西人馬君武提議組成有勢力的自立會，「與外人及頑固者抗衡」，吳稚暉建議工商界罷市，蔡元培建議立即成立反對法兵干涉的專門團體。當日，簽名參加「阻法會」者達三百餘人。[2] 杭州臨近上海，府學堂等九校聯電抗爭，廣州時敏學堂也起而回應。

王之春借法兵並非可靠消息，它在海內外迅速激起波瀾，說明新型知識份子的政治敏感和愛國熱情。不久，這種熱情在東北問題上再度爆發。

拒俄運動　八國聯軍侵華期間，沙俄趁機出兵霸佔中國東北。1900 年 11 月（光緒二十六年九月），沙俄提出《奉天交地暫且章程》，企圖將奉天省變為俄國殖民地。次年 3 月 15 日（正月二十五日），汪德淵、汪康年、蔣智由等上海愛國人士在張園集會，聲稱如各國援例，中國立亡，要求清廷「力拒俄約，以保危局」。[3] 江蘇、浙江、廣東、山東等地迅速有人回應。滿族人祜嚕氏繼宗致函上海《中外日報》，代表八旗子弟致謝，希望海內外同仁聞風興起，合力救國，函稱：「勿因難而易志，勿畏勢而結舌，俾眾志之成城，作中流之砥柱，中國不亡，黃種不滅，是所厚望於諸君子焉。」[4] 在全民反對的聲勢下，清廷駐俄

1　《記電爭廣西事》，《江蘇》第 2 期，1903 年 6 月。

2　《愛國演說摘錄》，《蘇報》1903 年 4 月 27 日。

3　楊天石、王學莊編《拒俄運動》，中國社會科學出版社 1979 年版，第 10 頁。

4　楊天石、王學莊編《拒俄運動》，中國社會科學出版社 1979 年版，第 40 頁。

公使拒絕在條約上簽字。同年 4 月 19 日（三月一日），清廷與沙俄簽訂《東三省交收條約》，規定沙俄軍隊應分期從中國境內撤離，但到第二年，沙俄不僅不依約撤軍，反而趁機提出七項新的侵略要求。1903 年 4 月 27 日（光緒二十九年四月一日），在上海的江蘇十八省愛國人士集會張園，決定致電清廷外務部及各國政府，表示對沙俄的侵略要求，「萬難承認」；即使清廷承認，「我全國國民萬不承認」。會後，馮鏡如等發起成立中國四民總會，蔡元培、馬君武、鄒容等簽名參加。

4 月 29 日（四月三日），東京中國留學生集會，到會五百餘人。臨時議長、成城學校陸軍科學生湯槱（爾和）及鈕永建、葉瀾、周宏業、程家檉、李書城等多人發表演說。湯稱：

> 大丈夫日日言不得死所，今俄人於東三省之舉動，日本警報諸君皆已知之，此真吾國之奇垢極恥，亦正我輩堂堂國民流血之好機會……今日之勢，無待煩言，戰亦死，不戰亦亡，均此亡國，則開戰之主權，寧操之在我。雖拚命到兵窮矢盡，猶不失為亡國之雄鬼……東三省一失，內地十八省外人紛樹國旗，中國人還有立腳地麼？到那時候，求一戰而死恐不可得。今日非我堂堂國民流血之好機會麼？（眾大拍掌）

他建議「有不怕死、肯犧牲一身為中國革命請命的，立刻簽名，編成一隊，刻日出發」，向北洋請願，奮身前敵，萬死不懼；他說：

> 我中國自甲午以來，久成為世界三等國，以三等國民而敢與世界第一雄國死抗，我輩雖被大炮炸成飛灰，還不值得麼？（眾皆舉手贊成）

有人反駁說：既無軍械，又無軍餉，學生無法擔當此任，即使全體學生出動，也無法阻擋俄國人的鐵騎。湯槱逐條解釋、反駁，他厲聲說：「死生一髮之際，還想四面周到，難道還要預備衣食棺槨麼！」（眾皆憤發，涕泣不能抑）此時的湯槱熱血沸騰，充滿著為國捐軀的精神，然而，很遺憾，到了抗戰爆發，他卻腆顏事敵，成了華北傀儡政權的官僚。

湯槱的這場演說極富鼓動性，會場上充滿慷慨悲壯的氣氛。黃興等 130 餘人簽名加入拒俄義勇隊，50 人簽名加入本部辦事。浙江人潘國壽剛剛 16 歲，

身體弱小，也簽名入隊，同鄉勸阻，他大哭說：「國亡無日，欲求死所，行且不可得。我得從軍以死於北邊，其為吾鄉人榮，不更大乎！」[1] 在致清廷北洋大臣袁世凱函中，義勇隊成員決心以古希臘斯巴達人反擊波斯入侵的事跡自勵，開赴東北，與沙俄侵略者決戰：「昔波斯王澤爾士以十萬之眾，圖吞希臘，而留尼達士親率壯丁數百，扼險據守，突陣死戰，全軍殲焉。」「夫以區區半島之希臘，猶有義不辱國之士，何以吾數百萬方里之帝國而無之乎？」[2] 5月2日（四月六日），改名學生軍。5月11日（四月十五日），再次改名為軍國民教育會。5月14日（四月十八日），軍國民教育會派遣湯槱、鈕永建二人為特派員，到天津向袁世凱請願，要求他主戰，表示願為前驅，但未能見到袁世凱，無功而返。

清廷從一開始就反對青年知識份子中展開的愛國運動。駐日公使蔡鈞密電外務部，指責留學生「以拒俄為名，實圖不軌」。署理湖廣總督端方密電各地「一體嚴備」。6月3日（五月八日），上海《蘇報》發表《嚴拿留學生密諭》，聲稱編立義勇隊，「有礙邦交」，要求各地督撫查拿「有革命本心」的歸國留學生，就地正法。此諭雖有革命黨人偽造的可能，但同月21日（五月二十六日）清廷外務部密電沿江沿海各省督撫查拿愛國學生則是事實。清廷的頑固態度使知識精英們極為憤怒，不少人因此轉向革命。《蘇報》發表文章，號召「排滿」。自此，這家報紙的政治態度即日趨激烈。6月25日（閏五月初一日），在東京出版的《江蘇》雜誌發表陳去病寫的《革命其可免乎》，公然號召革命。7月5日（閏五月十一日），軍國民教育會召開大會，由特派員彙報歸國之行。秦毓鎏等15人提出《意見書》，將原訂宗旨中的「實行愛國主義」改為「實行民族主義」。大多數會員贊成，僅有十餘人退會。

周樹人（魯迅）於1902年（光緒二十八年）赴日留學。拒俄義勇隊成立後，周樹人迅速編譯小說《斯巴達之魂》，進一步闡揚古希臘斯巴達人抗擊波斯入侵的英勇事蹟，藉以鼓勵義勇隊成員奮起殺敵，保衛國土。清廷拒絕義勇隊的抗敵要求後，周樹人憤而剪辮，決定投入民族革命，在《自題小像》詩中寫道：

1　楊天石、王學莊編《拒俄運動》，中國社會科學出版社 1979 年版，第 92 頁。
2　楊天石、王學莊編《拒俄運動》，中國社會科學出版社 1979 年版，第 90 頁。

「靈台無計逃神矢，風雨如磐闇故園。寄意寒星荃不察，我以我血薦軒轅。」[1]當時，國內外學界普遍出現了追念先祖黃帝的熱潮。《江蘇》雜誌刊出《中國民族始祖黃帝像》，署名「黃帝子孫之一個人」編輯出版《黃帝魂》，不少文章署名「轅孫」、「軒裔」或「黃孫」。

轉變後的軍國民教育會以鼓吹、暗殺、起義為進行方法。它首先派出「運動員」12 人歸國活動，同時，楊篤生、何海樵、蘇鵬、龔寶銓等少數人則組成暗殺團，謀刺慈禧太后，因難於下手，便以上海為活動據點，待機行事。1905年（光緒三十一年），楊篤生到保定，發展保定高等學堂學生吳樾等為暗殺團成員。同年 9 月，清廷派載澤等五大臣出洋考察憲政。24 日（八月二十六日），吳樾在北京正陽門始發的列車上放置炸彈，炸傷載澤等二人，迫使考察推遲，吳樾自己則壯烈犧牲。

革命宣傳熱　拒俄運動是新型知識精英由愛國走向革命的轉捩點。在此期前後，出現革命宣傳熱，其中，以鄒容的《革命軍》和陳天華的《猛回頭》為等幾本小冊子最有名。

鄒容（1885－1905），字威丹，四川巴縣人，出身富商家庭，早年即「薄堯舜，非周孔」，具有異端意識。1901 年（光緒二十七年）赴日，入東京同文書院。1903 年（光緒二十九年），因強行剪去清朝留學生監督姚文甫的辮子，被迫回國。4 月 10 日（三月十三日），鈕永建寫信給吳稚暉，為之介紹：「此君奇烈士，東京無其匹，」[2]回國後，鄒容就住在愛國學社。在此期間，因與章炳麟、章士釗、張繼志同道合，結為兄弟。拒俄運動期間，他將在留日期間寫成的《革命軍》加以修改，由章炳麟作序，於同年 5 月出版。

在自序中，鄒容自稱「革命軍中馬前卒」。該書以通俗的語言熱烈地歌頌革命是天演公例、世界公理、爭存爭亡過渡時代之要義，中國欲獨立，欲與世界列強並雄，長存於二十世紀新世界之上，都不可不革命。書中，鄒容指責秦始皇「悍然尊大，鞭笞宇內，私其國，奴其民，為專制政體」。他認為，生民

1　楊天石《〈斯巴達之魂〉和中國近代拒俄運動》、《〈自題小像〉新探》，均見《恒生斜長集》，百花出版社 1998 年版，第 293—301 頁。

2　吳稚暉檔案，台北：中國國民黨黨史館藏件，08709。

之初，並無所謂「君」，無人不自由，無人不平等，堯、舜、禹、稷等人，不過是一個團體的首領。「後世之人，不知此義。一任無數之民賊、獨夫，大盜巨寇，舉眾人所有而獨有之，以為一家一姓之私產，而自尊曰君，曰皇帝，使天下之人無一平等，無一自由。」他號召，今之革命，「當共逐君臨我之異種，殺盡專制我之君主」並且千秋萬世「不復有專制之帝王」。[1]

在《革命獨立之大義》一章中，鄒容設想未來的國家定名為「中華共和國」，其主要綱領有：建立中央政府，為全國辦事之總機關；各省投票公舉一總議員，由總議員中投票公舉一人為暫行大總統，代表全國；全國無論男女，皆為國民；男女一律平等，無上下貴賤之分；生命自由及一切利益之事，皆屬天賦之權利；不得侵人自由，如言論、思想、出版等事；無論何時，政府所為，有干犯人民權利之事，人民即可革命，推倒舊日之政府，而求遂其安全康樂之心。鄒容認為，新政府建立之後，「以平和為貴」，不可動輒革命，朝更夕改，

1　中國史學會主編《辛亥革命》（一），上海人民出版社 1981 年版，第 334、351 頁。

但倘若新政府推行「弊端暴政」，仍然是「專制政體」，則人民仍可起而顛覆之，再立新政府。全書最後，鄒容撼人心魄地呼喊：「黃漢人種革命獨立萬歲！」「中華共和國萬歲！」「中華共和國四萬萬同胞的自由萬歲！」

由於《革命軍》說理暢達、感情熾烈，傳播極為迅速。孫中山稱它為「排滿最激烈的言論」。[1]魯迅也說：「倘說影響，則別的千言萬語，大概都抵不過淺近直截的『革命軍馬前卒』鄒容所做的《革命軍》。」[2]該書在辛亥革命時期共翻印二十餘次，總印數在一百萬冊以上。

《駁康書》全稱《駁康有為論革命書》。1902 年（光緒二十八年），康有為為了打擊革命思想，遏阻部分改良派向革命派轉化，寫作《答南北美諸華商論中國只可行立憲不可行革命書》、《與同學諸子梁啟超等論印度亡國由於各省自立書》，歌頌光緒皇帝「亟亟於民權自由，其心至仁如天，至公如地」，為「歐洲各國所未有，中國數千年所未聞。」，聲稱「有君如此，豈忍負之」！[3]1903 年（光緒二十九年），章炳麟在愛國學社讀到康文，立即寫作《駁康有為論革命書》託人自香港轉寄在新加坡的康有為，未得回音，章炳麟便將該文印行。該文充分肯定戊戌變法的歷史地位，但認為光緒皇帝之所以熱衷變法，不過是為了保護自己的「權位」。文稱：「載湉小丑，不辨菽麥，」按照傳統說法，皇帝代表天命，直呼最高統治者之名，斥之為「小丑」，這在中國歷史上是破天荒第一次。文章針對康有為所稱中國人「公理未明，舊俗俱在」，不可能一下子「超越」跳躍，進入民主世界的論調，堅決表示：「公理之未明，即以革命明之；舊俗之俱在，則以革命去之。革命非天雄、大黃之猛劑，而實補瀉兼備之良藥矣。」[4]黃宗仰是僧人，他熱心革命，出資將《駁康書》與《革命軍》合刊，不到一個月，數千冊銷行殆盡。

《猛回頭》是另一本著名的小冊子。作者是湖南革命黨人陳天華。陳天華（1875—1905），字星台，別署思黃，湖南新化人。出身塾師家庭。1903 年（光緒二十九年）留學日本。曾加入拒俄義勇隊及其後身軍國民教育會，是該會歸

1　《有志竟成》。
2　《雜憶》，《魯迅全集》第 1 卷第 221 頁。
3　《康有為政論選集》上冊，中華書局 1981 年版，第 477—478 頁。
4　《章太炎政論選集》上冊，中華書局 1977 年版，第 204 頁。

國「運動員」之一。《猛回頭》以彈詞形式陳述列強瓜分中國的危急形勢，指責清廷賣國，已經成為「洋人的朝廷」，號召同胞奮起救國。

　　書中，陳天華介紹了法國革命的基本情況和盧梭《民約論》的基本思想：「人民就是一國的主人，這國王就是人民的公奴，國王若有負人民的委任，這人民可任意掉換。」「前後數十年，終把那害民的國王貴族，除得乾乾淨淨，建設共和政府，公舉一人當大統領，七年一換，又把那立法的權柄歸到眾議院來了。議員都從民間公舉。從前種種虐民的弊政，一點沒有；利民的善策，件件做到。」陳天華還介紹了美國獨立的基本情況，讚揚華盛頓不肯將「眾人辛苦成立的國家，做一人的私產」，「把全國分為十三邦，由十三邦公舉一人做大統領，四年一任，退休後與平民一樣。其人若好，再可留任四年。八年後任憑如何不能留任。」[1]

　　全書最後殿以唱詞：「那怕他，槍如林，炮如雨下；那怕他，將又廣，兵又精強；那怕他，專制政，層層束縛；那怕他，天羅網，處處高張。猛睡獅，夢中醒，向天一吼，百獸驚，龍蛇走，魑魅逃藏。改條約，復政權，完全獨立；雪仇恥，驅外族，復我冠裳。到那時，齊叫道，中華萬歲，才是我，大國民，氣吐眉揚。」由於該書較鄒容的《革命軍》更為通俗，因此很快流傳到廣大社會和軍營、農村中。

1　中國史學會主編《辛亥革命》（二），上海人民出版社 1981 年版，第 164—185 頁。

陳天華還有一本與《猛回頭》齊名的小冊子《警世鐘》。它純用白話寫成，具有較多的理性分析成分。例如，它提倡「文明排外」，反對「野蠻排外」，主張「要拒外人，須先學外人的長處」，「要想自強，當先去掉自己的短處」。這些地方，都遠遠超過義和團運動的水準，顯示出新型知識階層的高明之處。

這一時期宣傳革命的小冊子還有《沈藎》、《黃帝魂》、《新湖南》（楊篤生著）等。

《沈藎》，署支那漢族黃中黃（章士釗）著。沈藎於自立軍起事失敗後，北上京津，擔任日本報紙記者，探得清廷與俄國簽訂的密約七條，公之報端，推進了國內外拒俄運動的開展。1903 年 7 月 19 日（光緒二十九年閏五月二十五日），被清廷逮捕。7 月 31 日（六月初八日），慈禧太后下令用杖刑捶打，血肉橫飛，被鞭四個小時，仍不斷氣，最後被用繩勒斃。章士釗記錄其生平事蹟、慘死經過，附錄哀輓詩文，編為《沈藎》一書，同年作為《蕩虜叢書第三種》，由「支那第一蕩虜社」刊行。書中，章士釗鼓勵革命黨人「傾無量之頭顱，購取文明幸福」，曾被清廷禁毀。

《黃帝魂》，署黃帝子孫之一個人編。輯錄《開智錄》、《蘇報》、《國民日日報》等報刊文字 29 篇。其重要者有《中國滅亡論》、《正仇滿論》、《義和團有功於中國說》、《駁〈革命駁議〉》、《黃帝紀年論》、《王船山史說申義》等，曾一再重刊。

蘇報案　《蘇報》創刊於 1896 年（光緒二十二年），1898 年（光緒二十四年）秋為退職官吏陳範所購。1903 年 2 月（光緒二十九年正月），陳範聘請愛國學社師生蔡元培、吳稚暉等撰寫社論，言論逐漸趨於激烈。該報刪棄當時報紙常有或必有的《聖諭恭錄》、《上諭電傳》等欄目，開闢《學界風潮》欄，報導東南學界的退校鬥爭，因此，為新型知識階層所注目。拒俄運動中，革命與改良兩派的分野逐漸明顯。上海《中外日報》為改良派鼓吹，《蘇報》則倡言「革命」，認為「居今日而欲救吾同胞，捨革命外無他法。非革命不足以破壞，非破壞不足以建設，故革命實救中國之不二法門也」。[1] 5 月 27 日（五月一日），陳範

1　《蘇報》，1903 年 5 月 13 日。

聘請章士釗為主筆。章到任
後，進一步對報紙進行「大
改良」、「重改良」，以「發
表輿論」為報館天職，削減
新聞，增加評論，企圖扮演
政府之「政監」，國民之「嚮
導」，使之具有「國會、議院
之傾向」。所發社說，幾乎無

一篇不談革命。6月9日（五月十四日），《蘇報》發表文章，讚譽鄒容的《革
命軍》「以國民主義為干，以仇滿為用」，堪稱「今日國民教育之第一教科書」。
6月29日（閏五月五日），以《康有為與覺羅君之關係》為題，摘刊章炳麟的
《駁康有為論革命書》，原文照錄「載湉小丑，不辨菽麥」等語，這樣，清朝政
府就再也無法容忍了。

　　清廷早就注視著愛國學社等團體的活動，下令「嚴密查拿，隨時懲辦」。6
月23日（五月二十八日），兼署湖廣總督端方致電兩江總督魏光燾，指責《蘇
報》「悍謬橫肆，為患非小」。魏指令上海道袁樹勳辦理。6月29日（閏五月五
日）上午，偵探、巡捕等多人闖進蘇報館，出示查禁愛國學社及《蘇報》，捉拿
章炳麟、鄒容、龍澤厚、陳範等七人的命令。次日，巡捕到愛國學社抓人，章
炳麟本已事先得到消息，但他毅然留在社內，對巡捕說：「餘人都不在，要拿章
炳麟，我就是！」章被捕後，又寫信動員龍澤厚和鄒容二人投案。他於獄中寫
成答《新聞報》文，大義凜然地指出，此案是「滿洲政府與漢種四萬萬人」之
間的「大訟」，「吾輩書生，未有寸刃尺匕足與抗衡，相延入獄，志在流血」。
他相信革命必將勝利，滿懷信心地宣稱：「請看五十年後，銅像巍巍立於雲表
者，為我？為爾？」7月15日（閏五月二十一日），租界會審公廨舉行第一次
審訊。律師指責章炳麟觸犯「聖諱」，章答：我只知道載湉是滿清人，不知所謂
「聖諱」。鄒容承認，因憤滿人專制，故有《革命軍》之作，但他表示：「現在
我意欲改作《均平賦》一書，令天下人無甚貧富。」這一段話表現出鄒容思想
的新躍進。他關心的已不僅是「排滿」的種族革命，也不僅是建立中華共和國

的「政治革命」，而是「均平」這一「社會革命」的更加高遠的目標。1904 年 5 月 21 日（光緒三十年四月七日），上海知縣會同英國副領事覆訊，判處章炳麟監禁三年，鄒容監禁二年，罰作苦工，到期驅離租界。

在獄中章太炎與鄒容互相唱和，以詩歌表達革命意志。章詩《獄中贈鄒容》云：

> 鄒容吾小弟，被髮下瀛洲。快剪刀除辮，乾牛肉作餱。英雄一入獄，天地亦悲秋。臨命須摻手，乾坤只兩頭。

鄒容答詩云：

> 我兄章枚叔，憂國心如焚。並世無知己，吾生苦不文。一朝淪地獄，何日掃妖氛。昨夜夢和爾，同興革命軍。

兩位革命家一長一少，互勉互勵，視死如歸，雖人在牢獄，而心繫革命。

1905 年 4 月 3 日（光緒三十一年二月二十九日），鄒容庾死獄中，年僅二十歲。次年 6 月 29 日（五月八日），章炳麟刑滿出獄，被同盟會派人接往東京。

上海地區革命宣傳活動的繼續發展 《蘇報》被封後，章士釗、張繼、何靡施、陳去病等於 1903 年 8 月 7 日（光緒二十九年六月十五日）繼刊《國民日日報》，以香港出生的上海英文報紙記者盧和生為發行人，在英國領事署登記。作者除章、張、何、陳外，還有蘇曼殊、陳由己（獨秀）等。該報批判鋒芒繼續指向皇權專制主義。社說《說君》一文以《君禍》為標題，從六個方面揭露皇權專制主義，論證古往今來的種種禍害，均出於君主。文稱：「種種罪惡，唯君所造，何以故？以君能納一切，吐一切，生殺一切。故國有一君，而國多百禍，世界有百君，即世界多無量禍。」《中國古代限制君權之法》稱：自秦朝開始，「君民共主之世變而為君權專制之世」；自漢朝起，「以天下為一家一姓之私」，君主私有土地，獨操賞罰，干涉教育，將立法、行政、司法三大權力完全歸之「一家一姓」；發展到當時，已經成為「君權專制達於完全極點之時代」。《箴奴隸》一文指出，中國人「感受三千年奴隸之歷史，薰染數千載奴隸之風

俗，只領無數輩奴隸之教育，揣摩若干種奴隸之學派」，終於形成一個「龐大無外之奴隸國」。《革天》向傳統的「天命」觀挑戰，宣稱「天可革，而其他革乃可言」。〈道統辨〉分析儒學「道統」說的形成的原因：既在於世儒標榜，更在於君主「愚民」與「御民」的需要，目的在於「束縛臣民之思想」「使臣民柔順服從，而消滅其聰明才力」。此外，《關於中國古代信天之思想》、《中國鬼神原始》等文，批判鬼神迷信，宣揚無神論，在當時的宣傳活動中獨具特色。

《國民日日報》在《蘇報》案之後以無畏的勇氣逆流而上，被稱為《蘇報》第二。不久，因內部矛盾，各自向外國在上海的公堂提出訴訟，1903 年 12 月 3 日（光緒二十九年十月十五日）以後停刊。1904 年 10 月（光緒三十年九月）上海東大陸書局將該報內容分類編輯，出版《國民日日報彙編》四集。

《俄事警聞》1903 年 12 月 15 日（光緒二十九年十月二十七日）創刊。當年 9 月 6 日（七月十五日），沙俄政府將七項侵略要求合併為五條，重新向清廷提出。10 月 28 日（九月九日），沙俄軍隊強行重佔奉天（瀋陽），升起沙俄旗幟，上海的拒俄運動繼續向前發展。中國教育會的蔡元培、葉瀚、陳競泉等人組織對俄同志會，研究對付辦法，簽名與會者近二百人。對俄同志會決議創辦《俄事警聞》。廣告稱：「同人因俄佔東三省，關係重大，特設《警聞》以喚起國民，使共注意於抵制此事之策。」[1] 該報先後發表《告留學生》、《告農》、《告工》等 73 篇文章，分別向各階層呼籲。其中稱讚留學生為「有熱忱，有志趣，有愛力，負未來主人翁之碩望，而為二十世紀吾國文明一切之母」，稱讚工人是「世界上頂有力量的」一流人，認為「田地都是公產，不耕田地的人，沒有可以霸做產業的」，應許農民到一定時候，「可以想個把田地歸公的法子」。該報共發行 73 號。

《警鐘日報》。由《俄事警聞》改名。1904 年 2 月 8 日（光緒三十年十二月二十三日），日俄戰爭爆發，單獨「對俄」已不足以概括愛國志士的責任。3 月 13 日（光緒三十年一月二十七日），對俄同志會改名為爭存會，「以養成國民資格，抵制外界壓力為宗旨」，《俄事警聞》也因而改名為《警鐘日報》。主計

1　《本社廣告》，《俄事警聞》，1903 年 12 月 15 日。

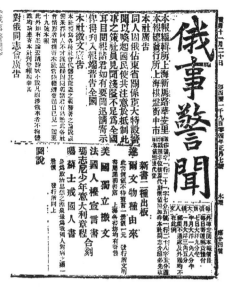

鍾觀光，總理陳競泉，蔡元培、汪允中、劉師培、陳去病等編輯。創刊於1904年2月26日（光緒三十年一月十一日），至1905年3月25日（光緒三十一年二月九日），被清廷上海道封禁。

該報自己概括十大特點：「民族主義之提倡者」、「抵禦外族之先鋒隊」、「民黨之機關」、「學生社會之機關」、「為獨特之清議」、「提倡古學」、「以提倡實業為主」、「特設時評」、「特刊之調查表」、調查和報導會黨。該報繼承《蘇報》、《國民日日報》的傳統，成為革命黨人在東南地區的新喉舌。不過，增加「提倡古學」，借宣揚中國歷史和傳統文化以宣傳革命則是其新特色，後來則發展為國粹派。

這一時期在上海及其附近地區創辦的革命刊物還有：

《覺民》，1903年11月（光緒二十九年九月）創刊於金山張堰鎮，每月一期，創辦人高旭及其叔父高燮、弟弟高增。次年出版九、十兩期合刊後未見再出。該刊宣揚愛國主義，提倡「文明之民族主義」，認為「異族之與吾無侵犯者、我亦視為朋友」，「惟其苟有侵奪我一絲之權利，則不惜粉身碎骨以爭之。」[1] 脫韁的文章揭露中國專制政治的種種「防民之術」和「愚民之術」，以「固其萬世帝王之業」[2] 黃天（高燮）詩云：「由來專制傷民族，奴隸根株剗卻難。種種不堪種種醜，令我一讀心膽寒。」[3] 宣揚民主主義，批判專制主義。其創辦者和撰稿人後來大都加入了革命文學團體南社。

《中國白話報》，1903年12月（光緒二十九年十一月）創刊於上海，半月刊，後改為旬刊，至1904年10月（光緒三十年九月）停刊，共刊行24期，創

1　鄧秋枚書，《覺民》第9、10期合本。
2　《教育箴言》，《覺民》第1—5期合本。
3　《題戰餘錄》，《覺民》第9、10期合本。

辦者福建侯官人林獬（又名少泉，後改名白水），留日學生，別號白話道人。該刊以「種田的、做手藝的、做買賣的以及那當兵的弟兄們」為讀者對象，動員下層勞動群眾參與救國和革命，在清末的白話文運動中獨具特色。《論法律》一文揭露「中國的政體都是君主專制」；「皇帝的意思就是法律，做百姓的人一點兒都不能干預」；「做皇帝的人不受法律拘束，聽他無所不為」。[1]該報號召農民組織「農黨」，工人組織「工黨」，各行各業都建立自己的政黨和團體，在此基礎上聯合，「大大的結個社會黨」，共同為在中國建立「獨立共和的政體」而奮鬥。[2]

《女子世界》，1904 年 1 月（光緒二十九年十二月）創刊，至 1906 年（光緒三十二年）停刊，共出 17 期，創辦人丁初我。除社說用文言外，其他欄目均用白話。該刊揭露封建禮教、道德和宗法制度的壓迫，號召實行「女子革命」，也號召女界與男子合作，投入鬥爭。柳亞子《哀女界》一文要求「巾幗鬚眉，相將攜手，以上二十世紀之舞台，而演驅除異族，光復河山，推倒舊政府，建設新中國之活劇」。[3]

《二十世紀大舞台》。陳去病與京劇藝人汪笑儂合辦。1904 年 10 月（光緒三十年九月）創刊於上海。當年秋，汪笑儂根據《波蘭衰亡史》編寫並演出《瓜種蘭因》，借波蘭歷史宣傳愛國思想，推動上海「戲劇改良」熱潮，在《警鐘日報》任編輯的陳去病認為戲劇這一形式利於向下層社會宣傳革命，便聯合汪笑儂共同創辦此刊。《招股啟並建章》稱：「以改革惡俗，開通民智，提倡民族主義，喚起國家思想為唯一之目的。」[4]柳亞子譽之為「梨園革命軍」，要求大量編演清初揚州十日、嘉定三屠以及法國革命、美國獨立等歷史劇，藉以激勵人民在現實生活中「建獨立之閣，撞自由之鐘，以演光復舊物、推倒虜朝之壯劇、快劇」。[5]

《二十世紀大舞台》

---

1 《中國白話報》第 11 期。
2 白話道人《甲辰年國民的意見》，《中國白話報》第 5 期。
3 亞盧《哀女界》，《女子世界》第 9 期。
4 《二十世紀大舞台》第 1 期。
5 《發刊詞》，《二十世紀大舞台》第 1 期。

該刊共發表時事劇、歷史劇、西洋劇八種。其中《安樂窩》直刺慈禧太后的「窮奢極慾」，規定以女丑扮演。在籌備出版第三期時被封。

在當時的辦刊熱中，有兩份刊物獨具特色，這就是《政藝通報》和《國粹學報》。兩者的主編都是廣東順德人鄧實。

《政藝通報》，1902 年 2 月 24 日（光緒二十八年正月十五日）創刊於上海，半月刊。每屆年底，即將該年內容分類歸併出版，稱為《政藝叢書》。《通報》至 1908 年 2 月（光緒三十四年正月）改為月刊，但僅出兩期即停刊。共出 146 期。《叢書》自壬寅（1902 年）至丁未（1907 年），共出版六集。

《通報》分政、藝兩編。所謂政，指政治；所謂藝，指技藝。所謂通，指貫通古今、中外、政藝六個方面。該報批判專制主義，認為其制始於秦，漢以來雖代有更革，但面目未改。鄧實稱：君是客，民為主，但是，鄧實認為民主政體是遙遠的事，主張實行君民共主，興民權，限君權，立憲法，實行地方自治，因此，它不是革命刊物，但是，它提倡「保存國粹」振興國學，藉以保國、保種、保學，和部分革命黨人有其一致之處。

《國粹學報》。創刊於 1905 年 2 月 23 日（光緒三十一年正月二十八日）。是國學保存會的機關刊物。在該會成立時，鄧實提出，該會的任務是「綱繆宗國，商量舊學，擴懷舊之蓄念，發潛德之幽光。當滄海之橫流，媲前修而獨立。」其中所稱「滄海之橫流」，指的是當時中國人向西方文化學習的熱潮。據此可知，它是一家專門提倡研究「舊學」以抵禦「西學」的學術刊物。它號召人們保存國粹，光大國學，從傳統文化和典籍中發掘「種族革命」思想，有其積極意義，但是，又有其保守、復古的消極一面。主要作者有鄧實、黃節、劉師培、章太炎等多人，大都屬於革命派，但也有不贊成革命的人。該刊共發行 82 期，至民國元年（1912 年）3 月，改名《古學彙刊》。除辦刊外，國學保存會還曾刊行《國粹叢書》、編輯教科書，創辦國光印刷所印行《神州國光集》。

這一時期上海的新聞界、出版界突破了清廷的高壓統治與思想鉗制，眾卉紛呈，諸說並出。雖處於內地，但藉助上海的特殊條件，放言暢論、慷慨激烈的程度比之東京中國留學界毫不遜色，形成了前所未有的思想大解放與大活躍。近代中國，戊戌維新時期是第一次思想解放高潮。1903 年（光緒二十九年）

前後幾年，日本東京的中國留學界和上海及其附近的知識界共同推動，形成了第二次思想解放高潮。這第二次高潮，時間雖短，但就其方面的廣泛和言論的激烈程度來說，顯然超出了戊戌時期的先行者，這一思想解放的高潮不僅對於久處專制統治下的中國人民，有啟蒙和警醒作用，也為同盟會的成立與民族、民主革命高潮的到來作了輿論準備。

　　無可否認，由於國粹主義思潮的傳播，人們不能正確處理吸收外來先進文化與發揚民族優秀傳統、創造反映時代要求的新文化與繼承舊文化精粹之間的關係。在其後的民主革命運動發展的過程中，新思想、新文化並沒有隨之生長、茁壯，相反，卻日漸沉寂。五四新文化運動的爆發正是為了彌補辛亥革命時期的不足。吳玉章說：辛亥革命「沒有強有力的思想革命作先導」，「未能攻破封建主義的思想堡壘」，「在理論方面不但缺乏創造性的活動，而且對西方十七、八世紀啟蒙學者的著作和十九世紀中葉的主要思想家的著作也都沒有系統地介紹」。[1] 吳玉章是辛亥革命的參加者，他的上述看法是有見地的。

三　黃興與湖南地區的華興會

　　華興會的創辦人是黃興。黃興（1874—1916），原名軫，字廑午，湖南善化（今長沙）人。1898 年（光緒二十四年）入武昌兩湖書院。1900 年（光緒二十六年）參加自立軍起義密謀。1902 年 6 月（光緒二十八年五月）被派赴日本，進入弘文學院師範科。同年 12 月 14 日（十一月十五日），參與創辦《遊學譯編》。1903 年（光緒二十九年）加入拒俄義勇隊及軍國民教育會，擔任歸國運動員。同年回鄉，任教於長沙明德學堂。11 月 4 日（九月十六日），黃興

黃興

1　《論辛亥革命》，人民出版社 1972 年版，第 14—15 頁。

三十歲生日，劉揆一、章士釗、柳聘農、周震麟等為黃興祝壽，商定成立華興會。1904 年 2 月 15 日（十二月三十日），華興會在明德學堂校董龍璋的西園寓所正式召開成立大會，到會一百餘人。陳天華、楊篤生、宋教仁、劉道一、吳祿貞、李書城、李燮和等陸續加入。據張玉法統計，在華興會的早期 89 名會員中，以出身分，知識份子 51 人，會黨 12 人，其他 5 人，不詳 21 人。以籍貫分，湖南 53 人，湖北 7 人，浙江 3 人，福建、安徽各 2 人，廣東、直隸、四川、江蘇、貴州各 1 人，不詳 16 人。據此可知，以知識份子為主，湖南人為主。[1]

　　華興會成立後，迅速設計出「或由會黨發難，或由軍學界發難，互為聲援」，由「湘省首義」，「各省紛起」，最後「直搗幽燕」的武裝鬥爭方案。當時，湖南會黨中以醴陵馬福益的哥老會勢力最大。黃興派劉揆一攜親筆函前往聯絡。1904 年（光緒三十年）初春，黃興又由劉陪同，親到湘潭與馬福益相見，決定於當年 11 月 16 日（十月十日）慈禧太后七十歲生日時在長沙起義。為此，華興會做了大量準備工作。黃興售產借貸，供給軍用。為了和江浙革命黨人聯絡，黃興還親到上海，和章士釗、陶成章等聯繫。同年 10 月上旬（九月），湖南劣紳王先謙探得華興會消息，向署理湖南巡撫陸元鼎告密。11 月 22 日（十月十六日），清兵搜查華興會機關，黃興、劉揆一等或藏或避，僅會黨首領游德勝、蕭貴生被捕，供出實情。12 月 3 日（十月二十七日），游、蕭被殺，黃興化裝出走上海。在漢口登船時，護送的聖公會教士黃吉亭要他到滬後拍一

華興會活動地點——長沙天心閣

1　　張玉法《清季的革命團體》，台北：中央研究院近代史研究所專刊，1982 年再版，第 282 頁。

「興」字電報，表示平安。自此黃興即廢本名，改以「興」字為名。

　　華興會籌備起義時，楊篤生、章士釗在上海與蔡元培、陳由己（獨秀）、杭辛齋等成立愛國協會，計劃回應。11 月 7 日（十月初一日），黃興、劉揆一邀請陳天華、陳去病、柳亞子、黃炎培、張繼、吳春陽、萬福華等在上海英租界餘慶里集會，決定即日起分頭運動長江中、下游的學界和軍界，在湖北和南京等處起義。11 月 19 日（十月十三日），萬福華在上海酒樓謀刺前廣西巡撫王之春，未成被捕，牽連而及章士釗、黃興、張繼等十餘人，相繼被捕，但因無證據，陸續被釋。黃興與劉揆一再次赴日，革命黨人在長江中下游起義的計劃也因而夭折。

　　長沙起義計劃洩露後，馬福益逃往廣西。1905 年（光緒三十一年）4 月，自桂返湘，途中遭遇清兵，被捕後解往長沙，歷經酷刑而忠貞不改，同月 20 日（三月十六日）被害。

　　黃興赴日後，與宋教仁等於 1905 年 6 月 3 日（光緒三十一年五月一日）共同創辦雜誌《二十世紀之支那》。編輯有田桐、宋教仁、黃興、陳天華、仇亮等人。現在僅能見到第一期，第二期因刊登譴責日本侵華的文章，被日本政府沒收。該刊用黃帝紀年，首期刊登黃帝畫像，宋教仁題詩，歌頌黃帝大刀闊斧，櫛風沐雨，奠定九州的功績，要求四萬萬同胞「尚無數典而忘其祖」。《簡章》聲明：「提倡國民精神，輸入文明學說。」所刊文章具有鮮明的反帝思想。公明（宋教仁）所寫《西方第二之滿洲問題》揭露沙俄「朝思暮想」要將新疆「據為己有」的野心，體現了革命黨人對國家邊疆的關心和愛護。

四　湖北地區的科學補習所與日知會

　　張之洞的新政推動了湖北地區現代工業、文化事業的發展，新軍也辦得有聲有色。以學校言，有武備、自強、農務等學堂，有兩湖、經心、江漢等書院。留學運動興起，湖北是最早向日本派遣留學生的省份之一。還在 1902 年，湖北新軍即已達 7750 人。

藍天蔚

劉靜庵

湖北留日學生在 1903 年初（光緒二十九年末）創辦雜誌《湖北學生界》。拒俄運動中，湖北籍學生藍天蔚被推為義勇隊隊長，武昌學界數百人在曾公祠集會演說。其後，湖北武高等學堂學生呂大森與朱和中、李書城等經常聚會，其地點，一在花園山李步青住處，一在將弁學堂總教習吳祿貞的水陸街住處。1904 年（光緒三十年）初，湖北當局將朱和中、賀之才等派往歐洲留學，李書城、時功玖、孔庚等派赴日本留學，花園山的聚會因而解體。

同年 3 月，黃興的學生、華興會會員胡瑛（宗畹）為官府所忌，躲到吳祿貞處，結識張難先。二人都認為「革命非運動軍隊不可，運動非親自加入行伍不可」，[1] 便投入新軍當兵，開闢了一條知識精英與軍隊相結合的道路。這是其他地區革命黨人所沒有的特色。正是這一條道路，最終導致武昌首義和全國革命高潮的掀起。

同年 7 月 3 日（五月二十日），呂大森與胡瑛、劉靜庵等在武昌成立科學補習所，以進行課程補習為名，進行革命宣傳，組織革命活動。其公開發表的簡章宣稱：「集合省同志，取長補短，以期知識發達，無不完全。」[2] 胡瑛任經理，呂大森、曹亞伯、宋教仁、歐陽瑞驊等任幹事。他們大量介紹知識份子和會黨成員從軍。現在已知的科學補習所成員 55 人，大多不在學界，即在軍界，籍貫以湖北為主。

科學補習所成立不久，黃興自瀏過鄂，科學補習所開會歡迎。黃興告以長沙起義計劃，得到補習所同人一致贊同。彼此相約，由湖南首難，湖北回應。其後，胡、呂曾赴長沙與黃興聯絡，商量具體計劃。胡被推為華興會鄂分部總

1　張難先：《湖北革命知之錄》，上海商務印書館 1946 年版，第 55 頁。
2　《警鐘日報》，1904 年 7 月 26 日。

理，呂被推為湖南及四川分部總理。胡與劉靜庵等議定，一俟長沙發動，即在武漢刺死張之洞及張彪，劫奪火藥庫起義。長沙華興會暴露後，胡瑛等緊急佈置隱蔽，張之洞搜查時一無所獲，只能開除歐陽瑞驊及宋教仁二人學籍了事。

1904 年至 1905 年之交，清廷派戶部侍郎鐵良南下考察財政、武備等事，科學補習所的王漢、胡瑛計劃在漢口大智門將其擊殺。屆時，鐵良所坐鐵車已開，二人追蹤至河南彰德，王漢開槍不中，被追捕，投井而死。胡瑛偽裝行商，為之收殮安葬，於事後赴日。

科學補習所之後，劉靜庵利用中華聖公會所設日知會名義，使之變為秘密革命組織。聖公會是美國的一個基督教派，在武昌高家巷設有教堂，附設日知會，闢有閱覽室，訂購各種新書新報，供人閱覽，劉靜庵任司理。他和牧師胡齊勳商量，本基督救世之意，革命救國，胡齊勳表示，願與劉「共為其難」。劉靜庵得到同意後，遂重訂章程，重新組織。每逢星期日，舉行演講會，暗中發展同志。1906 年（光緒三十二年）2 月，召開成立大會，朱子龍、孫武等百餘人到會，劉靜庵發表演說，提出成立「幹事部」，「以後負一切責任，及一切開導民智，救中國危亡，成一新中國」。會後，公推劉靜庵為總幹事，范騰霄、朱子龍等為幹事，陸費逵等為評議。吳祿貞捐銀 50 兩作為開辦經費。已知會員 182 人，大多數為湖北人，以學界、新聞界或投入軍界的新型知識份子為主。[1]

1　張玉法《清季的革命團體》，台北：中央研究院近代史研究所專刊，第 551—563 頁。

五　蔡元培與江浙地區的光復會

《蘇報》案之後，軍國民教育會暗殺團以上海為據點，先後發展了蔡元培、鍾憲鬯、章士釗、劉師培、陳由己（獨秀）等人為成員，1903 年（光緒二十九年）10 月，沙俄侵佔奉天，蔡元培等人成立拒俄同志會，上海地區的愛國、革命活動再度活躍。公開活動為出版《俄事警聞》、《警鐘日報》等報刊，秘密活動為組織軍國民教育會暗殺團。後者的情況，據蔡元培回憶為：「以一紙書黃帝等字，供於上方；殺一雞，滴血於酒中，我等都跪而宣誓，並飲雞血酒。」[1] 陳獨秀則回憶，當時自己在安徽，章士釗寫信相召，自己一到上海，「便加入了這個組織，住上海月餘，天天從楊篤生、鍾憲鬯試驗炸藥。這時，子民先生也常常來試驗室練習、聚談。」[2] 不過，暗殺團的活動雖可以擊殺統治集團的個別人，卻無法摧毀舊的統治制度。在革命黨人中，陶成章雖也熱衷於暗殺，但他主張「暴動與暗殺並行」，因此同時還在走另外一條道路。[3]

陶成章（1878—1912），浙江會稽（今紹興）人。年輕時當過鄉村塾師。義和團運動期間，到北京謀刺慈禧太后，未找到下手機會。其後，遊歷東北、

陶成章

內蒙等地，察看形勢，籌劃「破壞中央」。[4] 1902 年（光緒二十八年）赴日，先後就讀於東京清華學校和成城學校，為進入日本陸軍士官學校作預備。1903 年（光緒二十九年），浙學會會員王嘉禕等人在東京秘密集會，商討建立革命團體，陶成章與浙籍留學生龔寶銓、魏蘭等均參與活動。1904 年（光緒三十年）初，陶成章等歸國。當時，浙江會黨林立，有伏虎會、白布會、終南會、雙龍會、龍華會、平陽黨、私販黨等種種名目。同年 2 月 17 日

1　高平叔《蔡元培年譜長編》，人民教育出版社 1996 年版，第 289 頁。
2　重慶《中央日報》，1940 年 3 月 24 日。
3　《陶成章致吳稚暉函》，手稿，吳稚暉檔案，台北：中國國民黨黨史館藏件，03869。
4　陶成章《佈告同志書》，陶成章佚文，台北：中國國民黨黨史會藏件。

（正月初二），陶成章偕魏蘭到浙東，訪問會黨首領，宣揚「人種之分」與「民族之說」。這就跳出了暗殺活動的狹小天地。同年秋，陶成章曾計劃回應華興會的長沙起義，在金華、衢州、嚴州三地起事。不久，長沙起義流產，陶成章久候無信，即決定獨力進行，與龔寶銓到上海活動。

陶成章到上海後，與龔寶銓商量，決定建立革命團體，名復古會。當時，章太炎尚在獄中，陶、龔二人便推蔡元培為首領。1904 年（光緒三十年）11 月中旬，蔡元培對暗殺團進行改組。因為章太炎有「改制同族，謂之革命；驅逐異族，謂之光復」的說法，便取名光復會，又名復古會。蔡元培任會長。會員入會時須舉行儀式，刺血並對天發誓，其誓言為：「光復漢族，還我山河，以身許國，功成身退。」明末清初，清軍在江南一帶大肆屠戮，這一地區對清軍的反

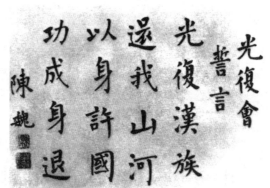

抗也最為慘烈。關於光復會，吳玉章評論說：「它極力主張民族革命，代表了江南廣大人民長期以來強烈的反滿復漢要求。」[1]

蔡元培是新舊思想相容的知識份子。他舊學功底較深，但又受到當時剛剛在中國流行的社會主義思想影響。辦《俄事警聞》期間，他曾經做過一篇小說，叫《新年夢》，幻想未來社會「一個人出多少力就受多少享用，不出力就沒有享用」，「各國無戰事，民間漸漸康樂」，無君臣，無父子，無夫婦，「廢國界」。1907 年（光緒三十三年）後留學德國，也仍然熱衷社會主義，計劃寫作《新水滸》，「擬即梁山泊地方建設世界新社會之雛形」。[2] 但是，他身居歐洲，對光復會已無實際影響。

1905 年 1 月（光緒三十一年十二月），紹興府學堂監學徐錫麟到上海訪問蔡元培，經陶成章介紹，加入光復會。1905 年 2 月（光緒三十一年正月），陶

1　《吳玉章回憶錄》，中國青年出版社 1978 年版，第 31 頁。
2　《致吳稚暉函》，手稿，吳稚暉檔案，台北：中國國民黨黨史館藏件，07895。

徐錫麟

成章、魏蘭再到東京，成立光復會東京分部，以浙江人王嘉禕為主持人，其成員有蔣尊簋、孫翼中、許壽裳、周樹人（魯迅）等。同年，歸國在上海開設講習所，主講催眠術。後來魯迅回憶說：「想起來已經有二十多年了。以革命為事的陶煥卿，窮得不堪，在上海自稱會稽先生，教人催眠術以餬口。有一次他問我：『可有什麼藥令人一嗅便睡去的呢？』」[1]可見，二人關係相當密切。1906年（光緒三十二年），秋瑾經徐錫麟介紹，加入光復會。光復會在浙江的影響遂日漸擴大。

六　陳獨秀與岳王會等其他革命小團體

這一時期出現的其他革命小團體還有不少，其中較著名者有：

公強會。1902年（光緒二十八年）成立於四川，成員有楊庶堪、童憲章、朱之洪等。

旅滬福建學生會。1903年（光緒二十九年）成立於上海。由閩籍學生何枚士等發起，成員有鄭權、林森、陳子範、林述慶等。

共愛會。1904年（光緒三十年）成立於日本，其成員為秋瑾、陳擷芬等十人，其宗旨為：「反抗清廷，恢復中原，主張女子從軍，救護傷戰士。一面通信國內女學，要求推廣。」

橫濱三合會。梁幕光、馮自由等組織，成員有秋瑾、劉道一、王時澤等。其儀式為：在白布上大書「翻清復明」四字，入會各人從白布下走過，以示忠於主義。又在室內燒火，各人從火上跳過，以示赴湯蹈火，在所不辭。然後刺血，飲雄雞血酒。秋瑾被封為「白扇」（軍師）、劉道一被

1　《華蓋集續編》，《魯迅全集》，人民文學出版社 1971 年版。

封為「草鞋」（將軍）。

易知社。1904 年（光緒三十年）成立於江西，以張惟聖為社長，虞惟熙為副社長。成員有江西武備學堂、陸軍小學堂學生等約 60 餘人。該社表面上以詩文結社，暗中進行革命活動。

黃漢會。1904 年成立於湖南寶慶。李燮和等發起。「黃者，黃帝；漢者，漢人。欲以此蘇國魂而振漢聲，祖黃帝而耀先烈。」最初參加者僅陳天華、姚宏業、陳方度等六人，後來發展到湖南、江西及長江中下游各地。[1]

岳王會。1904 年（光緒三十年）成立於安徽蕪湖。成員有柏文蔚、陳由己（獨秀）、常恆芳等。會長陳由己。其宗旨為繼承岳飛遺志，「盡力排滿」。成員大部分為安徽公學教員和武備學堂學生，約三十餘人。後來常恆芳、柏文蔚分別在安慶和南京成立分部，各任分會長。

關於岳王會南京分會，柏文蔚回憶說：1905 年（光緒三十一年）秋，「孫中山先生派吳暘谷來組織長江流域同盟會，余首先領導岳王會全體同志加入。其他如趙聲、林之夏、冷遹、伍崇仁、孫麟、韓金聲、林述慶、何遂、楊韻珂、倪映典等均以次加入，當即公推趙聲為長江盟主。」[2]

強國會。1905 年（光緒三十一年）春成立於南京，成員有柏文蔚、趙聲、張通典、楊卓林、林之夏等，新軍軍官數十人參加。後來這批人大都成為岳王會南京分會的成員。

漢族獨立會。1905 年

趙聲

1　李興灝、李興藻《追憶先父李燮和》，2004 年長沙自印本。
2　柏文蔚《五十年經歷》，《近代史資料》，1979 年第 3 期。

（光緒三十一年）春成立於福州，發起人為林斯琛等。此前，福州已有益聞社、文明社、復明山堂、共和山堂等組織，漢族獨立會即在這些組織的基礎上成立。

其他零散組織尚多，不能一一備述。這些組織的出現，說明推翻滿洲貴族的統治已是普遍要求，歷史發展的趨向是：將這些組織團結起來，進一步提高其水準和素質。

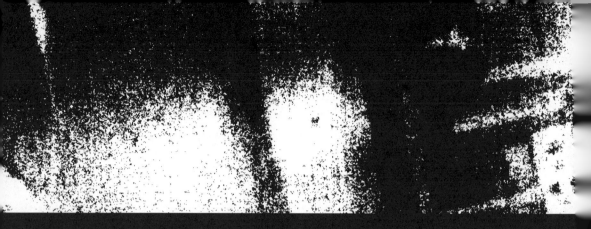

亡國之民，統一則復；
弱國之民，統一則強。
舉義之民兵，統一則能戰；
久練之精兵，統一則無敵。
知乎此而後可以建救國之功德，
而後可成救國之英雄。

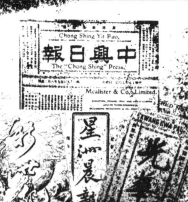

第六章

中國同盟會的成立

一　孫中山組建中華革命黨與訪問第二國際

組建中華革命黨　孫中山早有號召各省同志組織「大集團」的想法。1899年（光緒二十五年）秋，孫中山計劃與梁啟超聯合組黨，未能成功。1901年（光緒二十七年）至1902年（光緒二十八年）之間，留學生中有人建議孫中山擴張興中會，孫均答以徐圖機會。1903年7月22日（光緒二十九年閏五月二十八日），孫中山自越南回到日本橫濱，開始籌建一個新的革命組織。他託廖仲愷夫婦、馬君武、胡毅生、黎仲實等人在東京「物色有志學生，結為團體，以任國事」。[1]當時，正值拒俄運動之後，部分留日學生迫切要求學習軍事，但清廷駐日使館禁止私費生進入陸軍初級學校——振武學校。8月（七月），孫中山與犬養毅商量，犬養介紹日本退職騎兵少佐小室友次郎及任職於東京兵工廠的步兵大尉日野熊藏二人為教官，於東京青山創辦革命軍事學校，入學者14人，由孫中山主持宣誓，誓詞為：「驅除韃虜，恢復中華，創立民國，平均地權」，這是對興中會誓詞的一次重大修改，表明孫中山的革命理想已經不限於民族和民權二者，開始考慮民生問題。

9月26日（八月六日），孫中山離開日本，再赴檀香山。當時，馮自由等已將章炳麟的《駁康有為論革命書》和鄒容的《革命軍》合併印行，訂名《章鄒合刊》，孫中山就帶著這一本《合刊》起行。因《蘇報》案避居日本的黃宗仰為之餞行，賦詩道：「此去天南翻北斗，移來邦水奠新都。佇看叱咤風雲起，不逐胡虜非丈夫。」10月5日（八月十五日），抵達檀香山，發現當地的興中會會員均已受梁啟超影響，改入保皇會門下。11月（九月底至十

孫中山與同志在東京合影

1　《建國方略》，《孫中山全集》第6卷，中華書局1981年版，第236頁。

初），孫中山到希爐重建革命組織，仍以上述 16 字為誓詞，加盟者十餘人。12月（十月中旬）孫中山返回檀香山，先後發表演說，宣稱革命成功之日，將「效法美國選舉總統，廢除專制，實行共和」。「有人說我們需要建立君主立憲政體，這是不可能的。沒有理由說我們不能建立共和制度。」[1] 同時，孫中山改組當地華僑程蔚南所辦商業報紙《檀山新報》（原名《隆記報》），使之成為與改良派報紙《新中國報》論戰的基地。

這一時期，孫中山更多地考慮「社會主義」問題。12 月 17 日（十月二十九日），他在《覆某友人函》中稱：「所詢社會主義，乃弟所極思不能須臾忘者。」信中，孫中山在敘述歐美地主掌握巨額財富，形成「富者富可敵國，貧者貧無立錐」的情況後表示：

> 夫歐美演化此懸絕之慘境，他日必有大衝突，以圖實劑於平。蓋天下萬事萬物無不為平均而設，如教育所以平均知識，宮室衣服所以平均身體之熱度，推之萬事，莫不皆然。則歐美今日之不平均，他時必有大衝突，以趨劑於平均，可斷言也。然則今日吾國言改革，何故不為貧富不均計，而留此一重罪孽，以待他日更衍慘境乎？此固仁者所不忍出也。

這是孫中山第一次以文字談「社會主義」，解釋他何以將「平均地權」列為革命綱領，表明他已在深入地思考如何避免出現歐美社會貧富嚴重不均的社會問題。孫中山所組建的「中華革命軍」，實際上就是「中華革命黨」。同函中，他說：「今在檀香山，已將向時『黨』字改為『軍』字。今後同志當自稱為『軍』，所以記□□（鄒容）之功也。」[2] 此函說明，孫中山此前所建立的革命組織名為「中華革命黨」，這時，已經改為「中華革命軍」。

改造洪門　美洲華僑中有洪門會員十餘萬人，不少人受改良派影響，加入保皇會。為了便於與美國華僑中的會黨聯繫，1904 年 1 月 11 日（光緒三十年十一月二十四日），孫中山在檀香山致公堂國安會館加入洪門，受封為「洪棍」。同月，孫中山在當地繼續發展中華革命軍成員數十人。5 月，孫中山在

1　《孫中山全集》第 1 卷，中華書局 1981 年版，第 226 頁。
2　《孫中山全集》第 1 卷，中華書局 1981 年版，第 228 頁。

三藩市著力於改造洪門。他手訂致公堂新章程要義及規程 80 條，提出「聯合大群，團集大力，以圖光復祖國，拯救同胞，實為本堂義務之下不可或缺者。」又將「驅逐韃虜」等 16 字定為洪門綱領，規定「本堂以協力助成祖國同志施行宗旨為目的」。[1] 5 月 24 日（四月初十日），孫中山偕洪門大佬黃三德到美國各地宣傳，三藩市致公堂先期向各地發佈公啟，宣稱：「排滿革命，捨我其誰？洪英洪英，速宜奮發，同心協力，眾志成城，共圖義舉。」[2] 他寫信告訴黃宗仰說：「弟近在苦戰之中，以圖掃滅在美國之保黨，已到過五六處，俱稱得手。」[3]

7 月 22 日（六月初十日）至 8 月 31 日（七月二十一日）之間，孫中山與王寵惠合作，以英文完成《中國問題真解決 —— 向美國人民呼籲》一文，批判滿洲貴族的專制統治，認為「由滿洲人來將國家加以改革，那是絕對不可能的，因為改革意味著給他們以損害。實行改革，那他們就會被中國人民所吞沒，就會喪失他們現在所享受的各種特權」。文章敍述滿洲貴族二百六十多年統治之下對中國人民的種種壓迫，如：侵犯人民的生存權、自由權、財產權，壓制言論自由、禁止結社自由、縱容貪污行賄、徵收苛捐雜稅，使用野蠻的酷刑逼取口供等。文章認為「滿清王朝正迅速地走向死亡」，熱情地展望中國革命成功後的美好情景：

> 一旦我們革新中國的偉大目標得以完成，不但在我們的美麗的國家將會出現新紀元的曙光，整個人類也將得以共用更為光明的前景。普遍和平必將隨中國的新生接踵而至，一個從來也夢想不到的宏偉場所。將要向文明世界的社會經濟活動而展開。[4]

9 月 14 日（八月初五日），孫中山抵達華盛頓。9 月 27 日（八月十八日），抵達紐約。在紐約，孫中山與保皇會的歐榘甲在華人劇院隔日演講，互相辯論，長達十天之久。革命黨的影響逐漸增大，而保皇會的影響則日益減少。

訪問歐洲 武昌花園山湖北革命黨人當時曾決議：「尋孫逸仙」。1904 年

1　《民報》第 1 號。
2　《孫中山年譜長編》上冊，中華書局 1981 年版，第 314 頁。
3　《孫中山全集》第 1 卷，中華書局 1981 年版，第 240 頁。
4　《孫中山全集》第 1 卷，中華書局 1981 年版，第 251—255 頁。

孫中山與朱和中等留歐學生合影

（光緒三十年），魏宸組、賀子才、朱和中等相繼被派赴歐洲留學，相約繼續前議。同年 12 月下旬，孫中山自美國紐約到達英國倫敦。1905 年 1 月上旬（光緒三十一年十一月末至十二月初），應在比利時留學的賀子才、史青等之邀，到達布魯塞爾。在與留學生們徹夜長談，討論革命方略時，朱和中提出，應該改換新軍頭腦，由軍營中起義，並以吳祿貞多年在湖北軍中的運動成績為證。孫中山認為，士兵以服從為主，不能首義，建議以改良會黨為入手之方，吸收學生加入，使之領導會黨。雙方爭論了三天三夜。朱和中等提出：「革命者，最高之理論，會黨無知識份子豈能作為骨幹？先生歷次革命所以不成功者，正以知識份子未贊成耳！」孫中山從朱和中等人的意見中得到啟發，得出結論說：「今後將發展革命勢力於留學界，留學生之獻身革命者，分途作領導之人。」[1] 其後，孫中山提議組織革命團體，進行宣誓，誓詞仍為「驅除韃虜，恢復中華，創立民國，平均地權。」加盟者約三十多人。其後，又在留德、留法學生中發展了部分成員。這些組織，當時沒有定名，但實際上是同盟會的前身。

訪問第二國際 1889 年 7 月 14 日（光緒十五年六月十七日），有 22 個國家的 393 名代表，參加在巴黎召開「國際社會主義者代表大會」，李卜克內西、倍倍爾、拉法格等 27 人組成大會主席團，建立第二國際。1900 年（光緒二十六年）巴黎大會，決定成立常務委員會，名為社會黨國際局，由每個國家的黨選派代表一名（後增為兩名）組成。

1905 年 5 月中旬（光緒三十一年四月中旬），孫中山在賀之才陪同下，訪問設在布魯塞爾的第二國際執行局。在與該局主席王德威爾德 (E. Vandervelde)

1　朱和中《歐洲同盟會紀實》，《辛亥革命回憶錄》（六），文史資料出版社 1981 年版，第 6 頁。

和書記胡斯曼（C. Huysmans）的談話中，孫中山介紹了剛剛成立的革命組織的主張：第一，驅逐篡權的外來人，使中國成為中國人的中國。第二，土地全部或大部分為公共所有，很少或者沒有大的地主，由公社按一定章程將土地租給農民。孫中山稱：「中國社會主義者要採用歐洲的生產方式，使用機器，但要避免其種種弊端。」「防止往往一個階級剝奪另一個階級，如像歐洲國家都曾發生過的那樣。」[1] 孫中山要求第二國際接納他的黨為成員。這一行動，顯示出孫中山對社會主義的同情和嚮往，也顯示出，孫中山力圖將自己的政治活動和國際社會主義運動聯繫起來。

同年 6 月 11 日（五月九日），孫中山自法國東歸。

二　中國同盟會的成立

同盟會的成立　在孫中山東歸之前，日本中國留學界的革命情緒日漸高漲，改良、保皇的意見已很少有人回應。

1905 年初（光緒三十一年十二月末），日本《萬朝報》譯載德國某報文章，宣稱各國商業統計表關於中國領土已不列長城以北，承認其為俄國範圍，「此實瓜分政策」云云。消息在中國留日學生中引起騷動。四川學生首先集會，有人提出《要求歸政意見書》，主張慈禧太后將「大政」歸還光緒皇帝。同時要求清廷「宣佈立憲以定國是」。該《意見書》提議於 1905 年 2 月 4 日（光緒三十一年元旦）致電清廷，陳述意見，並隨撰詳細呈文，

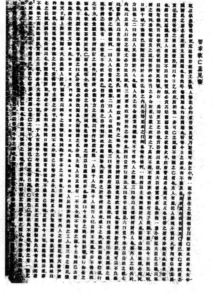

陳天華《要求救亡意見書》

1　《近代史資料》1979 年第 3 期。

公舉代表二三人到北京伏闕上書。陳天華受此影響，一度起草《要求救亡意見書》，也為此準備回國向清廷請願，東京中國留學界展開大辯論。廣西同鄉會認為：「抵禦瓜分之策，以革命為宗旨。」福建、安徽、貴州、直隸四省同鄉會公函稱：「此次提議上書政府，公認為不切時勢，無補時局，請置勿議。」留學生會館幹事及各省評議員大會討論，結果，反對請願者佔十分之九。[1] 這種情況，說明大部分留日學生已贊成革命，跨越原來各省同鄉會的畛域，在當地成立全國性革命組織的條件已經成熟。

1905 年 7 月 19 日（光緒三十一年六月十七日），孫中山抵達日本橫濱。同月下旬，經宮崎滔天介紹，孫中山與黃興在東京相見。不久，陸續結識宋教仁、張繼、李書城、田桐、鄧家彥、何天烔、汪精衛等人。7 月 28 日（六月二十六日），孫中山偕宮崎訪問《二十世紀之支那》雜誌社，會見陳天華、宋教仁。孫中山指出，「此一省欲起事，彼一省欲起事，不想聯絡，各自號召」，必將釀成內亂，招致列強干涉，中國滅亡，「故現今之主義，總以互相聯絡為要」。[2] 次日，華興會成員在黃興住處集會，討論和孫中山的合作問題。

7 月 30 日（六月二十八日）下午，來自國內十省的革命志士在東京赤阪區檜町三番黑龍會所、內田良平的家中召開籌備會議，出席可考者計：

湖南籍黃興、宋教仁、陳天華、劉道一等二十人。

湖北籍時功玖、曹亞伯、王家駒、蔣作賓、李仲揆（四光）、田桐等二十人。

廣東籍孫中山、馮自由、汪兆銘、古應芬、李文範、胡毅生、朱大符（執信）、何天烔十七人。

廣西籍馬君武、鄧家彥等七人。

安徽籍程家檉、吳春暘、王天培六人。

江西籍陳榮恪等二人。

浙江籍蔣尊簋一人。

1　參見楊天石《陳天華的〈要求救亡意見書〉及其被否定經過》，《晚清史事》，中國人民大學出版社 2007 年版，第 263 頁—271 頁。

2　《宋教仁集》，中華書局 1981 年版，第 543—546 頁。

陝西籍康寶忠一人。

福建籍王孝縝一人。

直隸籍張繼一人。

以上共 76 人，外加日本宮崎滔天、內田良平、末永節三人，共 79 人。[1]

孫中山被推為會議主席。他提議成立中國革命同盟會，湖南學生張明夷反對，主張定名「對滿同志會」。孫中山稱：「滿清政府腐敗，我輩所以革命。即令滿人同情於我，亦可許其入黨。革命黨宗旨不專在排滿，當與廢除專制、創造共和並行不悖。」[2] 孫的意見得到大家贊成。這就將同盟會從狹隘的目光中解放出來，提高了它的思想和革命水準。有人提出，本會是秘密性質，不必明用「革命」二字。經反覆討論，同意此說，因此定名為中國同盟會。孫中山提議以「驅除韃虜，恢復中華，建立民國，平均地權」為綱領，有幾個人反對，建議刪去「平均地權」四字，孫中山用一個多小時，從世界革命趨勢及當今社會民生問題重要兩方面作了解釋。他說：「平均地權即解決社會問題之第一步方法，吾黨為世界最新之革命黨，應高瞻遠矚，不當專向種族、政治二大問題，必須並將來最大困難之社會問題亦連帶解決之，庶可建設一世界最良善、富強之國家。」[3] 湖北人曹亞伯帶頭說：「我憑良心簽名」，大家都沒有異議。孫中山即草擬盟書，眾人公推黃興、陳天華審定，其詞為：

> 聯盟人　　省　　縣人，當天發誓，驅除韃虜，恢復中華，創立民國，平均地權，矢信矢忠，有始有卒，如或渝此，任眾處罰。

> 天運乙巳年　　月　　日中國同盟會會員

與會者紛紛填寫盟書，孫中山領導各人同舉右手向天宣誓，誓畢，孫中山稱，在幹事會未成立前，眾人盟書由我保管，我的盟書請諸君公舉一人保管，大家推黃興。然後，孫中山到隔室向會員傳授同志相見時的握手暗號及聯繫暗語：

1　《孫中山年譜長編》上冊，中華書局 1981 年版，第 342—343 頁。
2　《孫中山年譜長編》上冊，中華書局 1981 年版，第 343 頁。
3　馮自由《中國同盟會史略》，《革命逸史》第 2 集，中華書局 1971 年版，第 136 頁。

問：何處人？

答：漢人。

問：何物？

答：中國物。

問：何事？

答：天下事。

傳授既畢，孫中山與會員一一行握手禮，並道喜說：「為君等賀，自今日起，君等已非清朝人矣！」在散場時，室內木板塌倒，聲如裂帛，孫中山幽默地說道：「此乃顛覆滿清之預兆！」眾人鼓掌歡呼。7月7日（八月七日）孫中山親到何香凝住所，介紹何入會，為之主盟。何香凝遂成為中國同盟會的第一位女盟員。

8月13日（七月十三日），留日學生在東京麴町區富士見樓開會歡迎孫中山。日警初限300人，後擴大到900人，但當日會場爆滿，警察命令封門，門外人大聲喧嘩，宋教仁爬到門額上，對眾說明緣由，仍然無效，警察只能開門，階上下，廳內外，擠得滿滿的，門外佇立，向樓上仰望的還有數百人。東京自有留學生以來，還從未出現如此盛況。孫中山一身白衣，拾級而上，發表了熱情洋溢的演說，他回顧歷史，認為中國古代文明，西人之所不及，中間傾於保守，才讓西人獨步。他呼籲到會諸人，勇於承擔，「將振興中國之責任，

廖仲愷

置之於自身之肩上」，同時也號召人們，「取法西人的文明」，「擇地球上最文明的政治、法律來救我們中國」，「利用此一好山河，建一頭等民主大共和國」。當時，改良派主張循序漸進，認為中國必須經由君主立憲才能進入民主共和，不能跳躍，孫中山堅決反對這一主張，主張「取法乎上」，為中國謀求「永久太平」。他以火車為例說：「鐵路之汽（火）車，始極粗惡，繼漸改良。中國而修鐵路也，將用其最初粗惡之汽車乎？抑用其最近改

良之汽（火）車乎？」[1]程家檉、宮崎寅藏等發表演

說。宮崎稱，自己之所以傾家蕩產，不願餓死，就是為了留下性命，看到中國革命成功。事後，駐日公使楊樞向清廷報告說：「學生之赴會聽講者，日千餘人，至為可懼。」[2]

　　8月20日（七月二十日），同盟會在東京赤阪區霞關阪本珍彌子爵的宅邸召開成立會。到會約百人。會議通過黃興、陳天華等人起草的會章，選舉孫中山為總理。總理之下按三權分立原則設執行、評議、司法三部，黃興被推為執行部庶務，總理不在時，代行一切。汪精衛被推為評議部評議長，田桐、曹亞伯、馮自由、朱大符、胡瑛等 20 人先後為議員，鄧家彥、宋教仁被分別推為司法部判事長和檢事長。

　　同盟會成立時，胡漢民、廖仲愷因暑假返鄉。9月1日（八月初三日），胡、廖回到東京，孫中山又應邀親自訪問二人，二人表示：革命本素志，民族主義，民權主義，均無絲毫疑義，惟平均地權、民生主義猶有不明白之點，孫中山為之解釋說：「中國此時似尚未發生問題，而將來乃為必至之趨向。吾輩為人民之痛苦而有革命，設革命成功，而猶襲歐美日本之故轍，最大多數人仍受痛苦，非吾人革命之目的也。」[3]二人聽罷，表示沒有其他疑問，孫中山又為二人講解革命黨的性質與作用，黨員對黨的義務與犧牲、服從等要求，二人都應允，孫中山遂介紹二人入會。三人的這次談話，一直持續到第二天早晨。

　　孫中山將廣東視為革命策源地。9月8日（八月十日），孫中山派馮自由、李自重二人赴港，在當地及澳門、廣州三地建立同盟會分部，同時命馮主持香港《中國日報》。

　　同盟會的成立使分散的革命力量從此有了統一的組織，標誌著近代中國的民族民主革命進入了一個嶄新的階段。9月30日（九月二日），孫中山興奮地

1　《在東京中國留學生歡迎大會的演說》，《孫中山全集》，中華書局 1981 年版，第 1 卷第 277－283 頁。

2　《歷史檔案》1965 年第 1 期。

3　《胡漢民自傳》，《近代史資料》第 45 號。

寫信向南洋華僑報告：「近日吾黨在學界中，已聯絡成一極有精彩之團體，以實力行革命之事。現捨身任事者已有三四百人矣，皆學問充實、志氣堅銳、魄力雄厚之輩，文武才技皆有之。」當時，中國內地除甘肅一省在東京沒有留學生外，其他 17 省都有留學生參加同盟會。信中，孫中山表示：「如來投者陸續加多，將來總可得學界之大半。有此等飽學人才，中國前途誠為有望矣。」[1]

同盟會成立於日本東京，自然，其成員最初以留學生佔大多數。此後向國內各地發展，也仍然以學生居多。據調查統計，在 1905 年至 1907 年參加同盟會的會員中，可以查出本人成份的 379 人，其中留學生、學生 354 人，佔百分之九十三，官僚、有功名的知識份子 10 人，教師、醫生 8 人，各佔百分之二多，資本家、商人 6 人，佔百分之一多，貧農 1 人，佔不到百分之一。[2] 因此，同盟會是一個以新型知識份子為主體的革命組織。

同盟會總章規定，本部下設支部，支部下設分會，國內應設南部、東部、中部、西部、北部等五個支部，國外應設南洋、歐洲、美洲、檀島等四個支部。至 1911 年（宣統三年）六月同盟會中部總會成立前，國內約建立分會組織二十餘個，國外則遍及南洋、歐洲、美洲及檀香山地區。

同盟會成立後，孫中山、黃興、章炳麟等每天在一起商量，討論，制訂《革命方略》，共包括《軍政府宣言》、《安民佈告》、《對外宣言》、《招降滿洲將士佈告》、《掃除滿洲租稅釐捐》等 14 個文件，規定了革命的目標及相關政策。

反對取締規則 1905 年 11 月 2 日（光緒三十一年十月六日），日本文部省公佈《關於許清國人入學之公私立學校之規程》（簡稱取締規則），對中國留日學生多所限制，其中第九條規定，學校對清國留學生的校外宿舍須進行管理；第十條規定，不得招收被其他學校認為性行不良」、勒令退學的學生。取締，在日語中本是管束、監督之意，因此，日本文部省公佈的《規程》並不含有嚴重意義，但中國學生認為這將給清廷勾結日本壓制留日學生提供藉口，由留學生總會幹事長楊度等出面，向駐日公使楊樞呈遞公稟，要求修改。12 月（十一月）初，路礦學堂的中國學生發出傳單，宣佈《取締規則》有辱國體，要求全部廢

1　《覆陳楚楠函》，《孫中山全集》，中華書局 1981 年版，第 1 卷，第 286—287 頁。
2　劉大年《赤門談史錄》，人民出版社 1981 年版，第 33 頁。

除。12 月 5 日（十一月九日），留日中國留學生三百餘人聚會，議決聯合罷課，反對取締規則的風潮遂愈演愈烈。有一份《意見書》說：

> 文明之與野蠻，其程度在有無法律也。自由之與奴隸，其資格在有無人格也。日本以野蠻之手段，滅文明之法律，而使我可親、可愛、可尊、可畏、可懼之留學生盡行喪失其自由，投陷於奴隸，視秦政之一舉而坑，其居心為更慘毒矣。[1]

該《意見書》提出，「若留學生而不甘為奴隸也，則此次之規則，不可不反對」。將日本政府的規定視同秦始皇的「焚書坑儒」，將鬥爭上升為「自由」與「奴隸」之爭，其意義就被極大地誇張了。

對取締規則，中國留學生中一開始就存在著局部修改和全部廢除兩種意見；在討論對策時，又存在著激烈、溫和兩派的種種分歧，日本報紙藉此嘲諷中國學生「放縱卑劣」。陳天華受到刺激，於 12 月 7 日（十一月十一日）寫就《絕命書》，中云：「心痛此言，欲我同胞時時勿忘此語，力除此四字，而做此四字之反面，堅忍奉公，力學愛國。恐同胞之不見聽而忽之，故以身投東海，為諸君之紀念。」[2] 次日，投大森灣自殺。

陳天華逝世後，留日學生中的激烈份子紛紛回國。有人甚至發起成立敢死會，要求留日學生全體歸國，指責持反對意見的留學生為「狗類」，要求「以一死命，換一狗頭」。文稱：「八千中之反對者，多不過二千，以二千敢死者，換此二千賣國者，則所存四千餘人，尚可無一敗類，合為一心，結一最堅固、最雄強之團體，以為我祖國爭光。」[3] 政治運動，特別是群眾運動中，常常會出現「左」傾思潮以至極左思潮，「敢死會」的意見就是一種極左思潮。孫中山擔心形勢進一步發展，同盟會會員大批回國，有被清廷一網打盡的危險，致電提醒，於是，同盟會會員朱執信、胡漢民、程家檉、汪精衛等於十一月二十八日（12 月 24 日）組織維持留學界同志會，主張回校上課。[4] 同時，胡瑛、宋教仁、

1　李大釗、黃毓蘭《對待日本取締中國留學生意見書》，日本外交史料館檔案，《清國留學生關係雜纂》。
2　《陳天華集》，湖南人民出版社 1956 年版，第 235 頁。
3　《乙秘第 436 號》，日本外交史料館檔案，《清國留學生關係雜纂》。
4　參見《吳玉章回憶錄》，中國青年出版社 1978 年版，第 37 頁；《維持學界同志會組織之件》，日本外務省檔案，《清國留學生關係雜纂》。

孫武等則組織聯合會，號召罷課歸國。十二月十七日（1906 年 1 月 11 日），留日學生集會協商，多數通過自十九日（1 月 13 日）起復課，一場風波得以平息。

三 《民報》的出版與三民主義理論體系的提出

《民報》創刊 在同盟會成立會上，黃興提出，以《二十世紀之支那》作為機關報，但該刊不久即被日本政府禁止。1905 年 11 月 26 日（光緒三十一年十月二十日），同盟會另刊《民報》，以「顛覆現今之惡劣政府」、「建設共和政體」、「維持世界真正之平和」、「土地國有」、「主張中國、日本兩國國民之聯合」、「要求世界列國贊助中國之革新事業」為宗旨，在發刊詞中，孫中山首次提出「民族」、「民權」、「民生」三大主義。後來，它被人概括為「三民主義」。

《民報》最初的編輯人為胡漢民，發行人張繼，經理陳天華。創刊後迅速得到廣大讀者歡迎。第一號共發行六版。至第七號時，發行至一萬七千餘份。這是《民報》辦得最活躍、最有聲有色的時期，與改良派的論戰也主要在這一時期。

1906 年 6 月 29 日（光緒三十二年五月八日），章炳麟出獄，孫中山自東京派人到滬迎接。7 月 7 日（五月十六日），章炳麟經安徽人孫毓筠介紹，孫中山主盟，加入同盟會。7 月 15 日（五月二十四日），在留日學生歡迎會上演說，提出要以宗教發起信心，增進國民的道德，同時用國粹激動種性，增進愛國的熱腸。關於前者，他認為各教都有「神秘難知」的話，孔教「還算乾淨」，但是「孔子最是膽小，雖要與貴族競爭，卻不敢去聯合平民，推翻貴族政體」。「孔教最大的污點，是使人不脫富貴利祿的思想。」「今日想要實行革

《民報》發刊詞

命，提倡民權，若夾雜一點富貴利祿的心，就像微蟲黴菌，可以殘害全身，所以孔教是斷不能用的。」「那基督教，西人用了，原是有益，中國用了，卻是無益。」他主張改良佛教，用以造就勇猛無畏，富於犧牲精神的革命黨人。他說：「這華

嚴宗所說，要普度眾生，頭目腦髓，都可施捨與人，在道德上，最為有益。」關於後者，章炳麟說：「為甚提倡國粹？不是要人尊信孔教，只是要人愛惜我們漢種的歷史。」「一是語言文字，二是典章制度，三是人物事蹟。」自第七號起，《民報》改由章炳麟主編，辦刊方針開始改變。

章炳麟主持《民報》期間，繼續發表胡漢民、汪精衛等人與《新民叢報》的論戰文章，章本人也寫過《〈社會通詮〉商兌》等部分文章參加論戰。但是，他本人正熱衷於革命黨人的思想、道德建設，便按照自己在歡迎演說會上的提出的兩條路子走。他力圖將佛學改造為一種為新時期服務的革命哲學，又力圖利用中國歷史、文化為反清鬥爭服務，這樣，《民報》上講「佛法」、講「傳統」的文章便多了起來。同時，章炳麟對胡、汪等人的論戰風格也有不同意見，認為「辭近詬誶」。[2] 1907 年 1 月 11 日（光緒三十三年十一月二十七日），梁啟超託湖南人徐應奎（佛蘇）會晤章炳麟及宋教仁，要求停止論戰，「以後和平發言，不互相攻擊」。[3] 章炳麟同意「調和」，但是孫中山、黃興、胡漢民都不同意。

1907 年 12 月（光緒三十三年十一月），章炳麟因腦病，也由於同盟會內部矛盾，辭去《民報》編輯職務，[4]《民報》自第十九號起由張繼編輯。1908 年 1 月（光緒三十四年十二月），張繼因參加日本無政府主義者的活動，被日本政府追捕，逃往法國，《民報》改由陶成章編輯，陶聲明「專以歷史事實為根據，以

1　《演說錄》，《民報》第六期。
2　湯志鈞《章太炎年譜長編》，上冊，中華書局 1979 年版，第 208 頁。
3　參見《宋教仁集》，下冊，中華書局 1981 年版，第 706—711 頁。
4　參見楊天石《章太炎與端方關係考析》，《晚清史事》，中國人民大學出版社 2007 年版，第 327—330 頁。

發揮民族主義，期於激動感情，不入空漠」。[1]至第二十三號，仍由章炳麟編輯，湯增璧為副。

1908年10月（光緒三十四年九月），日本政府以「激揚暗殺」為名，禁止《民報》第二十四號發行。章炳麟三次致書日本內務大臣平田東助抗議，表示「本編輯人兼發行人寧為玉碎，不為瓦全。」[2]其後，章炳麟又在東京地方裁判所的法庭上展開鬥爭，質問日本政府：「言論自由，出版自由，文明國法律皆然，貴國亦然，我何罪？」[3]日本庭長啞口無言，但仍判禁止《民報》出版，並處罰金115元。由於章炳麟無錢交納罰金，被日本警察署拘留，改為拘役115天。事為浙江同鄉龔寶銓等獲悉，和周樹人（魯迅）商量，轉請許壽裳挪用一部書的印刷經費，章炳麟才得以免除拘役。[4]

1909年（宣統元年）冬，汪精衛受命到日本復刊《民報》。此事引起章炳麟的強烈不滿，加劇了同盟會的內部矛盾（詳見第八章）。復刊後的《民報》託名在巴黎出版，僅發行兩期。

三民主義理論體系的提出　孫中山提出三民主義有長久的歷史淵源。興中會的最早誓詞只有民族、民權兩項內容。至1903年青山革命軍事學校的16字誓詞，已經包含了三民主義的主要內容。同盟會創立前後，三民主義已經相當成熟。

民族主義。其主要內容是「驅逐韃虜」，推翻滿洲貴族的統治。孫中山稱：「民族革命的原故，是不甘心滿洲人滅我們的國，主我們的政，定要撲滅他的政府，光復我們民族的國家。」但是，孫中山和一般種族革命者不同，他特別指出，「我們並不恨滿洲人，是恨害漢人的滿洲人。假如我們實行革命的時候，那滿洲人不來阻害我們，我們決無尋仇之理。」[5]這就比較正確地說明了必

孫中山手書同盟會綱領

驅除韃虜恢復中華
創立民國平均地權

孫文

1　《本社特別廣告》，《民報》第19號廣告欄。
2　《乙秘第1041號文書》，日本外交史料館藏《〈民報〉關係雜纂》，承日本小野信爾教授惠贈該卷宗全部影本，謹此致謝。
3　《章太炎年譜長編》，中華書局1979年版，第288頁。
4　周遐壽《魯迅的故家》，上海出版公司1952年版，第348頁。
5　《在東京〈民報〉創刊週年慶祝大會的演說》，《孫中山全集》，中華書局1981年版，第1卷第325頁。

須推翻滿清王朝的原因，而且也為後來提出「五族共和」奠定了思想基礎。

民權主義。孫中山稱之為「政治革命的根本」。其主要內容是「建立民國」。孫中山尖銳地指責君主專制制度，視為「惡劣政治的根本」和中國歷史久亂不治的原因所在。他說：「中國數千年來，都是君主專制政體，這種政體，不是平等自由的國民所堪受的。」[1] 又說：「在昔虞朝行暴君專制之政，以國家為君主一人之私產，人民為其僕隸，身家性命悉在君主之手，故君主雖窮民之力，民不敢不從。」[2] 他不僅要求在現實生活中徹底掃除中國數千年來的「君主專制之治」，而且要求掃除革命者思想中的專制餘毒。他說：「凡是革命的人，如果存在有一些皇帝思想，就會弄得亡國」，他稱這一革命為「平民革命」，政府為「國民政府」。[3]「四萬萬人一切平等，國民之權利義務無有貴賤之差，貧富之別，輕重厚薄，無稍不均。」「人民之事，人民公理之」。在《軍政府宣言》中，孫中山規定了這一民主制度的基本內容：「凡為國民皆平等而有參政權；大總統由國民共舉；議會以國民公舉之議員構成之；制定中華民國憲法，人人共守。敢有帝制自為者，天下共擊之。」[4]

西方英、法、美等國為了防止權力過分集中，一般實行行政、司法、立法三權分立，孫中山不滿足於此，提出將來中華民國的憲法實行「五權分立」。在三權之外，增加考選、糾察二權。孫中山指出，美國官吏，或由選舉，或由委任，往往有愚蠢無知的人夾在裡面，因此美國政治腐敗散漫。他建議設立獨立機關，專掌考選權，大小官吏必須考試，定了他的資格，不論選舉，或委派，必須合格之人，方得有效，藉以避免盲從選舉和任用私人的流弊。孫中山又認為，美國議院掌握糾察權，往往擅用此權，挾制行政機關，形成「議院專制」，因此，他建議設立獨立機關，專管監督彈劾的事。孫中山自稱，他的這種設計「不但是各國制度上所未有，便是學說上也不多見，可謂破天荒的政體」，可以使中國得到「完全無缺」的治理。[5]

　《在東京〈民報〉創刊週年慶祝大會的演說》，《孫中山全集》，中華書局 1981 年版，第 1 卷第 325 頁。
2　《中國同盟會革命方略》，《孫中山全集》，中華書局 1981 年版，第 1 卷第 318 頁。
3　《在東京〈民報〉創刊週年慶祝大會的演說》，《孫中山全集》，中華書局 1981 年版，第 1 卷第 326 頁。
4　《中國同盟會革命方略》，《孫中山全集》，中華書局 1981 年版，第 1 卷第 297 頁。
5　《在東京〈民報〉創刊週年慶祝大會的演說》，《孫中山全集》，中華書局 1981 年版，第 1 卷第 331 頁。

帝制的終結：辛亥革命簡史　　　　　　　　　　　　　　　　　　　174

孫中山也認識到，民主政治的發展是一個過程，不可能一蹴而就，因此，又設想了「軍法之治」、「約法之治」、「憲法之治」三個階梯，企圖逐步擴大人民的民主權利。[1] 在第一階段，軍隊與人民同受治於軍法之下，掃除舊污，除害興利，一縣以三年為限，解除軍法。在第二階段，軍政府以地方自治權歸之當地人民，地方議會議員及地方行政長官皆由人民選舉，軍政府與人民之間彼此的權利、義務，均規定於約法，有違反者，負其責任。以天下平定後六年為限。在第三階段，軍政府解除兵權、行政權，國民公舉大總統，公舉議員，組織國會，根據憲法推行一國政事。

　　孫中山與汪精衛談到：革命之志在於發揚民權，革命之中卻必須以兵權為重。不掌兵權，難以掌握政權，不掌握政權，也就難以伸張民權。但是，「用兵貴有專權」，兵權在握的人有可能將政府據為己有，中國歷史上的漢高祖、唐太宗、宋太祖、明太祖之流均是如此，孫中山鄙之為「一丘之貉」。孫中山認為，要防止這種情況出現，關鍵在於約法和議會的制衡，「軍政府即欲專擅，其道無由」。[2]

　　民生主義。其目的是消滅貧富差距，實現民生幸福。孫中山看出了早期西方資本主義社會的弊病，也看到了西方工人運動和社會主義運動的發展，企圖在中國資本主義尚未充分發展之前先事預防。他在《〈民報〉發刊詞》中說：「近世志士舌敝唇枯，惟企強中國以比歐美。然而歐美強矣，其民實困，觀大同盟罷工與無政府黨、社會黨之日熾，猶不能免於第二次之革命，而況追逐於人已然之末軌者之終無成耶！」[3] 他說：「社會問題在歐美是積重難返，在中國卻還在幼稚時代」，「中國現在資本家還沒有出世」。孫中山希望中國革命能夠不走歐美舊路而另闢新途，他說：「睹其禍害於未萌，誠可舉政治革命、社會革命畢其功於一役。還視歐美，彼且瞠乎後也。」[4] 關於孫中山的「預防資本主義」思想，吳玉章評價說：「孫中山先生所以提出這種主張，是從關懷勞動者的痛苦生活和同情被剝削者的悲慘境遇出發的。他的這種主觀社會主義思想，在一定程度上

1　《中國同盟會革命方略》，《孫中山全集》，中華書局 1981 年版，第 1 卷第 297—298 頁。
2　《與汪精衛的談話》，《孫中山全集》，中華書局 1981 年版，第 1 卷第 290 頁。
3　《民報〉發刊詞》，《孫中山全集》，中華書局 1981 年版，第 1 卷第 288 頁。
4　《〈民報〉發刊詞》，《孫中山全集》，中華書局 1981 年版，第 1 卷第 288—289 頁。

反映了中國人民偉大的氣魄和崇高的理想。」[1]

怎樣達到這一美好的境界呢？孫中山吸收美國經濟學家亨利・喬治（Henry George）的理論，提出「平均地權」說。《軍政府宣言》稱：「文明之福祉，國民平等以享之。當改良社會經濟組織，核定地價。其現有之地價，仍屬原主。所有革命後社會改良進步之增價，則歸於國家，為國民所共用。」[2] 此後，孫中山逐漸形成了「自報地價」，「值百抽一」，「照價收買」、「漲價歸公」的一套完整設計。這就是，土地所有者自報土地價格，政府按「值百抽一」的原則徵收地稅，如土地所有者報價過高，則稅負隨之增高；如報價很低，則政府可以按所報地價收買。一旦工商業、交通業發達，地價提高後，其增值部分收歸公有，用之於社會全體。孫中山設想，實行這一政策之後，既可以防止「少數富人把持壟斷的弊竇」，使土地所有者不致因地價飛漲而暴得多金，又可使國家獲得大量財富。孫中山無限樂觀地估計，國家僅憑收地價稅一項就可以財源充足，有條件免去人民的其他賦稅，同時為人民造福興利，達到「家給人足，無一夫不獲其所」的美好境界。他說：「行了這法之後，文明越進，國家越富，一切財政問題斷不致難辦。現今苛捐盡數蠲除，物價也便宜了，人民也漸漸漸富足了。」「私人永遠不用納稅，但收地租（即地價稅──著者）一項，已成地球上最富的國。這社會的國家，決非他國所能及的。我們做事，要在人前，不要落人後。這社會革命的事業，定為文明各國將來所取法的了。」[3]

確實，現代工商業和交通事業發展之後，土地價格會迅速增值，其所有者會因之不勞而獲得厚利。孫中山曾舉例說：英國大地主威斯敏士打公爵有封地在倫敦西南，後來倫敦市區擴展，公爵的封地成為市區的一部分，地價大漲，公爵一家的地價佔倫敦地價的四分之一，公爵的財富也就與國家相等。孫中山批判說：「貧富不均竟到這種地步，『平等』二字已成口頭空話了。」[4] 孫中山的主張反映出他對這種狀況的強烈不滿，力圖將因社會進步所形成的土地「增價」收歸國有，為全民造福。但是，工商業資本家積累財富的通道很多，例如，剝

1　《吳玉章回憶錄》，中國青年出版社 1978 年版，第 32 頁。
2　《孫中山全集》，中華書局 1981 年版，第 1 卷第 297 頁。
3　《在東京〈民報〉創刊週年慶祝大會的演說》，《孫中山全集》，中華書局 1981 年版，第 1 卷第 329 頁。
4　《在東京〈民報〉創刊週年慶祝大會的演說》，《孫中山全集》，中華書局 1981 年版，328 頁。

削「剩餘價值」、買低賣高等，僅有「平均地權」這一措施並不能堵塞這些通道，因之也就不能解決工商業發展之後財富愈來愈多地積聚於少數人之手的問題。關於此點，梁啟超當時就批評孫中山「未識社會主義之為何物」，「誤認土地漲價為致富之唯一原因，故立論往往而謬也。」[1] 不僅如此，只收單一的地價稅，工商業資本家的利潤就不必納稅，這自然大有利於資本家和資本主義的發展。此外，這一辦法既剝奪大地主的土地增價，也剝奪小土地所有者的土地增價，打擊面很大，實行起來會諸多窒礙，因而，這一主張有很大的空想和不切實際的成分。此後在和改良派的辯論中，革命黨人逐漸形成了「大資本國有」的思想，即操縱國計民生的礦山、水電、交通由國家經營，其利潤為全民所有。上一世紀二十年代，孫中山又提出「發達國家資本」，實行累進稅率，「多徵資本家的所得稅和遺產稅」，這些辦法統稱之為「節制資本」。[2] 這才彌補了「平均地權」的理論漏洞。

資本主義具有兩重性，一方面，它極大地推動科學和社會生產力發展，促進社會的全面現代化，另一方面，它有剝削性，易於造成貧富兩極分化，拜金主義、物慾流行等社會弊病，對於這種情況，章炳麟曾經從哲學上概括為「善亦進化，惡亦進化」。[3] 1906 年 12 月 2 日（光緒三十二年十月十七日），孫中山在《民報》創刊周年慶祝會上發表演說稱：「社會黨常言，文明不利於貧民，不如復古，這也是矯枉過正的話。況且文明進步是自然所致，不能逃避的。文明有善果，也有惡果，須要取那善果，避那惡果。歐美各國，善果被富人享盡，貧民反食惡果，總由少數人把持文明幸福，故造成此不平等世界。我們這回革命，不但要做國民的國家，而且要做社會的國家，這是歐美所不能及的。」[4] 孫中山在這裡提出了一個正確對待資本主義的原則：「取其善果，避其惡果。這一原則的提出具有極其重要的理論和實際意義。」[5]

為了減少列強對同盟會所進行的革命的阻力，盡可能爭取其中立，同盟會

1　《辛亥革命前十年間時論選集》第 2 卷上冊，北京三聯書店 1977 年版，第 341、344 頁。
2　《孫中山選集》，人民出版社 1981 年版，第 815、640 頁。
3　《俱分進論論》，《民報》第 7 號。
4　《孫中山全集》，中華書局 1981 年版，第 1 卷，第 327—328 頁。
5　參見楊天石《取那善果，避那惡果 —— 略論孫中山對資本主義的態度》，《尋求歷史的謎底》中國人民大學出版社 2010 年再版，第 309—313 頁。

在其《革命方略》中制訂了《對外宣言》，共七條：

一、所有中國前此與各國締結之條約，皆繼續有效。

二、償款外債照舊相認，仍由各省洋關如數攤還。

三、所有外人之既得權利，一體保護。

四、保護外國居留軍政府佔領之城內人民財產。

五、所有清政府與各國所立條約，所許各國權利及與各國所借國債，其事件成立於此宣言之後者，軍政府概不承認。

六、外人如有助清政府以妨害國民軍政府者，概以敵視。

七、外人如有接濟清政府以可為戰爭用之物資者，一概搜獲沒收。[1]

在近代，列強入侵，以一系列不平等條約束縛中國的進步與發展，中國民族要獨立，就必須反對列強侵略，孫中山的民族主義反對「害漢人」的清廷，自然應該包含這一內容，但是卻缺乏相應的鮮明概括。同時，他的平均地權理論所面對的是全部土地所有者，而非單指佔有土地較多、靠剝削農民為生的地主階級，它主要解決現代工商業、交通發展較快的城市土地需求，在相當長的一段時期內對農村土地影響不會很大，因此，並不能滿足中國社會廣大無地、少地農民長久以來就存在的土地要求，無法成為動員農民參加革命的口號。只是到了 20 世紀 20 年代，孫中山才提出「耕者有其田」的主張，將農民的土地要求納入自己的理論視野。他的主張是，讓農民得到土地，讓地主也不受損失。設想的是一種和平的、雙贏式的土地改革。[2]

儘管如此，孫中山的三民主義兼顧民族、政治、社會三個方面，企圖超越歐美資產階級革命，先事預防，克服資本主義發展所形成的貧富懸殊現象，解決近代中國的民族獨立、人民民主和民生幸福三大問題，這就使它遠遠高出於其他革命團體的主張，是當時最進步、最完全的革命綱領。

1　《孫中山全集》，中華書局 1981 年版，第 1 卷，第 310—311 頁。
2　《在農民運動講習所第一屆畢業禮的演說》，《孫中山選集》，中華書局 1981 年版，第 937—939 頁。

四　革命派與改良派的論戰

　　論戰的開端與發展　在革命黨人中，第一個出面與改良派辯論，倡言革命必要的是章炳麟。1901 年（光緒二十七年）春，梁啟超在《清議報》連載《中國積弱溯源論》，認為中國「積弱」，「總因」之重大者，「在國民全體」；「分因」之重大者，「在那拉一人」，歌頌光緒皇帝「忘身捨位」，「為中國開數千年未有之民權」，只要推倒那拉氏，使光緒重掌朝政，中國便可獲救。8 月 10 日（六月二十六日），章炳麟在《國民報》發表《正仇滿論》，指名批評梁啟超的觀點。該文可以視為革命派與改良派論戰的開端。

　　1902 年（光緒二十八年）春，康有為寫作《答南北美洲諸華商論中國只可行立憲不可行革命書》、《與同學諸子梁啟超等論印度亡國由於各省自立書》，鼓吹「無誤於異論，無鼓動於浮言」，「堅守保皇會義」。1903 年（光緒二十九年），章炳麟著《駁康有為論革命書》反駁，這是雙方論戰的第二個回合。

　　同年 6 月 8 日、9 日（五月十三、十四日），《中外日報》針對拒俄運動期間出現的革命言論，發表《革命駁議》一文，就「外情」「內情」兩方面立論，說明中國今日均不可以「言革命」。6 月 12、13 日（五月十七、十八兩日），《蘇報》發表章炳麟、柳亞子、蔡寅、鄒容四人合寫的《駁〈革命駁議〉》，論證「各國新政，無不從革命而成」。[1] 這是雙方論戰的第三個回合。

　　同年 12 月（十一月），孫中山在檀香山，也曾多次發表演說，批判保皇主張。當時，康有為的弟子陳儀侃在檀香山任《新中國報》主筆，在報上攻擊革命；孫中山便利用興中會會員程蔚南所辦《檀山新報》，發表《敬告同鄉書》，與陳儀侃論戰。針對改良派所稱「名為保皇，實則革命」，孫中山特別指出：「革命、保皇二事，決分兩途。如黑白之不能混淆，如東西之不能易位。」[2] 又針對陳所作《敬告保皇會同志書》，發表《駁保皇報》，逐條批駁陳的觀點。例如陳文一開始就以「愛國」立論，孫中山問道：「試問其所愛之國為大清國乎？抑中

1　柳亞子《我和言論界的因緣》，《逸經》創刊號；參見拙作《柳亞子評傳》，《哲人與文士》，中國人民大學出版社 2007 年版，第 358 頁。
2　《孫中山全集》，中華書局 1981 年版，第 1 卷，第 232 頁。

華國乎？」[1] 這是雙方論戰的
第四個回合。

　　1903 年 11 月 24 日（光
緒二十九年十月六日），康有
為自印度經南洋到達香港，
命弟子徐勤創辦《商報》，
提倡「保皇扶滿主義」，《中
國日報》立即奮起批駁。同
時，《世界公益報》、《廣東
報》、《有所謂報》、《東方
報》、《少年報》等紛紛參
戰。陳擷芬撰文指出：「國已亡而種將滅」，吾輩責任在於使中國「成一片潔淨
之樂土，享共和之幸福」。[2] 橫行撰文指出，清廷並非慈禧太后一人的「專制政
體」，而是「貴族專制政體」，奕劻、鐵良等「貴族王公」們，「自恃高貴，且
自用其愚，以保持其世襲弗替之富貴，把持庶政，杜絕民權」，必須效法法蘭
西，走革命之路。[3] 該報還發表《與康有為書》，批評其政見「所言皆謬，其誤國
誤民不少矣」，要求康公開答辯。[4] 這是雙方論戰的第五個回合。

　　通過以上五個回合的辯論，雙方各自亮出旗幟，提出觀點。及至同盟會成
立，《民報》創刊，論戰遂無可避免地進一步展開。

　　《民報》創刊後，即對康有為、梁啟超的言論繼續有所批評。1906 年（光
緒三十二年），梁啟超在《新民叢報》上發表《開明專制論》和《申論種族革命
與政治革命之得失》兩篇長文，反駁革命派的批評。不久，又將兩文合刊為《中
國存亡之大問題》。同年 4 月 28 日（四月五日），《民報》第三號單獨印行《民
報與新民叢報辯駁之綱領》，列舉雙方在 12 個方面的分歧。接著，《民報》陸
續發表《駁新民叢報最近之非革命論》、《再駁新民叢報之政治革命論》、《新

1　　《孫中山全集》，中華書局 1981 年版，第 1 卷，第 233 頁。
2　　陳擷芬《女界之可危》，《中國日報》，1904 年 4 月 26 日。
3　　橫行《論清國今日非一人專制政體乃貴族專制政體》，《中國日報》，1904 年 3 月 18 日。
4　　《中國日報》，1904 年 3 月 7 日。

民叢報》之謬妄》、《駁革命可以生內亂說》、《論社會革命當與政治革命並行》、《告非難民生主義者》等文，全面展開和改良派的論戰。國內的《復報》等刊則加以配合。

東京期間，革命派參加論戰的主將有胡漢民、朱執信、汪精衛等，改良派參加論戰的主將僅梁啟超一人；南洋期間，革命派參加論戰的主將有田桐等人，改良派參加論戰的主將有徐勤等。

論戰的主要內容 論戰主要環繞革命黨人所宣導的「種族革命」、「政治革命」、「社會革命」等問題展開。

一、關於「種族革命」。

改良派否認滿洲貴族所實行的民族歧視和民族壓迫，認為滿人、漢人都有好有壞；滿洲是中國國土，不是異國；滿族早已同化於漢族；滿洲入關是中國統治者的更迭，不是中國的滅亡。梁啟超批評革命派的排滿論是一種褊狹的民族主義，主張「多從政治上立論，而少從種族上立論」。[1] 其結論是滿洲政府是「四萬萬人之政府」，沒有推翻的必要，只須監督改良即可。[2] 對清廷的「預備立憲」，改良派寄以希望。

革命派大量揭露清廷所實行的民族歧視和民族壓迫，認為二百六十年來，「滿洲之對於漢民也，無一而非虐」；又大量揭露清廷鴉片戰爭以來與「洋人」簽訂不平等條約，媚外賣國的種種行為，認為只有堅決推翻「蔑棄我國家權利之異族專制政府」，才能使中國強盛。[3] 他們指出，清廷的「預備立憲」不過是滿洲貴族中的「陰柔派」愚弄漢人的手段，以「立憲為表，中央集權為裡」，目的是延長愛新覺羅政權的壽命。[4]

革命派中確有不少人具有狹隘的種族主義思想和復仇情緒，但是，也有人提出「仇一姓不仇一族論」認為清兵入關前後，種種罪孽，其過均在「滿酋」，

1　梁啟超《雜答某報》，《新民叢報》第 64 號，第 21 頁。
2　梁啟超《雜答某報》，《新民叢報》第 84 號，第 13 頁。
3　漢民《排外與國際法》，《民報》第 10 號，第 20、32 頁。
4　嗣軒《〈新民叢報〉非種族革命論》，《復報》第 3 期。

因此不共戴天的敵人只是「滿族之愛新覺羅之一姓」，特別是這一姓中的少數「特權」份子。文章稱：「滿洲舊制，階級甚嚴。據隆崇之地位，握高尚之特權者，僅其私暱數輩，非能盡人而然也。」這就將滿洲貴族集團和廣大滿族群眾區分開來。文章宣稱：當革命發生時，滿族群眾能夠附義來歸，就應該為之「安置郡縣，視若漢民」；在革命政府成立之後，還應該為滿族群眾「謀生聚教訓之方」，讓每一個人都各得其所，快樂地「與我漢族同生息於共和政體之下」。[1]

二、關於「政治革命」。

改良派認為：國家是平衡正義、調和利害衝突的團體。在君主國，君主超然於利害之外，可以調和衝突；在共和國，沒有超然於利害之上的君主，無法調和衝突。革命派認為：君主專制，政敝而不能久存。在列強虎視鷹瞵的現代社會，「以一人擅神聖不犯之號，以一姓專國家統治之權」，極為不合時宜。共和制沒有等差，沒有階級，可以使國家長治久安，是最美好、最適宜的制度，因此，必須徹底改造中國數千年來的君主專制政體。[2]至於「調和人民利益衝突」，革命派認為，在實行代議制的共和國裡，議會可以發揮這一作用。[3]

改良派質疑選舉制度，認為在實行代議制的國家，議員和選民之間的意見常常不同，選舉中也會發生舞弊現象，多數人的意見不一定代表真正的國利民福。[4]革命派認為：從純理論角度考察，國民全部直接行使主權才是真正的民主政治，但是，在實際上，國民只能通過代議士行使權利。選舉過程中固然會產生種種弊端，但可以採取措施防止，不能因此廢除選舉制度。[5]

改良派認為：國家必須具有最高主權，它是唯一而不可分割的。如實行共和制，就必須使立法、司法、行政等三種權力分立，這樣，國家機關之間就會出現相互牽扯、傾軋等現象，使國家失去最高主權，不成其為國家。[6]革命派認為：國家權力如總攝於一個機關，為善為惡都將失去限制，無法保證國家秩序和國民自由，因此，必須將國家權力分屬於三個不同的機關，此為摧毀專制所

1　《仇一姓不仇一族論》，《民報》第19期。
2　思黃（陳天華）《論中國宜改創民主政體》，《民報》第1號，第41頁。
3　精衛《再駁〈新民叢報〉之政治革命論》，《民報》第6號，第89頁。
4　《申論種族革命與政治革命之得失》，《新民叢報》第76號，第7—9頁。
5　精衛《再駁〈新民叢報〉之政治革命論》，《民報》第6號，第91—96頁。
6　《申論種族革命與政治革命之得失》，《新民叢報》第76號，第22頁。

必須。所謂「分立」，並非互不聯繫，各自孤立，而是不相抵觸，各自獨立。[1]

改良派認為：西方人富於自治性質，可以採用共和制。中國人和西方人種不一樣，而且長期處於專制政體之下，缺乏實行代議政治的能力，甚至連實行君主立憲的程度也沒有，只能先行開明專制，逐漸向立憲轉移。據梁啟超稱，驟然實行共和，必將導致「下等社會」猖獗，形成階級爭奪，大亂不已，最後，人民不得不將政治自由交給一個人，從而復活專制。[2]革命派認為：自由、平等、博愛是人類的天性，共和、立憲制度正植根於這種天性之上，因此，完全適合中國國民。而且，中國人的聰明才智一點也不比其他民族遜色，一旦清除了暴君污吏的壓制，其能力必將迅速恢復。革命派還提出，革命將會激發人民的固有天性，陶冶其「共和國民之資格」。他們宣佈，在二十世紀，必須追求一種完整的、徹底的民主主義，「剷除專制惟恐不盡」。

改良派詢問革命派：是實行普通選舉還是制限選舉？倘使實行前者，讓家無擔石儲糧、「目不識丁」的「貧民」中選了，「議會果復成何議會，而政府果復成何政府」？[3]革命派反問道：何以「貧民」就不能具有選舉資格？「猶是橫目兩足，猶是耳聰目明，獨以區區阿堵故，不得有此權利，吾不知其何理也？」[4]他們提出，普通選舉的特色就在於不以財產資格作為選舉要件，人們「皆平等有選舉權」。[5]

三、關於「社會革命」。

馮自由自 1899 年起，即追隨孫中山，經常聽到孫中山有關「社會革命」的講述。《民報》創刊，孫中山提出「三大主義」之後一個月，馮自由即根據所聞，在香港《中國日報》發表《民生主義與中國政治革命之前途》一文，此文經修改後轉載於《民報》第四期，編者特加按語，說明「與本報宗旨有合」。這是該報最早闡述孫中山民生主義的文章。[6]其後，朱執信發表《德意志社會革

1 《再駁〈新民叢報〉之政治革命論》，《民報》第 7 號，第 34—36 頁。
2 《開明專制論》，《新民叢報》第 74 號，第 1 頁。
3 梁啟超《開明專制論》，《新民叢報》第 75 號，第 21 頁。
4 縣解《論社會革命當與政治革命並行》，《民報》第 5 號第 61 頁。
5 精衛《再駁〈新民叢報〉之政治革命論》，《辛亥革命前十年間時論選集》第 2 卷上冊，北京三聯書店 1977 年版，第 479 頁。
6 馮自由《民生主義與中國政治革命之前途》，《革命逸史》第 4 集，中華書局 1971 年版，第 109 頁。

命家小傳》，介紹「瑪律克（馬克思）和媽及爾（恩格斯）的生平，闡述《共產黨宣言》與《資本論》的基本思想，宣導「社會革命」，又發表《論社會革命當與政治革命並行》，說明兩種革命同時進行「有相利而無相害」。梁啟超則發表《社會革命果為中國今日所必要乎？》，全面說明中國「不必」、「不可」也「不能」實行「社會革命」的理由。梁文並附錄孫中山演說中關於「社會革命」的部分，逐段反駁。為了針鋒相對，民意發表《告非難民生主義者》一文，引錄梁文，逐段作答。

馮自由

改良派認為，中國不必進行社會革命。其理由是，中國的經濟社會組織具備「天然之美質」，與歐美不同。歐美貧富懸殊，而中國則自秦以來，貴族即已消滅，實行子女平均繼承，賦稅極輕，豪富之家極少，「無極貧極富之兩階級存」，只須實行「社會改良主義」。[1] 革命派認為，中國雖然不像歐美那樣貧富懸隔，但貧富之分仍然存在，埋藏著第二次革命的危險，因此，仍然需要先行預防，消患未然，實行「社會革命」。朱執信說：「當其未大不平時行社會革命，使其不平不得起，斯其功易舉也。」[2]

改良派還認為，中國不可進行社會革命，其理由是，資本家為「國民經濟之中堅」。[3] 中國如果沒有大資本家出現，外國資本家和外資就會大量侵入，中國的無資本者或有資本而不大者，只能「宛轉瘐死」於外國資本家腳下，永遠沒有甦醒再生的這一天。而且，提倡「社會革命」，「以排斥資本家為務」，每日煽惑勞動者要求減少工時，增加工資，同盟罷工，則將削弱中國資本家的對外競爭力，結果也只能「倒斃」、完蛋。梁啟超提出，今日中國所急當研究的是生產問題，不是分配問題。必須以獎勵資本家為第一義，以保護勞動者為第二義，即使在初始時期「犧牲他部分人之利益」，也在所不辭。只有這樣，中國資

1　《辛亥革命前十年間時論選集》第 2 卷上冊，北京三聯書店 1977 年版，第 332—359 頁。

2　《辛亥革命前十年間時論選集》第 2 卷上冊，北京三聯書店 1977 年版，第 437 頁。

3　《辛亥革命前十年間時論選集》第 2 卷下冊，北京三聯書店 1977 年版，第 592 頁。

本家才有可能與外資競爭，其餘均屬次要。[1] 革命派同情勞動者，認為歐美社會「勞動者之痛苦，如在地獄」。[2] 因此，反對獎勵資本家，指責資本家為「不耕不織，坐致巨萬」的「盜賊」，[3] 資本主義的托拉斯為中國未來的「大毒物」。[4] 他們主張實行國家民生主義，使國家成為大資本家。在這一情況下，外資輸入有利無損。他們認為，不能置「他部分人之利益」於不顧，必須鄭重研究社會分配問題，避免歐美貧富懸殊的狀況。[5]

改良派又認為，中國不能進行「社會革命」，其理由是，社會革命必須「體段圓滿」，這就要將土地、工廠、機器等一切「生產機關」收歸國有，讓國家自為地主，自為資本家，國民皆成為勞動者，分配極均，而這就要產生「自由競爭絕而進化將滯」、「報酬平等，遏絕勞動動機」、「分配職業應由強制」還是「自由選擇」等種種問題。其結果是，國家成為獨一無二的公司，將全國人民之衣食住，乃至所從事的職業統統管起來，「一切干涉之而負其責任」。梁啟超詢問：這樣的政府，適於存在嗎？有能夠擔任的人才嗎？有了，能夠保證他們不會「濫用職權，專制以為民病」乎？[6] 革命派表示：我們並不要求絕對圓滿，只要求相對圓滿，即土地國有、大資本國有，對於某些「可競爭的事業」，則聽任私人經營，不會產生阻滯競爭等問題。[7] 革命派特別提出，我們所提倡的是「心理的平等」，而非「數理的平等」。所謂「心理的平等」，指的是「個人立於平等之地位」，「各視其材力聰明」，公平競爭，並非平均主義。[8]

改良派認為，私有制是「現社會一切文明之源泉」，反對「土地國有」，指責革命派的有關主張是為了博得「下等社會」的同情，鼓動他們起來屠戮「上流社會」。他們並提出，歐美社會的癥結在於「資本家專橫」，單純解決土地問題並不能解決貧富懸絕的問題。在土地國有的基礎上實行單稅制，政府會有錢，但不會影響到國民。革命派則表明，我們之所以只談土地，而不談資本，

1　《雜答某報》，《新民叢報》第 86 號，第 17—19 頁。
2　《辛亥革命前十年間時論選集》第 2 卷下冊，北京三聯書店 1977 年版，第 685 頁。
3　《辛亥革命前十年間時論選集》第 2 卷上冊，北京三聯書店 1977 年版，第 141 頁。
4　《辛亥革命前十年間時論選集》第 2 卷上冊，北京三聯書店 1977 年版，第 422 頁。
5　民意《告非難民生主義者》，《民報》第 12 號，第 85、86 頁。
6　《辛亥革命前十年間時論選集》第 2 卷上冊，北京三聯書店 1977 年版，第 343 頁。
7　《告非難民生主義者》，《民報》第 12 號，第 101、102 頁。
8　《辛亥革命前十年間時論選集》第 2 卷下冊，北京三聯書店 1977 年版，第 695 頁。

主張首先解決土地問題，是因為中國的土地已在私人之手，而資本家尚未出世。他們尖銳地抨擊地主階級阻礙「商工界」的發展，主張以「定價收買」的辦法實行「土地國有」，使國家成為唯一的大地主和大資本家，每個人都可以根據需要向國家租用土地。「至其面積則不妨依其業異其標準，而為之制限。」[1] 革命派設想，這樣做既可以保證使地主強權在中國絕跡，令「勞動者有田可耕」，又可使社會財富聚於國家。[2]

改良派認為：營利觀念是驅動力。私人企業，為營利觀念驅動，可以發明再發明，改良再改良，不斷前進；公營企業的「公吏」（管理者）由於利不歸己，不求有功，但求無過，保守而不求進取，結果，流弊百出。因此，改良派對「麥喀、比比爾」等人的「社會革命主義」持反對態度，認為必不可行，即行，也必在千數百年之後。革命派則對馬克思主義持讚許態度。在這方面，以朱執信為最突出。他在《德意志社會革命家小傳》中介紹了馬克思的生平以及《共產黨宣言》、《資本論》的基本觀點，讚頌馬克思的「資本基於掠奪」的思想；又在《論社會革命當與政治革命並行》一文中提出，「社會革命」必須以「階級競爭」為手段，動力是憑勞力為生的「細民」，對象是擁有資本的資本家和運用資本的企業家 ——「豪右」。[3]

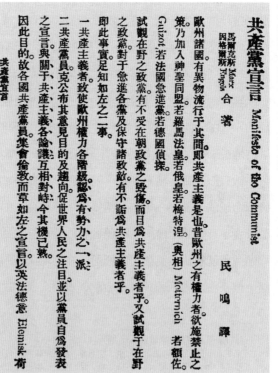

《共產黨宣言》的最早中譯本，載《天義》16—19 冊合刊，1908 年

1　《辛亥革命前十年間時論選集》第 2 卷下冊，北京三聯書店 1977 年版，第 707 頁。

2　《告非難民生主義者》，《民報》第 12 號。

3　《辛亥革命前十年間時論選集》第 2 卷上冊，北京三聯書店 1977 年版，第 438 頁。

梁啟超提倡社會改良主義。其內容為：一、鐵道、市街、電車、電燈、自來水等歸國有或私有；二、制定工廠條例，使資本家不能虐待勞動者；三、制訂各種保險法；四、特置儲蓄機關；五、以累進率徵收所得稅及遺產稅。梁啟超認為，只要採取了上列預防措施就可以避免歐美「陰風慘雨」的氣象。他攻擊革命黨人提倡「社會革命，不過是利用此以博一般下等社會之同情，冀賭徒、光棍、大盜、小偷、乞丐、流氓、獄囚之悉為我用」，其心險惡，其術卑劣。[1] 革命派則認為，改良派的這一系列方案，「皆逐末而無足以救患」。[2]

可以看出，改良派與革命派的分歧在於：充分發展資本主義還是節制資本主義。前者比較典型地反映當時中國新生的資產階級的利益，而後者則寄希望於國有經濟（土地國有、大資本國有），只允許資本主義在一定程度和條件下發展，考慮的重點是社會平民的利益。在這場論戰中，革命派發展和補充了孫中山的有關論點，已經在實際上提出了「節制資本」的思想。

四、革命是否會招致內亂與瓜分。

改良派認為：民氣如火，一旦進行，各地難免會發生鬧教案、殺西人一類舉動，列強就會出兵干涉，實行瓜分。一旦打起來，列強船堅炮利，中國人不可能和洋人相抗，其結果必然是四萬萬人被殺盡，至少也將淪為牛馬。革命派認為：瓜分的原因在於不能自立，不能自立的原因在於滿人秉政；只有排滿，只有革命，才能免除瓜分之禍。列強之間已經形成了一種「均勢」，「互相牽制而莫敢先發」。如果革命僅限於國內問題，排滿而不排外，或者，是一種「正當的排外」，「善守國際法」，列強將保持局外中立。他們甚至表示，清政府和列強簽訂的條約、債務、義務，都可以根據國際法繼續承擔，列強將不會干涉。

改良派認為：革命一定會引起內亂，短則十餘年，長則數十年，蒙革命之害者動輒百數十年。康有為以法國革命為例說：「革命之舉，必假借於暴民亂人之力，天下豈有與暴民亂人共事而能完成者乎？」[3] 革命派認為：現在的革命的不同於中國歷史上的農民暴動，可以避免群雄相爭的局面，為中國革命史開闢

1　《辛亥革命前十年間時論選集》第 2 卷上冊，北京三聯書店 1977 年版，第 358 頁。
2　《辛亥革命前十年間時論選集》第 2 卷上冊，北京三聯書店 1977 年版，第 673 頁。
3　《辛亥革命前十年間時論選集》第 2 卷上冊，北京三聯書店 1977 年版，第 308 頁。

新紀元，因此內亂完全可以避免。

改良派竭力渲染革命過程中「殺人盈野」、「血流成渠」的恐怖現象，主張以請願、不納租稅等手段進行鬥爭。革命派認為：革命必須有「全副事業」，離不開「黑鐵」和「赤血」，免不了要殺人、流血。不革命，每年被清廷殘殺，以及死於租稅捐輸等原因的同胞也不可勝計。他們反問改良派：「革命不免於殺人流血固矣，然不革命則殺人流血之禍可以免乎？」

論戰是非　論戰中，改良派提出過若干正確的觀點，例如，滿洲是中國國土，滿族是中國民族之一；他們也曾深入地思考過一些問題，例如，實現民主所需要的人民的政治文化素質、革命在某些條件下可能帶來的內亂以及徹底的「社會革命」的破壞作用，等等，但是，清廷當時已腐朽不堪，人心喪盡，在要不要推翻滿洲政府這一根本問題上，改良派違背人心所向，其失敗是必然的。

論戰也暴露出革命派在思想上的若干局限。在「種族革命」問題上，革命派顯然被種族問題吸引了過多的注意，以為只要推翻了清廷，中國就一片光明，「今惟撲滿而一切之階級無不平」。他們不瞭解，專制主義在中國歷史悠久，盤根錯節，還會有頑強、持久的表現。在「政治革命」問題上，他們顯然過於樂觀，未能認識在中國實現民主共和制度的長期性和複雜性。在「社會革命」問題上，他們批判資產階級，強調限制資本主義，而未能充分認識到資產階級在社會發展中的進步作用，也未能認識資本主義在中國還需要有一個較大的發展。他們希望國家成為大資本家，而未能認識到可能會由之產生權貴資本主義或官僚資本主義。他們幻想有一種辦法，使「富者益富，貧者亦富」，這就預示著他們不會採取堅決的手段，剝奪地主階級的土地所有權。在革命是否會招致內亂和瓜分問題上，他們完全沒有想到，革命後可能出現軍閥割據，也沒有想到，列強除武力干涉外，還會有其他干涉方式。

在論戰中，《民報》士氣旺盛，而《新民叢報》則日益困窘。1906 年（光緒三十二年）春，梁啟超自覺無法反駁《民報》上的某篇文章，致函徐佛蘇求援。同年 7 月 21 日（六月一日），梁啟超在《新民叢報》第 85 號刊登徐佛蘇所作《勸告停止駁論書》，要求停止論戰。1906 年 12 月（光緒三十二年十一月），他在致康有為函中報告，「革黨現在東京佔極大之勢力，萬餘學生從之者

過半。」[1]可見人心已大半倒向革命黨方面，革命、改良兩派論戰的勝負已經定局。

梁啟超深知論戰的重要性。他在致康有為函中力陳辯論對於改良派生存的意義。函稱：「今日局面，革命黨鴟張蔓延，殆遍全國。我今日必須竭全力與之爭，大舉以謀進取，不然將無吾黨立足之地。」又稱：「今者我黨與政府死戰，猶是第二義，與革黨死戰，乃是第一義。有彼則無我，有我則無彼。」[2]然而，梁啟超終於無力回天。1907年春（光緒三十三年），梁啟超致函蔣智由、徐佛蘇，要求助以一期之稿，可見其困窘之狀。同年11月25日（光緒三十三年十月十五日），出版最後一期，不久停刊，共出96期，前後歷時近六年。

論戰在南洋　1907年（光緒三十三年）之後，孫中山將領導革命的中心轉向南洋，論戰的中心也移向《中興日報》和《南洋總匯新報》以及檳榔嶼《光華日報》與《檳城新報》之間。

南洋論戰是東京論戰的延續。論戰中，孫中山曾以南洋小學生為筆名撰寫文章為《中興日報》助陣。他高度肯定汪精衛和胡漢民在《民報》所發駁斥革命會導致瓜分的文章，認為汪文「使中國人士恍然大悟，懼外之見為之一除」。

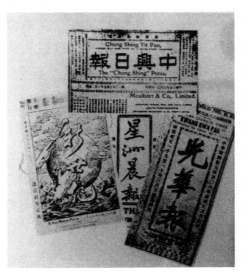

南洋地區革命刊物

胡文「鐵證如山，非懼外媚滿者所能置辯」。文稱：「扶清滅洋之義和拳起矣。其舉雖野蠻暴亂，為千古所未聞，然而足見中國人民有敢死之氣。同時又有革命軍起於南方舉動文明，毫無排外，更足見中國人民有進化之機矣。」[3]胡漢民、汪精衛也積極撰文參戰。當地年輕華僑不識中文，孫中山又命人以羅馬文創辦《陽明日報》。

1　《與夫子大人書》，《梁啟超年譜長編》，上海人民出版社1983年版，第373頁。
2　《與夫子大人書》，《梁啟超年譜長編》，上海人民出版社1983年版，第373—474頁。
3　《孫中山全集》第1卷，中華書局1981年版，第382頁。

《南洋總匯新報》的前身是《南洋總匯報》。《南洋總匯報》為新加坡僑商陳楚楠、張永福和陳雲秋所辦，創刊於 1905 年（光緒三十一年）秋。其中陳楚楠、張永福為革命派，而陳雲秋不主張革命，1906 年（光緒三十二年）初，雙方矛盾激化，無法調和，用抽籤的方法決定報社方向，結果，陳雲秋得籤。陳楚楠、張永福不甘心報社易手，於 1907 年 8 月 20 日（光緒三十三年七月十二日），另出《中興日報》。該報初時以王斧為主編。1908 年（光緒三十四年）初，民報社自東京特派田桐前來主持。陳雲秋則與保皇會合作，由康有為弟子徐勤、歐榘甲、伍憲子等主持筆政。自 1908 年 6 月 29 日（光緒三十四年六月一日）起，改名《南洋總匯新報》。

1908 年 9 月 9 日至 10 日（光緒三十四年八月十四日、十五日），平實發表《論革命不可強為主張》，認為「革命之事，非大聖人、大英雄不能為；雖有大聖人、大英雄，時勢不可為，亦不能為。所謂時勢不可為亦不能為者，人民不歸心，即時勢之不可，雖聖人英雄，不能強為也」。[1] 9 月 11 日（八月十六日），孫中山發表《平實開口便錯》：指出平實混淆自然與社會，革命所反映的是「人心之趨向」，「中國人受專制之禍二千餘年，受韃虜之禍二百餘年」，「今幸有主張革命者出而喚醒同胞，使之速醒，而造成革命之時勢，將見醒者愈多，則革命者亦愈眾。」平實不知道「南洋小學生」是何許人，發表《小子聽之》反駁，以輕蔑的口吻指責對手：「口尚乳臭，曉曉饒舌。吁！我豈錯哉。我為汝言之。」該文引孔子、孟子之說，依然混淆自然與社會，論證革命是違反「自然」的「逆天」行為。9 月 15 日（八月二十日），孫中山再發《平實尚不肯認錯》一文，說明「孔、孟，古之聖人也，非今之科學家也」，「孔孟所言有合於公理者，有不合於公理者」，不可泥古不化，一概盲從。他以孔子「不在其位，不謀其政」，「庶人不議」等語反問平實：「爾今又何偏欲謀滿人之政而上書乞求開國會，以為庶人之議耶？」[2]

孫中山與平實論戰時，陶成章也正在南洋，他寫了《規保皇黨之欲為聖人

1　《南洋總匯新報》1909 年 8 月 9 日，《辛亥革命史資料新編》第 5 卷，湖北人民出版社 2006 年版，第 39 頁。
2　《孫中山全集》，中華書局 1981 年版，第 1 卷第 363—384 頁。

英雄者》、《規平實》、《再規平實》、《規正平實之所謂時勢觀》等四篇文章助戰。

　　1906 年（光緒三十二年）9 月 1 日，清廷下詔宣佈「預備立憲」，國內外的改良派非常興奮，紛紛成立立憲團體，開展國會請願運動。1908 年 6 月，《總匯報》發表《立憲為今日救國之唯一手段》一文，鼓吹君主立憲，田桐立即發表《與〈總匯報〉書》，提出五大問題，要求立即展開辯論。在《附則》中，田桐滿懷信心地提出「勝負決之於輿論」，或在新加坡開會，取決於舉手的多寡。《南洋總匯報》改為《南洋總匯新報》後，也加強了力量，連續發表《敬告國民宜以全力要求國會》、《論國民皆宜加入國會期成會》等文。因此，關於國會、立憲的論爭成為《中興日報》和《南洋總匯新報》的主要內容。改良派認為，國會立，則憲政可成，百廢俱舉，中國即可轉危為安，轉弱為強，轉貧為富。[1]革命派則認為，真正立憲政體必須「以民權為母」，如果人民「無毫末之實力」，「萬事出於欽定」，那麼，「專制之毒，又何能改」？[2]他們認為，在民主立憲國，國會能充分開展活動，發揮作用，而在君主立憲國，則國會難以活動。他們宣佈，要掃除中國長期的君主專制，必須實行民主立憲，「由君主國體轉變為民主國體」，「是誠可謂革數千年之命也」。[3]論戰結果，徐勤文不終篇即離開報社，與孫中山筆戰的記者平實也不就主編之職。

　　檳榔嶼是地處馬來西亞地區西北部的一個小島。光緒 1900 年 8 月，康有為應英國新加坡總督之邀遷居此地，至 1910 年 5 月遷居新加坡，十年之中，雖常離此他遊，但始終以此為據點。爭取華僑，募集經費，是東京以外改良派的另一基地。1909 年底，革命派在新加坡開設的開明演說書報社關閉，次年夏，《中興日報》停刊。孫中山將同盟會南洋支部搬到檳榔嶼，便籌備在檳榔嶼另創一報。四川留日學生、原《四川雜誌》編者雷鐵崖受命出當此任。不久前，同盟會緬甸分會的機關報《光華報》受清領事館摧殘停刊，此報遂命名為《光華日報》。11 月 13 日，孫中山在檳榔嶼召集會議，籌備廣州起義。12 月 2 日，《光華日報》出版。雷鐵崖在《發刊詞》中宣稱，以「漸」與「誠」為主旨，希

1　《論國會之趨勢》，《南洋總匯新報》，1908 年 8 月 10 日。
2　宅仁《正總匯報定期開設國會為中國富強之基礎》，《中興日報》，1908 年 9 月 10 日。
3　辨奸《駁總匯報論國會與君主之關係》，《中興日報》，1908 年 10 月 22 日。

望通過報紙，逐漸影響社會。文稱：「陽和之消息潛通，自可使百花齊放；涓滴之泉源雖小，行見合萬派朝宗。」[1]

《光華日報》創刊後即與當時改良派報紙《檳城新報》展開論戰。古代為神化君主，認為堯的眉毛有八種顏色，舜有兩個眼珠子，都是天生異秉。《光華日報》在《恫書》一文中認為，君主也是普通人：「五官百體，方趾圓顱，凡為人類，無不同具，非為君者果有八彩、重瞳之特異也，不過強暴之目的得達，而遂高踞萬民之上耳！」[2] 不過百日，《檳城新報》便不支敗陣。

除南洋外，緬甸、泰國、加拿大等地的部分中文報紙也相繼捲入論戰。自1907年（光緒三十三年）至1911年（宣統三年），檀香山的《自由新報》幾乎無日不與《新中國報》筆戰，溫哥華的《大漢日報》與《日新報》之間，往復駁論，長達二百餘編。此次論戰，規模浩大、影響深遠，為中國歷史前此所未有。

1　《光華日報》創刊號。

2　《光華日報》，1910 年 12 月 14 日；唐文權編《雷鐵崖集》，華中師範大學出版社 1986 年版，第 133 頁。

五　革命報刊的繼續發展

同盟會成立之後的革命報刊　同盟會的成立促進了革命運動的開展，也促進了革命宣傳活動的發展，國內外各地革命報刊繼續湧現。以雜誌計，同盟會成立前的革命刊物不足三十種，成立後則發展到四十種以上。以報紙計，同盟會成立前僅創辦十餘種，成立後則發展到六十五種以上。

除《民報》外，新出現的革命刊物有下列各種：

《醒獅》，1905 年 9 月（光緒三十一年八月）創刊，東京中國留學生會館總發行，撰稿人有高旭、柳亞子、馬君武、李叔同、宋教仁等。

《洞庭波》，1906 年 10 月 18 日（光緒三十二年九月一日）創刊於日本東京，湖南留日學生陳家鼎、楊守仁、仇式匡、寧調元等編輯，僅出一期。1907 年 1 月 25 日（光緒三十三年十二月十二日）改名《漢幟》，出版二期。

《鵑聲》，1906 年（光緒三十二年）創刊於日本東京。雷昭性（鐵崖）、董修武、李肇甫等編輯。

《雲南》，1906 年（光緒三十二年）三月創刊於日本東京。雲南留日學生呂志伊、楊振鴻、趙伸、李根源、羅佩金等應孫中山的要求而辦。[1] 共發行 23 期。

《復報》，1906 年 5 月 8 日（光緒三十二年四月十五日）創刊於上海，柳亞子、田桐等編輯，共刊行 11 期。

《大江七日報》，1907 年 3 月 3 日（光緒三十三年正月十九日）創刊於日本東京，夏重民主編。

《晉乘》，1907 年 9 月 15 日（光緒三十三年八月八日）創辦於日本東京。由山西留日學生景定成、景耀月、谷思慎等創辦於日本東京。共出三期。

《河南》，同盟會河南分會機關刊物。1907 年

1　李根源《雲南雜誌選輯序》，《雲南雜誌選輯》第 1 頁。

12 月（光緒三十三年十一月）創刊於日本東京。總編輯劉積學。發行人張鍾端。實際編輯人為程克、孫竹丹。共發行 15 期。魯迅曾在該刊發表《摩羅詩力說》《文化偏至論》、《破惡聲論》等文章五篇、譯述一篇。關於該刊，魯迅回憶說：「那編輯先生有一種怪脾氣，文章要長，愈長，稿費便愈多。」[1]

《四川》，1908 年 1 月 5 日（光緒三十四年十二月二日）創刊，吳玉章任編輯兼發行人。共出三期，被日本政府查禁，吳玉章被判徒刑半年，緩期執行。

《夏聲》，1908 年 2 月（光緒三十四年正月）出版於日本東京。由陝西留日學生主辦。共出版八期。

《江西》，1906 年（光緒三十二年）創刊於日本東京，江西留日學生編刊。

《南社叢刻》，革命文學團體南社的機關刊物。1909 年 11 月 13 日（宣統元年十月一日）陳去病、柳亞子等 17 人在蘇州虎丘召開南社成立會。1910 年 1 月（宣統元年末）出版第一集。至武昌起義前，共出版四集。以發表具有革命思想的傳統詩、詞、古文為主。

《民聲》，1910 年 5 月（宣統二年四月）創刊於上海。

《南報》，1910 年 9 月（宣統二年八月）出版於廣西桂林，為同盟會廣西支部機關報。編輯及發行人為該支部秘書長趙正平，署名侯聲。支部長耿毅、總參議何遂（賤夫）等均積極為該刊寫稿。

在上述刊物中，愛國主義、民主主義，反對滿洲貴族的專制統治，反對改良、保皇和君主立憲等內容仍然是主旋律，但在若干問題上，又有深化和發展，革命黨人提出了不少重要的觀點，在不同程度上補充、豐富了同盟會的理論。

關於反對帝國主義。前期革命黨人注重宣傳「排滿」，忽視反帝。這一時期

---

1 《魯迅全集》第 1 卷，人民文學出版社 1981 年版，第 3 頁。

的革命刊物對此有所加強，尤其注重於號召人民與帝國主義鬥爭。俠少（呂志伊）在《雲南》雜誌載文，突出宣揚領土主權觀念。文稱：「我之土地所有權，固神聖不可侵犯。非我中國國民被殺盡死盡，我中國全土沉於太平洋底之一日，則中國之一沙一石一草一木，皆我中國國民為之主人翁。」《鵑聲》載文指出：「中國今日所處的地位，危險得很」，號召中國人民發揚「民氣」，增強「愛國心和團結力」，「故使歐米（美）、日本人而據吾國，吾雖死而猶必攘之。」《四川》雜誌載文指出：「中國實大有為之國也。政府亡我，外人亡我，苟四萬萬之國民不自亡我，則雖數十百之英、俄亦不能跨馬飲江，逾鴻溝一步。」[2]這位作者深信，制止列強侵略的偉力存在於人民之中，他說：「噓四萬萬眾之怨氣，則風動六洲；瀉四萬萬眾之熱潮，則紅騰碧海。當胡塵捲地之秋，正壯士裹屍之日，我人人有不敢辭死之決心，而敵乃不敢存謀我之妄念。」[3]

為了反對帝國主義，《南報》載文提出，中國國內必須統一。文稱：「亡國之民，統一則復；弱國之民，統一則強。舉義之民兵，統一則能戰；久練之精兵，統一則無敵。知乎此而後可以建救國之功德，而後可成救國之英雄。」[4]該刊更進一步提出，要實現國民統一，必須實行「博愛主義」，推進中國各族人民之間的團結：「急掃其此畛彼域之見，激發其吳越同舟之情，聯滿、蒙、回、藏、苗、瑤為一家，共死生存亡之生涯，以與德、法、日、俄較，則豈只四百兆人人之福。」[5]

革命黨人前期的宣傳側重於揭露滿洲貴族欺壓中國各族人民的事實，這一時期的刊物比較重視揭露其對外妥協，出賣中華民族利益。《四川》雜誌載文指出：清廷「數十年來，外交政策，惟拱手聽命之一法，欲租即租，欲領即領，事事不敢與人爭。」[6]同刊載文指出：「政府賣鐵路，賣礦產，賣航路，賣海港，以及森林、漁業、關稅諸權。他國所視為重要而倚如生命者，政府則慷人之

1　俠少《論國民保存國土之法》，《雲南》第 5 號。
2　思群《列強協約與中國之危機》，《四川》第 3 號。
3　《清國與列強》，《四川》第 3 號。
4　侯聲（趙正平）《國民統一論》，《南報》第 2 期。
5　侯聲《博愛主義》，《南報》第 3 期。
6　《對清政策》，《四川》第 1 號。

慨，咸三揖三讓拱手而獻諸外人。」[1]

對於清廷所宣傳的「預備立憲」。宋教仁在《醒獅》載文，直率指出：「滿政府必不能實行立憲也明矣，即能行之，亦必非真正立憲。」[2]《河南》雜誌載文批評其為「巧假名目為掩飾牢籠之術，外以支吾列強，內以隱弭黨惡」，「婆面虎心」，「謀鞏固中央集權之計」。[3] 呂志伊指出，按照清廷對於議政院和諮議局的規定，只能造成「數重之專制」。他說：「專制之時代，中央則君主獨裁之政治也，地方則暴官污吏之政治也。將來立憲之時代，中央則君主與貴族專制之政治也，地方則官吏與劣紳土豪之政治也。」[4]

1908 年，清廷頒佈《欽定憲法大綱》。革命黨人指出其「悖正義」、「昧法理」、「反事實」。全文 40 條，竟有 37 條抄襲日本憲法。「於君上之權，則備記唯恐不周，臣民之權，則漏遺滋甚」。[5] 雷昭性指出，這一《憲法大綱》只是在變戲法：「變其專制之名，而不損君權之實。」既「顧君權，戀專制」，而又可以「籠絡天下之人心」，「潛消隱患於無形」。[6]

值得指出的是，有些文章已經超出了革命派所宣導的「種族革命」的界限。《河南》雜誌載文指出：「滿人之平民可不排，而滿人之官吏則必不能不排。不特此也，漢人中之在政府，其朋比為奸，助紂為虐者，亦在必排之列。蓋吾之排斥，非因種族而有異也，乃因平民而有異。孰禍我平民，即孰當吾排之衝。故不特提攜漢人之平民，亦且提攜滿人之平民以及蒙、回藏之平民也。」[7] 在當時一片「革命排滿」的吶喊聲中，該文作者不以「種族」為標準，而以是否「禍我平民」為標準，將「滿人之官吏」與「滿人之平民」區分開來，是少有的清醒者。

從批判滿洲貴族的專制統治始，有些刊物進一步批判中國兩千多年的專制制度。《鵑聲》載文指出：「我們受了二千年來專制政府的害，才造成了一個麻

1　《西江警察權問題》，《四川》第 2 號。
2　《清太后之憲政談》，《醒獅》第 1 期。
3　《清朝亦將變化耶》，《河南》第 4 期；《警告同胞勿受立憲者之毒論》，《河南》第 5 期。
4　俠少《國會問題之真相》，《雲南》第 16 期。
5　蓀樓《憲法大綱芻議》，《民聲》第 1 期。
6　鐵崖（雷昭性）《中國立憲之觀察與歐洲國會之根據》，《民聲》第 2 期。
7　鴻飛《對於要求開設國會者之感喟》，《河南》第 4 期。

木不仁的中國人之性質。今欲改良這個麻木不仁的性質，非破壞中國這個專制政體，是無從下手的。」《江西》載文指出：「中國專制政體垂數千年，根深蒂固，不可遽拔，弊至繁多矣」，因此，蕩滌、拔除其毒素，「誠非易易」。[1]

在革命黨人提倡的民權主義的基礎上，有些刊物進一步突出「平民」觀念。《河南》雜誌載文，要求建立「平民政府」。文稱：「一切之平民，皆有為國家最高機關之地位」，「皆與有參與國權行使之權」，「一切平民之思想，即為統治權之源泉，而非一人、數人所得專者也。」[2]《復報》載文指出，所謂「民權主義」，其內容應該是老百姓有「組織政府和破壞政府的權利，不能讓暴君污吏一味去亂鬧」。該刊特別指出建立法治國家的重要。恨海（田桐）的文章指出：「所謂立憲者何？立法也。立憲國者何？法治國也。法治國者何？以所立之法，為一國最高之主權之機關。一國之事，皆歸法律以範圍之，一國之人皆歸法律以統治之。無所謂貴，無所謂賤，無所謂尊，無所謂卑，無所謂君，無所謂臣，皆棲息於法之下。」[3]《雲南》雜誌則載文強調，必須充分發展人民力量，團結一致，使統治者雖欲作惡而不可能：「苟人人擴張其能力，以圖國家之進步，則群議相洽，事實相逼，有欲不進步而不能者。當此時也，雖桀、紂不能肆其虐，幽、厲不能行其暴，惟隨國民之能力為轉移耳。」[4]

環繞革命派所宣導的「民生主義」，有些刊物進一步宣揚和介紹西方的社會主義思潮。《復報》載文提出：「一國之人，富者少而貧者多，流無數鮮血，僅為少數之富民營一極樂園，尤屬千古所不平之事。由是觀之，貧富界之革命，其能已乎？」[5]《鵑聲》載文指出：「西洋近百年來，出了一派什麼社會黨。」其宗旨是「使一國的人民，莫得頂窮的，也莫得頂富的」，建設一個「完全美滿的

1　《國會論》，《江西》第 2—3 期合刊。
2　鴻飛《對於要求開設國會者之感喟》，《河南》第 4 期。
3　恨海《滿政府之立憲問題》，《復報》第 1 期。
4　返魂《一致論》，《雲南》第 7 號。
5　漱鐵和尚（顧憂庵）《貧富革命》，《復報》第 4 期。

黃金世界」。該文預言：「總算這個種子在萌芽了，緩緩地生長起來，自然會開花結果。」《夏聲》載文提出，世界的發展「由專制而自由，今又由自由制度漸趨於社會制度」，自由制度「已成晚照斜陽，行將就木，而黑雲蔽空，沖天之大浪而來者，即此社會主義之新思潮也。」[1] 寧調元在《漢幟》發表日本勞動黨的宣言，在按語中表示：「二十世紀社會主義之潮流如日中天，已瀰漫於六大洲之壤土，大有遇之者昌，遏之者亡之概。吾國平民中資本家之毒尚淺，急謀診治，較之東西各國事半而功倍，可斷言也。有識者曷加之意。」[2]

對於中國傳統的儒家學說，寧調元在《孔子之教忠》一文中提出：「古之所謂至聖，今之所謂民賊也。何以言之？孔子者，蓋馴謹成性者也，其發於議論，著之行為，無一不以是為宗旨。致貽中國二千年專制之毒，民族衰弱之禍。」[3] 吳虞撰文指出：世界上的專制主義有君主專制和教主專制兩種。前者束縛人的言論，後者束縛人的思想。前者以秦始皇焚書坑儒、漢武帝罷黜百家為代表，後者以孔子誅少正卯、孟子辟楊墨為代表。文稱，儒家「嚴等差，貴秩序」，「於霸者馭民之術最合，故霸者皆利用之以宰制天下，愚弄黔首。」[4]《河南》雜誌載文提倡「無聖」，鼓吹人們破除對於「聖人」的迷信，認為「破專制之惡魔必自無聖始」。編者肯定該文的思想，提出秦漢以後，「歷世相傳有不可思議之一怪物，曰聖人。」[5] 這些批判，已經開啟五四新文化運動的先河。

文化專制主義是政治專制主義的表現，為政治專制主義服務。後來成為南社發起人之一的高旭在《醒獅》載文，揭示政治專制和文化專制之間的關係。他認為：中國學術思想之所以不進步，在於「政體之專制」；西方學術思想之所以進步，在於「政體之文明」。在他看來：文明國的人民「其著書立說，一任其腦筋電力之所至，無今無古，無人無我，縱橫六合，唯所創造。」對於當時的中外文化論爭，高旭主張「吸收與保存兩主義並行」，「拾其精華，棄其糟粕」。文稱：「對於我國固有之學，不可一概菲薄，當思有以發明而光輝之；對

1　俠魔《二十世紀之新思潮》，《夏聲》第 3 期。
2　《漢幟》第 2 期。
3　楊天石、曾景忠編《寧調元集》，湖湘文庫甲編第 367 種，第 369 頁。
4　《廣益叢報》第 254 號。
5　《河南》第 3 期。

於外國輸入之學，不可一概拒絕，當思開戶以歡迎之。」

在革命報紙中，香港《中國日報》改由馮自由主持，1910 年以後，改由謝英伯主持，繼續發揮中堅作用。其他同盟會成立後新出的報紙中比較著名的有：

廣州：《時事畫報》、《南越報》、《國民日報》、《可報》、《平民報》、《國民報》、《齊民報》、《中原報》、《人權報》。

汕頭：《中華新報》。

桂林：《南風報》。

福州：《建言日報》。

貴陽：《西南日報》。

武昌：《武昌白話報》、《漢口商務報》、《大江報》、《雄風報》。

漢口：《江漢日報》。

北京：《帝國日報》、《國風日報》、《國光新聞》、《國維日報》。

天津：《民意日報》。

開封：《國是日報》。

長春：《長春日報》。

上海：《神州日報》、《民呼報》、《民籲報》、《民立報》、《中國公報》。

新加坡：《中興日報》、《星洲晨報》、《南僑日報》、《陽明報》。

檳榔嶼：《光華日報》。

仰光：《光華日報》、《進化報》、《緬甸公報》。

曼谷：《華暹日報》。

檀香山：《民生日報》。

加拿大：《大漢日報》。

三藩市：《少年中國晨報》。

上述報紙，其主題與上述刊物大體相同。一般說來，海外報紙，放言無忌，風格尖銳潑辣，而國內的報紙則比較謹慎，所受壓迫也較多，但是，這些

報紙的編輯和記者講究鬥爭藝術，前仆後繼，屢禁屢出，不屈不撓。這一方面，以上海地區的幾家報紙表現最為突出。如：

于右任

《神州日報》，1907 年 4 月 2 日創辦於上海，于右任為社長，以楊篤生為總主筆。于右任，字伯循，陝西涇陽人。1904 年，因所刊《半哭半笑樓詩集》譏刺時政，被陝西巡撫升允指令通緝，逃亡上海，進入馬相伯主持的震旦學院求學。次年，因反對外籍教員干涉，與同學另組復旦公學。不久，約集楊篤生、邵力子等創辦日報，親赴日本募捐，得到秦隴豫晉學生協會支持，報紙得以出刊。發刊詞由楊篤生、王無生主稿，于右任參訂，署名三函。《蘇報》案之後，上海文網漸密，因此，發刊詞寫得隱晦曲折，但仍能讓讀者領會其旨意。如云：「空言可託，有痛哭流涕以陳詞；來日大難，冀喑口曉舌之有補。」[1] 報紙不用清朝君主年號，而以干支代替，盛銷一時。發行不到一年，因鄰居失火殃及，報社被焚。6 月 20 日，于右任因無力恢復辭職。報社由葉仲裕、汪彭年、楊篤生三人主持。1908 年 4 月 20 日，楊篤生赴歐，汪允中任主筆，報紙主張改為「哀求政府，速行改革，以救國於垂亡」。[2] 但在清廷開始鎮壓後，報紙又逐漸轉變，宣傳「今而後，決無再以和平請願之理」。[3]

《民呼報》，于右任辭去《神州日報》職務後，得到同鄉富商柏筱魚、銀行家沈縵雲、張靜江的資助，於 1909 年 5 月 15 日於上海創刊。于右任自稱：「以為民請命為宗旨，大聲疾呼，故曰民呼。」它不談滿漢種族問題，而集中攻擊清廷官吏的腐敗、暴虐，否定清廷的「預備立憲」，報導當時風起雲湧的保礦、保路鬥爭。7 月 27 日，甘肅官方致電上海道蔡乃煌，指控報社侵吞甘肅賑災捐款，于右任被拘，報紙於 8 月 14 日停刊，僅出 92 期。

《民籲報》。于右任被拘後，同盟會派景耀月赴滬營救，並接替于的工作。

1　《上海神州日報小史》，《革命逸史》第 2 集，中華書局 1971 年版，第 149 頁。

2　《陳景仁獲咎後之感言》，《神州日報》，1908 年 7 月 27 日。

3　《時事小言》，《神州日報》，1910 年 11 月 5 日。

景到滬之日，官方雖已查明《民呼報》並未侵吞賑災款項，仍將于逐出租界。10月3日，于右任、景耀月、范光啟、朱少屏等續刊《民籲報》，范任社長，朱任發行人。該報「以提起國民精神，痛陳民生利病，保存國粹，講求實學」為四大宗旨，而實際上重點在第一條，倡言「宣達民情，鼓舞民氣」，認為不必事事「仰政府之鼻息」，「承政府之顏色」，「順政府之意旨」，而要「進而與專橫政府抗，與強霸列強抗」。[1] 由於1908年日本違約擅自改線修築我國東北境內的安奉路，國內掀起抵制日貨運動，《民籲報》大量發表反日文字。日本駐上海領事兩次照會蔡乃煌，要求封禁該報。會審公廨在沒有原告，不經辯護的情況下，判處永遠封禁該報。上海市民紛紛到報社門前張貼悼詞，燃香痛哭，以示抗議。

《民立報》。社長于右任，主筆宋教仁。1910年10月11日在沈縵雲等人資助下創刊。于右任在首篇社論《中國萬歲！民立萬歲！》中倡言「有獨立之言論，始產獨立之民族，始能衛其獨立之國家。」社論《人道主義論》提出：「國由民而成，國民之合成意力即國家之精神系統作用也。」文章認為，所謂「合成意力」，就是「人民之公共心理」，「人類之共同心理」，也就是「人道」。文章尤其反對個人專制：「倘專行之以一二人之野蠻思想、專制手段，恐二十世紀之人民未見其能安之矣。」[2] 該報至1913年9月5日停刊。

考察辛亥革命時期的報章、雜誌、各類圖書和小冊子，應該承認，革命黨人的宣傳工作取得了巨大成功。常言說：「報館一間，猶聯軍一隊。」「一支筆，能抵三千毛瑟槍。」晚清的這些報刊對於轉移人心，形成輿論，推動革命高潮到來的作用是無法估量的。

《民立報》

1　帝召（景耀月）《本報四大宗旨》，《民籲報》，1909年10月5日；枚玖（景梅久）《國民之自覺》，《民籲報》，1909年10月25日。
2　《民立報》，1910年10月12日。

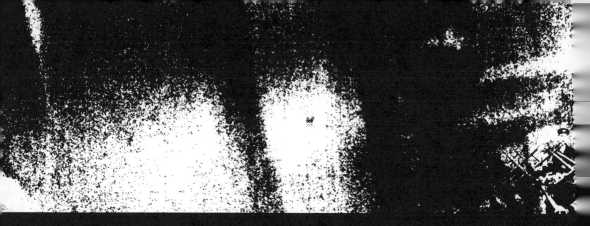

半壁東南三楚雄，
劉郎死去霸國空。
尚餘遺業艱難甚，
誰與斯人慷慨同！
塞上秋風悲戰馬，
神州落日泣哀鴻。
幾時痛飲黃龍酒，
橫攬江流一奠公？

第七章

同盟會成立後的
起義與暗殺活動

同盟會成立後，即積極籌備起義。

早在 1897 至 1898 年（光緒二十三年至二十四年）之間，孫中山和宮崎滔天討論選擇武裝起義地點時，就曾提出「急於聚人，利於接濟，快於進取」三個原則，他表示，「心不能捨廣東」。之所以如此，一是因為廣東多會黨，是一支可以迅速利用的社會力量，一是因為廣東瀕海，利於從海外輸入武器、人員和金錢。後來廣東的起義接連失利，孫中山一度將起義重心轉移到廣西，其原因也在於他早年提出的三原則。

1906 年（光緒三十二年）7 月，孫中山自日本赴南洋，擴展同盟會組織。他在新加坡晚晴園多次接見南洋華僑中的革命同志。同月，吸收華僑富商許雪湫為會員，委任他為中華國民軍東軍都督，籌備在廣東潮州、嘉應一帶發動。秋冬間，孫中山在日本與黃興、章炳麟等共同制訂《革命方略》，包括《軍政府宣言》、《對外宣言》、《招降滿洲將士佈告》等一系列文件，為起義做準備。1907 年（光緒三十三年）3 月，日本政府應清廷要求，驅逐孫中山出境，孫中山即轉往在法國統治下的安南，在河內設立機關。其時，廣東欽州、廉州一帶群眾正爆發大規模的抗捐鬥爭，清廷派巡防營統領郭人漳及新軍標統趙聲率軍前往鎮壓。二人都是同盟會會員，孫中山設想利用這一有利形勢，召集同志，聘請法國退伍軍官，運動當地團勇，聯合舉義。他的計劃是，先取廣東，次取廣西、雲南，佔領南部七省，然後北出長江。

自 1906 年（光緒三十二年）12 月起，陸續爆發萍瀏醴等十次起義。

一　萍瀏醴起義

萍瀏醴起義不在同盟會的計劃之列。

萍瀏醴地區會黨活躍。馬福益犧牲後，當地會黨分化成幾股，互不統屬。1906 年（光緒三十二年）春，長江大水，米價飛漲，同盟會會員劉道一偕湘籍留日學生蔡紹南回國，在水陸洲的船上召集會議，決定運動軍隊，聯絡會黨，

劉道一

於夏曆年底發難。會後，劉道一留長沙活動，蔡紹南到萍鄉，利用與會黨素有聯繫的明德學堂學生魏宗銓，聯絡瀏陽會黨頭目龔春台等，成立洪江會。

洪江會推龔春台為大哥，以忠孝仁義堂為最高機關，誓詞為「誓遵中華民國宗旨，服從大哥命令，同心同德，滅滿興漢，如逾此盟，人神共殛」。口號為：「六龍得水遇中華，合興仁義四億家。金相九成王業地，烏牛白馬掃奸邪。」附近各縣的貧苦農民和安源礦工紛紛入會，洪江會決定，派蔡紹南、魏宗銓赴上海和日本，和同盟會取得聯繫。到上海後，見到受同盟會派遣回湘的寧調元與李發群，李介紹二人加入同盟會。二人在即將啟程之際，被龔春台急函召回。

洪江會的發展引起清吏警覺。10月2日（八月十五日），中秋酬神演戲，傳說起義在即。10月7日（八月二十日），清軍突襲麻石，第三路碼頭官李金石投水犧牲。12月3日（十月十八日），龔春台、蔡紹南等集會，討論起義時機。龔、蔡因軍械不足，主張稍緩，碼頭官廖淑保主張立即起義，爭持不決，廖獨自到麻石舉旗發動，迫使龔、蔡不得不通知各路，同時動作。12月4日（十月十九日），起義全面爆發，義軍迅速發展至三萬餘人。12月6日（十月二十一日），義軍舉著「大漢」、「滅滿興漢」等大小白旗進攻上栗市，駐軍僅有二十多人，聞風遠遁。

義軍定名為中華國民軍革命先鋒隊，龔春台為都督，發佈的檄文宣稱，不僅要「破數千年之專制政體」，「建立共和民國」，而且表示要研究「社會問題」，「使地權與民平均，不致富者愈富」。[1] 這一檄文反映出同盟會和孫中山思想的影響，不過，它還無法影響起義群眾。連當時同盟會的若干會員都還弄不明白，下層群眾何能理解和接受！當時的醴陵知縣汪文溥就曾在日記中寫道：「匪號稱革命軍，而頭目尚不知革命作何解，無論脅從。」[2] 起義軍之所以發展迅速，主

---

1   馮自由《中華民國開國前革命史》上編，《革命逸史》，中華書局 1971 年版，第 249 頁。

2   汪文溥《醴陵平匪日記》，《近代史資料》1956 年第 4 期。

要是因為龔春台以打開瀏陽，沒收富戶錢糧，就可以有飯吃相號召。

在洪江會之後，瀏陽洪福會的姜守旦也宣佈起義，義軍定名為新中華大帝國南部起義恢復軍。姜表示，不受洪江會約束。

義軍起事之後，江西、湖南、湖北三省督撫迅速調集清軍鎮壓。義軍倉促起事，缺乏統一領導，武器以鳥槍、抬炮、大刀、木杆等居多，不少人甚至徒手上陣，在武器精良的清軍圍攻下，逐漸不支。12月8日、9日（十月二十三、二十四日），龔春台兩次進撲瀏陽，未成。12月10日（十月二十五日），清軍攻克上栗。12月12日（十月二十七日），龔春台、蔡紹南戰敗。蔡在前往普跡市請援途中遇害，龔秘密轉往長沙。其後，姜守旦部受到清軍堵擊，姜逃亡。其他起義領導者劉道一、魏宗銓陸續被害。

對於劉道一的犧牲，孫中山極為痛惜，有詩哀悼：

> 半壁東南三楚雄，劉郎死去霸圖空。尚餘遺業艱難甚，誰與斯人慷慨同！塞上秋風悲戰馬，神州落日泣哀鴻。幾時痛飲黃龍酒，橫攬江流一奠公？

此詩不一定出於孫中山親筆，但很好地表現了孫中山對犧牲戰友的感情。

萍瀏醴起義的失敗使長江中下游的革命力量受到很大打擊。同盟會成立後即派余誠為湖北分會會長。他依靠日知會擴展會務，湖北革命活動日盛。1906年（光緒三十二年）春，熊子貞等創辦黃岡軍界講習社，每星期日集會演講。軍中十人一組，暗中計劃革命。當年，清軍在河南會操，熊子貞企圖乘機舉事，事洩逃亡。萍瀏醴起義被鎮壓後，湖南巡撫岑春煊移文張之洞，要求協拿姜守旦、劉林生（即劉揆一）、李燮和、朱子龍、蕭克昌等15人，其中，朱子龍是日知會會員。1907年1月7日（光緒三十三年十一月二十三日），朱子龍被捕。次日，新近自日返國的胡瑛被捕。1月13日（十一月二十九日），警探搜查日知會，劉靜庵、梁鍾漢、季雨霖、張難先等七

譚人鳳

人陸續被捕。其後，劉靜庵、朱子龍病死獄中，張難先、季雨霖被保釋，胡瑛被判永遠監禁。

為了支援萍瀏醴起義，東京同盟會總部除寧調元、李發群外，還曾先後派譚人鳳、孫毓筠、楊卓林等歸國，計劃在湖南、湖北、江西、江蘇、安徽等省回應，但均無所成就。孫毓筠時任同盟會庶務幹事，在南京被捕後，因係清廷大學士孫家鼐的姪孫，僅被判監禁五年。楊卓林在南京，秘密聯絡揚州會黨，謀刺兩江總督端方舉事，不幸被人告密，審訊時自稱「白種迫我黃種，卓心存保黃種之議」，「我志不遂死耳，天下豈有畏死楊卓林耶！」[1]寧調元抵湘時，起義已經失敗。在折返日本途中，於岳州被捕。由於同盟會湖南分會會長禹之謨新近被清廷慘殺於靖州，寧調元便在獄中委託同志重新組織同盟會湖南分會，積極參與組織革命文學團體南社，並且寫下了大量慷慨激昂、感人至深的詩歌，如：「鬼雄如果能為厲，死到泉台定復仇」，「只緣不伴沙場死，虛向人間走一遭」，「不管習風與陰雨，頭顱尚在任吾狂」等。[2]

二　同盟會的兩廣起義

黃岡起義　黃岡地屬廣東潮州府饒平縣。許雪湫接受孫中山委任後，即歸國散發以鷹球為圖案的票布，招攬會黨，建立炎興堂。萍瀏醴事起，他認為時機成熟，要求孫中山派人協助發動，孫中山隨即派喬義生、方漢成等及日人萱野長知、池亨吉到港，就近協助。許雪湫初定 1907 年 2 月 19 日（光緒三十三年正月初七日）分路大舉，進攻潮州及汕頭。屆期，因故未能發動，孫中山指示，此後起義須與惠州、欽州、廉州同時發動，以便牽制清軍，萬勿孟浪從事，致傷元氣。[3]4 月下旬，許雪湫因有會黨二人被捕，急謀舉事營救，胡漢民等勸其靜候孫中山命令。同年 5 月 22 日（四月十一日），會黨頭目余丑聚集

1　鄒魯《中國國民黨史稿》，第 705 頁。
2　參閱楊天石、曾景忠編《寧調元集前言》，《寧調元集》，《湖湘文庫》甲編第 357 種，湖南人民出版社 2008 年版。
3　參見楊天石《許雪湫》，《民國人物傳》第 2 卷，中華書局 1980 年版，第 34 頁。

七百餘人攻克黃岡，成立軍政府，以陳湧波、余丑為正副司令，同時以「大明都督府孫」或「廣東國民軍大都督孫」等名義出示安民。由於當地米價昂貴，軍政府限價出售，因此，頗得當地貧民擁護。[1] 5 月 25 日（四月十四日），義軍進擊清潮州鎮總兵黃金福部，失利。5 月 27 日（四月十六日），陳湧波、余丑決定解散義軍，保存實力。

　　惠州七女湖起義　孫中山的計劃是惠州、潮州同時並舉，在委派許雪湫赴潮州的同時，先後派遣黃耀庭、余紹卿、鄧子瑜自新加坡赴惠州發動。三人都和當地會黨有密切關係，但黃、余二人領取經費後均無所作為，只有惠州歸善人鄧子瑜不辱使命。1907 年（光緒三十三年）4 月，鄧子瑜從南洋到香港，委派陳純等在歸善、博羅、龍門三地起事。6 月 2 日（四月二十二日），陳純一路在惠州近郊七女湖劫奪清軍防營槍械。6 月 5 日（四月二十五日），進攻泰尾。6 月 7 日（四月二十七日），克楊村。6 月 8 日（四月二十八日），計劃進攻博羅。其時，鄧子瑜正在香港購置彈藥，得到黃岡起義失敗消息，派人通知起義部隊。義軍因軍械不繼，又受到清軍李準部的進攻，不得已埋槍解散。

　　防城起義　潮、惠兩路先後失敗，但孫中山仍寄希望於欽州、廉州。1907年（光緒三十三年）3 月，廣西僮族會黨首領王和順加入同盟會。9 月 1 日（七月二十四日），率二百餘人起義於欽州王光山。在《中華國民軍南軍都督王》等

1　《京報》，光緒三十三年四月二十七日。

告示中，王和順敘述了自己從以「反清復明」為志到接受孫中山革命綱領的經過，聲稱：「民族主義雖足以復國，未足以強國，必兼樹國民主義，以自由、平等、博愛為根本，掃專制不平之政治，建立民主立憲之政體，行土地國有之制度，使四萬萬人無一不得其所。」[1] 這一告示和萍瀏醴起義中的檄文一樣，為防城起義增添時代色彩，但不會有實際激勵作用。9月4日（七月二十七日），起義軍攻入防城。同日，進攻欽州，因原定響應的清軍統領、同盟會員郭人漳變卦，義軍改攻靈山，計劃進入廣西。9月8日、9日兩日（八月一、二日），與清軍激戰，餉械兩缺，王和順率少數部下退回安南。

鎮南關起義 廣東方面的一再失敗促使孫中山的活動重點逐漸轉向廣西。

黃明堂

1907年12月2日（光緒三十三年十月二十七日），廣東欽州會黨領袖、僮族人黃明堂等率鄉勇80人，潛襲鎮南關，迅速得手，相繼佔領三個炮台。次日，孫中山、黃興、胡漢民及日本人池亨吉等到關。4日（十月二十九日），清軍來攻，孫中山親自發炮還擊。他感慨地說：「反對清廷二十餘年，此日始得親發炮擊清軍耳！」[2] 同日，清軍參將陸榮廷派人持密函登台，表示願以所部投入麾下。孫中山當即覆函陸榮廷，要他密為內應，同時決定回安南籌款籌械，命黃明堂堅守五日。12月7日（十一月三日），清廷指責張鳴岐失去重隘，交部議處。清軍以四千人的優勢還攻鎮南關。次日，黃明堂等棄關，退入安南燕子大山。

欽、廉、上思起義 1908年1月24日（光緒三十四年十二月二十一日），安南法國殖民當局應清廷要求，驅逐孫中山出境。孫中山命胡漢民留守河內機關，命黃興為總司令，再次在欽、廉地區發動。次年3月27日（二月二十五日），黃興率領雲南旅越青年二百餘人，組成「中華國民軍南路軍」，在欽州、廉州、上思一帶轉戰四十餘日，多次擊潰清軍，所向皆捷，但終因缺乏後援，

1　《中國日報》，1907年9月28日。
2　《胡漢民自傳》，《近代史資料》第45號。

又無力支付收買清軍所需的賞銀，黃興不得不解散義軍，退回安南。

欽、廉、上思起義軍事指揮黃興

河口起義 河口地處中越邊境，既是通商口岸，又是軍事要地。1908 年（光緒三十四年）4 月，孫中山命黃明堂、關仁甫等策劃雲南起義。事先，關仁甫與清軍約定，凡攜械來降者賞銀一元。4 月 29 日（三月二十九日）夜，黃明堂率二百餘人自安南渡河入境，清軍一部響應，共同佔領河口。4 月 30 日（四月一日），成立雲貴都督府，布告稱：「擬欲推倒現今之清政府，建造社會主義之民主國家，同時對於友邦各國益敦睦誼，以維持世界之和平。」除宣佈保護佔領地內外國人民生命財產外，特別聲明「外國人於條約上已得之條例，皆得繼續有效力」，反映出當時革命黨人力圖不得罪列強的心理。5 月 3 日（四月四日），孫中山電委黃興為雲南國民軍總司令。5 月 7 日（四月八日），黃興到達河口，催促黃明堂進攻昆明，黃擔心軍糧不繼，猶疑不決，黃興決定親率軍隊北征，黃僅派兵百人，出行不久即紛紛哄散，黃興只能折返河口。5 月 9 日（四月十日），黃興返回河內，第二天北上，經過老街時被法警解送出境。

河口起義過程中，清廷多次向法國外務部交涉，要求安南法國殖民當局採

河口起義後所頒布告

1　《中興日報》，1908 年 6 月 6 日。

取行動鎮壓中國革命黨人。4月24日（三月二十四日），慶親王照會法國駐華公使說：「這些革命黨人大膽而果斷，加之人數眾多，然而，如果我們對其腹背夾攻，力追窮寇，那末清洗他們的巢穴，抓住他們的頭目是不難辦到的。不幸的是他們在印度支那有可靠的藏身之處，他們可以隨時來去，法國當局並不加以阻攔。他們要來進攻了，我們沒法阻止他們進攻。他們要撤退了，我們又不可能追擊。我們束手無策。」[1] 次日，法國殖民部致電法國印度支那總督，指令「必要時採取行動，不要使中國政府對我們有任何不安之心。」[2] 5月6日（四月七日），清廷駐法公使劉式訓也向法國政府表示：「自當竭力相助。」[3] 其後，安南法國殖民當局即封鎖邊界，阻止起義人員及糧械進入雲南。5月24日（四月二十五日），河口失守，黃明堂率六百餘人突圍，進入安南境內後被解除武裝，強行押送新加坡。

三　光復會的浙皖起義

秋瑾

陶成章自稱：「僕素抱獨行主義，外間黨人舉動，向日皆未嘗聞問。」[4] 同盟會成立後，光復會雖「附屬」於同盟會。但是，浙江地區的光復會仍然保持原名，在事實上保持著自己的獨立系統。該會「以浙江為根基，以江、浙、皖、贛、閩為本會辦事區域」。[5] 其間，秋瑾、陶成章先後加入同盟會，但是，徐錫麟卻始終不肯加入。

秋瑾、徐錫麟起義　秋瑾，字璿卿，號競雄，又號鑒湖女俠，浙江山陰（今紹興）人。1875 年 11月 8 日（光緒元年十月十一日）出生於福建廈門。

1　法國外交部檔案，《辛亥革命史資料新編》（7），湖北人民出版社 2006 年版，第 89 頁。
2　法國外交部檔案，《辛亥革命史資料新編》（7），湖北人民出版社 2006 年版，第 91 頁。
3　《駐法公使劉式訓致外務部電》，光緒三十四年四月初七日。
4　《陶成章致吳稚暉函》，手稿，吳稚暉檔案，台北：中國國民黨黨史館藏件，03870。
5　《憑單》，見徐市隱《緬甸中國同盟會開國革命史》第 3 節。

年輕時就蔑視封建禮法，出嫁後居住北京，目睹八國聯軍的侵略和清廷的腐朽，立志獻身救國，《致王時澤書》云：「吾自庚子以來，已置吾生命於不顧，即不獲成功而死，亦吾所不悔也。」[1]1904 年（光緒三十年）衝破家庭束縛，東渡留學，在東京創辦《白話報》。同年歸國，在紹興經徐錫麟介紹，加入光復會。次年春，再赴日本，途中，見到日俄戰爭地圖，日人索句，有詩云：

> 萬里乘風去復來，隻身東海挾春雷。忍看圖畫移顏色，肯使江山付劫灰！濁酒不銷憂時淚，救時應仗出群才。拚將十萬頭顱血，須把乾坤力挽回。

到日本後，加入同盟會，任評議部評議員和浙江主盟人。1905 年（光緒三十一年）冬，在日中國留學生發生反對「取締規則」風潮，秋瑾力主全體歸國，演講時抽出倭刀，猛然插在桌上，大聲說：「如有人回到祖國投降滿虜，賣友求榮，欺壓漢人，吃我一刀！」1907 年 1 月 14 日（光緒三十三年十二月初一日），秋瑾在上海創辦《中國女報》宣揚女權和女子革命。

徐錫麟（1873—1907），字伯蓀，浙江紹興人。1901 年（光緒二十七年）任教於紹興府學堂。1903 年（光緒二十九年）到日本遊覽，受拒俄運動影響，萌發「排滿革命」思想。次年歸國。他熱心公益，參加光復會後迅速成為實際領袖，光復會的根據地也逐漸自上海移到紹興。1905 年（光緒三十一年），徐錫麟在紹興創立體育會，召集各校青年學習射擊技術。9 月 23 日（八月二十五日），和陶成章共同創辦大通學堂，設體育專修科。開學之日，浙江會黨竺紹

徐錫麟就起義一事致秋瑾的親筆函

1　《秋瑾集》，上海古籍出版社 1991 年版，第 45 頁。

康、王金發率數十人前來。徐錫麟即準備以之舉事，盡殺紹興官吏，為陶成章勸阻。陶認為革命必須「破壞中央、襲取重鎮」，浙江並非要衝，如在浙江舉事，必須首先聯絡安徽，同時「以暗殺擾亂南京」。徐贊同。[1] 其後，徐、陶分別行事。徐通過表叔、原湖南巡撫俞廉三的推薦，和友人陳伯平、馬宗漢等到日本學陸軍，徐因近視被拒。1906 年（光緒三十二年）春自日本歸國。同年冬，捐得道員資格，分發安慶，任巡警學堂堂長、陸軍小學監督等職，暗中準備起事。

徐錫麟到安徽做官後，秋瑾即回到紹興，繼任大通學堂督辦。她接續徐錫麟的工作，廣召金華等地會黨成員到學堂學習兵操。5 月（四月），秋瑾編各地會黨為八軍，用「光復漢族，大振國權」八字為記號，商定於 7 月 6 日（五月二十六日）在金華首先發動，處州繼起，奪取杭州，不成則轉入江西，聯絡安慶，和時在當地任巡警學堂堂長的徐錫麟呼應。

7 月 1 日（五月二十一日），光復會員葉仰高被捕，供出部分黨員的別名或暗號。端方電告安徽巡撫滿人恩銘，恩銘轉示徐錫麟，徐發現自己的別名就在其中，決定於次日巡警學堂舉行畢業典禮時起事。當夜，陳伯平起草告示，提出「光復漢族，剪滅滿夷」，「遇滿人者殺」，「遇漢奸者殺」，「不殺漢官」等條例。[2] 7 月 6 日（五月二十六日），恩銘等到堂參加典禮，徐錫麟發現收支委員顧松意圖告密，疾步趨前，向恩銘行禮報告：「回大帥，今日有革命黨起事！」恩銘正錯愕間，徐錫麟迅速從靴筒內抽出兩支手槍，以左右手同時向恩銘射擊。他因近視，擔心不中，便連續發射，恩銘身中七槍，被部下揹走。隨後，徐錫麟、陳伯平、馬宗漢三人即脅迫學生到軍械所奪取槍炮，被清軍包圍。雙方激戰，陳戰死，徐、馬被俘。審訊中，徐詢問恩銘中槍後情況，按察使聯裕騙以僅受微傷。接著說：「爾知罪否？明日當剖爾心肝矣！」徐聽到此言，突然大笑說：「然則恩銘死矣！恩銘死，我志償。我志既償，即碎我身為千萬片，亦所不惜。區區心肝，何屑顧及！」當晚臨刑前，徐錫麟神色自若地說：「功名富貴，非所快意。今日得此，死且不悔矣！」他的心被挖出祭祀恩銘，肝被恩銘

1　陶成章《佈告同志書》，台北：中國國民黨黨史館藏件。
2　《馬宗漢供詞》，《神州日報》，1907 年 7 月 17 日。

衛隊炒食。

孫中山和陶成章之間的矛盾這時已現端倪。審訊中，清吏問徐錫麟，是否為孫文指使，徐答：「我與孫文宗旨不合，他亦不配使我行刺。」徐的這兩句話充分表露出對孫中山的不滿和鄙視，反映出他所受到的同盟會會內第一次「倒孫風潮」的影響。[1] 反過來，浙皖起義的失敗又進一步加深了陶成章和孫中山之間的矛盾。陶本來就認為孫好說大話，所言常多不實。浙皖起義之所以失敗，陶成章即認為和孫中山「遍放謠言」有關。他在《佈告同志書》中說：「翌年丁未，孫文復又遍放謠言，謂其已由南洋密運軍火來長江，清吏防患未然，加意搜索，因而牽及全城，遂造成皖浙之變。故徐君於就義之前，尚有餘憤。而馬君宗漢，亦曾致書其友，深以孫文放謠言，害及實事為憾。」[2]

7月10日（六月一日），秋瑾得知安慶起義失敗，派學生二十餘人到杭州埋伏，準備待嵊縣會黨王金發兵到後起義。7月13日（六月四日），王金發到，商定於7月18日（六月九日）統軍進入紹興。午後，杭州清兵入紹，有人勸秋瑾離堂暫避，秋瑾拒絕說：「我怕死就不會出來革命，革命要流血才會成功，如滿奴能將我綁赴斷頭台，革命至少可以提早五年。」[3] 她遣散同志，毅然留守學堂，被捕後百問不答。7月15日（六月六日）凌晨，就義於紹興軒亭口。

作為女革命家，秋瑾被害激起了廣泛的社會同情。陳去病擬在上海召開追悼會，未成。7月29日（六月二十日），發起組織神交社，結合文化人「論交講學」，成為後來革命文學團體南社的前身。1908年2月25日（光緒三十四年正月二十四日），陳去病與秋瑾的盟姊徐自華等在杭州西湖鳳林寺舉行追悼會，謁墓致祭，組織秋社。

安慶熊成基起義　1908年11月14、15兩日（光緒三十四年十月二十一、二十二日），西太后和光緒皇帝相繼去世，張恭邀約安徽熊成基、浙江陳其美、褚輔成等，準備同時舉義。

熊成基（1887—1910），字味根，江蘇揚州人。光復會員。1904年（光緒

1　參見楊天石《同盟會的分裂與光復會的重建》，《晚清史事》，中國人民大學出版社2007年版，第280頁。
2　台北：中國國民黨黨史館藏。
3　王璧華《秋瑾成仁經過》，《近代史資料》1957年第二期。

三十年）考入安徽武備學堂，參加岳王會。次年，入南京炮兵速成學堂。1907年（光緒三十三年）調回安慶，先後任馬營、炮營隊官。同年，倪映典策劃於除夕起義，被端方發覺，南逃廣州，熊成基被繼推為岳王會主持人。他在士兵中鼓吹「彰人道，均貧富」的「社會主義」思想，據稱，「樂從者多」。[1]

1908年11月19日（光緒三十四年十月二十六日），熊成基等決定，以熊掌握的炮營、馬營攻城，以駐紮城內的薛哲的步營和范傳甲的輜重隊為內應，於當晚十時發動，熊成基被推為總司令，預定破城之後，再行推舉總統，然後趕赴太湖，控制秋操清軍，奪取南京。[2] 不幸，當晚城內有兩名士兵被捕，起義

就義前的熊成基

計劃洩露。因此，城外的炮營、馬營雖發動順利，而城內薛、范二人的行動卻都遇到困難。城外義軍圍攻一日夜後，撤退至集賢關，再退至廬州。熊成基本擬在此聯絡皖北會黨，進窺中原，但所部已不足百人，只得宣佈解散。范傳甲在義軍撤離後，憤而謀刺清軍協統余大鴻，未成被害。

1909年（宣統元年）2月，熊成基潛赴日本，加入同盟會。同年9月，化名到東北，企圖向俄國方面出售在日本所獲地圖，藉以換取革命經費。1910年1月（宣統二年十二月）清海軍大臣載洵等經過哈爾濱，熊成基被人誣告為謀刺載洵。2月27日（正月十八日），熊成基就義。

四　四川和東北的起義

在發動兩廣起義的同時，孫中山也將目光注視到四川。同盟會成立後，孫中山即指示四川主盟人黃樹中，揚子江流域為必爭之地，四川位於上游，應及

1　《熊成基被逮始末記》，《神州日報》，1910年2月13日。
2　《薛哲供詞》，《神州日報》，1908年12月11日。

早籌劃。黃即邀請瀘州哥老會首領佘英到日本與孫中山
會談。1906 年（光緒三十二年）夏，佘英到達東京，加
入同盟會。孫中山委任其為西南大都督。其後，佘英、
謝奉琦、熊克武陸續回到四川，分頭發動。

最初的起義地點決定在佘英的家鄉瀘州，時間為
1907 年 11 月 14 日（光緒三十三年十月初九），當日，清
吏慶賀慈禧太后生日，會疏於防範。準備過程中，黃樹
中製造炸藥時受重傷，醫治後得活，改名黃復生。爆炸
引起清吏警惕，佘英遂將起義日期提前到 11 月 6 日（十月一日），地點則改為
瀘州近城江安，但仍因清吏戒備，放棄計劃，熊克武等奔赴成都，仍擬於 11 月
14 日炸斃集會慶祝的清吏，四門放火，佔領成都。屆期，會黨四千餘人在各旅
館待命，起義號火潑油待燃，清吏突然改變朝賀地點，實行戒嚴，熊克武等不
得不再次放棄計劃。其後，四川革命黨人決定在敘府起事，時間為 1908 年 1 月
26 日（光緒三十四年十二月二十三日），推謝奉琦到當地主持。當日晚，因有
黨人被捕，再次被迫中止。

四川革命黨人具有不屈不撓、長期奮鬥的韌力。1908 年 2 月，佘英、熊克
武等集會隆昌，總結經驗，決定赴日購械，建立屬於同盟會自己的武裝，在起
義時用作先鋒和主力。會後，佘、熊二人赴日，向同盟會本部報告。在吳永珊
（玉章）和李肇甫的幫助下，通過宮崎寅藏購得部分槍械。

1909 年（宣統元年）3 月 12 日，佘英、熊克武計劃在川北廣安舉事，未
成。1910 年（宣統二年）2 月 2 日，程德麟、佘英等在川南發動，犧牲二百餘
人。佘英被俘受審，為保護戰友劉慎終，指著他質問官府：「他是我家裝水煙
的僱工，抓他來幹什麼？」但劉抗辯說：「佘大爺我是跟你搞革命的，怎麼說是
裝水煙的？我活著和你在一起，死也要和你在一起。」[1] 事後，同盟會員廖仲綸
等突入刑場，企圖救出佘英，但所救非真身。佘英被害，廖也被捕殺。同年 12
月，程昌祺、溫朝鍾進攻川東黔江，縣令棄城請援，起義軍一度進入城中，但

1　熊克武《辛亥前我參加的四川幾次武裝起義》，《辛亥革命回憶錄》（三），文史資料出版社 1981 年版，
　　第 24 頁。

不久亦在清軍的進攻下失敗。

　　四川革命黨人的上述起義，或在籌備過程中中止，或舉事後迅即失敗，但其地區遍及川中、川北、川南、川東各地，顯示出四川會黨反清勢力的深厚。

　　在同盟會發動的各次起義中，宋教仁計劃發動的東北起義獨具特色。

　　宋教仁與孫中山不同，重視經營東北。1907 年 4 月 1 日（光緒三十三年二月十九日），宋教仁偕日人古川清等到達安東，以中國同盟會孫文、黃興的名義致函綠林武裝 ——「馬賊」首領李逢春等人，分析東北的優越戰略地位，認為在南方起兵，「欲為割據之事則易，欲致清政府之死命則難」，建議雙方聯合「南北交攻，共圖大舉」。[1] 李逢春閱信後，約宋教仁面談，表示贊成同盟會宗旨。其後，宋教仁組織同盟會遼東支部，以吳祿貞、藍天蔚、張紹曾等為負責人。孫中山在惠州發動起義時，宋教仁曾擬起兵回應，首佔遼瀋，繼佔山海關，進窺北京。後因察覺清廷已有防範，中止計劃。

　　宋教仁的東北計劃將沉重打擊清廷，動搖其北方統治，可惜後起無人，未能繼續。

五　廣州新軍起義與三二九起義

廣州新軍起義　以會黨為主體的起義陸續失敗後，革命黨人逐漸將活動重點轉向新軍。倪映典南下廣州後，任新軍炮兵排長。他利用新軍中的「講古仔」形式，敍述岳飛、韓世忠抗金以及滿清入關、揚州十日、嘉定三屠、洪秀全金田起義等歷史故事，鼓動反清，最後歸結為：「我們多數人受此少

《神州畫報》所載新軍起義情形圖

1　《宋教仁日記》，湖南人民出版社 1980 年版，第 356 頁。

數欺壓，輕漢重滿，全無公道，專以壓制手段，外國人則不然，何以我漢人甘為奴隸？」[1]由於內容生動，聽眾日益增加。同時，朱執信也在廣東陸軍中學、小學、講武堂等處做了不少工作。至 1909 年（宣統元年）冬，廣州新軍中已有同盟會員三千餘人。

同年 10 月（九月），同盟會在香港設立南方支部，以胡漢民為支部長，汪精衛為書記，倪映典為運動新軍總主任。孫中山並指定，以趙聲主持起義計劃。1910 年 1 月（宣統二年十二月），倪映典到香港報告，訂於 1910 年 2 月 24 日（宣統二年正月十五日）夏曆元宵節時發難。遠在美國的孫中山同意這一計劃，黃興、趙聲及湖北共進會的孫武等陸續抵港。香港商人李海雲提供了經費支持。胡漢民擔心力量不足，又命姚雨平等運動廣州近郊的巡防營，朱執信等聯絡番禺、南海等地的會黨。黃興還致函宮崎寅藏，召集日本軍官前來支援。

正在此際，一名士兵參加同盟會的證書被查獲，粵督袁樹勳警覺，下令將各標營子彈潛運入城。夏曆除夕，二標士兵因事與警察互毆，新軍士兵數百人持械入城包圍巡警局，索回被捕士兵。當夜，倪映典趕至香港報告，黃興等決定提前至 2 月 15 日（正月初六日）起義。事成後，黃興、倪映典率軍進攻湖南，趙聲留守，以胡漢民管理廣東的民政與財政。2 月 10 日（夏曆元旦），二標士兵繼續入城，搗毀警局。同日夜，倪映典回到廣州，決定起事。2 月 12 日（正月初三日），倪映典進入炮、工、輜營，射殺管帶等人，宣佈起義，倪被推

革命者給捐助者出具的收據

1　莫昌藩等《1910 年廣東新軍革命紀實》，《近代史資料》1955 年第 4 期。

為司令，率千餘人進至沙河。清軍李準、吳忠禹部聞訊趕來，雙方對陣。倪被吳部管帶李景濂（同盟會員）誘入營中談判，出營時被亂槍擊斃。倪犧牲後，起義軍因槍彈迅速用罄，被迫撤退，部分人被俘，部分人逃亡。

廣州三二九起義　新軍起義失敗後，孫中山繼續提議，在廣東組織一次新的起義。1910 年 11 月 13 日（宣統二年十月十二日），孫中山在檳榔嶼召開

福建籍革命者起義前在香港合影

林覺民與妻子的絕筆

會議，黃興、趙聲、胡漢民、南洋及國內東南各省代表出席，光復會的李燮和也應邀參加。孫中山鼓勵到會者「為破釜沉舟之謀」，「舉全力以經營」。會議決定以廣州為起義地點，以新軍為主幹，同時聯絡防營和會黨。先定經費十萬元，即席捐得 8000 元。會後，黃興、胡漢民、鄧澤如赴南洋，孫中山赴美洲募捐。計南洋荷屬殖民地捐得 32550 元，英屬殖民地捐得 47663 元，美洲捐得 77000 餘元。

1911 年 1 月（宣統二年十二月），黃興在香港跑馬地 35 號設立統籌部，被推為部長，以趙聲為副，下設調度、交通（聯絡）、儲備、編制、秘書、出納、調查、總務等八課，由姚雨平、趙聲、胡毅生、陳炯明、胡漢民、李海雲、洪承典分任課長。其後，陸續在廣州設立秘密機關 38 處。

4 月 23 日（三月二十五日），黃興致函南洋華僑鄧澤如等人，告以「本日馳赴陣地，誓身先士卒，努力殺賊，書此以當絕筆」。他對別人說：「我既入五羊城，不能再出去。」「餘人可邁步出五羊城，惟我克強一人必死於此矣！」其他革命黨人也都懷著和黃興同樣的決心。林覺民致妻函稱：

> 吾今以此書與汝永別矣。吾作此書時尚是世中一人。汝看此書時，吾已成為陰間一鬼。吾作此書，淚珠和筆墨齊下，不能竟書而欲擱筆，又恐汝不察吾衷，謂吾忍捨汝而死，謂吾不知汝之不欲吾死也，故遂忍悲為汝言之。吾至愛汝，即此愛汝一念，使吾勇於就死也。

> 語云：仁者老吾老以及人之老，幼吾幼以及人之幼。吾充吾愛汝之心，助天下人愛其所愛，所以敢先汝而死，不顧汝也。汝體吾此心於啼泣之餘，亦以天下人為念，當亦樂犧牲吾身與汝身之福利，為天下人謀永福也。

方聲洞也在給父親的信中寫道：「此為兒最後親筆之稟，此稟果到家，則兒已不在人世者久矣！」「但望大人

參與起義失敗後被捕的革命黨人

以國事為心，勿傷兒之死，則幸甚矣！」這些信件，充分表現出當時革命黨人心懷天下萬眾的廣闊胸襟和至公無私、視死如歸的精神。

4月27日（三月二十九日）下午四時，黃興集眾動員，朱執信趕到，剪去長衫下半截參加。譚人鳳從香港趕來，告以香港黨人無法按時趕到，建議緩期。黃興頓足道：「老先生毋亂軍心，我不擊人，人將擊我矣！」譚人鳳也整裝，向黃興要槍，黃興勸他說：「先生年老，後事尚須人辦，此是決死隊，願毋往。」譚說：「君等敢死，余獨怕死耶？」黃興於是拿了兩把槍給譚。譚在接槍時誤觸扳機，打響一槍。黃興將槍從譚人鳳手上奪回，連聲說：「先生不行！先生不行！」派人將譚送到陳炯明家。

5時半，黃興乘坐肩輿，其他人打扮成侍從，臂纏白布為記，直撲總督衙門。黃興手持兩槍，連連發射，數十人在螺號聲中衝入內堂，張鳴岐匆忙轉入李準的水師行台。黃興等放火後出署，與李準的親兵大隊激戰，黃興被打斷一節手指，仍以斷指繼續射擊。其後，黃興兵分三路，喻培倫等攻督練公所，徐維揚等攻小北門，黃興親率方聲洞、朱執信等出大南門，接應巡防營。在激戰中，三路先後失敗。4月28日（三月三十日），趙聲來見，二人相抱痛哭。次日，黃興在女革命黨人徐宗漢護送下易服化裝，返港治療。

起義失敗後，清吏大肆搜捕。被捕革命黨人林覺民、陳可鈞、李雁南、喻培倫、陳更新、程良等29人英勇就義，連同其他戰死者遺骸，共72具，由黨人潘達微收葬於白雲山紅花崗，潘為之改名黃花崗，後世就稱這次起義為黃花崗起義。

六　暗殺活動

還在軍國民教育會期間，即有暗殺團的組織。湖南人楊篤生與蘇鵬在日本橫濱設立炸藥製造所，學製炸藥，楊失慎炸傷一目。其後，蘇鵬到上海，向蔡元培等傳授技術。楊篤生、蘇鵬、張繼等潛入北京，計劃在頤和園至西直門的路上炸斃慈禧太后，窺伺四、五個月，未獲下手機會。1904年（光緒三十年）

冬，楊再次入京，謀劃「中央革命」。他到保定與吳樾等共同組織北方暗殺團，亦稱軍國民教育會保定支部。[1]

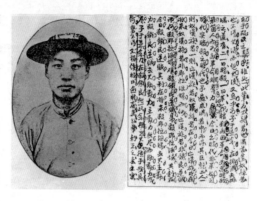

吳樾及其《暗殺時代》原稿（局部）

吳樾炸五大臣　吳樾（1878—1905），字孟霞，後改孟俠，安徽桐城人。保定師範學堂學生。1905 年 1 月（光緒三十年十二月）創辦《直隸白話報》，主張「君主不愛國，就是國人的仇敵，人人都有治理他罪的權柄」。[2]他認為「排滿之道」有二，一為暗殺，一為革命。暗殺雖個人可為，革命則非群力不可。當時還是「暗殺時代」。他和好友趙聲相約，請趙進行「兵革之事」，以暗殺之事自任。最初，以戶部侍郎鐵良為對象，後來，改以奉命出洋考察的五大臣載澤等人為對象。在《與妻子書》中，他表示：「奴隸以生，何如不奴隸而死，以吾一身而為我漢族倡不奴隸之首，其功不亦偉耶！」[3]1905 年 9 月 24 日（光緒三十一年八月二十六日），吳樾懷揣炸彈，身穿紅纓官服，偽裝五大臣隨從，在北京正陽門車站混上專車，正準備投擲時，因車頭與車廂接軌，車身震動，引發爆炸，吳樾肢斷腹裂，壯烈犧牲。

同盟會成立後，更建立專門團體，聘請流亡在日本的俄國「民粹黨」人為教習。1907 年（光緒三十三年），《民報》在《天討》增刊中發表吳樾的《暗殺時代》，將暗殺與革命同列為「排滿之道」。同年，東京和巴黎的中國留學生中，出現兩種政府主義的報紙，《天義》和《新世紀》，都鼓吹暗殺。此後，在革命黨人中，先後發生劉思復炸李準、汪精衛等炸載灃、鄺佐治刺載洵、溫生才刺孚琦、林冠慈、陳敬岳再炸李準、李佩基炸鳳山等多起暗殺事件。其中，以汪精衛等炸載灃事件最為有名。

劉思復炸李準　劉思復（1884—1915），廣東香山（今中山）人。1904 年

1　參見楊天石《楊篤生》，《民國人物傳》第 2 卷，中華書局 1980 年版，第 46 頁。

2　讜青《論國家和朝廷的分別》，《直隸白話報》第 13 期。

3　中國史學會主編《辛亥革命》（三），上海人民出版社 2000 年版，第 391 頁。

劉思復

（光緒三十年）留學日本。次年加入同盟會，到橫濱學習製造炸彈。1906 年到香港編輯《東方報》。當時，廣東水師提督李準仇視革命，經常捕拿革命黨人。劉思復便以炸李事自任，得到贊同。同盟會香港機關派朱執信等人協助。1907 年（光緒三十三年），李準鎮壓黃岡、七女湖起義後回廣州，劉思復計劃在李準赴總督衙門參見時行事。6 月 11 日（五月一日）晨，攜帶炸彈出門，不幸爆炸，面部受傷，左手五指全廢，被警察發現後逮捕。劉自稱實驗化學受傷，清吏因無證據，判令解押原籍監禁。1909 年（宣統元年）經人營救出獄。1910 年（宣統二年），與謝英伯、高劍父等組織支那暗殺團，武昌起義後，計劃暗殺袁世凱，因南北和議告成作罷。民國成立後，成為著名的無政府主義者，廢姓，改名師復。[1]

汪精衛炸載灃　河口等起義失敗後，東京同盟會員日益沮喪。其後，同盟會內部矛盾加劇，汪精衛更加灰心，邀約黃復生、喻培倫、陳璧君等到北京從事暗殺。1909 年（宣統元年）11 月，汪精衛致函胡漢民及南洋革命黨人稱：「此行無論事之成否，皆必無生還之望。」「弟雖流血於菜市街頭，猶張目以望革命軍之入都門也。」1910 年 1 月（宣統元年十二月），汪精衛等在北京琉璃廠開設守真照相館以為掩護。最初，擬在正陽門火車站炸死自哈爾濱返京的籌辦海軍大臣載洵，未得機會。後在什剎海銀錠橋下埋設炸彈，謀炸攝政王載灃。4 月 16 日（宣統二年三月七日），北京警廳逮捕汪精衛與黃復生。載灃本擬處汪死刑，因當時清廷正在揚言「立憲」，在肅王善耆府中作家庭教師的同盟會會員程家檉趁機進言，清廷於是故作「寬大」，汪、黃均僅被判永遠監禁。獄中，汪精衛曾作詩云：「慷慨歌燕市，從容作楚囚。飲刀成一快，不負少年頭。」實際上，他在獄中受到優待，「飲食、衣服、夜具，均甚自由。」[2]

鄺佐治刺載洵　鄺佐治，廣東新寧（今台山）人。廚工。原名霖，到美國

1　楊天石《師復傳》，《民國人物傳》第 4 卷，中華書局 1984 年版，第 398—402 頁。

2　陳璧君《上總理書報告刺攝政王失敗經過》，台北：中國國民黨黨史館藏件，241/319.2。

後，因敬慕華盛頓，改名佐治。1909 年（宣統元年）在三藩市加入少年學社，次年加入同盟會。1910 年（宣統二年）冬，滿族親王載洵赴美考察軍政，在三藩市登陸，鄺佐治混身人群，準備從褲袋取槍射擊時被偵探逮捕。按美國法律，持槍無罪，當地同盟會員也聘請律師，擬為之辯護，但鄺佐治直言，此次滿洲皇帝派載洵訪美，實欲興建海軍，束縛漢人，我「早已密購手槍，立意殺之，以除國家大害」。「我料我死後必有無數之我繼續進行。」被判徒刑 14 年。民國建立後獲釋。

就義前的溫生才

溫生才刺孚琦 溫生才（1870—1911），字練生，廣東嘉應人。出身貧寒，在南洋做苦工。同盟會會員。1909 年參加南洋華僑所組織的暗殺團。1911 年（宣統三年），到廣州謀刺廣州將軍孚琦，致函南洋同志說：「看滿賤種太無人道，恨火焚心，時刻不能耐。自從徐（錫麟）、汪（精衛）二君事失敗後，繼起無人，弟思欲步二君後塵，因手無寸鐵，亦無鬼炮，莫奈何，暫忍。能得手有鬼炮時，一定有好戲看。弟心已決，死之日即生之年，從此永別矣！」4 月 8 日（三月十日），華僑飛行家馮鏡如在廣州表演，孚琦前往觀看，溫生才在東門外茶館伺伏，待其回程時衝出，左手攀轎，右手出槍，連擊四發，將孚琦擊斃後從容離去，被巡警逮捕。審訊中，清吏要他招供，溫稱：「晚飯未吃，懶得說話。」清吏送來飯菜，溫生才邊吃邊談，聲言「與孚琦並無仇怨，不過近來苛細雜捐，抽剝已極，民不聊生，皆由滿人專制。」清吏訊以同黨，答稱「十八省都有」。訊以同黨所在，答稱「遍地皆是」。嚇以刑法厲害，答稱「何不拿來試試呀」！清吏喝令綑綁，溫生才伸直兩手，劊子手居然無法使之彎屈。赴刑場途中，大呼「快死快生，再來擊賊」！[1]

林冠慈再炸李準 林冠慈，原名冠戎，廣東歸善人，農民出身。1910 年（宣統二年）參加劉思復所組織的支那暗殺團。次年「三二九」起義失敗後，謀

1　楊天石《溫生才傳》，《民國人物傳》第 2 卷，中華書局 1980 年版，第 38—40 頁。

刺粵督張鳴岐和水師提督李準，同志為他餞行，他慷慨陳詞：「我以身許國，早視死如歸。此行無所繫念，老母在家，不及一面為憾耳！」因改名冠慈。同年8月13日（七月一日），林冠慈與陳敬岳、潘賦西三人分頭出發，當李準乘轎經過時，林連擲兩彈，將李準炸倒，未死，林本人犧牲。陳於紛亂中遭警察逮捕，至11月7日（九月十七日）被害。

李沛基炸鳳山　三二九之役後，黃興急於復仇，多次在香港表示：「此時黨人惟有行個人暗殺之事，否則無以對諸烈士。」[1]他閉門謝客，專事準備，擬以一死拚李準。其後，組織東方暗殺團，派人到廣州南關，開設洋貨店，將配置毒藥的重型炸彈置於屋簷下的斜板上，繫以長繩。適逢清新任廣州將軍鳳山到任，黃興遂改以鳳山為對象。10月25日（九月四日），鳳山乘肩輿路過店前，李沛基割繩，炸彈轟然下落，鳳山被炸斃，李沛基從瓦礫堆中爬出，從容走避。

暗殺十分危險，從事者必須具有視死如歸的精神。但是，這種鬥爭方式不能摧毀敵對政權。1911年（宣統三年）春，美洲《少年中國晨報》發表社論，認為「吾黨之所求者，在廢滅韃虜清朝，創立中華民國，事業偉大，斷非區區暗殺一二元兇大惡所能有濟者」。同盟會在南洋的機關報《光華日報》迅速轉載，顯然是針對這接二再三的暗殺活動而言。[2]

1　《胡漢民自傳》，《近代史資料》第45號。
2　《光華口報》1911年3月8日。

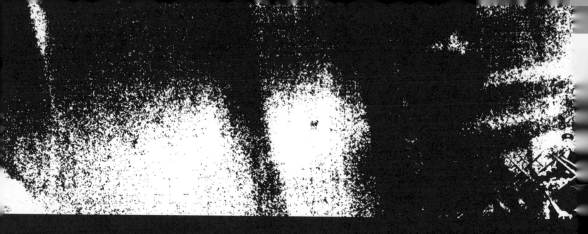

把田地改作大家共有財產，
也不准富豪霸佔，
使得我們四萬萬同胞，
並四萬萬同胞的子孫，
不生出貧富的階級。

第八章

同盟會的內部矛盾與
中部總會的成立

一　同盟會內部矛盾的發生

同盟會的內部矛盾最初表現在國旗圖式上。孫中山主張沿用興中會的青天白日旗，因為該旗為烈士陸皓東設計；黃興主張採用井字旗，以示平均地權之意。二人在爭論中都動了感情，最終，黃興妥協，接納了孫中山的意見。

第一次倒孫風潮　1907年2月（光緒三十三年正月），日本政府接受清廷要求，通過內田良平、宮崎寅藏等，勸孫中山離日。日本政府贈孫五千元，股票商人鈴木久五郎贈送一萬元。孫中山從鈴木的贈款中提出兩千元作為《民報》經費，將餘款攜赴南方發動起義。事為張繼、章炳麟等人得知，引起不滿。張繼主張，革命之前，必先革革命黨之命；章主張孫應向日本政府「示威」；劉師培則指責孫中山受賄。不久，黃岡、七女湖起義先後失敗。張繼、章炳麟等催逼同盟會庶務劉揆一召集會議，革除孫中山總理職務，改推黃興。劉師培企圖自任總理，並企圖任用日人北一輝、和田三郎為同盟會幹事，從而形成第一次「倒孫風潮」。劉揆一一面致函馮自由、胡漢民，要孫中山高姿態地向同盟會本部「引咎謝罪」，企圖藉此平息風波，一面則堅決反對革除孫的總理職務，以免起義軍陷入困境。為此，他甚至和張繼扭打起來。[1]

劉師培

在同盟會內部發生意見分歧前後，日本社會黨發生軟（溫和）硬（激烈）兩派的分裂。軟派以片山潛為代表，主張通過議會鬥爭，實現社會主義；硬派以幸德秋水、堺利彥、山川均、大杉榮等無政府主義者為代表，完全反對議會鬥爭，主張以直接行動（總同盟罷工與暗殺）實行革命。日本社會黨的這種分裂迅速影響了同盟會。

1907年4月（光緒三十三年三月），幸德秋水在《平民新聞》上發表文章，號召東洋各國的社會

1　參見楊天石《同盟會的分裂與光復會的重建》，《晚清史事》，中國人民大學出版社2007年版，第272—277頁。

張繼

黨聯合起來。同年春，成立亞洲和親會（一名東亞同盟會）。該會章程由章炳麟起草，規定其宗旨為「反抗帝國主義，期使亞洲已失主權之民族各得獨立」；「凡亞洲人，除主張侵略主義者，無論民族主義、共和主義、社會主義、無政府主義，皆得入會」；「如一國有革命事，餘國同會者應互相協助」。[1]日本方面參加者有幸德秋水、堺利彥、山川均、大杉榮等，中國方面參加者有章炳麟、張繼、劉師培、何震、陳獨秀、蘇曼殊等，朝鮮方面參加者有趙素昂等，越南方面參加者有潘佩珠等，此外，參加者還有菲律賓和印度的在日革命者。該會不設會長、幹事一類職務，宣稱「各會員皆有平均利權」。

二　無政府主義派別的出現

社會主義講習會廣告

8月31日（七月二十三日），張繼與劉師培發起組織「社會主義講習會」，指責當時革命者「僅辨民族之異同，不復計民生之休戚」，表示要另闢道路，實行無政府革命。他們在其機關刊物《天義》上譯載過《共產黨宣言》的片斷，稱讚階級鬥爭理論為「不易」之說，但又攻擊馬克思主義的國家學說，主張建立「無中心」，「無畛域」，沒有任何「在上之人」的社會。其理論核心是「均力主義」。劉師培認為：人人作工，人人勞動，固然平等，但是，同一作工，有難易苦

1　《章太炎年譜長編》，上冊，中華書局 1979 年版，第 243 頁。

樂的不同，仍然不平等，因此，他設計了一個按年齡不同在各種行業中輪轉的方案，即每個社會成員20歲以前在「棲息所」學習，21歲至36歲「業農」，同時以業餘時間從事築路、開礦、伐木、蓋房、製造鐵器、陶器、紡織、製衣等工作，37歲至40歲烹飪，41歲至45歲運輸貨物，46歲至50歲為工技師及醫師，50歲以後入棲息所養育兒童並任教師。劉師培認為，經過了這樣的輪轉後，就「人人為工，人人為農，人人為士，權利相等，義務均均」，達到「完全平等」的境界了。該會還特別關心農民問題和婦女問題，設有農民疾苦調查會。對孫中山的三民主義，該刊持全盤否定態度，認為共和政體「不共不和」，「平均地權」只是和王莽改制一樣的愚民政策。

章炳麟、陶成章一度積極參加社會主義講習會的活動，章炳麟在演說中宣稱「無論君主立憲、民主立憲，均一無可採」，「國家之事業，是最鄙賤者」。他強烈批判資本主義文明，認為「愈文明之人愈惡」，「愈野蠻，其惡愈減」。他將無政府主義和佛教虛無主義結合起來，認為最高理想是「五無」——無政府、無聚落、無人類、無眾生、無世界，但在初級階段，不妨設立共和政府。為了減輕政府禍害，必須：一、均配土田，使耕者不為佃奴；二、官立工廠，使傭人得分贏利；三、限制遺產繼承，使富厚不傳子孫；四、解散議員，使政

孫派革命者攻擊章炳麟背叛的文章

黨不敢納賄。章炳麟表示，如果沒有這四項，君主立憲、民主立憲都不如實行專制。[1]他有時甚至說：「立憲無益，盛唐專制之政，非不可以致理。」[2]

在成立亞洲和親會前後，章炳麟即和印度在日本的革命者來往密切。同盟會內部發生矛盾後，章炳麟悲觀失望，但他仍想瞭解印度革命狀況，「知所觀法」，便企圖去那裡當和尚。同年十月，他先是通過清廷駐長崎領事卜綏昌和張之洞聯繫，後是命劉師培回國，通過居士楊仁山運動端方，企圖獲得資助。章炳麟曾先後六次致函劉師培夫婦，指示交涉要點，但劉師培夫婦回國後，即向端方自首，除建議策反章炳麟外，並向端方提出使《民報》停刊，在三年內斃殺孫中山、黃興等保證。1908 年 2 月（光緒三十四年正月），劉師培夫婦回到東京，通過北一輝策動程家檉，以十萬元購買孫中山的首級。同時，創辦《衡報》，提出「顛覆人治，實行共產」等無政府主義綱領。

《衡報》受到西歐和日本社會主義者、無政府主義者的影響，關心工農問題，發表過一批《貴州農民疾苦調查》、《四川工人之悲苦》之類的調查報告，

也曾發表《論中國田主之罪惡》一類論文，闡述中國地主階級的特徵、類型和地租形態，還曾提出「抵抗資本階級」為當時中國的「急務」。該報主張在中國建立「勞民協會」，以「運動農工為本位」，提倡知識份子「脫卸長衣，或入工廠，或為農民，或往服兵」，建立革命基礎。該報特別強調「農民革命」，認為「欲行無政府革命，必自農民革命始」。但是，該報堅決反對武裝鬥爭，而以農民抗稅和工人罷工作為主要鬥爭手段。[3]

同年 4 月，章炳麟、劉師培之間因事吵翻。11月，《衡報》被日本政府查封，劉師培夫婦回到上海。為了進一步製造革命黨人的內部糾紛，將章炳

1　章炳麟《五無論》，《民報》第 16 號。
2　《章太炎政論選集》上冊，中華書局 1977 年版，第 374 頁。
3　參見楊天石《論〈天義報〉劉師培等人的無政俯主義》，《哲人與文士》，中國人民大學出版社 2007 年版，第 221—252 頁。

麟的六封信的「真跡照片」寄給黃興，同盟會的內部矛盾因之更加複雜化。[1]

孫中山對東京總部的情況很惱火，也很失望。1907 年 9 月 13 日（光緒三十三年八月六日），他致函宮崎寅藏，表示不再信任平山周、北一輝、和田三郎等，要宮崎一人獨任運動日本方面的有關工作，同盟會本部、民報社中人，均不必與之商議。同時，覆函劉揆一稱：「黨內糾紛，惟事實足以解決，無引咎之可言。」[2] 此後，孫中山決定「從新組織團體」，一意經營南洋支部和《中興日報》，力圖使之成為新的領導中心和宣傳中心，對東京總部和《民報》，就不大願意過問了。

南洋支部以胡漢民為支部長，在新加坡、吉隆坡、檳榔嶼等地均設立分會。孫中山曾稱：「南洋之組織與東京同盟會不為同物」，可見孫對東京同盟會的反感之深。

在東京之外，在巴黎的吳稚暉、張靜江、李石曾等人創辦《新世紀》，形成另一個無政府主義派別。該刊創辦於 1907 年（光緒光緒三十三年）5 月 22 日，終刊於 1910 年（宣統二年）5 月 21 日，共出版 121 號。

《新世紀》以介紹俄國無政府主義者克魯泡特金的著作為主，像所有無政府主義者一樣，將國家、政府、軍隊、宗教、法律、巡警一概視為「強權」或「強權」之助，它從進化論的觀點出發，反對「尊古薄今」，提倡「尊今薄古」，認為今人誦習古人學說，不過是為了「察往知來，考察人類進化的腳跡，並非崇拜其學說，羨慕其行事，為萬世之標準」。因此，他們對當時的國粹主義思潮深惡痛絕，批評說：「於科學大昌明時代，而好古者之保存國粹，以狗屁不值之四書五經，而必編為教科書，吠影吠聲之帝皇家譜歷史，而必插入於課程中，吾誠不知其好古之成見何其深，而崇仰舊說若是之甚也。」[3] 對孔子和儒學，《新世紀》持極端的批判態度。絕聖在《排孔對言》中提出，將孔子列為革命對象。文稱：「欲世界人進於幸福，必先破迷信，欲支那人之進於幸福，必先以孔丘革命。」該文認為「孔毒」入人已深，必須刮骨破疽，同心協力，「開展並完成

1　參閱楊天石《章炳麟與端方關係考析》，《晚清史事》，中國人民大學出版社 2007 年版，第 324—340 頁。

2　劉揆一《黃興傳記》，《辛亥革命》（四），上海人民出版社 1981 年版，第 289 頁。

3　真民（李石曾）《續好古之成見》，《新世紀》第 28 號。

批判孔丘的偉績」。[1]

《新世紀》編者雖然是無政府主義者，但是，他們認為，無政府主義只是「終極目標」，在當時，他們的主張和同盟會的革命主張並不矛盾，兩者之間，完全可以「協力以圖最近之革命」。[2]因此，他們和孫中山及同盟會的關係良好。在孫中山和同盟會經濟困難時，張靜江等大力支持；在陶成章攻擊孫中山時，《新世紀》明確地站在孫中山一邊。

三　共進會

同盟會成立時，沒有設立聯絡會黨的專門機構。為了彌補這一缺陷。1906年（光緒三十二年），執行部內有調查科之設。萍瀏醴起義失敗後，國內會黨份子紛紛逃亡日本，同盟會再有聯絡部之設，以呂志伊為部長，東斌步兵學校學生張伯祥、焦達峰分任副部長及調查科長。焦達峰原是湖南瀏陽的哥老會員，

位於漢口法租界的共進會總部

參加過萍瀏醴起義；張伯祥原為川陝一帶孝義會頭目。他們都不滿意孫中山一意經營南方，放鬆中部地區的會黨工作。同時，又覺得，會黨頭腦簡單，必須於同盟會之外另建團體，委用熟悉會黨的人。1907年（光緒三十三年）8月，焦達峰、張伯祥、劉公、鄧文輝、吳永珊（玉章）及各地在日會黨頭目在東京成立共進會，推張伯祥為總理。下設內政、外交、軍務、財政、黨務等各部。

共進會草擬過文言、白話宣言各一份。文言宣言號召「四萬萬黃帝子孫」奮

1　《新世紀》第 52 號。
2　真《與友人論種族革命黨與社會革命黨》，《新世紀》第 8 號。

起為祖宗復仇，聲稱「共進者，合各黨派共進於革命之途，以推翻滿清政權，光復舊物為目的」。[1] 白話宣言則嚴厲指責清廷「奉承洋人，作洋人的奴隸」，「只顧請洋人來保他做皇帝」，號召人們「拚命去殺那滿韃子」，認為只要中國整頓好了，洋人也就不敢來欺負了。[2] 可見，共進會成員思想中最興奮的部分是反滿。至於革命後應該建立什麼樣的政權，中國社會發展應該走一條什麼樣的道路，它沒有回答。該會軍務部部長孫武並將同盟會誓約中的「平均地權」改為「平均人權」。其理由，孫武的解釋是「吾國人民智識程度太低，一時做不到」。[3] 其他人的解釋是：「滿人壓迫漢人，人權不平均」，或是：中國人除視官僚為上品外，士農工商都有地位，獨視會黨為下品，革命成功後，各界一律平等相待。[4] 在入會手續上，共進會模仿會黨開堂、燒香等辦法，其《光復堂詩》云：「堂上家家氣象新，敬宗養老勉為人。維新守舊原無二，要把恩仇認得真。」

居正

1908 年（光緒三十四年）4 月下旬，同盟會在雲南河口發動起義，共進會的居正、孫武曾趕往參加。孫武，原名葆仁，字堯卿，湖北夏口人。家富巨萬。因慕孫文之名，為便於號召，便改名孫武。早年畢業於武備學堂，曾任湖南新軍教練。1904 年加入科學補習所，後又加入日知會。到日本後，進入大森軍事學校學習，曾稱：「聯絡會黨，會黨又野性難馴。今後惟有運動士兵，借矛奪盾。」[5] 因此，在共進會中，他是注重在湖北新軍中進行活動的人。

河口起義失敗，共進會與同盟會分道揚鑣的趨向日漸明顯。當年夏，黃興曾詢問焦達峰「何故立異」，焦答：「同盟會舉止舒緩，以是赴急，非敢異也。」黃興再問：「如是，革命有二統，二統將誰為正？」焦笑答：「兵未起，何急也！異日公功盛，我則附公；我功盛，公亦當附我。」[6] 譚人鳳也批評共進會模仿會

1　鄧文輝《共進會的原起及其若干制度》，《近代史資料》，1956 年第 3 期。
2　《共進會宣言書》，《近代史資料》，1957 年第 2 期。
3　《孫武演說》，《亞細亞報》，1913 年 2 月 27 日。
4　楊玉如《辛亥革命先著記》，科學出版社 1957 年版，第 37—38 頁。
5　賀覺非《辛亥武昌首義人物傳》上冊，中華書局 1982 年版，第 165 頁。
6　張難先《湖北革命知之錄》，台北：文海出版社 1981 年版，第 232 頁。

黨，是從「文明」向「野蠻」倒退，但都未能改變焦達峰等人的想法。

張伯祥擔任共進會總理為時不久，即行歸國，由江西人鄧文輝繼任。其間，孫武為共進會制訂三等九級軍制，確定旗式。旗幟為：紅底、黑心，輪角，外加十八顆黃星，象徵黃帝子孫、十八省人民鐵血主義精神。後來武昌起義時，在湖北軍政府門前飄蕩的就是這種旗幟。

四　五省革命協會的籌創與光復會的重建

五省革命協會的籌創　稍後於共進會，陶成章與浙江革命黨人張恭等也在積極聯絡會黨。秋瑾、徐錫麟起義失敗後，浙江龍華會的力量大受損失。1907年（光緒三十三年）冬，陶成章、張恭等企圖重新組織龍華會。次年春夏間，二人倡議，將浙江、福建、江西、安徽、江蘇等五省會黨打成一團，成立革命協會。山，定名為一統龍華山；堂，定名為漢族同登普度堂。為了加強反滿色彩，它將會黨傳統崇拜的偶像關羽改為「岳爺爺」，將目標定為收回「大明江山」。章程規定，所有官職都取法於「大明大唐」，但是，它又同時宣稱：「無論什麼君主立憲、共和立憲，總不免少數人的私意，平民依舊吃苦。」章程設想，革命之後，由大家公舉總統，任期五年或八年，「或者竟定為無政府，不設總統」。又設想，「把田地改作大家公有財產，也不准富豪霸佔，使得我們四萬萬同胞，並四萬萬同胞的子孫，不生出貧富的階級。」[1] 可以看出，這一章程同樣受幸德秋水一派日本社會主義、無政府主義者的影響。

這一時期，陶成章曾致函在巴黎的吳稚暉稱：「若就用武功以倒政府一方面而論，江浙一帶，弟等固已運動有基礎，但中國人不識無政府主義之可行，若與之言此，其必掩耳卻走。且弟等之所運動，入會者皆鹽梟、哥老等之下流社會，更不識無政府之為何物，故鼓動之仍在排滿主義，而其間涉以財產、土地公有之說，為日後預備漸變為無政府主義之地步而已。」據此函，陶成章的理

1　平山周《支那革命黨及秘密結社》，第 60—70 頁。有關考證，參見楊天石、王學莊《龍華會章程探微》，《歷史研究》1979 年第 9 期。

想是建立無政府主義社會，其所以重新組織「龍華會」，以「岳爺爺」為崇拜偶像，其目的在於為「鹽梟」、「哥老」等「下流社會」說法。

1908 年（光緒三十四年）11 月，光緒帝、西太后相繼死去，張恭邀約安徽熊成基、浙江陳其美、褚輔成等協同起義。12 月 8 日（十月二十六日），熊成基在安慶起事，但旋即失敗。張恭等邀集浙江會黨在上海開會，擬在浙江衢州、嘉興等地發動，但為剛自日本回國的劉師培探悉，密告兩江總督端方，張恭被捕，起義流產，革命協會也因而未能成立。

第二次倒孫風潮　孫中山離日後，東京中國同盟會不僅日益渙散，而且財政上也日益困難，尤以《民報》為甚。

章炳麟一直想改造佛學，使之成為革命黨人的思想武器和理論武器。他在接辦《民報》後，即發表多篇文章，宣揚這一思想，因此，《民報》的風貌與前大不相同。由於佛學既艱深煩瑣，又與當時知識精英的思想嚴重脫節，因此，《民報》受到人們的批評，譏諷其「不作民聲，而作佛聲」，銷路隨之下降。章炳麟有時不得不併日而食。陶成章曾將《民報》的窘困情況向在南洋的孫中山報告，但南洋方面自顧不暇。1908 年（光緒三十四年）9 月，陶成章親赴南洋，企圖通過發行《民報》股票的辦法籌集經費，同時要求孫中山撥款。孫中山無法，將自己的手錶等物交陶成章變賣濟急。陶成章要求孫為之代籌五萬元，孫即推以南洋經濟恐慌，斷難辦到。1908 年 11 月（光緒三十四年十月）以後，《民報》實際上處於停刊狀態。

同盟會成立後，華興會等原來的小團體均自動解散，但光復會始終保持組織，繼續發展會員。1906 年（光緒三十二年），陶成章發展自湖南來滬的李燮和為光復會會員。陶本人遲至 1907 年 1 月 4 日（光緒三十三年十一月二十日）才加入同盟會。南洋籌款遭遇困難後，陶成章遂決計「獨自經營」。他在檳港中華學堂教員李燮和的支持下，印刷光復會盟書，準備在南洋發展會員。1908年 11 月（光緒三十四年十月），陶成章到緬甸募捐，在當地《光華日報》上發表其所著《浙案紀略》，宣揚秋瑾、徐錫麟的事蹟，同時，以江、浙、皖、贛、閩五省革命軍佈置決行團名義發行債券。正面所蓋印章為「浙江同盟分會」，而在背面則聲明「光復會由來已久」，內地「更改為難」。12 月，陶成章到檳榔嶼

等地籌款，都不順利，陶成章懷疑孫中山暗中為難。不久，在爪哇泗水成立光
復會。許雪湫等在黃岡起義失敗後流亡南洋，對孫中山的善後安排不滿，紛紛
加入光復會。

1909 年（宣統元年）8 月，陶成章到檳港，向李燮和訴說對孫中山的不滿，
遂由李燮和執筆，邀約魏蘭及在中華學堂教書的湖南陳方度、胡國樑等數人，
起草《意見書》。該《意見書》以川、廣、湘、鄂、江、浙、閩七省同志的名
義，指責孫中山有「殘賊同志」、「蒙蔽同志」、「敗壞全體名譽」等罪狀三種
十四項，誣稱其在香港存款 20 萬，要求開除孫中山的同盟會總理職務，廢除南
洋支部章程，另訂新章，令南洋各地分會直屬東京總會，重開《民報》機關。[1]
9 月，陶成章即趕赴東京，要求黃興邀集各省同盟會幹部開會討論。黃興致函
陶成章，表示願作中間人，出面解說，陶成章以「此非僕一人之事，二三人私
議，固何為者」，堅持公開討論。[2] 當時，汪精衛正在東京籌備續出《民報》，未
邀章炳麟參加，章在陶成章支持下，憤而刊發《偽民報檢舉狀》，指責汪精衛所
刊《民報》為「偽」，同時指責孫中山不肯解決《民報》的經濟困難，「背本忘
初，見危不振」，其中的重磅炸彈是指責孫中山貪污，「懷挾鉅資，而用之公務

陶成章等宣佈孫中山「罪狀」

---

1   參見楊天石《同盟會的分裂與光復會的重建》，《晚清史事》，中國人民大學出版社 2007 年版，第 272—
     312 頁。關於這份《意見書》的寫作經過，陶成章在致吳稚暉函中稱：「南渡之後，屢見各同志之受欺於
     孫、汪、胡諸輩，不覺憤憤，以故各同志欲發表孫文罪狀，弟亦贊成之。」（台北：中國國民黨黨史館
     藏，吳稚暉檔案，03870）又，其《佈告同志書》云：「去年南遊，所遇同志，多有閒言。僕乃細加審察，
     知謗言固非無因而至。」可見，材料是陶成章提供的。李興瀰、李興藻在其自印本《追憶先父李燮和》
     一書中說：「陶成章來到檳港，談到同盟會黨務、人事和經濟上的許多問題，對孫中山極為不滿，先父頗
     為同情。」（見該書第 17 頁）此說亦可備參徵。
2   陶成章《佈告同志書》，佚文，鉛印件。台北：中國國民黨黨史館藏。

者十不及一」。[1] 張繼因於 1908 年 1 月（光緒三十四年）參加日本無政府主義者舉行的街頭遊行，被日警追捕，逃亡法國，這時，也致函孫中山，要求他退隱深山，或辭去同盟會總理職務，從而形成第二次倒孫風潮。[2]

　　黃興在收到劉師培「揭發」章炳麟的有關信件後，除決定不再讓章參與同盟會機密外，沒有採取其他措施。陶、章二人相繼發表對孫中山的攻擊文章後，黃興也仍然持克制態度。他與譚人鳳、劉揆一聯名致函李燮和等，列舉事實，一一為孫中山辨誣。在越南的中國革命黨人則發表《河內公函》，詳述孫中山在雲南、廣西發動起義的實情。南洋革命黨人還派人調查，發現孫中山在九龍的住宅「家徒四壁」；孫眉已因支持革命破產，自己蓋了草房子在種地。1909年（宣統元年）秋，劉師培叛降端方之事暴露，革命黨人懷疑章、劉之間存有曖昧關係。12 月 19 日（十一月七日），香港《中國日報》發表《為章炳麟叛黨事答覆投書諸君》等文，指責章是秘密通敵的「兩截人物」。孫中山因陶、章二人的誣陷影響自己在華僑中募捐活動，將劉師培提供的章炳麟向端方謀款的有關函件交美洲《少年中國晨報》發表。在此前後，吳稚暉主辦的巴黎《新世紀》以及日本《日華新報》、香港《中國日報》、《公益報》、新加坡《中興日報》都發表了批評章炳麟的文章。[3] 1910 年 1 月 25 日（宣統元年十二月十五日），陶成章發表《佈告同志書》作答，除自辯外，繼續指責孫中山等「居心陰險，行事巧詐」，「行事實等兒戲，同志性命，其戲具耳」，「既以詐偽之術行之內地，復以誇大之言，施之海外，於彼一己之名利，固有進矣，其如祖國前途何！」[4]

　　光復會的重建　陶成章一向認為光復會早於同盟會，甚至對外宣傳「光復會即為同盟會之原」。[5] 陶成章此次到東京，作好了如開除孫中山總理職務不成，就與同盟會徹底分家的準備。他對章炳麟說：「逸仙難與圖事。吾輩主張光復，本在江上，事亦在同盟會先，曷分設光復會？[6] 1910 年 2 月（宣統二年正月），

1　參閱楊天石《〈民報〉的續刊及其爭論》，《晚清史事》，中國人民大學出版社 2007 年版，第 361—378 頁。
2　參見楊天石《同盟會的分裂與光復會的重建》，《晚清史事》，中國人民大學出版社 2007 年版，第 294—304 頁。
3　參見楊天石《〈民報〉的續刊及其爭論》，《晚清史事》，中國人民大學出版社 2007 年版，第 360—378 頁。
4　陶成章《佈告同志書》。
5　《再規平實》，《陶成章集》，中華書局 1986 年版，第 123 頁。
6　《章太炎先生自定年譜》，《章太炎年譜長編》，中華書局 1979 年版，第 318 頁。

光復會在東京重建。以章炳麟為會長，陶成章為副會長。本部設於東京，在南洋設總部。

陶成章不滿意同盟會所舉行的歷次武裝起義，譏為「東放一把火，西散一把沙」，既勞民傷財，又易於引起外人干涉。[1]光復會重建後，即「專主個人運動，以教育為根本」，「實事求是，以圖漸進」，企圖走漸進的「教育救國」道路。同月二十九日，章炳麟、陶成章等在東京創辦《教育今語雜誌》，作為光復會的通訊機關。該刊大部分文章用白話，即所謂「今語」寫成。其宗旨為：「保存國故，振興學藝，提倡平民普及教育。」該刊用「周召共和」紀年，堅持反清、反專制的立場。良史在《中國政治史略論》中將秦漢以來的帝王分成強徒、竊賊、外寇三類，指責他們「妄竊皇帝的名號，看待百姓，和那奴隸一樣，天天把他們殘殺起來，有反抗的，都叫他做大逆不道，又把那滅九族的酷刑，恐嚇天下的百姓，使他們不敢做大逆不道的事。一味私心，把個好好兒的中國，竟變成了一個鬼蜮豺狼的世界。」[2]

章炳麟認為，世界各國，興滅無常，「其能屹立數千載而永存者，必有特異之學術，足以發揚其種姓，擁護其民德者在焉」。因此，該刊的最大特點是用民主主義思想來觀照中國的歷史和文化，並以白話向讀者宣講。章炳麟繼承章學誠「六經皆史」的思想，將儒家視為十家、九流中的一家。經，只是古代「官書」的名目，孔子只是「史學的宗師」，老子是中國「頭一個發明哲理的」。在治學態度上，章炳麟主張重點應在「求智慧」，而不大贊成「為致用」。[3]在中外文化關係上，章炳麟主張，「不可捨己之長」，但是「對於別國所有，中國所無的學說」，也應該「取來補助」。[4]

重建後的光復會改以南洋為活動基地。總部以李燮和、沈鈞業、魏蘭三人負責。在新加坡，設招待員；在爪哇，設機關所；在網甲，設教育會，以檳港華僑溫慶武為會長，沈鈞業為視學員；在泗水，創辦書報社。冬十一月，沈鈞業到泗水主持《漢文新報》。

---

1   《陶成章信箚》，湖南人民出版社 1980 年版，第 53—54 頁。
2   《教育今語雜誌》第 1 期。
3   獨角《庚戌會衍說錄》，《教育今語雜誌》第 4 期。
4   獨角《論教育的根本要從自國自心發出來》，《教育今語雜誌》第 3 期。

陶成章素來主張在北京進行「中央革命」，但他認為，在北京，只能實行暗殺。[1] 他曾幻想在北京開設妓院，借機毒殺滿族親貴。[2] 不過，重建後的光復會並不一概反對起義。1910 年（宣統二年）冬，同盟會計議在廣州再次發動起義。黃興致函李燮和，邀他「捐除成見，同任艱巨」，李燮和立即表示贊成，並致函陶成章，勸其以大局為重，屆時在江浙配合。[3] 11 月 13 日（十月十三日），孫中山在檳榔嶼召開秘密軍事會議，李應邀出席，會後回邦加，向當地華僑募得荷幣三萬餘盾，李的妻子也捐出大部分積蓄，作為起義經費。1911 年 2 月 1 日（宣統三年正月初三日），陶成章因在東京處於孤立狀態，無法活動，回到南洋。同年，廣州三二九起義爆發。李燮和率領陳方度、柳聘農、胡國樑等人回國參加。陶成章也應李燮和等電召，到達香港，已成分裂狀態的同盟會和光復會再次出現合作跡象。不久，三二九起義失敗，趙聲在香港病故，陶成章懷疑為黃興所毒，憎惡黃興，同盟會和光復會之間的矛盾進一步複雜化。

五　東京同盟會本部的再興

孫中山雖然一意經營南洋支部，企圖以之代替在東京成立的同盟會。但是，這畢竟是一個地域性的組織，無法號召全國。因此，孫中山力圖以某種方式對同盟會進行改組，建立一個新的組織。1910 年 2 月 27 日（宣統二年正月十八日），孫中山在三藩市建立同盟會分會，將同盟會原來的 16 字綱領修改為：廢滅韃虜清朝，創立中華民國，實行民生主義。盟書中的中國同盟會會員則改為中華革命黨黨員。同年秋，孫中山到達檳榔嶼，通知南洋各同盟會分會一律照改。1911 年（宣統三年）春，又通過美洲《少年中國晨報》、檳榔嶼《光華日報》將這一變動公佈。不過，始終未能得到各地同盟會員的普遍承認。

1910 年 6 月（宣統二年五月），孫中山自檀香山秘密前來日本，譚人鳳、

1　參見《陶成章致吳稚暉函》，吳稚暉檔案，台北：中國國民黨黨史館藏，03870。

2　魏蘭《陶煥卿先生行述》，《陶成章集》，中華書局 1986 年版，第 434 頁。

3　李興瀟、李興藻《回憶先父李燮和》，2004 年長沙自印本，第 18 頁。

宋教仁

趙聲、黃興等前來相見。譚人鳳要求改良會務，孫中山表示同意。宋教仁前往商量，孫中山發牢騷說：「同盟會已取消矣，有力者盡可獨樹一幟。」宋教仁問故，孫中山答道：「黨員攻擊總理，無總理安有同盟會？經費由我籌集，黨員無過問之權，何得執以抨擊！」對於孫中山的這些違反民主原則的話，宋教仁未加辯駁，回來告訴譚人鳳，譚也很有意見。第二天，譚、宋同往見孫，孫持論如前。譚人鳳駁斥說：「同盟會由全國志士結合組織，何得一人言取消？總理無處罰黨員之規條，陶成章所持理由，東京亦無人附和，何得怪黨人？款項即係直接運動，然用公家名義籌來，有所開銷，應使全體與知，何云不得過問！」譚人鳳的這些話駁得孫中山啞口無言，只表示，「容日後約各分會長再議。」[1] 6 月 23 日（五月十七日），東京小石川區警察署長來訪，命孫於 6 月 25 日（五月十九日）離日。屆時，孫中山離開日本。7 月 11 日（六月初五日），抵達新加坡。

孫中山離日前，與黃興等人商定，當總理不在時，同盟會本部領導工作由執事部庶務劉揆一代理。1910 年 1 月（宣統元年十二月），保界拒約運動爆發，劉揆一團結部分同盟會員，參加並成功地領導了這一運動（詳見第十章第四節）。1911 年（宣統三年）3 月，劉揆一發表《漢滿蒙回藏民黨會意見書》，主張「融和漢、滿、蒙、回、藏之民黨」，認為只有實行民族團結，才「內可傾倒政府，而建設共和國家，外可鞏固邊疆而抵抗東西強權」。該文強調漢、滿兩族在反對瓜分問題上的一致性，力圖將鬥爭矛頭指向少數「滿洲皇族」。文稱：「使滿人而知斷送滿洲桑梓地者為滿洲皇族也，知漢族不強，滿族亦隨而亡也，知非建立共和政府滿漢種族之意見終不能融洽也，吾恐漢人雖不革命，滿人猶

1　譚人鳳《石叟牌詞敍錄》，《近代史資料》，1958 年第 3 期。

當首先排去其皇族而傾倒其政府矣。」[1] 這是革命黨人在民族關係認識上的一個大飛躍，也是同盟會革命思想的大進步。

變化不僅表現在劉揆一一個人身上。武昌起義爆發後，章炳麟在日本發表《致留日滿洲學生書》，說明所謂「民族革命」，並非「屠夷滿族，使無孑遺，效昔日揚州十日之為也」。他許諾在攻克北京之後給與滿族人民以平等待遇，文稱：「君等滿族，亦是中國人民，農商之業，任所欲為，選舉之權，一切平等，優遊共和政體之中，其樂何似！」[2] 他在四年前就曾將此意告知肅親王善耆。章炳麟本是革命黨人中排滿思想最強烈的人，連他都發生了如此重大的變化，說明革命黨人在民族關係問題的認識普遍有了提高。

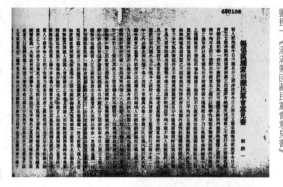

六　同盟會中部總會的成立

孫中山 1910 年 6 月（宣統二年五月）的東京之行並未消除同盟會骨幹之間的矛盾，孫中山離去後，譚人鳳、趙聲約集宋教仁、林文、李肇甫、鄒永成、劉承烈等會議。會上，宋教仁稱：「在邊地進行為下策，在長江流域進行為中策，在首都和北方進行為上策。」會議取中策，決定成立中部同盟會。會後，譚人鳳南下香港，與黃興、胡漢民商量。黃興表示須有經費，胡漢民則堅決反對。譚人鳳憤然對胡說：「本部在東京，總理西南無定蹤，總於何有？理於何有？」他以杯酒敬胡漢民說：「勸君放開眼界，天下事斷非珠江流域所能成。余往返香港三四次矣，請從此別！」[3]

1　日本外務省檔案，MT16141，512—513。參見楊天石《從「排滿革命」到「聯滿革命」》，《民國掌故》，中國青年出版社 1993 年版，第 20—22 頁。

2　《革命逸史》第 5 集，中華書局 1971 年版，第 232 頁。

3　《石叟牌詞敘錄》，《近代史資料》，1956 年第 3 期。

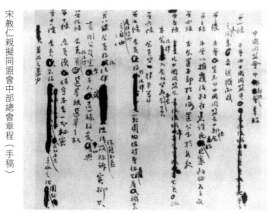

宋教仁親擬同盟會中部總會章程（手稿）

為解決經費問題，宋教仁曾準備將湖南新化的銻礦專賣權出售給日本，但始終未能落實。譚人鳳回日後，雖決意進行，但事實上不能不處於停頓狀態。同年冬，宋教仁回到上海，參加編輯《民立報》，局面才逐漸打開。1911 年廣州起義失敗後，宋教仁、吳永珊逃回上海，決定籌劃再舉，派吳永珊及張懋隆入川發動。同年 7 月 31 日（閏六月六日），宋教仁、陳其美、范光啟、呂志伊、譚人鳳等在上海召開中部同盟會成立會，湖南、浙江、四川、福建、江蘇、安徽、雲南等七省的革命者共 29 人出席。湖北雖無人出席，但此前譚人鳳已與孫武、蔡濟民等建立聯繫。會議推舉陳其美、潘祖彝、宋教仁、譚人鳳、楊譜笙等分掌庶務、財務、文事、交通、會計等各項工作。暫不設總理，虛位待賢。會議還通過了《中國同盟會中部總會章程》和《宣言》，規定該會由中國同盟會員中的「表同意者」組織而成，「以推覆清政府，建設民主的立憲政體為主義」，「會員一律平等」。在機關內部實行「合議」制，防止專制獨斷。它既批評同盟會以往的缺點，又力圖保持良好的關係，聲稱「奉東京本部為主體，認南部分會為友邦」。在武裝起義問題上，它批評此前同盟會靠金錢收買烏合之眾，希冀僥幸成事的做法，表示要「培元氣，養實力」，進行長期準備。[1] 8 月 2 日（閏六月八日），選舉譚人鳳為總務會議長。

中部總會成立後，在安徽、湖北、湖南等省建立了分會，在南京軍界也做了部分組織工作，並曾計劃派人到南洋及東京辦報，但均以經費支絀，進行困難。

中部同盟會的成立適應了長江流域革命形勢高漲的需要。但是，它規定以 1913 年（宣統五年）為大舉時期，則仍然對形勢估計不足。

1　《中國同盟會中部總會章程》，《辛亥革命在上海史料選輯》，上海人民出版社 1966 年版，第 8 頁。

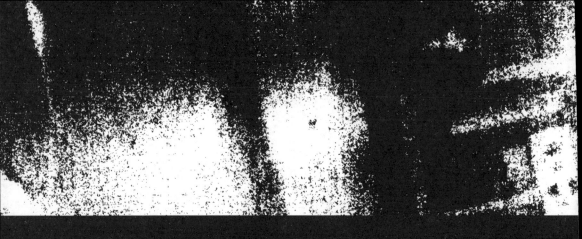

清政府政治絕望，
吾輩公決秘謀革命，
並即以諮議局中之同志為革命之幹部人員，
若日後遇有可以發難之問題。
則各省同志應即竭力回應援助，起義獨立。

第九章

立憲運動與清廷的集權

在民族、民主革命運動發生、發展的同時，以實行君主立憲為目標的改良運動也在日益發展。這一運動發端於國內新生的實業家和部分開明的官僚和紳士，得到流亡海外的原戊戌時期的維新派的響應，聲勢日大。清廷為挽救自身危機，消弭革命，大體贊成這一運動所要達到的目標。但是，滿洲貴族最關心的是自己的權力和既得利益，不想走得過快，更不願意失控。於是，一面宣佈立憲須有「預備」，盡量拖延政治改革進程，一面則千方百計集中軍政權力。立憲派發動的四次國會請願運動換來的是前所未有的「皇族內閣」。這樣，滿洲貴族就在各階層人士面前充分暴露出自己的虛偽，使人們感到，這是一個不能寄予任何希望的朝廷。

一　五大臣出洋與清廷預備立憲

立憲呼籲始於 1902 年（光緒二十八年）。至日俄戰爭，日本大勝，俄國慘敗，不少中國人視為立憲對專制的勝利，效法日本，實行君主立憲的呼聲突然強烈起來。

1904 年 3 月 23 日（光緒三十年二月七日），出使法、俄、英、比大臣孫寶琦、胡惟德、張德彝、楊兆鋆等奏請仿照英、德、日本等國，「定為立憲政體之國」。5 月至 7 月（四月至五月），實業家張謇積極動員清廷的封疆大吏張之洞、魏光燾、袁世凱等上奏，要求立憲。7 月（六月），張與趙鳳昌合刻《日本憲法》呈送朝廷。9 月（八月），刊印《日本憲法義解》和《議會史》等書贈給滿族親貴鐵良等人。1905 年（光緒三十一年），張之洞、周馥、岑春煊等先後上奏。袁世凱也奏請派大臣出洋考察。

同年 7 月 16 日（六月十四日），清廷決定派鎮國公載澤、戶部侍郎戴鴻慈、兵部侍郎徐世昌、湖南巡撫端方、商部右丞紹英等五位大臣，分赴東西洋

考察政治。10 月 5 日（八月二十六日）啟程，在北京正陽門車站被炸，載澤、
紹英受傷。延至同年 12 月，清廷改派山東布政使尚其亨、順天府丞李盛鐸隨載
澤、端方、戴鴻慈，分兩批出國。次年 7 月，端方等陸續回國，多次被西太后
召見。載、端等力陳中國不立憲之害及立憲之利，認為立憲可使「皇位永固」，
「外患漸輕」，「內亂可弭」。8 月 6 日、7 日（七月八、九兩日），軍機大臣慶
親王奕劻、醇親王載灃等會議。奕劻、袁世凱、徐世昌、張百熙等主張速行立
憲，孫家鼐、榮慶、鐵良則多所問難。會議接受載灃和瞿鴻禨的意見：「預備立
憲」。[1]

　　1906 年 9 月 1 日（光緒三十二年七月十三日），清廷宣示預備立憲，發佈
上諭稱：「各國之所以富強者，實由於實行憲法，取決公論。」「時處今日，惟
有及時詳晰甄核，仿行憲政，大權統於朝廷，庶政公諸輿論，以立國家萬年有
道之基」。但是，上諭又同時聲稱，規制未備，民智未開，只能先從議定官制、
釐定法律、廣興教育、清理財務等事情做起，作為「預備立憲基礎」。上諭表
示，要在數年後查看情形，再行妥議實行立憲期限。[2] 儘管如此，上諭仍然點燃
了海內外改良派的希望。

1　《考政大臣之陳奏及廷臣會議立憲情形》，《憲政初綱・立憲紀聞》第 2—5 頁。
2　《德宗景皇帝實錄》，卷 562。

二　立憲政團的組建

清廷宣佈「預備立憲」後，海內外改良派紛紛組織政團，呼籲清廷迅速「立憲」。這部分人後來被稱為立憲派。

預備立憲公會　1906 年 12 月 9 日（光緒三十二年十月二十四日），馬良、雷奮等在上海組織憲政研究會。創辦《憲政雜議》月刊，同時以狄葆賢（平子）的《時報》作為宣傳機關。12 月 16 日（十一月一日），張謇、鄭孝胥在憲政研究會的基礎上於上海成立預備立憲公會。會長鄭孝胥，副會長張謇、湯壽潛。鄭孝胥，字蘇戡，福建閩侯人。1882 年（光緒八年）中舉，曾在沈葆楨、李鴻章、張之洞處為幕客，又曾出任駐日本神戶、大阪總領事。一度督辦江南製造局。張謇，字季直，江蘇南通人。1894 年（光緒二十年）中進士。一生志在教育與實業。1898 年（光緒二十四年）開辦通州大生紗廠，繼辦呂四墾牧公司、南洋漁業公司、上海大達外江輪步公司等企業。湯壽潛，原名震，字蟄仙，浙江山陰人。1892 年（光緒十八年）中進士。1904 年（光緒三十年）提議修築滬杭鐵路，被舉為總理。該會會員，主要來自江蘇、浙江、福建、廣東各省，是以東南地區商人、紳士、官僚為主組織的團體。根據 1909 年會員題名錄，當時共有會員 358 人，其中 77 人做過知縣以上的官吏，約佔 21.5 ，企業主、公司經理、商會總理等 84 人，約佔 23 。該會也有部分歸國留學生參加，如孟昭常、孟森、雷奮、楊廷棟等。1910 年 3 月（宣統二年二月），在北京設立分會。以孟昭常為辦事員。

預備立憲公會以籌備立憲為中心工作，特別注重諮議局和地方自治。1908 年 2 月底（光緒三十四年正月）出版半月刊《預備立憲公會報》，至 1910 年 1 月（宣統元年十二月）停刊，共出版 46 冊。同年在北京出版《憲志日刊》。同時，該會出版了大量憲政書籍，是國內立憲派中最注重理論建設和普及宣傳的團體。其出版物中，孟昭常所編《城鎮

張謇

鄉地方自治宣講書》一版再版,《公民必讀初編》、《二編》,僅廣西一省即訂購十萬部。1909 年（宣統元年）,在上海開辦法政講習所,培養人才。此外,該會還曾邀集各商會,共同編纂商法。至宣統元年十一月,完成公司及總則二部,推孟昭常等二人赴北京,向清廷農工商步及法律館投遞,旨在促進商法的早日頒行。

憲政公會 1906 年（光緒三十二年）冬,楊度在日本東京創辦《中國新報》,發表長達 14 萬字的長文《金鐵主義》,鼓吹立憲,召開國會以定國是。楊度,字皙子,湖南湘潭人。早年留學日本,曾任留學生會館總幹事。一度傾

楊度

向革命,後受梁啟超影響,轉向改良主義。孫中山曾與人訪問楊度,勸他參加同盟會。楊度答以「投身憲政久,難驟改」。他曾代五大臣撰寫《中國憲政大綱應吸收東西方各國之所長》及《實施憲政程式》兩文,五大臣即據以修改上奏。1907 年 9 月（光緒三十三年七月）清廷宣佈「預備立憲」後,楊度本擬與梁啟超聯合組織政團,嗣因梁主張開明專制,結黨以宣傳立憲,而楊度則主張先開國會,二人發生矛盾。楊度便改與貴州苗族人、以候補知縣銜在早稻田大學肄業的官僚熊範輿合作,於同年夏在東京成立憲政講習會,以熊為會長。後更名憲政公會。楊度任常務委員長。

憲政講習會成立後,迅速提出建立議院的要求。在上海《時報》發表的《意見書》主張:「改造責任政府」,「設立民選議院」。同年 9 月,熊範輿領銜,沈鈞儒及滿人恆鈞等連署,向清廷呈遞了開設民選議院的第一份請願書。次年春,該會積極聯絡同志,醞釀國會請願活動。

楊度在成立憲政公會後,即返國活動。經五大臣保薦,被任命為憲政編查館提調。他與浙江人沈鈞儒在北京發起憲政公會分會,一時入會者頗多,但不久即因清廷的壓迫,活動逐漸蕭條。此外,憲政公會在湖南也設有分會。

帝國憲政會 帝國憲政會全名中華帝國憲政會,由保皇會改組而成。1906年（光緒三十二年）秋,康有為致函梁啟超,告以擬將保皇會改為國民立憲會。

梁邀約熊希齡、楊度討論，決定將保皇會改名帝國立憲會，於國內另立憲政會，康有為暗中主持，不出名。其綱領為尊崇皇室，擴張民權；鞏固國防，獎勵民業；要求善良之憲法，建設有責任之政府。計劃在東京成立，設本部於上海，以楊度為幹事長，徐勤為會計長，並擬派熊希齡入京，運動醇親王載灃為總裁，載澤為副總裁。經費則由熊希齡提供十五萬，梁啟超五萬。

同年 12 月 9 日（十月二十四日），康有為在紐約《中國維新報》發表公啟，宣告自光緒三十三年（1907 年）元旦，改保皇會為國民憲政會，公啟稱：「救中國之淪亡，必以君民同治，滿漢不分八字為目的。故欲速變法以救危局，非先得聖主當陽不為功；欲定良法以保久長，非改為立憲民權不為治。」簡章表示，會名、會章將稟呈御前大臣載澤、商部貝子載振兩江總督端方、兩廣總督周馥存案，然後分設支會於內地，使國民憲政會成為「中國最先最大之政黨」。簡章稱：會名雖改，但感戴光緒皇帝仍同，「其聖像之供奉，慶典之稱祝」，一依保皇會舊例。

同年，國內君主立憲呼聲高漲，改名為帝國憲政會。不過，該會始終在國內影響不大。

維新派流亡海外後，糾紛不斷。成立保皇會，由於兼營商業，糾紛更烈。1902 年（光緒二十八年），保皇會在加拿大域多利成立商務會，其後，商業活動逐漸發展到北美和南美的墨西哥以及香港、上海等地，其業務範圍涉及銀行、房地產、酒店、礦業、古董、新聞出版等多方面，由於經營不善賬務混亂、職權不清、商股與黨務經費不分等多種原因，至宣統元年，已經營困窘。

政聞社 1907 年 10 月 7 日（光緒三十三年九月初一日），梁啟超、蔣智由

在東京創辦《政論》月刊，以為組織政黨的預備。10 月 17 日（九月十一日），在東京錦輝館召開政聞社成立會，立憲派到會二百人，據稱革命黨人張繼、陶成章、平剛等到會一千餘人，日本政界要人大隈重信、板垣退助、犬養毅等人參加並發表演說。當梁啟超演說「今朝廷下詔，克期立憲，諸君子宜歡喜踴躍」時，張繼以日語大罵「馬鹿」，繼而起立大喊「打」，革命黨四百餘人奔湧而上，於是兩派之間演出了一場「武鬥」。[1]

政聞社以馬良為總務員，徐佛蘇、麥孟華為常務員，張嘉森、張壽波、戴彬、隆福為評議員，侯延爽、黃可權、徐勤、雷奮、蔣智由、陳介為幹事。當日，其政綱共四條：一、實行國會制度，建設責任政府；二、釐訂法律，鞏固司法權之獨立；三、確立地方自治，正中央政府之許可權；四、慎重外交，保持對等權利。其宗旨三條：一、確定立憲政治，使國人皆有參與國政之權；二、對於內政外交，指陳其利害得失，以盡國民對於國家之責任心；三、喚起國人政治之熱心，及增長其政治上之智慧與道德。其實行方法也是三條：一、發行有力之雜誌、日報及適用之書籍；二、調查政治上之事務，通告政治上之利弊，輸入政治上之學識；三、關於國家重要之事，申告政府。該社由康有為接濟款項，梁啟超實際負責，但二人均不出面。次年 2 月，政聞社本部遷到上海，馬良、麥孟華等人也紛紛回國活動。

該社籌備期間，梁啟超雖曾打算爭取滿洲貴族及地方大吏的支持，但均未成功。由於清廷對康、梁始終懷有敵意，因此，清廷的官吏，包括部分在野人士都對政聞社保持距離。除岑春煊一人外，政聞社缺少強力支持者。

1908 年 7 月（光緒三十四年六月），政聞社致電清廷憲政編查館，提出「期以三年召開國會」。不久，在德國考察憲政的大臣于式枚上奏清廷，攻擊國會請願運動「幾同亂黨」，主張緩行立憲。政聞社社員、法部主事陳景仁致電清廷，要求速開國會，同時要求革去于式枚職務以謝天下。7 月 25 日（六月二十七日），清廷詔令將陳景仁革職看管。8 月 13 日（七月十七日），下令查禁政聞社。梁啟超挽救無效，遵命解散。

1　章炳麟《政聞社員大會破壞狀》，《章太炎政論選集》上冊，中華書局 1977 年版，第 370 頁。關於到場革命黨人人數，《梁啟超年譜長編》僅稱約二十餘人，見該書第 418 頁。

這一時期成立的還有廣東粵商自治會、湖北憲政籌備會、貴州憲政預備會、上海憲政研究會等，其總數，約 80 個。

三　清廷的官制改革

清廷在下詔預備立憲的第二天，下令改革官制。1906 年 9 月 2 日（光緒三十二年七月十四日），清廷任命滿族大臣載澤、世續、那桐、鐵良等八人和漢族大臣張百熙、袁世凱、徐世昌等六人共同編纂新官制，同時命奕劻、孫家鼐、瞿鴻禨三位軍機大臣核定。9 月 16 日（七月二十八日），在恭王府設立新官制編制館，以楊士琦、孫寶琦為提調。該館課員中有當過袁世凱的幕僚楊士琦、金邦平、張一麐等人，同時也吸收了部分在日本學習政法的留學生，如曹汝霖、陸宗輿。

戴鴻慈、端方等歸國後提出的官制改革方案是實行責任內閣制，以總理大臣、左右副大臣、各部尚書等組成「合議制」政府。編制館所擬方案大體與戴、端相同。袁世凱當時積極主張「尚新」，表示「官可不做，法不可不改」。[1]他贊成實行責任內閣制，力圖以奕劻為總理大臣，自為副大臣，實際掌握中央權力。但是，這一方案將削弱皇權，遭到滿族親貴鐵良、榮慶的堅決反對，瞿鴻禨也不願意袁世凱進一步上升，建議舊有的內閣和軍機處制度不變。袁當時雖已深得慈禧太后信任，但八國聯軍入侵後，地方督撫和漢族官僚的力量有所加強，慈禧太后企圖借官制改革，加強中央集權，收回已經失去的權力。11 月6 日（九月二十日），公佈由慈禧太后裁定的新官制：內閣、軍機處照舊，外務部、吏部、學部照舊，宗人府、翰林院等照舊，所不同的是，將巡警部改為民政部，戶部改為度支部，兵部改為陸軍部，刑部改為法部，大理寺改為大理院（專司審判），將工部併入商部，改為農工商部，將理藩院改為理藩部，添設郵傳部，掌管郵政、輪船、鐵路、電線。次日，清廷任命各部院大臣：外務部

1　陳旭麓等主編：《辛亥革命前後 —— 盛宣懷檔案資料選輯之一》，上海人民出版社 1979 年版，第 28 — 29頁。

尚書瞿鴻禨，吏部尚書鹿傳霖、民政部尚書徐世昌、度支部尚書溥頲，禮部尚書溥良，學部尚書榮慶，陸軍部尚書鐵良、法部尚書戴鴻慈、農工商部尚書載振，郵傳部尚書張百熙，理藩部尚書壽耆。11 部之中，滿蒙貴族六人，漢官只有五人。外務部尚書瞿鴻禨雖是漢人，但上有管部大臣奕劻和會辦大臣那桐，實際上算不得第一把手。陸軍部和度支部是最重要的兩個部，都掌握在滿族親貴手中。

在中央官制之外，編制館還通過了袁世凱設計的兩套「急進」的地方官制的改革方案，其中提出：「每州縣各設議事會，由人民選舉議員，公議本府州縣應辦之事，並設董事會，由人民選舉會員，輔助地方官，辦理議事會所議決之事。」[1] 清廷交各省督撫討論。瞿鴻禨通過鹿傳霖，示意張之洞「駁議」。1907年 1 月 2 日（光緒三十二年十一月十八日），張之洞覆電稱：「只可名局，不可名會」；議事之員「有議事之職，不予以決斷之權」；「董事之員宜聽官令而不宜聽紳令」。他表示：應「從容整理，舊制暫勿多改」。[2] 慈禧太后和各省督撫都贊同張之洞的意見，地方官制改革暫停。

新官制和新任命都使改良派極度失望。《時報》連續發表文章，揭露清廷「汲汲以中央集權為秘計」。徐佛蘇致函梁啟超稱：「政界事反動復反動，竭數月之改革，迄今仍是本來面目。政界之難望，今可決斷。」[3] 他們決定掀起國會請願運動，爭取他們最想要的東西。

四　宣統即位、載灃攝政與國會請願運動的興起

丁未政潮　在清廷推行新政過程中，袁世凱的勢力急劇膨脹，並與軍機首輔奕劻勾結，形成聯盟，引起部分朝臣的不滿。官制改革中，袁的主張均被否決，清廷不僅開去了他的參預政務、會辦練兵事務、督辦電政、督辦山海關

1　《釐定官制大臣致各省督撫通電》，《近代史資料》總 76 號。
2　《致軍機處釐定官制大臣電》，《張之洞全集》第 11 冊，河北人民出版社 1999 年版，第 9557—9563 頁。
3　《梁啟超年譜長編》，上海人民出版社 1983 年版，第 368 頁。

第九章　立憲運動與清廷的集權　　　253

內外鐵路、會議商約等兼差，而且將北洋六鎮中一、三、五、六四鎮劃歸陸軍部，只留下二、四兩鎮由他調遣訓練。這是奕劻、袁聯盟的一次重大挫折，朝廷中的反對派看準機會，決定乘勝追擊。

1906 年 9 月（光緒三十二年七月），清廷調署理兩廣總督岑春煊為雲貴總督。岑認為是奕劻和袁世凱的奸計，託病就醫上海，暗中和改良派聯繫。次年春，清廷調補岑春煊為四川總督，特別規定他「毋庸來京請訓」。但岑於啟程赴任舟次武漢之際，卻應瞿鴻禨電召，突然乘車入京，在慈禧太后面前參劾奕劻「貪庸誤國」。5 月 3 日（三月二十一日），被任命為郵傳部尚書。他和瞿鴻禨聯結，首先參劾袁世凱的親信、郵傳部左侍郎朱寶奎，指斥其「聲名狼藉」，詔命革職。5 月 7 日（三月二十五日），御史趙啟霖奏劾布政使段芝貴收買天津歌妓楊翠喜，獻給奕劻之子載振，並以十萬金為奕劻祝壽，因而得以署理黑龍江巡撫。此奏甫上，輿論譁然。清廷不得不撤去段的布政使銜和署理黑龍江巡撫的任命；載振自請辭去農工商部尚書，也得到詔准。

奕劻和袁世凱雖經打擊，但不肯甘休，藉口兩廣不寧，將岑春煊外放兩廣總督。其時，汪康年正在北京辦《京報》，與瞿鴻禨關係密切，企圖通過瞿貫徹自己的政治主張。奕劻等即收買瞿鴻禨家奴，覓得瞿與報館的信函，命翰林院侍讀惲毓鼎彈劾，指責瞿「暗通報館，授意言官，陰結外援，分佈黨羽，懷私挾詐」等罪狀；奕劻並密奏瞿圖謀推翻戊戌成案，歸政光緒。6 月 17 日（五月七日），慈禧太后將瞿鴻禨開缺。此際，岑春煊正託病滯留上海，擬與自日本秘密返滬的梁啟超密談。在清廷的地方督撫中，岑春煊和改良派關係較深。1907 年（光緒三十三年）春，岑春煊調任四川總督時，曾特聘麥孟華隨行。岑春煊在武漢時突然改道入京時，麥孟華曾擬借岑之力入京活動。[1] 不料事機不密，消息洩露，麥孟華的隨行計劃被迫作廢。8 月，端方奏劾岑在上海並無疾病，赴粵無期，意在與康有為、梁啟超交接。御史陳慶桂參劾岑春煊逗留滬上，麥孟華實為「主謀」，「以應行嚴緝之人，而竟倚為心腹」。[2] 結果，岑被開缺免官；岑、梁二人也未能見面。

1　《蛻庵致任公書》，《梁任公先生知交手箚》（一），台北：文海出版社，第 42—44 頁。

2　《梁啟超年譜長編》，上海人民出版社 1983 年版，第 383 頁。

上述各項政治風波，都發生在夏曆丁未年，通稱「丁未政潮」。

瞿鴻磯被開缺後，清廷調袁世凱、張之洞進入軍機處，袁氏並兼任外務部尚書。袁的新任命貌似提升，其權力則進一步被削弱。

國會請願運動的發端　最早提出國會請願問題的是楊度和憲政講習會。1907 年 10 月 5 日（光緒三十三年八月二十八日），熊範輿、沈鈞儒和滿人恒均等領銜上書，提出六點理由，盛讚「民選議院」的好處：既是監督機關，可以監督政府的行政和財政，又是立法機關，可以逐漸實現司法獨立。「一人失職，彈劾之書立上；一人失宜，質問之聲立起。夫而後官無尸任，責有專歸。一切放任因循之弊，乃可立免。」該書強調，在專制制度下，人民要求得不到反映，積成怨憤，便會鋌而走險，因此，只有開設國會才是防止「禍亂」的最好辦法。該書提出，中國正處於危急存亡之秋，要求在一兩年之內召開國會。在熊範輿等人影響下，湖南最早派出代表赴京請願。次年春，河南省立憲派召集府縣代表會議，熊範輿路過，在會上發表演說。會後，省內發起簽名運動，並推選代表入京呈遞請願書。各省陸續效法，簽名者自四、五千人至一萬餘人不等，連北京八旗人士都有一千五百餘人簽名。在形勢推動下，黑龍江巡撫程德全、兩

安徽、江蘇等省國會請願代表合影

1　《湖南即用知縣熊範輿等請速設民選議院呈》，《清末籌備立憲檔案史料》下，第 60 頁。

江總督端方、駐外使臣孫寶琦、胡惟德、李家駒等也紛紛上書或致電，要求速開國會。

清廷最怕的是形成聲勢。1908年8月13日（光緒三十四年七月十七日），清廷借陳景仁事件查禁政聞社，指責該社「託名研究時務，陰圖煽亂」，「著民政部、各省督撫、步軍統領、順天府嚴密查訪，認真禁止，遇有此項社黨，即行嚴拿懲辦。」三天後，又接著封禁在武漢的《江漢日報》。但是，清廷也不願意做得太過分，立憲派還有一定活動餘地。

《欽定憲法大綱》 清廷雖然宣佈預備立憲，以實行憲政為改革方向，但是滿洲貴族最關心、也最感興趣的是加強君主專制制度。1905年（光緒三十一年），清廷設立置考察政治館，開始研究憲法。1907年（光緒三十三年）8月，考察政治館改為憲政編查館，其主要工作是翻譯各國憲法，研究和制訂憲法，直屬軍機處，由首席軍機大臣奕劻兼任憲政編查館大臣。1908年8月27日（光緒三十四年八月一日），慈禧太后召集王公大臣會議，公佈《憲法大綱》和「九年籌備清單」，宣稱將於九年後召開國會。

清廷頒佈《欽定憲法大綱》。該《大綱》參照1889年（光緒十五年）的《日本帝國憲法》，但刪去了其中限制君權的有關條款，以「大權統於朝廷」為立法旨意。共23條，由「君上大權」和「臣民權利義務」兩部分構成。經奕劻上奏後由慈禧太后裁定。

在「君上大權」部分規定：「大清皇帝統治大清帝國，萬世一系，永永尊戴。」「君上神聖尊嚴，不可侵犯。」皇帝有頒行法律，發交議案，召集、開閉、及解散議院，設官制祿，黜陟百司，統率陸海軍，編定軍制，訂立條約、總攬司法，委任審判衙等諸般權利。它提到議院，但關於其責權，無一條涉及，相反，倒是充斥「議院不得置議」一類語言，皇帝的軍事、外交、用人、爵賞、恩赦等權，都在「不得干預」之列。制定法律，這似乎是議院的職責了，但是《大綱》卻特別規定：「未奉詔命批准頒佈者，不能見諸施行」。

關於「臣民權利義務」，僅作為附則，它雖然規定「臣民」有言論、著作、出版及集會、結社等自由，但限於「法律範圍」之內，這就實際上將這些「自由」又取消了。清廷在此前頒佈的《集會結社律》中規定，凡「宗旨不正，違

犯規則，滋生事端，妨害風俗」者，均在取締之列；凡結社、集會、遊行等事，民政部、地方督撫、巡警道局、地方官等均可用「維持公安」的理由飭令解散。在《大清報律》中規定，報紙、雜誌不得揭載「詆毀宮廷」、「淆亂政體」、「擾害公安」、「敗壞風俗」等類語言，並均須在發行前一日中午 12 時以前送「該管巡警或地方官署隨時查核」。[1] 可見，清廷制訂這些法律並沒有給人民自由，不是在提升和發展「民權」，而是給予清廷官吏管制、取締、鎮壓的最大自由，旨在進一步鞏固滿洲貴族的專制統治。

該大綱完全照搬日本憲法，突出皇帝的最後裁定以及統帥軍隊、解散議院、更動憲法等大權。改良派對此自然不滿意，但是，「九年籌備清單」規定，第二年各省諮議局開會，改良派決定先行自此做起。

宣統即位，載灃攝政　1908 年（光緒三十四年），慈禧太后的身體漸衰，痢疾纏身，自知不起。11 月 3 日（十月十日）為慈禧太后生日，光緒皇帝從南海步行，到德昌門內慈禧住處，準備跪拜祝壽，慈禧拒見，傳旨說：皇帝臥病在床，免拜。事後，慈禧太后發狠說：「我不能先爾死！」11 月 9 日（十月十六日），時任禮部尚書的溥良親見慈禧命太監送給光緒皇帝一碗「塌喇」（滿語酸奶）。11 月 11 日（十月十八日），皇帝突然腹痛，在床上亂滾。11 月 14 日（十月二十一日），光緒帝去世。[2] 慈禧太后即命醇親王載灃之子溥儀繼位。當時溥儀年僅三歲，由載灃以監國攝政王的身份執政。慈禧沒有想到，她自己也在 11 月 15 日（十月二十二日）離開了這個世界。

載灃是光緒皇帝的親弟弟。改良派懷疑光緒帝之死為袁世凱所害，擔心袁進一步篡奪清朝江山。他們和袁世凱既有戊戌時的舊恨，現在又加上新仇，決定利用載灃攝政的機會，「討賊復仇」。11 月 18 日（十月二十五日），康有為、

1　《東方雜誌》第 4 期。

2　《啟功口述歷史》，北京師範大學出版社 2004 年版。近年來，中央電視台的鍾里滿先生，在清西陵文物管理處的配合下，先後找到了光緒皇帝死後留下的頭髮、內衣和部分骨骼，並且請中國原子能科學研究院的有關人員用現代科學方法多次檢驗，同時請北京市公安局法醫檢驗鑑定中心的專家參加研討，終於肯定了光緒皇帝的頭髮、內衣和骨骼中的砒霜嚴重超標，「明顯大於致死量」，其死因係「急性胃腸型砒霜中毒」。其成果，《清光緒帝死因研究工作報告》和鍾里滿的《清光緒帝砒霜中毒類型及日期考》已發表於《清史研究》2008 年第 4 期。

梁啟超聯名致電各省督撫，聲稱「兩宮禍變，袁為罪魁，乞誅賊臣，伸公憤」。[1]
同時又直接致電載灃，「請誅賊臣以安社稷」。[2]此前，康、梁早已派人入京，
和民政部尚書善耆、度支部尚書載澤建立聯繫。這時，他們便積極利用這一關
係，動員二人出面鼓動載灃，對袁世凱採取斷然措施。[3]為此，梁啟超還曾一度
派人攜帶鉅款入京運動。

　　為了說服載灃除掉袁世凱，康有為給載灃寫過一封長函，詳陳袁世凱種種
罪行，並將當年「圍園」密謀和盤托出。初稿到梁啟超之手時，梁認為載灃雖
是光緒帝的親弟弟，但他的地位是西太后賜予的，很難處理「圍園」密謀這樣
的問題，因此，主張「必當隱諱」。他提醒老師，當務之急是要求開放黨禁，
說話必須分外小心。康有為同意梁的看法，自此終身對「圍園」密謀緘口不言。[4]

　　載灃當然不喜歡袁世凱，善耆等人向在海外靜候消息的康、梁等保證，「元
兇必去」。但是，袁世凱翅膀已硬，外有洋人支持，內有北洋陸軍護衛，載灃
權衡再三，於 1909 年 1 月 2 日（光緒三十四年十二月十一日）以袁世凱「現患
足疾，步履維艱」為藉口，命袁「回籍養疴」。

　　梁啟超除要清廷開放黨禁外，還在北京高層活動，力圖為「戊戌」一案平
反。一度進行順利，但是，軍機大臣中的張之洞、鹿傳霖都不喜歡康、梁，載
灃也有顧慮。善耆密告梁啟超說：「事在必成，惟痛快之舉決不可見耳。」[5]善耆
等人的計劃是先從死者平反入手，首翁同龢，次陳寶箴，次楊銳、劉光第等。
1909 年 7 月 7 日（宣統元年五月二十日），清廷開復翁同龢原官，但沒有任何
優撫、昭雪之詞，其他人從此沒了下文。梁啟超對載灃很失望，致康有為函
稱：「周公之為人，不識究足不愧武王之弟否？似屬優孟，非可任重也。」[6]

　　載灃攝政後，主要精力集中於抓軍權。第一件事是訓練一支由他親自掌握

1　《清國革命黨領袖經歷及行動調查》，明治文庫藏《有松英義關係文書》；又見日本外務省檔案 1.6.1.4－2
　　－1（3），440805。
2　《戊戌變法》（二），上海書店出版社 2000 年版，第 517 頁。
3　參見楊天石《須磨村密箚與改良派請殺袁世凱的謀劃》，《晚清史事》，中國人民大學出版社 2007 年版，
　　第 171—183 頁。
4　參見楊天石《康有為「戊戌密謀」補證》，《晚清史事》，中國人民大學出版社 2007 年版，第 105 頁—
　　110 頁。
5　梁啟超：《致夫子大人書》，未刊稿。台北：中央研究院近代史研究所藏。
6　梁啟超：《致夫子大人書》，未刊稿。台北：中央研究院近代史研究所藏。

資政院

的 12000 人的禁衛軍，以其弟載濤和皇族毓朗為訓練大臣。1909 年 2 月（宣統元年正月），成立籌備海軍事務處，著手恢復海軍，全由皇族主事。7 月 15 日（五月二十八日），任命另一個弟弟載洵為籌辦海軍大臣。同日，明令規定：皇帝為全國海陸軍大元帥，在皇帝親政前，由攝政王代行職權；增設軍諮處，以載濤、毓朗為管理軍諮處事務大臣。該處職責是「贊助皇上通籌全國陸海軍事宜」，其權力在陸軍部、海軍部之上。這樣，載灃就將軍權集中到皇族手中。

1909 年 10 月 4 日（宣統元年八月二十一日），張之洞病逝，清廷以戴鴻慈補入軍機處。戴於半年後去世。不久，鹿傳霖接著故去。這幾位大臣的相繼謝世，使得漢族在清廷中樞的地位更形削弱。

諮議局與資政院　1906 年 11 月（光緒三十二年九月），清廷宣佈中央官制時，就有設立資政院的表示。次年 8 月 31 日（七月十三日），清政府決定設立資政院，以溥倫、孫家鼐為總裁。上諭稱：「立憲政體，取決公論，上下議院，實為行政之本。中國上下議院，一時未能成立，亟宜設資政院以立議院基礎。」[1] 10 月 19 日（九月十三日），上諭命各省督撫準備設立諮議局。1908 年（光緒三十四年）7 月，批准《諮議局章程》、《諮議局選舉章程》及《資政院章程》的《總綱》與《選舉》兩章。其中，《諮議局章程》規定：諮議局為「各省採取輿論之地，以指陳通省利病，籌計地方治安為宗旨」。又規定，凡籍隸本省年滿 25 歲的男子符合下列條件者有選舉資格：一、在本省地方辦理學務或其他公益事務滿三年著有成績者；二、在中外中等以上學堂畢業得有文憑者；三、舉貢生員以上出身者；四、在本省擁有五千元以上的營業資本或不動產者。根據上述苛刻條件，大省如直隸、江蘇，登記的合格選民約 16 萬人，佔本省人口

1　《德宗景皇帝實錄》，卷 577。

總數的 0.62 和 5 ，小省如甘肅，登記選民 9 千餘人，僅佔人口總數的 0.19 。

自 1909 年（宣統元年）3 月起，各省陸續選舉諮議局議員，立憲派中的頭面人物，如江蘇張謇，湖南譚延闓、湖北湯化龍、四川蒲殿俊等分別被當選為各該省諮議局局長。同年 10 月 14 日（九月一日），各省諮議局分別召開常會，討論督撫交議、議員提議或人民請議的各種議案。由於章程規定，諮議局要受督撫監督，對諮議局，督撫可以「勸告」，命其停會，甚至解散，因此，諮議局所能起的作用很小，各省督撫也大都不予重視，但是，在長期專制的中國，這畢竟是一件新事物，是民主進程中跨出的一小步。

《資政院章程》全案遲至 1909 年（宣統元年）8 月才由清廷公佈。《章程》規定：資政院由欽選議員與民選議員各一百人組成；正副總裁不由議員推選，而由朝廷另行任命；欽選議員中，各部院衙門官 32 人，王公、宗室 48 人；又規定，資政院僅能參議預決算、稅法、公債法律等事項，但不得參議憲法；資政院的議決案，政府持異議時，可以要求覆議；仍持原案時，由資政院總裁與軍機大臣或部院大臣分別具奏，請旨定奪。以上種種限制，使得資政院無法發揮議院通常的立法和監督作用，成為一個「非驢非馬」的機構。不過，由於民選議員中有不少立憲派骨幹，他們的活動為資政院帶來了生氣。

1910 年 10 月 3 日（宣統二年九月一日），資政院開議。湖南諮議局控告巡撫楊文鼎不經諮議局議決，擅在本省發行公債，資政院認為這是一樁侵奪諮議局權力的事件，上奏清廷，但清廷只視為楊的「疏漏」，引起議員不滿，要求領班軍機大臣奕劻到院接受質詢。接著，雲貴總督不經諮議局議決，實行鹽斤加價，廣西巡撫無視諮議局意見，反對巡警學堂限制外省學生，兩省諮議局要求資政院核辦。資政院支持兩省諮議局，而清廷諭旨卻將兩案交鹽政處及民政部審議。議員們認為這是對資政院的極端輕蔑，激烈抨擊擬旨的軍機大臣，決定上摺彈劾。奕劻為了緩和局面，通過「上諭」改稱，兩案准如資政院所議。前後兩次旨諭，互相矛盾，激起議員更大不滿。12 月 8 日（十一月七日），資政院奏劾軍機大臣不負責任，「受祿則唯恐其或後，受責則唯恐其獨先」。彈摺要求清廷迅速組織責任內閣，用以取代軍機處。資政院此舉為清朝歷史前所未有，攝政王載灃降諭訓斥，聲稱「軍機大臣負責與不負責暨設立責任內閣事

宜，非該院總裁等所得擅與」。次日，資政院會議，議員們情緒激昂。或指責軍機大臣們「遇事便抬出君主大權，使別人一句話也不能說」，或聲稱逼得「人民沒有別的法子，只好拿出他的暴動手段出來」。這些地方說明，由於清廷不把資政院的合法權力當事，議員們的失望和憤懣都在迅速增強。

國會請願運動走向高潮　載灃攝政後，以堅持立憲相標榜，國會請願運動再起。張謇與江蘇巡撫瑞澂分頭負責，聯絡各省諮議局與督撫。張謇發表《請速開國會建設責任內閣以圖補救意見書》。1909 年（宣統元年）12 月，16 省代表 50 餘人集會上海，組成請願代表團，以直隸孫洪伊為領銜代表，主持請願團。北上前夕，張謇作序相送，為請願團規定了長期奮鬥的方針，內稱：「得請則國家之福，設不得請，至於三，至於四，至於無盡。誠不已，則請不已。」[1] 1910 年 1 月 16 日（宣統元年十二月六日），請願團向都察院呈遞請願書。該稿由福建諮議局書記長林長民起草，要求清廷在一年之內召開國會。同時，請願團並分頭拜訪王公大臣，呈送請願書副本。1 月 30 日（十二月二十日），清廷堅決拒絕了代表們的要求，上諭稱：「籌備既未完全，國民知識程度又未劃一」，「遽開議院，恐反致紛擾不安」。

孫洪伊等對結果早有預料，著手組織「請願即開國會請願同志會」，作長期請願的準備。該會將總部設於上海（暫設北京），在各省設立分會。該會於 1910 年 4 月 3 日（宣統二年二月二十四日）重訂章程，簡稱國會請願同志會。同時，北京還出現了由黎宗嶽發起的國會期成會，提出在 4 月 19 日（三月十日）以前由各省諮議局推舉代表二人，偕同教育會、商會代表來京一起上書。1910 年（宣統二年）5 月，各地代表再次進京。南洋和澳洲華僑也派出了自己的代表。6 月，請願同志會在北京出版《國民公報》，主編徐佛蘇親自寫作《意見書》，認為中國若能速開國會，「可以革除一切貧弱之源」。梁啟超也在《國風報》上發表《論請願國會當與請願政府並行》，與徐相配合。此際，入京代表已達 150 餘人，各地簽名者已達 30 萬人。6 月 16 日（五月初十日），代表 80 餘人按省籍及團體的不同向都察院分別遞交十份請願書，同時向載灃另上一份

1　張謇《送十六省議員詣闕上書序》，《張季子九錄‧文錄》卷 10。

請願書，陳述「主少國疑，民窮財盡，外患鴟張，饑饉四告，革命黨又前仆後起」的危急形勢，聲稱在此情況之下，「弭亂救亡之策非開國會果有他術乎」？6 月 27 日（五月二十一日），載灃發佈「上諭」稱，由於「財政艱難」、「地方偏災」、「匪徒滋擾」等原因，不能提前召開國會，要代表們「毋得再行瀆請」。

載灃的頑固態度激起了立憲派的強烈憤懣。7 月 12 日（六月六日），湖北省諮議局、國會請願同志會等集會，聲稱「不開國會，人民不承認新捐稅」。8 月 9 日（七月初五日），各省諮議局聯合會在北京召開第一次會議，推舉湯化龍為會長，蒲殿俊為副會長，孫洪伊、楊廷棟、劉崇佑、雷奮、周樹標、汪龍光、孟森、吳賜齡、王法勤為審查員。10 月 7 日（九月初五日），孫洪伊等及自天津趕來的代表溫世霖等 17 人前往攝政王府請願，途遇東三省旅京學生趙振清、牛莊生等。趙牛二人分別割臂、割股，書寫血書，以示決心。抵達王府時，載灃外出，孫洪伊等決定留下六人守候。直到民政部善耆親自到場勸說，保證在攝政王回邸的當日代為呈交請願書，代表們才離開王府。10 月 9 日（九月初七日），代表團向幾天前開議的資政院呈遞了請願書。

資政院按照議事日程，首先討論政府交議案。孫洪伊等人的請願書，一直

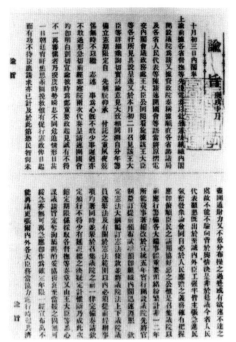

到 10 月 22 日（九月二十日），才被納入議程。湖南議員羅傑提出：一、本院議員應全體贊成通過速開國會案；二、議長應從速上奏；三、攝政王應速允即開。表決時，副議長沈家本堅持投票表決，立憲派議員則主張起立表決。廣西議員吳賜齡大聲說：議長不贊成起立表決，是先存袒護反對者的意思，則議長本人是第一個反對速開國會者。沈家本只好同意起立表決。結果，全場一致起立。議員們興奮得高呼「大清帝國立憲政體萬歲」！10 月 26 日（九月二十四日），通過由欽選議員汪榮寶起草的奏章。10 月 28 日（九月二十六日），溥倫上奏朝廷。不久，清廷認為溥倫及沈家本不能威懾議員，改以世續、李家駒為正副總裁。

第三次國會請願運動中出現了群眾大會和遊行的場面。10 月 5 日（九月初三日），天津各界二千餘人舉行大會，推舉請願代表後列隊前往總督府，要求直隸總督陳夔龍代奏。10 月 16 日（九月十四日），開封各界三千餘人集會並遊行，要求巡撫寶棻代奏，並向諮議局提出：「此次請願如不得請，學則停課，商則罷市，工則休作，諮議局亦不許開會。」10 月 29 日（九月二十七日），成都各界三千餘人集會，會後遊行至督署，要求總督趙爾巽代奏。奉天、福建等地都出現了類似的事件和場面，表明參與運動的群眾日漸增多。

第三次國會請願運動得到了許多督撫大員的支持。10 月 25 日（九月二十三日），由東三省將軍錫良領銜，湖廣總督瑞澂等 17 省督撫、將軍等聯名上奏，要求「立即組織內閣」，「明年召開國會」。10 月 28 日（九月二十六日），載灃決定將請願摺稿交王公大臣閱看。11 月 3 日（十月初二日），召集王公大臣會議。次日，宣佈「縮改於宣統五年實行開設議院」。清廷覺得不能再讓步

了，宣佈這一決定「萬不能再議更張」。同日，另發上諭，責令民政部及各省督撫，曉諭各省代表人等，「即日散歸，各安職業」。

立憲派政治態度的變化　對清廷的決定，張謇表示滿意。11 月 7 日（十月初六日），江蘇、浙江諮議局致電資政院，祝賀國會縮期召開。但是，直隸、奉天等省的立憲派都不滿意。湖北諮議局聯合 39 個團體的代表二千餘人集會，要求總督瑞澂代奏，提前召開國會。成都六千人集會，要求趙爾巽代奏。12 月 2 日（十一月初一日），奉天學生到諮議局面見副議長袁金鎧等，要求第四次向北京派出請願代表，有兩個學生當場割指，書寫血書。12 月 4 日（十一月初三日），三千學生向督署請願，繼續有人割指。12 月 6 日（十一月初五日），諮議局組織萬餘人再次請願，《商務日報》編輯張進治割破左手食指，用血書寫遊行旗幟。12 月 11 日（十一月初十日），奉天派出的第四次進京代表啟程。路過天津時，激起天津學生回應。12 月 18 日（十一月十九日），天津學界聯合諮議局等三千餘人集會，行進途中，砸毀橫衝直撞的督署調查局總辦的馬車。12 月 20 日（十一月二十一日），各校學生決定罷課請願。直隸總督陳夔龍迫於群眾聲勢，應允代奏要求，但清廷旋即諭令，「不准再行聯名要求瀆奏」，要陳「開導彈壓」，甚至「查拿嚴辦」。12 月 24 日（十一月二十三日），清廷下令將在京東三省代表押送回籍。有幾名代表坐地不動，不飲不食，堅持到次日清晨，被軍警強行押上火車。其後，清廷除召見學部尚書唐景崇、民政部尚書善耆，部署對學生的防範和鎮壓外，又以「上諭」指責學生「輕發傳單。紛紛停課，聚眾要求」，命各省督撫「懇切曉諭，隨時彈壓」，「倘再有前項情事，立即從嚴懲辦，並將辦學人員一併重處」。[1] 陳夔龍得旨後，迅速逮捕天津普育女學校長溫世霖。1911 年 1 月 9 日（宣統二年十二月初九日），清廷批准將溫世霖遣戍新疆。

立憲派堅持和平請願，促使清廷自我改革，但是清廷的鎮壓卻將立憲派推向自己的反面。在清廷下令解散請願代表團的當日晚上，各省在京請願代表會聚於國民公報館，相約返省後，向各省諮議局報告，「清政府政治絕望，吾輩

1　金毓黻《宣統政紀》卷 30。

公決秘謀革命，並即以諮議局中之同志為革命之幹部人員，若日後遇有可以發難之問題，則各省同志應即竭力回應援助，起義獨立。」[1]

五 「皇族內閣」的建立

載灃集中軍權後，又進一步企圖集中政治權力。1911 年 5 月 8 日（宣統三年四月初十日），清廷宣佈內閣名單：

總理大臣：奕劻（皇族）

協理大臣：那桐（滿）、徐世昌（漢）

外務部：梁敦彥

民政部：善耆（皇族）

度支部：載澤（皇族）

學部：唐景崇

陸軍部：蔭昌（滿）

海軍部：載洵（皇族）

法部：紹昌（滿）

農工商部：溥倫（滿）

清廷責任內閣全體合影

1　徐佛蘇《梁任公先生軼事》，《梁啟超年譜長編》，上海人民出版社 1983 年版，第 514 頁。

郵傳部：盛宣懷

理藩部：壽耆（宗室）

　　在十三個內閣成員中，漢人僅四人，而滿族大臣則有九人，其中皇族五人，所以當時被稱為「皇族內閣」。清初，滿洲貴族為了拉攏漢人，曾在部分中樞機構實行「均衡滿漢」政策，例如：內閣大學士，規定滿漢各二人，協辦大學士，滿漢各一人；吏、兵、禮、戶、刑、工等六部尚書，滿漢各一人，侍郎4人，滿漢各半。然而到了「皇族內閣」，卻出現了前所未有的大倒退。

　　內閣名單公佈後，在北京參加諮議局聯合會的各省立憲派領袖兩次上摺，批評「皇族內閣」與君主立憲政體「不能相容」，朝廷此舉，表明「於立憲之宗旨有根本取消之意」。[1] 但是，載灃不能容忍對其集中權力的任何批評。7月5日（六月十日），清廷發佈上諭，聲稱：「黜陟百司係君上大權，載在先朝《欽定憲法大綱》，並注明議員不得干預。值茲預備立憲之時，凡我軍民上下，何得稍出乎《大綱》範圍之外！乃該議員等一再陳請，議論漸近囂張，若不亟為申明，日久恐滋流弊。」[2] 語氣之嚴厲，前所未有。這就將對清廷寄以希望的立憲派以及其他人士趨向自己的對立面去了。

1　《諮議局聯合會呈都察院代奏皇族不宜充內閣總理大臣摺》，《時報》，1911年6月12日；又，6月28日。
2　金毓黻《宣統政紀》卷30。

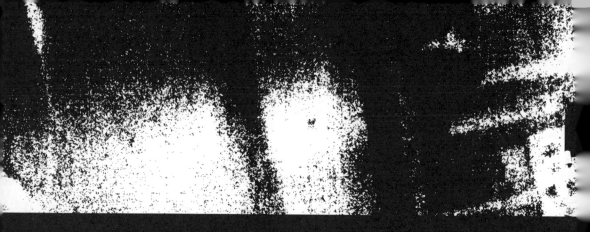

達不到目的，
我們四川人要商人罷市！
工人罷工！學生罷課！
農人抗納租稅！

第十章

各類群眾鬥爭的發展
與保路、保界運動

清末十年間，民族矛盾、階級矛盾尖銳，各類群眾運動風起雲湧。大別之，可分為城鄉人民自發鬥爭、抵制美貨運動、收回利權運動、保路運動、保界拒約運動等。這些運動，動搖了清廷的統治基礎，壯大了各種社會團體的力量，人民對清廷的不滿日漸增加、鬱積，使得整個晚清社會，猶如一座行將噴發的火山。

一　城鄉人民自發鬥爭

《辛丑條約》後，清廷將巨額賠款分攤到各省；辦理「新政」中，清廷允許地方自行籌款。這樣，清末的捐稅名目日漸增多，人民負擔也就空前加重，各種自發鬥爭此起彼伏。這類鬥爭又可分為反賠款、反教會、抗捐抗稅、以及饑民暴動等數種。

反教會鬥爭在近代始終綿延不斷。這一時期，它常常和反賠款鬥爭相結合，群眾既反對仗勢橫行的教會、教士，又反對媚外虐民的清朝官吏，發展到聚眾起事，攻打州縣衙門，有的並明確提出「掃清滅洋」或「滅清、剿洋、興漢」等口號，顯示出和義和團運動時期迥然不同的特點。其著名者有：

揭露清廷「新政」導致民眾負擔加劇的漫畫

直隸景廷賓起義 1902 年（光緒二十八年），直隸廣宗有所謂「賠款捐」，每畝須繳納京錢 40 文。當地武舉人、地主景廷賓首起反抗，得到鄰近各縣擁護。直隸總督袁世凱派兵鎮壓，景廷賓率眾轉移到鉅鹿縣，自稱「龍團大元帥」，以「官逼民反」、「掃清滅洋」相號召，廣宗附近農民及原義和團農民紛紛參加，聚眾至三、四萬人。義軍攻佔威縣張家莊教堂，殺死法國神父羅澤溥。清廷命袁世凱調集段祺瑞、倪嗣充所部新軍及山東武衛右軍等前往鎮壓。同年 7 月，景廷賓被捕殺，起義失敗。

河南張雲卿起義 《辛丑條約》後，南陽天主教主教、法國人安西滿向泌陽縣勒索地方賠款 11000 元。至 1902 年（光緒二十八年）初，已交大半，只欠 2000 元，知縣被撤職，繼任者勒限催收。農民利用當地素有的大刀會，組織齊心會，在張雲卿率領下進攻泌陽，夷平西關教堂。次年 5 月間，河南巡撫錫良派兵鎮壓，並向教堂賠款 26000 兩了事。

四川紅燈教起義 四川分攤《辛丑條約》賠款 220 萬兩，僅次於江蘇。1902 年（光緒二十八年）全省旱災，人民生活困苦，紅燈教、順天教等會黨迅速發展，其成員繼承義和團傳統，練習「神拳」，以「滅清、剿洋、興漢」相號召。6 月，成都附近的紅燈教首領曾阿義、廖九妹分別自稱是羅漢和觀音的化身，聚眾起事，攻教堂，殺教士、教民，甚至潛入成都，襲擊督署。8 月 5 日（七月二日），清廷撤換總督奎俊，改以岑春煊督川。岑興辦保甲團練，推行連坐法，同時減免部分苛捐雜稅，將起事陸續鎮壓下去。但紅燈教仍秘密活動，1911 年（宣統三年）融入保路同志會的起義。

南昌教案 1906 年（光緒三十二年），南昌知縣江召棠因辦理民教械鬥一案赴教堂交涉，法籍傳教士王安之事先擬好條款，逼江簽字，遭到江的拒絕，王即將江刺傷，致江流血過多而死。2 月 25 日（二月三日），南昌各界在百花洲沈公祠召開特別大會，討論對策，赴會者人山人海。主持會議的紳士擔心出事，臨時宣佈改期，江西巡撫胡廷幹並派兵監視會場，激起公憤。群眾搗毀沈公祠及城內外四所教堂，擊斃王安之，殺死英、法傳教士及家屬八人。事後，英、法派軍艦駛入鄱陽湖示威，清廷急忙宣佈將胡廷幹撤職，派人偕同法國使館人員赴江西查辦。談判三個月後，簽訂《南昌教案善後合同》，將江召棠的被

害說成「情急自刎」，以六名中國人抵命，地方官吏多人撤職，賠償教堂 25 萬兩白銀。

這一時期的抗捐鬥爭此起彼伏，遍及城鄉。群眾或和平請願，或「歇業」抗議，或揭竿而起，搗毀稅卡、捐局及清廷的府縣衙門。1907 年（光緒三十三年），浙江海寧農民萬餘人進城搗毀釐卡，警局，搶劫店舖及富紳住宅。奉天遼陽為抗議重稅，聚眾竟至三萬餘人，全省震動。據不完全統計，1910 年（宣統二年），各地較大規模的抗捐抗稅鬥爭多達 109 起，其中，以曲詩文領導的萊陽抗捐影響最大。

萊陽抗捐　曲詩文原是萊陽塾師，聯莊會首領。5 月 11 日（四月十三日），曲率領五六千人衝進縣城，包圍縣衙，提出免除雜捐等要求。縣令朱槐之藏匿，命紳士某代見，答應農民各項要求。事後，朱槐之卻又暗中請兵，鄉民聞訊，再次包圍縣衙。燒毀巡警局局董住宅。其後，朱槐之以彈壓不力被革職，繼任縣令奎保推翻朱槐之的各項允諾，緝拿曲詩文，並電請山東巡撫孫寶琦派兵鎮壓。6 月中旬（五月初），清軍血洗九里河等村莊，屠殺鄉民千餘人，焚毀房屋八百餘間。事後，山東諮議局開會討論，旅京官紳柯紹忞等聯名呈請都察院查究有關官吏，迫使孫寶琦自請罷黜。清廷雖未允准，但不得不將奎保等人革職。

萊陽抗捐領袖曲詩文

搶米風潮　自 1906 年（光緒三十二年）起，長江地區連年水災，饑民日增，不斷發生搶米風潮。1910 年（宣統二年）3 月，長沙米價暴漲，一日數價。4 月 12 日（三月三日），南城貧民聚集巡警分局門前，要求減價售米，巡撫岑春冥指為痞徒鬧事，逮捕木匠劉永福。群眾憤而聚集到巡撫衙門周圍，要求釋放被捕人員，減價糶米。岑春冥調軍隊鎮壓，群眾隨即暴動。4 月 14 日（三月五日），燒毀巡撫衙門，到處搜查囤積的糧食，搗毀教堂、洋行、學堂、洋貨店，搶掠富紳及官僚住宅。岑春冥見事態擴大，自請免職。湖廣總督瑞澂迅速調兵鎮壓，起事群眾被捕或被殺者不下數百人。

產業工人的早期鬥爭　中國產業工人出現於 19 世紀 40 年代，隨著外資在華設廠及中國民族工業的發展，工人階級的隊伍不斷擴大。1903 年（光緒二十九年）5 月，會黨首領、錫礦工人周雲祥率礦工數千人起義，反對法國修建滇越鐵路，佔領箇舊，繼佔臨安、石屏兩城。同年，雲貴總督丁振鐸調兵鎮壓，周雲祥被捕犧牲。此後的工人罷工雖大多抗議勞動條件惡劣，要求增加工資，屬於經濟鬥爭性質，但 1905 年（光緒三十一年），上海華新紗廠工人反對盛宣懷將工廠賣給日本資本家，則屬於政治鬥爭。總計，自 1905 年（光緒三十一年）至 1911 年（宣統三年），約發生工人罷工事件 55 次，逐漸顯示出，這個新生的階級也在發出自己的吶喊。

兵變　除人民反抗，即當時人所稱「民變」外，清朝末年，還有另一類型的社會動盪，即所謂「兵變」。1904 年（光緒三十年）6 月，出身游勇的陸亞發率眾攻佔廣西柳州衙署，劫奪藩庫餉械。其後，轉戰各地，發展至萬餘人。曾大敗清軍提督丁槐所部，逼近桂林。同年冬，被兩廣總督岑春煊督率龍濟光、陸榮廷所部清軍平定，陸亞發等被殺。與陸亞發兵變大體同時，黃五肥、王和順等率眾活動於南寧周圍，被丁槐以分化辦法各個擊破，黃五肥戰死，王和順率眾退入十萬大山。

上述群眾自發鬥爭大多帶有原始的自發性質，其中難免沒有落後、陳舊的因素，但它表明，群眾中蘊藏著極大的能量，一旦引爆，就會化作燒毀舊制度的沖天烈焰。

二　抵制美貨與收回利權運動

抵制美貨運動　在美國的西部開發中，華僑作出了巨大貢獻。19 世紀 80 年代，美國發生經濟危機，美國政府轉而採取排華政策。1894 年（光緒二十年）3 月，美國政府與清廷訂立《限制來美華工保護寓美華人條約》，藉保護「寓美華人」之名，行排斥華工之實。1904 年（光緒三十年），該約期滿，美國一百餘城市的十多萬華僑聯名致電清廷，要求廢止。清廷指示駐美公使梁誠談判修

改，遭到美國政府拒絕。次年，美國派新任駐華公使柔克義（W. W. Rockhill）與清廷談判，要求簽訂續約。美國政府這一舉動在中國人民中間激起了轟轟烈烈的抵制美貨運動。

早在 1904 年（光緒三十年），檀香山的《新中國報》即發表《擬抵制禁例》，首倡以抵制美貨相抗。次年 5 月 10 日（四月七日），上海總商會召開特別會議，會長曾鑄提出，以兩個月為期，如美國強迫續約，則抵制美貨。會議決定致電清廷外交部，同時遍電各省商會、商務局，共同抗爭。會後，上海總商會與美國駐滬領事多次談判，均無效果。7 月 21 日（六月二十日），上海總商會決議各行業一致行動，不進美貨，不賣美貨。當場即有七大行業簽字，會後七十多個行業繼續簽押，上海各界和各省在上海的會館紛起響應。北京京師大學堂學生聯合各校學生發表《學生同盟會公啟》，表示不購美貨。天津商人於 6 月 18 日（五月十六日）集會，公決不買美國麵粉及機器等物，違約者罰款五萬元。華興會會員禹之謨通過長沙商會召開抵制會議，成立抵制美貨事務所。7 月 23 日（六月二十一日），廣東成立抵制美貨總公所。會議決定推派專員，赴各商店蓋章簽押。革命黨人鄭貫一創辦的《有所謂報》發表文章，抨擊清廷「懼外媚外」，號召人民組織團體，奮起抗爭，使「民權發達，專制墮落」。[1] 運動的規模和聲勢大大超過了此前的拒俄運動，全國有一百六十多個城市相繼成立拒約團體，捲入的社會階層也更為廣泛。

美國公使柔克義在運動開始後即奔走於京、津、滬等大城市，指揮當地領事出面干涉。同時，一再要求清廷下令禁止抵制美貨。清廷一面聲明抵制美貨屬於商人自由行動，一面諭令各地方官「從嚴查究，以弭隱患」。袁世凱禁止

1　《有所謂報》，乙巳年（1905）五月二十五日。

天津商會響應上海總商會的號召，禁止《大公報》刊登拒約消息。兩廣總督岑春煊藉故逮捕拒約會成員夏重民等人。

在抵制美貨運動中，上海等地商人作用突出，顯示出中國民族資產階級的覺悟正在增長。但是，在清廷的壓迫下，他們權衡商業利害，顧慮日多，分歧也日多。1905 年（光緒三十一年）夏，曾鑄發表《留別天下同胞書》，宣佈退出運動。張謇、湯壽潛主張，8 月以前的進口美貨可以貼印花出售。廣州部分商人甚至同意美國方面提出的「禁工不禁商」的主張。上海雖然出現過「公忠演說團」、工界和平社等團體，主張「抱定不用美貨四字，堅持到底」，但勢孤力單。至當年年底，運動逐漸消沉。

收回利權運動　清末，國勢衰弱，財政困窘，外資大量輸入，貪婪地掠奪中國的礦山開採權和鐵路修築權。清廷及有關當事人，或出於媚外，或由於昏聵，與外人所訂合同常有喪權失利之處。1905 年（光緒三十一年）以後，國人的民族覺悟日漸提高，各省紛紛成立路礦公會或協會，要求自辦，收回利權運動因之興起。

較早出現的是山西、安徽等省群眾的收回礦權鬥爭。

還在 1867 年（同治六年），英、意兩國商人即在倫敦註冊，成立福公司，專門承攬中國路礦事業。次年，與山西礦務局簽訂承辦晉礦合同，獲得在孟縣、潞安、澤州等地 60 年的開採權。義和團運動後，山西紳商力謀自辦，多次與福公司談判，均遭拒絕。1905 年（光緒三十一年），紳商在山西巡撫張曾敭支持下，集資購礦，自行開採，福公司即出面阻撓。英國公使薩道義（E. M. Satow）照會清廷外務部，聲明非經福公司允許，不得在該地開採煤礦。同年冬，晉紳三百餘人聯名上書，要求廢除與福公司的合同，山西大學堂等校學生千餘人支持，留日學生李培仁竟憤而跳海自殺。1907 年（光緒三十三年），山

西紳商成立保晉公司，以祁縣票號大股東渠本翹為經理，並迅速在孟縣等地開井挖煤。談判中，福公司表示可以容納華股，允許晉紳一人為董事，但山西紳商堅持廢約自辦。同年冬，各界萬餘人在太原集會，議決有礦地之家不准售地與福公司，附近之人不准為之作工，或與之貿易，否則，開除其山西籍。福公司不得已，同意晉紳贖礦。1908 年 1 月 20 日（光緒三十三年十二月十七日），山西商務局與福公司議定，付銀 275 萬兩，贖回礦權。

安徽的收回礦權鬥爭集中於皖南地區。1902 年（光緒二十八年），英商華倫公司與安徽商務局簽訂合同，取得歙縣、銅陵等處勘查煤鐵等礦的權利，期限為八個月，逾期作廢。此後，一再展期，安徽人民遂要求收回權利，自行探查。1904 年（光緒三十年），華倫公司代表與清廷外務部簽訂開採銅官山礦產合同，期限一年。次年期滿，安徽各界再次要求收回礦權，陳獨秀等創辦《俗話報》，鼓動群眾反抗。1907 年（光緒三十三年），華倫公司拉攏中國駐英公使李經方擔任華董。次年，又私招日本三井洋行商股，並通過英、日兩國公使向清廷施加壓力。兩江總督端方為避免事態擴大，建議中英合辦，但端方的建議仍然受到安徽各界強烈反對。安慶紳商要求廢約自辦。1909 年（宣統元年）4 月，成立安徽全省路礦公會。5 月 8 日（三月十九日），蕪湖商會、皖南教育會等團體召開大會，議決聯合沿江各省進行「文明抵制」。1911 年（宣統三年）春，清廷與英商議定，以五萬英鎊贖回權利，由安徽紳商組成公司自行開採。

此外，山東、四川、雲南、河南、奉天、黑龍江、湖北等省都陸續發生收回礦權鬥爭，大都在不同程度上取得勝利。

收回路權運動的興起大體與收回礦權運動同時，但規模更大，影響也更為深遠。

清廷對鐵路的重要懵懂無知，後來逐漸有所瞭解，但力圖把持修築大權。1896 年（光緒二十二年），清廷設立鐵路公司，以盛宣懷為督辦大臣，但因財政困難，不得不仰仗於向列強借款。自 1896 年（光緒二十二年）至 1903 年（光緒二十九年）期間，盛宣懷與列強先後簽訂一系列借款合同或草約。1903 年（光緒二十九年），商部頒佈《鐵路簡明章程》，准許華洋官商集股築路。幾年之內，各地出現了不少民辦鐵路公司。民辦，還是借款官辦？雙方之間的衝突

日益尖銳，先後出現粵漢鐵路風潮、江浙鐵路風潮、川路風潮。

興築粵漢路的權利於1898年（光緒二十四年）由盛宣懷出賣給美商合興公司，借款4000萬美元，但合興公司資本有限，於1904年（光緒三十年）將三分之二的股權轉賣給比利時人。對此，湘、鄂、粵三省紳商堅決反對，要求贖回自辦。湖廣總督張之洞得到英國駐漢口領事的支持，也持同一主張。1905年（光緒三十一年），張之洞向香港英國殖民政府借得100萬英鎊，贖回路權。所借之款，由三省分十年還清。同時，清廷並允許三省紳商集資設立鐵路公司。當年冬，三省代表會議決定，各籌各款，各自本境修起。但到了1906年（光緒三十二年）夏，清廷卻改變主張，首先命令湘路公司「仍應官督商辦」。1908年（光緒三十四年），清廷連發三道諭旨，命張之洞以軍機大臣兼充粵漢路督辦大臣，通籌粵漢路全域，並且兼督鄂境川漢路。張之洞受命後，於1909年（宣統元年）與英、法、德、美四國銀行團達成協議，借款600萬英鎊，作為興築粵漢路的經費。

湘、鄂、粵人民反對借款築路。兩湖留日學生出版《湘路警鐘》，號召拒款保路。湖南諮議局820人聯名呼籲，抵制借款，龍璋、譚延闓等並組織湘路集股會，募集資金；革命黨人文斐等組織鐵路協贊會，借爭路鼓吹革命。湖北方面動作較晚。1909年（宣統元年）10月（八月），張之洞病故。不久，湖北諮議局成立，湖北留日學生張伯烈、夏道南歸來，捐款運動於是展開。11月5日（九月二十三日）、11月14日（十月初二日），湖北紳商軍學各界連續集會，推

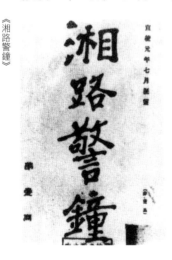

《湘路警鐘》

舉張伯烈、劉心源入京請願。送行時，軍人陶勳臣拔刀斷指，以示決心，並為二人壯行。張、劉入京後，聯絡兩湖京官向郵傳部尚書徐世昌說理。1910年3月19日（宣統二年二月初九日），徐世昌召見張、劉等人，堅持借款主張，張、劉等受到責罵並被逐出門。但張伯烈等不願退去，踞坐徐門，哀號痛哭。3月24日（二月十四日），清廷得悉湖北局勢不穩，批准設立商辦鄂路公司。但不久，郵傳部又限令在六個月內籌足路款，否則仍借款商辦。

同年夏，湖北商辦鐵路公司雖勉強組成，而路款並未籌足，股東間又發生糾紛，旋即宣告解散。

蘇杭甬鐵路橫跨江浙兩省。1898 年（光緒二十四年），盛宣懷與英國銀公司簽訂草約，委託其代築，但遲至 1905 年（光緒三十一年），仍未開工，草約失效。當年 7 月 24 日（六月二十二日），浙江紳商議決組織浙江鐵路公司，推舉前署兩淮鹽務使湯壽潛為總理，南潯富商劉錦藻為副總理，籌辦集股築路。次年，得到清廷核准，先築蘇杭段。英國公使薩道義聞訊，要求與清廷商訂正約，奪取路權。清廷命盛宣懷與英方交涉，撤廢舊約，但盛推諉拖延。同年 5 月 25 日（閏四月初三日），江蘇紳商組建江蘇鐵路公司，推舉蘇南巨紳王清穆為總理，張謇為協理，先行修建上海至嘉興線，以便與前此已經動工的杭州至嘉興線相連。此際，英國公使朱爾典出面阻撓，清廷命外務部右侍郎汪大燮與英方磋磨。汪提出，不將築路之事納入合同，但由郵傳部出面向英方借款 150 萬英鎊，轉撥江蘇、浙江兩鐵路公司，利息由兩公司負擔，任用英國總工程師並由英方代購器材。1907 年（光緒三十三年），清廷諭令江、浙兩公司接受此議。

清廷的決定遭到江浙留日學生及國內士紳的紛紛反對，各地相繼成立拒款會，反對借用英款。浙路業務學堂學生鄔鋼憤而絕食，嘔血去世；接著，浙路副工程師湯緒也絕食殉路，風潮進一步擴大，捲入的社會階層也日益增多。11 月 9 日（十月初四日），江蘇鐵路協會在上海張園召開大會，馬良揮淚演說稱：「人家賣奴婢亦當問其願否，今不問我江浙人而賣江浙人身家性命所關之路，直賣雞狗耳！」[1] 次日，浙江旅滬同鄉會召開集股大會，當場認股 2200 餘萬元。11

1　墨悲《江浙鐵路風潮》，第 2 冊，「開會認股匯記」，台北：中國國民黨中央委員會黨史委員會出版社 1968 年版，第 12 頁。

揭露清廷出賣路權漫畫

月 13 日（十月初八日），江蘇鐵路股東集會，認股 1300 餘萬元。會議推舉王文韶、許鼎霖入京陳情。王報告稱：「傭販婦豎，苦力賤役，亦皆激於公憤，節衣縮食，爭先認購」，「民氣之感奮，實所僅見」。[1]

江浙鐵路風潮發生時，東京中國同盟會正處於渙散狀態。11 月 3 日（九月二十八日），章太炎、陶成章等在東京召開蘇杭甬路事研究會。章太炎提出，派代表回國，鼓動罷市，佔據電報局，宣佈江浙兩省「同時自主」。少數無政府主義者則藉機提出，以暗殺活動相對付。11 月 25 日（十月二十日），浙江省召開國民拒款大會，同盟會浙江分會副會長顧乃斌在會上分發總部寄來的宣傳品，號召「不完糧，不納稅，謀江浙獨立」。但是，立憲派士紳不贊成，革命黨人一時還處於孤立狀態。1908 年（光緒三十四年）春，部分紳商決定，在不以江浙釐稅抵押等條件下，接收郵傳部所撥借款，但是，在領到第一批借款後，兩省公司又決定，存入銀行不用，準備隨時交還，並不讓英國工程師過問路事。1909 年（宣統元年），江浙兩公司向郵傳部要求廢約退款。8 月 17 日（七月初二日），清廷命盛宣懷回郵傳部右侍郎本任。8 月 22 日（七月初七日），湯壽潛致電軍機處，指斥盛為「罪魁禍首」，要求將盛「調離路事」，結果，湯被革職。1911 年（宣統三年）2 月，蘇浙兩公司先後呈報郵傳部，指責該部強迫借款，影響集股，公司蒙受損失，部撥存款擬作為賠償損害之用，不再退還，同時聲稱，將於月內辭退英國總工程師。在兩公司的空前強硬態度前，盛宣懷與英方協議，將蘇杭甬鐵路借款移作開封、徐州路段借款，蘇杭甬路事風潮以勝利告終。

1　《政藝通報》，光緒丁未年（1907），卷 5。

三　保路運動

清廷宣佈鐵路國有　修建川漢鐵路的計劃發端於 1903 年（光緒二十九年）。當年夏，新任四川總督錫良上奏清廷，要求自設川漢鐵路公司。1904 年 1 月（光緒二十九年十二月），錫良根據商部發佈的《鐵路簡明章程》，集股成立川漢鐵路公司。該路自成都，經重慶、萬縣，出湖北宜昌，再經荊門、襄陽，在應山縣的廣水與京漢路接軌，全長四千多華里。為修建方便，計議先從宜昌動工，向西延伸，全程三千多公里，需銀五千萬兩，為四川全年歲入的三倍還多。錫良等籌議結果，決定按租抽穀，百分取三斗，凡實收租穀在 10 石以上者，提出三成，照市價折銀，名為「租股」。此外，還設計了「認購之股」、「官本之股」、「公利之股」等幾種名目，但實際上，後來集納的資金始終以「租股」為主，約佔全部資金的 78 強。

「租股」是民間資本，它雖然份額最大，但路權卻掌握在官僚手中。1907 年（光緒三十三年），四川留日學生蒲殿俊、蕭湘等人在東京發

川漢鐵路有限公司

川漢鐵路股票

佈《改良川漢鐵路公司議》，要求明確川漢鐵路公司的商辦性質。同年，錫良奏請將公司改名為商辦川省川漢鐵路有限公司，以前刑部郎中喬樹楠為總理，在籍翰林院編修胡峻為副理，重大問題稟承總督辦理，以後經理人員雖屢有變動，但大權始終掌握在官僚手中。1909 年（宣統元年），川漢鐵路宜昌萬縣段總工程師詹天佑到任，同年 12 月 10 日（十月二十八日）舉行開工典禮，先行修築宜昌至秭歸段，此時，距倡議之時已有六年。

蒲殿俊於 1909 年（宣統元年）10 月當選四川諮議局議長，蕭湘及羅綸當選副議長。11 月 15 日（十月初三日），四川諮議局召開首次會議，議定整理川漢鐵路公司辦法，企圖撤換官方奏派的喬樹楠等人。11 月 26 日（十月十四日），召開川省川漢鐵路有限公司第一次董事會，推舉羅綸為股東會會長，以蕭湘等組成董事局。立憲派逐漸掌握公司領導權，與清廷的矛盾因之日漸尖銳。

自 19 世紀末年起，即有美國、英國兩家公司要求取得川漢鐵路修築權利。1903 年（光緒二十九年），美國駐華公使康格（E.H.Conger）向慶親王表示，願為此提供借款，奕劻含糊允諾。英國公使湯雷（Townley）聞訊，於六月十七日（8 月 9 日）向奕劻提出，多用英國股本，奕劻表示可以考慮。9 月 20 日（七月二十九日），法國駐重慶領事照會川督錫良，要求辦理勘路工程。次年秋，德國公使穆默（A.von Mumm）致函清廷外務部，要求「一體同沾利益」。

1908 年（光緒三十四年）7 月，清廷任命張之洞以軍機大臣兼任粵漢路督辦大臣。12 月 28 日（十二月六日），再命張兼督川漢路，作借債築路的準備。1909 年（宣統元年）6 月（四月），張之洞與英國匯豐、德國德華、法國東方匯理等三家銀行議訂合同草約，擬借款 550 萬英鎊，其中 250 萬英鎊用以建造湘鄂境內的粵漢路，另 250 萬英鎊用以建造湖北境內的川漢路，餘 50 萬英鎊用以贖回前美國合興公司代清廷發售的粵漢路金元債券。美國不甘被排斥，一面向清廷交涉，一面向英、法、德三國政府提出組成美、英、德、法四國銀行團，共同向中國投資。張之洞親英，主張湖北境內的川漢路可借部分美款，而粵漢路則排斥美資。7 月 15 日（五月二十八日），美國總統塔夫脫（Wm. H. Taft）致電載灃，對張之洞「出於成見的反對」表示不滿，美國國務卿並訓令駐華代辦費萊齊警告清廷，「應負完全責任」。7 月 18 日（六月二日），載灃指令外務

大臣梁敦彥與費萊齊談判，幾經曲折，直到 1910 年（宣統二年）5 月，四國銀行團代表之間才達成協議，投資範圍將不限於湖北路段，也包括宜昌至成都段，並由美、英、法三國分派工程師主持修建。該協定簽訂之後，清廷即擬撤銷「商辦」，借款築路。

盛宣懷

1911 年 1 月（宣統二年十二月），清廷補授盛宣懷為郵傳部尚書。同年 5 月 9 日（四月十一日），清廷發佈上諭，指責商辦鐵路的各種缺點，宣佈「幹路均歸國有，定為政策。所有宣統三年以前各省分設公司集股商辦之幹路，延誤已久，應即由國家收回，趕緊修築。除支路仍准商民量力而行外，其從前批准幹路各案，一律取消。」上諭並宣稱：「如有不顧大局，故意擾亂路政，煽惑抵抗，即照違制論。」[1] 5 月 18 日（四月二十日），清廷任命端方為督辦粵漢、川漢鐵路大臣，命他迅速前往湖廣、兩廣、四川等地，妥籌辦理。5 月 20 日（四月二十二日），盛宣懷與四國銀行團代表在北京簽訂《湖北、湖南兩省境內粵漢鐵路、湖北省境內川漢鐵路借款合同》，共 1000 萬鎊。5 月 22 日（四月二十四日），清廷命令四川湖南兩省租股，一律停止。

保路運動興起　清廷的鐵路國有命令迅速激起反抗。5 月 10 日（四月十二日），湖南諮議局分電有關省份諮議局，建議共同力爭，取消「國有」政策。其後，長沙各界連日聚會抗議，聲討盛宣懷，聲稱如政府不同意商辦，即閉市、停課、抗租。5 月 16 日（四月十八日），長沙各團體代表到巡撫衙門請願，有長沙、株洲段工人一萬多人參加。湖南巡撫楊文鼎密電瑞澂，要他轉請朝廷申飭自己，藉此威嚇群眾。6 月 3 日（五月七日），上諭果然對楊文鼎「嚴旨」申飭，但群眾的情緒卻愈加憤激。諮議局議員辭職，學生罷課，楊文鼎出示禁止開會，同時出動軍警持械巡查，迫使長沙抗議運動暫時沉寂。9 月中旬（七月下旬），四川保路風潮擴大，湖南各界聞訊，再次奮起，出現罷市停課、抗糧拒

1　《宣統政紀》卷 52。

稅的局面。

　　與長沙各界抗議運動同時，湖北、廣東、四川人民也奮起鬥爭。其中，四川以「租股」為主，涉及廣大農民，也侵犯了地主的利益，因此運動發展得尤為廣泛、深入。5月16日（四月十八日），四川鐵路公司董事局致電郵傳部，要求「俯順輿情」，維持商辦成案。5月28日（五月一日），舉行臨時股東預備會。同盟會員龍劍鳴等反對「國有」，立憲派鄧孝可等要求政府退還路款，保住股本。會後，川漢鐵路董事局要求護理四川總督王人文代奏，懇請清廷暫勿收路，緩刊停止租股的消息。5月31日（五月四日），清廷下旨斥責王人文，同時指責諮議局及川路公司。次日，盛宣懷、端方聯名致電王人文，聲言公司已用款和現存之款，一律發給國家股票，概不還現。這樣，立憲派要求退還路款的希望完全落空，加之郵局奉命拒發有關鐵路問題的電報，輿論日見憤激。6月13日（五月十七日），四國借款合同傳到成都，羅綸即加以簽駁，聯絡2400餘人向王人文請求代奏朝廷。鄧孝可著文《賣國郵傳部！賣國奴盛宣懷！》，表明立憲派也難以壓制胸中的憤怒之火了！

四川川漢鐵路同志研究會成員合影

6月17日（五月二十一日），成都各界在岳府街鐵路公司集會，鄧孝可、羅綸等相繼發表演說。羅綸稱：「我們四川人的生命財產 —— 拿給盛宣懷給我們出賣了，賣給外國人去了！川漢鐵路完了！四川也完了！中國也完了！」說至此，他嚎啕大哭起來，滿場人都跟著哭，壇上、壇下，一片哭聲，連在場的警察、雜役也莫不動情。說到激昂處，羅綸以宏大的嗓音，號召與會者「誓死反對」。他砰然擊案，與會者紛紛呼應，匯成巨響。接著，羅綸宣佈「要組織一個臨時的機關」，既聯絡本省人，也聯絡外省的、全國的同胞，「一致反抗，反抗到底！」他表示：「達不到目的，我們四川人要商人罷市！工人罷工！學生罷課！農人抗納租稅！」會議決定成立保路同志會，以蒲殿俊為會長，羅綸為副會長，同時決定於會後到總督衙門請願。王人文對請願群眾表示：「只要於國計民生有關休戚的事，無論怎樣要據理力爭。」[1] 6月19日（五月二十三日），王上疏參劾盛宣懷，要求治以欺君誤國之罪。6月27日（六月二日），將羅綸等2400人對借款合同的簽駁上奏朝廷，附片自請處分。結果，王人文先是受到申斥，後是被革職。

保路同志會成立後，成都群眾四天內要求入會者即超過10萬人，各街道、行業紛紛成立保路同志分會。成都以外，重慶等地也陸續建立相同組織。總計，自6月17日（五月二十一日）至9月7日（七月十五日），各地約成立保路同志會64個。8月1日（閏六月七日），同志會選推派劉聲元入京，會同已在北京的諮議局副議長蕭湘，叩閽請願。劉啟程北上時，各界三萬人冒雨送行，在悲壯的氣氛中。劉慷慨表示：「若力爭不能破約，誓不生還！」但劉抵達北京後不久，即被清廷強行押解回籍。

清廷為鎮壓保路運動，一面調有「屠戶」之稱的川滇邊務大臣趙爾豐為四川總督，一面則物色收買對象，指使其出面響應「國有」政策。8月2日（閏六月八日），趙爾豐抵達成都。幾天後，盛宣懷與端方合謀，委派川路駐宜昌總理李稷勳繼續主管宜昌至秭歸段工程。此前，李奉盛宣懷之命進京述職，被盛收買。他未經川路公司同意，以個人名義呈文郵傳部，同意該部派員前往宜昌

1　郭沫若：《反正前後》，《少年時代》，人民文學出版社1979年版，第228頁。

清理賬目，表示今後去留各事，由郵傳部裁奪。郵傳部即命李繼續總理該段工程，使用川路公路公司存款繼續修築。這一「呈」一「箚」之間，宜昌至秭歸段的路權就從民間轉到了官方手裡。8月8日（閏六月十四日），川路總公司致電宜昌董事局，要求董事們共同質問李稷勳，令其自行辭職。8月10日（閏六月十六日），特別股東會要求趙爾豐代奏，糾劾李稷勳與盛宣懷「私相授受」，「違旨盜權」。8月13日（閏六月十九日），股東會直接致電李稷勳，聲明「全體股東不認部諮」，限李在十天內辭職。8月19日（閏六月二十五日），清廷下旨，欽派李稷勳仍總宜工，同時飭令川督查明川款，實力奉行，企圖用朝廷的力量壓服股東們。

消息傳到成都，股東們於8月24日（七月一日）召開緊急會議，沒有結果。下午，保路同志會召開大會，幾萬群眾湧進會場，要求罷市、罷課、罷捐。會議還在進行中，街頭的罷市業已開始。趙爾豐當即調派軍隊入城戒備，同時召集顏楷、張瀾、羅綸、鄧孝可等人商談。股東會領導人決定用同志會名義刊發公啟，要求「勿在街頭群聚」，「不得打教堂」，「不得侮辱官府」，引導群眾「文明爭路」。同時，他們還用黃紙刊印光緒皇帝的神位，左右分別書寫「庶政公諸輿論，川路仍歸商辦」各六字，分發各戶張貼門前，早晚焚香禮拜；又在各街道中心紮搭「皇位台」，供奉光緒帝牌位，左右分別書寫「文官下轎」、「武官下馬」各四字。立憲派企圖用這種形式將群眾運動納入軌道，同時，也為運動塗染合法色彩。

成都罷市後，四川各地紛紛響應，出現「千里內外，府縣鄉境，一律閉戶」的局面。8月25日（七月二日），趙爾豐派官員上街勸諭商民開市，無效。8月28日（七月五日），他和成都將軍玉昆及各司道官員會銜代奏，要求清廷同意將川路「暫歸商辦」，借款築路一事交資政院討論。8月31日（七月八日），蒲

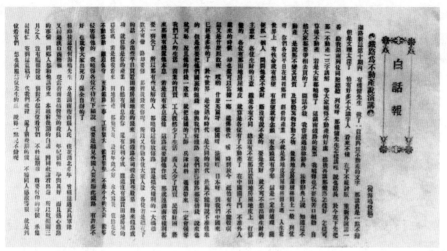

殿俊、羅綸等按照趙爾豐的要求成立「官紳商學界聯合維持會」，企圖化解衝突，維持秩序。

在清廷內部，載澤、盛宣懷、端方等人主張鎮壓。盛宣懷一再致電趙爾豐，聲稱「要脅罷市、罷課即是亂黨」，要趙仿照湖南等地辦法，捕拿倡首人物。8月28日（七月五日），端方參劾趙爾豐「撫馭無術」。8月30日（八月七日），清廷通知趙爾豐，查款、收路不變，也不準備交資政院或諮議局討論，同時警告趙：「倘或辦理不善，以致別滋事端，定惟該督是問」。[1]清廷的這種頑固態度激怒了立憲派。9月1日（八月九日），股東會決定不納正糧，不認捐輸，不買賣田房，不認外債分釐，通告全國。

成都血案與武裝抗清　在群眾運動的巨大聲勢面前，趙爾豐、玉昆一面上奏清廷，要求罷斥盛宣懷，消弭禍亂，同時則準備採取強硬手段。9月6日（七月十四日），股東會議，有人散發《川人自保商榷書》，趙爾豐認為該文「隱含獨立」，謀劃藉此開刀。9月7日（七月十五日），兵備道王棪謊報，亂民將在成都起事。趙爾豐便以議事為名邀集羅綸、鄧孝可、張瀾、蒲殿俊、顏楷前來總督衙門議事，一一加以綑縛，分別拘押。同時查封鐵路公司、鐵道學堂及

1　《宣統政紀》卷58。

保路報刊。人們聞訊，或手捧光緒帝牌位，或燃香頂禮，紛紛奔向總督衙門請願。突然間，槍聲大作，馬隊馳逐，當場被打死 32 人，傷者無數。據記載：「眾屍纍纍，橫臥地上，猶緊抱先皇牌位不放」，「其幼屍年僅十三歲云」。[1] 9 月 8 日（七月十六日），趙爾豐又派兵進攻城外的民團，謊稱「匪黨攻城，已被擊退」。

為了掩飾這次有預謀的屠殺，趙爾豐不僅於 9 月 7 日（七月十五日）指使爪牙在督署衙門附近放火，企圖誣陷群眾，而且在事後誣指蒲殿俊、羅綸「借爭路名目陰圖不軌」，並且命人偽造信件，捏造「血書」、「盟單」等物，企圖置蒲、羅等人於死地，群眾因之更加激憤，紛紛武裝反抗。

中國同盟會會員長期在四川哥老會中活動。保路運動發生後，龍劍鳴、王天傑等人積極活動，聚

---

1 《成都紳民代表冤單》，《辛亥革命前後》（盛宣懷檔案資料選輯之一），上海人民出版社 1979 年版，第 140—141 頁。

集力量。1911年（宣統三年）7月，重慶同盟會員朱之洪被推選為股東代表到成都開會，與龍劍鳴等密商，認為成都防範嚴密，不如在外縣發動，於是分頭出發。當時，川西哥老會首領、同盟會會員張達三、張捷先等都已作好起兵準備。同月，川西南哥老會首領侯寶齋以慶壽為名邀集九府哥老會代表集會，推秦載賡與侯寶齋分別主持東南兩路的起義。8月4日（閏六月十日），各地哥老會首領與同盟會員龍劍鳴等在資中羅泉井開「攢堂大會」，決定組織同志軍。9月7日（七月十五日），成都血案發生後，龍劍鳴等在大量木板上書寫「趙爾豐先捕蒲、羅，後剿四川，各地同志速起自救自保」字樣，投入江中，順流而下，向各地報警，人稱「水電報」。9月8日（七月十六日），秦載賡率所部同志軍千餘人趕到成都，進攻東門。接著，侯寶齋所部也在成都南郊與清軍交戰。七、八天之內，各路同志軍到達成都郊外者已達一二十萬人。

東路：9月12日（七月二十日），進攻東門的秦載賡部在與清軍苦戰後退到簡陽休整，與佔領仁壽縣城的龍劍鳴、王天傑部會師，成立東路民軍總指揮部。9月25日（八月四日），王天傑與奉同盟會之命回川工作的吳永珊（玉章）合作，在榮縣宣佈獨立，推同盟會員蒲洵主持縣政。

南路：東路秦部既退，進攻成都南關的侯寶齋部也於8月17日（閏六月二十三日）前後退到雙流，與反正清軍周鴻勳部會合，於八月上旬共同攻下新津，但10月13日（八月二十二日）又被清軍奪回。另一路由同盟會員、哥老會首領羅子舟率領於9月19日（七月二十七日）攻佔榮經，號稱川南同志會水

端方赴川前與湖北要員合影

陸全軍都督。

西路：以張達三為總指揮，轉戰於崇寧、灌縣等地。

清廷得悉同志軍起事消息後，決定派湖南、雲南、廣東等六省軍隊赴川，令端方迅速啟程，同時起用開缺兩廣總督岑春煊趕赴四川，辦理剿撫事宜。清廷不瞭解，他們的路已經走到盡頭，什麼方法也無法挽救滅亡的命運了。

四　保界拒約運動

保界拒約運動　保界拒約運動源於 1911 年初（宣統二年末）的邊疆危機。當年 1 月 3 日（十二月三日），英國派兵侵佔雲南西北邊境要地片馬；1911 年（宣統三年）2 月，英法合辦的隆興公司強索雲南七府礦產開採權，法國藉口保護鐵路而陳兵滇邊；同月，沙俄借修訂《伊犁條約》及所屬《改訂陸路通商條約》之機，企圖攫取新疆、蒙古、張家口等地的自由貿易權、免稅權、土地所有權和在中國全境的治外法權。在這些事件連續刺激下，立憲派和革命黨人分頭發動，掀起了一場以保界拒約為主要內容的反帝愛國運動。

1 月 28 日（十二月二十八日），雲南諮議局致電全國報館：「英人派兵據我片馬，勢將北進，扼蜀、藏咽喉，窺長江流域，大局危甚。擬先文明對待，不賣英貨，請轉各商協力進行。」[1] 2 月 7 日（正月九日），雲南紳商在諮議局集會，成立中國保界會。3 月 1 日（二月一日），江蘇諮議局議長張謇提議聯合各局議長，上書清廷，表示「俄舊約萬不可徇」。[2] 3 月 11 日（正月十一日），資政院在京議員聯名上書總裁溥倫，認為「修訂中俄商約一事，實關係西北大局」，要求溥倫根據院章，奏請召開臨時會議，但溥倫置之不答。議員們赴溥倫住宅求見，溥倫閉門不納。議員們再次上書內閣，但內閣「溫諭阻拒」。[3]

第四次國會請願運動失敗後，海外的立憲派企圖藉此發動第五次。2 月

1　《民立報》，1911 年 2 月 4 日。
2　《議長之救亡電》，《民立報》，1911 年 3 月 2 日。
3　《民立報》，1911 年 5 月 17 日。

下旬，在美國的中華帝國憲政會致電國內，聲稱：「敵迫，國會遲必亡，速五請。」但是，國內立憲派的興趣在於提前召開各省諮議局聯合會。5月12日（四月十四日），該會在北京開幕，以譚延闓為主席、湯化龍為審查長。會上，代表們普遍提議編練民兵，保衛邊疆，反映出立憲派對清廷的憤懣、絕望，以及憂患意識的加深和自保要求的增強。會上，雲南籍議員提出片馬一案，湯化龍認為：「上奏亦無效，不如作為我輩攻擊政府之資料，」[2] 此後，片馬問題即成為立憲派射向皇族內閣的有力子彈。6月24日（五月二十八日），聯合會通過由湖北省諮議局副議長張國溶起草的《通告全國人民書》，全面抨擊皇族內閣的內外政策。當時，清廷曾準備同意英國前駐騰越領事烈敦的要求，「永遠租借片馬」。對此，通告書評論說：「夫永遠租借實割讓土地之變名詞。」[3]

繼國內立憲派之後，留日學界迅速行動。2月26日（正月二十八日），東京中國留學生1200餘人集會，接受鄒資州、劉揆一、陳策（均為同盟會員）三人提議，堅決拒絕俄約，成立國民軍，並運動各省諮議局。會後，在河南留學生、同盟會員劉基炎率領下，全體人員列隊到中國使館，要求支持。3月5日（二月五日），留日各省同鄉會代表集會，決定不用「國民軍」名義，而稱中國國民會，同時決定各省推舉代表組成演說團，分往二十一省演說，宣傳救亡。

駐日使館最初應允支持學生，但態度旋即改變。3月15日（二月十五日），學生代表48人決定模仿北京國會請願團在慶親王門前長立一夜的例子，在公使館靜坐。3月16日（二月十六日），各校留學生聞訊趕來的已達五六百人。清廷駐日公使汪大燮不得已，約見國民會理事長李肇甫、幹事熊越山、職員馬伯援（均為同盟會會員）。汪稱：「此次舉動非爾等所應為，」建議將國民會改為愛國會。當日，學部致電使館，聲稱「學生干預政治，例禁綦嚴」，「倘有抗拒情事，仍應從嚴究辦」。[4] 外務部也致電汪大燮，嚴詞指責其處理不當，聲稱倘再聽任學生等「輕佻跋扈」，將予以革職處分。[5] 於是，使館態度進一步變化，指責

1 《申報》，1911年2月24日。
2 《直省諮議局議員聯合會第二屆報告書》，第50頁。
3 《直省諮議局議員聯合會第二屆報告書》，第101—102頁。
4 日本外務省檔案：《清國留學生／行動》，明治44年（1911）3月21日。
5 日本外務省檔案：《中國國民會總會／件》，明治44年（1911）3月23日。

學生們等「挾眾要求，徹夜不散，殊屬無理取鬧」。3月18日（二月十八日），汪大燮接見李肇甫等，要求解散國民會。3月19日（二月十九日），中國國民會全體職員開會。有人提議開大會與使館宣戰，熊越山力主以慎重態度處理。4月6日（三月八日），發佈經過修訂的《中國國民會章程》，放棄組織「國民軍」的提法，宣稱「以提倡尚武精神，養成軍國民資格為主，並研究政治、教育、實業諸大端」。[1]4月18日（三月二十日），歸國代表、同盟會會員黃嘉梁（雲南）、蕭德明（四川）、蔣洗凡（山東）、金樹芬（東三省）、王葆真（直隸）、傅夢豪（浙江）等六人由東京啟程，分赴雲南、東三省及上海。4月下旬，各省選出的歸國代表已達57人。

　　同盟會雲南分會會長楊大鑄及會員王九齡是最早歸國的留日學生。他們到達上海後立即到《民立報》會晤宋教仁，發佈《通告書》，力陳保衛片馬的重要性，聲稱「我國人欲死戰，則必先練民兵」。[2]3月12日（二月十二日），上海民族資產階級頭面人物沈縵雲、王一亭、虞洽卿、胡寄梅、周豹元、葉惠鈞、顧馨一、袁恒之等聯合發表啟事，號召組織全國商團聯合會，以達「人自為兵」之目的。該會以李平書為會長，沈縵雲、葉惠鈞為副會長，虞洽卿為名譽副會長。至7月20日（閏六月一日），上海商團已發展到2000人之多。其後，福建、南昌、營口、通州等地陸續建立商團。

孫中山致函陳楚楠談籌款事宜

　　4月下旬，國民會代表傅夢豪等到滬，即積極在知識界和工商界活動。6月11日（五月十五日），上海各界四千人在張園召開大會，宣佈中國國民總會成立，以沈縵雲為正會長，馬相伯為副會長，葉惠鈞為坐辦。

　　保界拒約運動興起後，俄國駐華公使廓索維慈即照會清廷外務部，指責京外各報，「肆意

1　《民立報》，1911年4月24日。
2　《滇代表通告書》，《帝國日報》，1911年8月14日、15日。

詆毀，搖惑人心，請設法抑止」。[1] 同時，日本駐華代理公使也照會外務部，反對中國人民普練民團，聲稱「若不即時查禁，恐又肇拳匪之禍」。[2] 3 月 1 日（二月一日），清廷要求各省督撫「嚴密防範，勿任釀成事端」。[3] 國民會成立後，皇族內閣立即電令各省嚴防國民會員至內地「煽惑」，並查禁國民軍。但是，這些禁令並未起多大作用，運動還是在浙江、江蘇、吉林、福建等省份內得到發展。浙江在全省範圍內成立了國民尚武總會，在紹興、台州、湖州、衢州、寧波、嘉興、嚴州等地建立了國民尚武分會和民團。江蘇的無錫、南通、蘇州、宜興、江都、丹徒、丹陽等地普遍建立了國民分會、商業體操會、體育會、商團體育會一類組織。9 月 14 日 (七月二十二日)，國民會吉林分會成立，以蒙古族人士慶山、楊夢齡為會長，滿族人士松毓為副會長，金樹芬為幹事長。

　　同盟會領導層在 1907 年（光緒三十三年）春夏之後，即處於嚴重的分裂狀態。孫中山長期對東京同盟會本部灰心失望，並一度產生過拋棄同盟會，另建新黨的打算。這種情況到 1910 年（宣統二年）冬才有所改變。當年 6 月，孫中山經檀香山到日本後，陸續會見同盟會骨幹。其間，又命劉揆一復興同盟會本部。自劉揆一被推為庶務，一批新人進入本部後，同盟會本部的工作出現轉機。

　　中國同盟會成立後，專注於發動武裝起義，忽視合法鬥爭和群眾運動，在 1911 年（宣統三年）的保界拒約運動中，熊越山、李肇甫、劉揆一、宋教仁、陳其美、沈縵雲、葉惠鈞、劉基炎、陳策、夏重民、傅夢豪、黃嘉梁、楊大鑄、蔣洗凡、蕭德明、王葆真、袁麟閣、褚輔成等一批同盟會員積極參與並領導了運動。他們不僅在各類組織、各類活動中發揮了骨幹作用，而且善於利用合法鬥爭，團結盟友，表現出一定的鬥爭藝術。以「留日全體學生公啟」名義發出的《中國危亡警告書》特意加上「聖上御極」、「兩朝聖后，憂國愛民」一類的保護性字眼《哀告同胞書》聲明國民會不提倡革命。所有這些，都便於爭取廣大的同情者，並使清廷的鎮壓失去有力的藉口。

　　同盟會的本部設於海外，其活動方式一般為在海外策劃，在邊疆或沿海地

1　《嗚呼中國人之言論自由權》，《帝國日報》，1911 年 3 月 16 日。

2　《國民軍乎？拳匪乎》，《神州日報》，1911 年 3 月 18 日。

3　《外務部致各督撫英人進兵片馬事報傳失實請解釋電》，《清宣統朝外交史料》卷 19。

區發動起義。這種「輸入式」的革命便於從海外獲得武器和軍餉，但難於和國內群眾發生緊密的聯繫，缺少立足生根之地。留日國民會決定將中國國民總會設於上海，在各地設立分會，這就將革命工作的重心從國外轉入國內，從邊疆轉入腹地，從而有利於國內革命運動和群眾運動的發展。後來，同盟會中部總會將本部設於上海，在各地設分會，顯然也出於同一考慮。

同盟會領導的武裝起義，前期著重利用會黨。會黨雖和社會下層聯繫密切，但散漫、落後，易於見利忘義，所以同盟會後期轉而依靠新軍。新軍掌握現代武器，組織性、紀律性強，但因其處在清廷的嚴密控制下，發動不易。在保界拒約運動中，同盟會員們號召發展商團、民團以至體育會一類組織，這就開闢了新的武裝力量的源泉。商團、民團是一種早已存在的地方自保性的武裝組織，既為清廷所允許，也易於為各界所接受。在籌建過程中，同盟會員們又特別說明，其目的在於「為政府之後援」，「為國家宣力」，努力以合法的外衣包裹不合法的內容，這就便於為起義積蓄力量。事實證明，在武昌起義後的各地光復中，上海、福建等地的商團、民團都發揮了重要作用。

諮議局的議員們一般主張君主立憲，維護清王朝，在政治路線上和革命派

對立。但是，立憲派又因反對帝國主義侵略，要求挽救民族危機，和革命派有一致之處。運動中，同盟會員們沒有把立憲派和諮議局看成敵對勢力，而是以之為盟友，利用諮議局進行工作。3 月 16 日（正月二十八日）的留學生全體大會的三個發起人中間，夏重民是同盟會員，胡源匯則是立憲派。會議決定發動各省諮議局參加抗爭。3 月 21 日（二月三日），雲南諮議局即覆電贊同，聲稱雙方的救亡辦法「名異實同」。[1] 其後，留日國民會和各省諮議局之間函電往來，互通聲氣，互相支持。歸國代表們一般也都和諮議局聯繫，在諮議局的贊同下，或以諮議局的名義組織各項活動。諮議局和紳、商、學各界聯繫密切，又是清廷承認的機構，這就為同盟會員們的活動提供了方便條件。運動中，同盟會員們還注意爭取地方督撫如趙爾巽、增韞等人的支持，從而取得了公開活動的條件。

上海民族資產階級在全國有較大的影響。辛亥革命前，這一階級在各項政治活動中日益活躍。留日國民會注意聯絡上海民族資產階級的頭面人物和各地商界人士，這是正確的。但是中國民族資產階級發展不足，力量微弱，僅僅依靠這一階級決不足以成事。5 月 11 日（三月二十五日）留學生全體大會上，同盟會員夏重民提議發動勞動者反抗清廷，會議並就此作出了相應決議，這就找到了推翻舊制度的真正強大動力。遺憾的是，當時革命黨人的主體是出現不久的新型知識份子，在辛亥革命的全過程中，他們始終找不到動員和組織勞動者的有效辦法。

1　《雲南公電》，《時報》，1911 年 3 月 5 日。

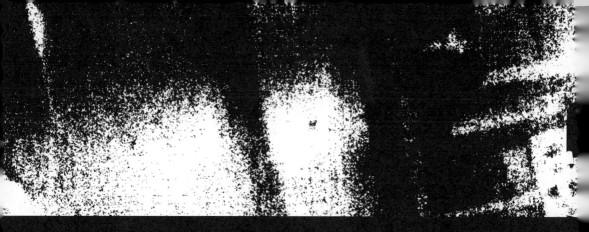

顛覆滿清專制政府，
鞏固中華民國，
圖謀民生幸福，
此國民之公意，
文實遵之，以忠於國，
為眾服務。
至專制政府既倒，
國內無變亂，民國卓立於世界，
為列邦公認，
斯時文當解臨時大總統之職。

第十一章

武昌起義，民國建立 清朝覆滅

一　武昌首義

湖北地區革命組織的潛滋暗長　日知會在萍瀏醴起義失敗後被破壞，武漢
地區的革命黨人接受教訓，潛入地下，隱蔽活動。自 1907 年（光緒三十三年）
起，武漢地區出現了一個又一個秘密的革命小團體，其重要者有湖北軍隊同盟
會、群治學社、振武學社、文學社、湖北共進會等。

湖北軍隊同盟會創始人為原日知會聯絡員任重遠。1908 年（光緒三十四年）
3 月，他自四川歸鄂，經李長齡介紹，投入新軍第二十一混成協第四十一標當
兵。當時，黃興正在廣西欽州、廉州一帶發動起義。任、李二人認為，欽、廉
僻遠，不如在武昌地區發動，方能振奮人心。二人相約召集日知會舊日同志，
重加組織。黃申薌、楊王鵬、鍾琦、章裕昆以及尚在獄中的李亞東、梁鍾漢等
都表示贊同，共約四百餘人，7 月 25 日（六月二十八日），於武昌洪山羅公祠
召開成立會，秦炳鈞任主席。為保密，會議決定不制訂章程。

湖北軍隊同盟會成立後，李亞東通過獄外的同志陳少武等人創立《通俗白
話報》，以「上逸」為筆名撰文鼓吹革命。該報在軍學兩界流佈，影響很大，但
不久，清吏即禁止李亞東見客，報紙停刊。任重遠也因赴川聯絡，負責無人，
會務中輟，前後只活動了五個月。其成員，有姓名可查者 46 人，大多為兩湖籍
貫的新軍士兵。[1]

群治學社的發起人為新軍第四十一標士兵楊王
鵬。1908 年（光緒三十四年）11 月，楊在安徽太
湖參加湖北與南洋新軍的聯合會操。適值光緒帝、
西太后相繼去世，熊成基在安慶發動起義，楊王鵬
即與鍾琦、章裕昆等商量，決定利用集會，加緊進
行。會操結束，回到武昌的當晚，楊王鵬即召集會
議，決定成立群治學社，以楊王鵬、鍾琦等十人為
發起人。12 月 13 日（十一月二十日），在武昌東

楊王鵬

1　　張玉法《清季的革命團體》，台北：中央研究院近代史研究所專刊，第 578—589 頁。

詹大悲

門外金台茶館召開成立會，推鍾琦為庶務。會議通過的宣言規定該社的宗旨是：「研究學識，講求自治，促睡獅之猛醒，挽既倒之狂瀾。」[1]簡章規定，社員須繳入社金一元，每月各捐薪餉的十分之一為社中經費，同時規定社員每月須介紹二人入社，但須經社員三人考察，而且不得介紹官佐入社，以防不測。1909年（宣統元年）7月，楊王鵬結識隊官潘康時，發現潘熱心革命，才破例發展。其後，鍾琦被作為新軍骨幹調出省外，庶務改由李六如繼任，社務進一步發展。已知社員共64人，大多為兩湖籍新軍士兵。1910年（宣統二年）2月，同盟會會員湖南人劉復基、蔣翊武相偕到鄂，投軍當兵，同時協助詹大悲編輯《漢口商務報》。

《漢口商務報》創刊於1909年10月8日（宣統元年八月二十五日），原為商辦報紙，因資金困難，創辦不久即停業。革命黨人宛思演以出售祖傳田產數十畝所得承頂。主筆詹大悲，編輯何海鳴，會計兼發行劉復基，撰述有查光佛、楊王鵬等，都是武漢地區的革命黨人。經營不久，仍感經費困難，詹大悲再次售產支持，群治學社也以部分基金支持。自此，該報「鼓吹革命，言論激昂，抨擊無所忌諱」，成為群治學社的機關報和秘密聯絡點。

同年4月，湖南長沙發生搶米風潮，清廷調鄂軍前往鎮壓，又調北洋軍到鄂填防。湖南焦達峰擬乘機起事，同時聯絡湖北新軍響應。李六如、楊王鵬與湖北共進會的黃申薌、查光佛商量後，決定於5月4日（三月十五日）夜發動。不久，長沙搶米風潮被鎮壓，北洋軍已到漢口，全城戒嚴。黃申薌被警察追捕時跳牆逃逸，其他人也紛紛避離。湖北總督瑞澂敕令江漢關道齊耀珊前往查封《漢口商務報》，夏口廳威脅有關公司不得承印，同時函請駐漢英領事勒令報館遷出租界，《漢口商務報》遂被迫停刊。

清吏雖然力圖緝拿群治學社諸人，但李六如已將文件秘藏，未被搜獲，

1　章裕昆《文學社武昌首義紀實》，1955年第二次印刷本，第6頁。

學社得以保存。1910年（宣統二年）8月，李六如召集會議，與會者決定改名振武學社，「專為聯絡軍界同胞，講求武學」。[1] 9月18日（八月十五日）為夏曆中秋節，在武昌黃土坡召開成立大會，推楊王鵬為社長，李六如任庶務兼文書。會議規定了更為嚴密的制度：在各標、營、隊分別設立代表；幹部會議非標代表不得參加；各營按代表的命令列動，彼此不得互知情況。但是，此時社員已發展至近千人，楊王鵬等人的活動還是為混成協協統黎元洪所覺察。黎元洪傳潘康時責問，潘答：「有程度稍優之士兵若干人，常集合研究學術，無所謂組織，更無所謂會黨。」黎元洪發怒說：「現在革命黨盡係如此，汝不嚴禁，反從而庇護之！」遂將潘撤職，改派施化龍接差。施到任後，派人密探，向黎元洪報告楊王鵬「秘密結社，圖謀不軌」黎認為「此事萬不可聲張，否則更難處理」。僅將楊及四十一標二營司書鄭士傑撤差，將李六如及另一士兵責打一百軍棍，開除軍職，沒有過事吹求。

楊王鵬被撤差後，社務由蔣翊武主持，取靜觀忍耐方針，社務停頓約兩個多月。1911年1月（宣統二年十二月）下旬，蔣翊武在各標同志催促下，於武昌閱馬場集賢酒館召集會議。詹大悲提議取一個更不為人注意的名字，遂定名文學社，聲稱其宗旨是「聯合同志，研究文學」。1911年1月30日（宣統三年元旦），文學社以團拜為名在黃鶴樓畔的風渡樓召開成立大會，推蔣翊武為正社長，詹大悲為文書部長，劉復基為評議部長，蔡大輔、王守愚為文書員，鄒毓琳為會計兼庶務。會議鑒於當時形勢，要求盡快發展會員，擴大組織。一個月之後，除馬隊八標外，湖北新軍都有了文學社成員，在士兵中，社員已佔多數。

3月15日（二月十五日），文學社在黃土坡招鶴酒樓召開代表會議，補選第三十標士兵王憲章為副社長，派章裕昆往馬隊八標發展社員。三二九起義期間，蔣翊武計劃炸斃瑞澂，舉事回應，旋因廣

蔣翊武

1　　張玉法《清季的革命團體》，台北：中央研究院近代史研究所專刊，第14頁。

州方面失敗作罷。5月10日（四月十二日），文學社在黃土坡同興酒樓召開第二次代表會議，決定在小朝街85號設立機關，推劉復基等駐社辦公；同時增設總務部，以張廷輔為部長。6月1日（五月五日），召開第三次代表會議，決定建立陽（漢陽）夏（漢口）支部，以胡玉珍為支部長。

《漢口商務報》被查封後，革命黨人決意重組輿論機關。1910年12月14日（宣統二年十一月十三日），胡為霖創辦《大江白話報》，以詹大悲、何海鳴分任正副主筆。不久，英國巡捕無故毆斃人力車伕吳一狗，漢口地方當局下令不得登載或評論，《大江白話報》「據實直書，無所畏懼」，贏得社會好評，「大悲」之名，也因而傳揚。1911年（宣統三年）春，報紙由詹大悲接辦，易名《大江報》，以「提倡人道主義，發明種族思想」為宗旨。詹大悲自任經理。何海鳴、查光佛等任編輯，居正、田桐、蔣翊武等積極為之撰文。該報初為振武學社的機關報，文學社成立後即成為該社的輿論宣傳機構。該報在湖北新軍各標營中聘請特約通訊員，設分銷處，免費贈送各營隊報紙一份。三二九之役後，該報收集烈士書信等遺文，印成單行本，隨報附送。在保路風潮中，該報逐日發表評論，痛罵盛宣懷、端方、鄭孝胥等人賣國，「鼓動社會團結抵抗」，在湖北新軍中影響日大。[1]

從湖北軍隊同盟會到文學社，湖北新軍中的革命力量不斷發展，組織日益嚴密。至此，文學社已發展至3000人，約佔湖北新軍總數的五分之一。現已知社員243人，大多為士兵及下級軍官，間有學界人士，以湖北人居多。[2]

除文學社之外，湖北地區還存在著另一個革命組織，這就是湖北共進會。

1909年（宣統元年）春，孫武自日本回到漢口，受到湖北地區革命黨人的熱烈歡迎。新軍三十二標士兵黃申薌具有排滿思想，曾與人組織種族研究會。他從孫武處見到共進會章程，並得知孫中山、黃興和同盟會的有關情況後，表示願將種族研究會併入。同年，焦達峰到漢，和孫武研究後決定，在湖北成立共進會，用以統一長江流域會黨。其後，孫武即將大冶、安陸、黃州、襄樊等五處會黨分編為五鎮軍隊，以劉公為大都督，劉英為副都督，黃申薌等分任統

1 《再志漢口〈大江報〉被封情形》，《時報》辛亥閏六月十三日。
2 張玉法《清季的革命團體》，台北：中央研究院近代史研究所專刊，第599—612頁。

制。由於此前劉英、黃申薌等所部會黨的暴動連續失敗，孫武不得不下令暫停活動。9月，孫武赴粵，轉赴廣西參加共進會在當地發動的起義，事洩，孫武逃亡香港，加入同盟會。

孫武離鄂後，黃申薌將湖北共進會的活動重點轉向新軍，士兵會員發展至815人。1910年（宣統二年）6月，孫武自廣東歸鄂。1911年（宣統三年）2月，在武昌胭脂巷24號設立機關。同月，居正、譚人鳳先後受黃興之命，到漢和孫武等人建立了聯繫。3月31日（三月二日），孫武命鄧玉麟出面，在武昌黃土坡開設同興酒樓，專門聯絡新軍士兵。人們誤傳孫武是孫中山之弟，加入共進會者日益增多。同月，共進會的第三任總理劉公到武昌，任主盟人。當時，正值廣州起義新敗之後，孫武等決心在湖北再次發動。5月3日（四月五日），居正、劉公、焦達峰等集議，孫武提議，由兩湖首義，號召各省響應。他說：「我們先是被動的，今日我們要做主動了。」[1]會議決定，如湖北首先發動，則湖

南即日回應，反之亦然。此時，共進會已有新軍會員約一千五六百人。其中工程營和炮八標，會員約佔士兵半數以上。

湖北有新軍一鎮、一協，約15000人，文化水準較高，訓練有素，裝備精良，是當時北洋六鎮以外的第二大武裝力量。經過革命黨人長期、深入、細緻的工作，加入革命組織的已近三分之一，此外，還有大量的革命同情者，因此，這支隊伍實際上已經變質，成了一支革命黨人可以掌握和控制的隊伍。此前革命黨人歷次發動的起義之所以旋踵即敗，很大程度上是由於沒有這樣一支隊伍，現在有了，起義的勝利就有了基本保證。加上武漢位居中國腹心，近代

1　楊玉如《辛亥革命先著記》，科學出版社1957年版，第35頁。

工商業和新式教育都比較發達，既是經濟文化中心，又是交通樞紐，還是清廷的軍事工業重地，起義一經成功，會立即造成四方震動的巨大影響。因此，在武昌首義，這是一個正確的決策。後來的事實證明，這個決策對近代中國歷史發展起了無法估量的重要作用。

起義爆發　武昌地區存在著兩個革命組織，不可能不發生摩擦與衝突。1911 年 5 月 11 日（宣統三年四月十三日），文學社與共進會代表集會，達成合作協定。不久，保路風潮掀起，《大江報》於 7 月 17 日（六月二十二日）發表何海鳴所作短評《亡中國者和平也》，抨擊清廷出賣國家主權，也抨擊立憲派叩頭上書的和平請願，呼籲革命。7 月 26 日（閏六月一日），發表黃侃所作時評——《大亂者，救中國之妙藥也》，文稱：

> 中國情勢，事事皆現死機，處處皆成死境，膏肓之疾，已不可為，然猶上下醉夢，不知死期之將至。長日如年，昏沉虛度，軟癱一朵，人人病夫。此時非有極大之震動，極烈之改革，喚醒四萬萬人之沉夢，亡國奴之官銜，行見人人歡然承戴而不自知耳！和平改革，既為事理所必無；次之，則無規則之大亂，予人民以深創巨痛，使至於絕地而頓易其亡國之觀念，是亦無可奈何之希望，故大亂者，實今日救中國之妙藥也。嗚呼！愛國之志士乎，救國之健兒乎，和平已無可望矣。國危如是，男兒死耳，好自為之。

清廷旋即以「宗旨不純，立意囂張」，「淆亂政體，擾害治安」的罪名封閉報館，逮捕主筆詹大悲、何海鳴。在法庭上，何海鳴聲明：「國民長夢不醒，非大亂不足以驚覺，望治情殷，故出此憤激之語。」他反過來責問清廷「封報館，拘總理，任意羅織」該當何罪。詹大悲則譴責清廷將片馬「永租外人」，反以「和平解決」自飾，「喪權辱國，莫此為甚」！[1] 武漢各界聲援詹、何二人，大街小巷遍貼「安慰之紙條，哭弔之短文」。瑞澂本想將二人判處死刑，但懾於民情，只判監禁一年半。

9 月初，端方指調湖北新軍到四川鎮壓保路運動。9 月 14 日（七月二十二

1　《時報》，辛亥閏六月十四日、十六、十九日。

日），共進會、文學社代表集會，都認為時機已到，提議取消兩個團體的名義，合作革命。會議決定派人赴上海邀請黃興和同盟會中部總會的宋教仁、譚人鳳前來主事。會後，居正、楊玉如銜命東下。9月24日（八月三日），兩個團體在胭脂巷11號機關召開聯合大會，確定中秋節起義，推蔣翊武為臨時總司令，孫武為參謀長，劉公為軍政府總理。會議還確定了起義時的發動計劃。同日，南湖炮隊士兵與軍官之間發生衝突，有人建議當晚立即起義，一時滿城風雨，瑞澂為此加強了戒備，下令中秋戒嚴，士兵不得外出。起義總指揮部根據這一情況，決定改期於10月11日（八月二十日）起義。

10月9日（八月十八日），孫武在俄租界寶善里14號機關裝配炸彈。不慎爆炸。趕來的俄國巡捕發現炸藥、旗幟、文告、印信，抓走劉公的妻子及弟弟

俄租界寶善里14號

等人，並引渡給清方。審訊中，清方得知起義秘密，瑞澂立即下令閉城調兵，搜捕革命黨人。這就迫使革命黨人不得不立即行動。當日下午五時，蔣翊武發佈命令，以夜12時南湖炮隊的鳴炮為號，城內外同時動作。但是，很快就接連發生意外事件。楊宏勝運送炸彈，被軍警查獲；臨近發動時，軍警突然包圍設在武昌小朝街85號的總指揮部，逮捕劉復基、蔣翊武、彭楚藩等人；負責傳達命令的鄧玉麟無法出城，沒有及時將起義命令送到南湖。這樣，10月11日（八月二十日）的起義計劃就無法進行了。10月10日（八月十九日）黎明，劉復基、彭楚藩、楊宏勝三人慷慨就義；蔣翊武因拖長辮，穿長袍馬褂，不為軍警注意，被捕後不久即乘機逃跑。

瑞澂處決了劉復基等，又捕獲了三十多位革命黨人，興高采烈地向清廷報

功：「弭患於未然，定亂於俄頃。」他沒有想到，起義領導機關雖然被破獲，但散處於各標營的革命黨人正在自動計議，決定按照原佈置行動，地火很快就會噴薄而出。

10月10日（八月十九日）晚七時，在城外西北的塘角，李鵬升、李樹芬等在馬房縱火，混成協第21營輜重隊、工程隊士兵隨即起義，向城內進發。

城內，工程第八營排長陶啟勝查棚，發現起義之跡，被士兵程定國開槍擊傷，同時，共進會工程營總代表熊秉坤趕到，也打了一槍，全營轟動。士兵們擊斃阻撓起義的代理管帶等三名官長，由熊秉坤帶領，直撲楚望台軍械庫，會合守庫士兵，共同佔領該庫。當時，集合到楚望台的士兵已達四百多人，熊秉坤指揮困難，便推舉臨時找到的原日知會會員、工程營左隊隊官吳兆麟為臨時總指揮。

二十九標營址距工程營最近，士兵們高喊「打旗人」，在排長蔡濟民率領下衝出營門。三十標接著發動。三十一標、四十一標駐守左旗營房，是黎元洪的協司令部所在地。為了阻撓起義，黎元洪殺死前來送信的外營士兵，又手刃準備回應的士兵鄒玉溪，但在聽到蛇山炮聲後潛逃，士兵紛紛行動，響應起義。炮隊八標位處南湖，蔡漢卿聽到城內槍聲後赤膊躍起，踢翻隊官，士兵們拖炮實彈，向城內進發。與此同時，工程八營派金兆龍等出城迎接炮隊，抵達中和門時，發現城門緊閉，金兆龍情急之下，扭斷鐵鎖，順利出城，與炮隊會合，在蛇山、鳳凰山、中和門等處構築炮兵陣地。當晚十點半左右，各路起義士兵會攻湖廣總督衙門和第八鎮司令部。瑞澂和第八鎮鎮統張彪先後逃跑。東方黎明，起義士兵佔領督署。

熊秉坤

10月11日（八月二十日）晚，文學社第四十二標代表胡玉珍鳴槍集合士兵，宣稱：「武昌已為我革命軍佔領，我們今天光復陽夏，為祖宗報仇，為民族爭光！」士兵們迅速佔領鋼藥、兵工兩廠。10月12日（八月二十一日），起義軍撕下廟內神帳，當作旗幟，在龜山設立指揮部，炮擊在江中行駛的楚材兵艦，迫使其逃走。漢陽宣告克復。

同日，漢口發生縱火搶掠現象，漢陽起義士兵接受漢口商防保安會等團體要求，派兵過江鎮撫，漢口也轉入革命軍手中。

黎元洪

湖北軍政府的成立　武昌光復的第二天上午，革命黨人在閱馬場諮議局集會，討論都督人選，一致認為只有德高望重、有全國影響的人才能勝任。有人推舉湖北諮議局議長湯化龍。湯被邀請到會後表示：「革命事業，鄙人素表贊成」，但「此時正是軍事時代，兄弟非軍人，不知用兵」。於是，有人改推黎元洪。黎在 10 月 10 日（八月十九日）晚上殺死了兩個起義士兵後，躲到一個參謀家裡，被搜了出來，送到諮議局，受到眾人歡迎。當他得知被推為都督時，臉色慘白，大喊：「我不能勝任，休要害我！」眾人或勸說，或威脅，都沒有效果。這時有人送來一份安民告示，要黎簽署，黎拒絕，革命黨人李翊東氣得舉槍對黎說：「再不答應，我就槍斃你！」說畢，李便代簽了一個「黎」字。

黎元洪在被推舉為都督後，不言不語，甚至不吃不喝，盤膝閉目，成了「泥菩薩」。直到 10 月 13 日（八月二十二日），他得知武漢三鎮全部克復，才改變態度，同意剪掉辮子。10 月 17 日（八月二十六日），黎元洪在閱馬廠登壇誓師，由譚人鳳授旗授劍，黎元洪宣誓。10 月 25 日（九月四日），軍政府開會，改訂原由湯化龍等起草的《軍政府暫行條例》，確定軍令、軍務、參謀、內務、外交、理財、交通、司法、編制等部部長名單。孫武、胡瑛、張知本等革命黨人進入軍政府任職。

與湖北軍政府成立同時，漢口成立了以文學社為主體、詹大悲為主任的軍政分府，漢陽則由日知會會員李亞東任知府。

湖北都督府成立後，迅速發出《佈告全國電》、《宣佈滿清罪狀檄》、《免稅公告》、《通告城鎮鄉自治職員電》及《刑賞令》等文件，號召「十八省父老兄弟、戮力共進，相與同仇，還我邦基，雪我國恥，永久建立共和國體」，同時也要求各城鎮鄉自治團體。趕辦團練，守衛鄉里，「防止飢寒無告之民，乘間

竊發」。10月12日（八月二十一日），軍政府照會在武漢的各國領事，陳述與各國保持友好，維持世界和平的願望，宣佈此前所有清國與各國締結的條約，繼續有效，賠款外債照舊承擔，既得權利和各國人民、財產一體保護，同時宣佈，如各國協助清廷，妨害軍政府，將以敵人視之；如以戰事用品接濟清廷，搜獲一概沒收。隨後，軍政府派人分頭訪問各國領事，要求承認國民軍為交戰團體。10月17日（八月二十六日），駐漢英、俄、法、德各國領事照會軍政府，宣佈「中立」。

起義後，士兵僅存三千餘人。10月13日（八月二十二日），軍政府決定募兵，擴軍備戰。各階層人士踴躍應募，幾天後，即募足五協兵力。又成立了兩個敢死大隊。

起義期間，革命軍紀律嚴明。「軍隊寄寓民家，絕不妄取一物。如有所借貸，必按時交還。」「至於買賣，則公平交易，不見強買勒賣的行為」。[1]10月13日（八月二十二日），漢口軍政林翼支在漢口出示，以「保商」為第一宗旨。三鎮的商會、商團積極支持軍政府。漢口各團聯合會正幹事、回族商人馬中驥並出任漢口軍政分府交通部長。

1　　余家菊《回憶錄》，上海中華書局民國三十七年版，第 69 — 70 頁。

11月9日（九月十九日），湖北軍政府公佈由宋教仁起草的《鄂州約法》。該《約法》共七章六十條。它規定人民一律平等，有言論、著作刊行、集會結社、營業、保有財產、身體、家宅等自由，有訴訟、陳請、陳訴、選舉及被選舉等權利；都督及議員均由人民選舉產生；都督任期三年，連任以一次為限。議會可以向政府提出條陳、質問、要求答辯或彈劾。這是中國歷史上第一部地方共和法典，是以後南京臨時政府《臨時約法》的藍本。

清廷對策與袁世凱出山　武昌起義成功，各地紛紛響應，清廷極度驚慌。10月12日（八月二十一日），清廷宣佈革去瑞澂職務，命他暫署湖廣總督，戴罪立功。同時命第四鎮統制王遇甲率二、四兩鎮各一部星夜馳援，命陸軍大臣蔭昌趕赴湖北指揮，命海軍提督薩鎮冰率領海軍和長江水師開赴湖北江面。10月14日（八月二十三日），清廷於無可奈何之中起用袁世凱為湖廣總督，岑春煊為四川總督，但袁卻以「舊患足疾尚未大癒」為藉口，託辭不出。10月20日（八月二十九日），奕劻派徐世昌赴彰德動員。袁提出明年召開國會、組織責任內閣、寬容事變黨人、解除黨禁、給予指揮軍隊全權，供給充足軍費等多項條件。10月26日（九月五日），載灃下令撤銷盛宣懷職務。10月27日（九月六日），清廷招回蔭昌，授袁世凱為欽差大臣，任命馮國璋為第一軍軍統，段祺

瑞為第二軍軍統。這樣，袁世凱才答應出山，進駐湖北孝感督陣。

10月29日（九月八日），駐灤州新軍第二十鎮統制張紹曾及混成協協統藍天蔚等聯名電奏「政綱十二條」，要求清廷速開國會、制訂憲法、組織責任內閣，削除皇族特權，大赦國事犯。同時，第六鎮統制吳祿貞駐兵石家莊，準備與張紹曾配合，聯絡山西革命黨人，待機起事。

灤州近在肘腋，清廷感到形勢危急。10月30日（九月九日），清廷以溥儀的名義下《罪己詔》，承認登基以來「民財之取已多，而未辦一利民之事」，所有動亂，「皆朕一人之咎」，表示要和全國軍民「維新更始，實行憲政」。同日，命溥倫等速將憲法條文擬齊，提交資政院討論；宣佈不再以親貴充任國務大臣，開放黨禁，赦免戊戌以來的政治犯。11月1日（九月十一日），奕劻皇族內閣總辭職，清廷任命袁世凱為內閣總理大臣，命他立即來京，組織完全內閣。11月3日（九月十三日），頒佈《憲法信條》19條，承認「皇帝之權以憲法所規定者為限」。11月4日（九月十四日），命各「有亂事省份」的統兵大員「妥速安撫」。11月6日（九月十六日），開釋因行刺攝政王繫獄的汪精衛、黃復生等。可以看出，清廷為消弭革命，不得不作出若干讓步，但是，核心權力和利益卻是不肯退讓的，所以《憲法信條》中還要強調：「大清國皇統萬世不易」。

梁啟超在運動清廷權貴「開黨禁」無望後，即轉變策略，利用華僑捐款，聯絡載濤，企圖利用禁衛軍和北洋第六鎮統制吳祿貞的部隊，內外結合，發動政變，驅逐奕劻與載澤，擁立載濤為內閣總理。他曾派專在北京做地下工作的潘若海持函見吳祿貞，函中說：「天下蒼生所望於公者，豈有量哉！」[1]武昌起義後，梁觀察形勢，定下「和袁、慰革、逼滿、服漢」的八字「大方針」，主張殺盛宣懷以謝天下，以資政院、諮議局議員充任國會議員，召開國會，選舉代表與起義黨人談判。11月6日（九月十六日），梁啟超匆匆自日本返國，抵達大連，準備先到灤州張紹曾軍中，然後帶少數軍人入京，收拾局面。屆時，或與袁世凱合作，或取袁而代之。[2]11月7日（九月十七日），吳祿貞在石家莊被人

<hr>

1　《梁啟超年譜長編》，第558頁。
2　參見楊天石《康有為的聯滿倒袁計劃》，《晚清史事》，中國人民大學出版社2007年版，第462—471頁。

刺死，張紹曾旋被調任去職。梁啟超覺得已無可為，返回日本。

11 月 13 日（九月二十三日），袁世凱入京。11 月 16 日（九月二十六日），成立內閣。這一內閣和「皇族內閣」的情況完全不同。十個國務大臣中，漢族九人，蒙族一人，一時名流，如嚴修、沈家本、張謇等紛紛入閣。在副大臣中，則有楊度、梁啟超等人。不過，很多人都不肯就職。次日，載灃召見袁世凱及各部院大臣，宣稱：「現在內閣成立，應守定君主立憲宗旨，和衷共濟。應辦之事，可與總理大臣商辦。」袁世凱當時表示：「應抱定君主立憲宗旨，公忠體國，和衷共濟，以維大局。」[1] 事實證明，袁世凱的表態是假。不久，他設法逼迫清廷罷免軍諮府大臣載濤和毓朗。接著，逼迫載灃退出政壇，逐漸掌握清廷的軍政大權。在這一過程中，慶親王奕劻給了袁很大的幫助。某日，隆裕太后感到自力不足以鎮壓革命黨人，要奕劻找外國人幫助。第二天，奕劻即向隆裕彙報說：「外國人再三不肯，經奴才盡力說，它們始謂：革命黨本是好百姓，因為改良政治，才用兵，如要我們幫忙，必使攝政王退位。」[2] 載灃得悉，即於 12 月 6 日（十月十六日）向隆裕泣奏，自稱「以一人措施失當，而令全國生靈橫罹慘禍，痛心疾首，追悔已遲」，要求辭去攝政王職務，不再干預政事。[3] 同日，隆裕批准載灃請求，將用人行政等大權交由袁世凱及各國務大臣負責。

漢口、漢陽失陷　袁世凱進駐孝感後，即命清軍於 10 月 27 日（九月六日）發動進攻。當時，革命軍已退入漢口市區，指揮無人。10 月 28 日（九月七日），黃興偕宋教仁趕到武昌。他在和黎元洪會晤時力主堅守漢口、漢陽，毅然渡江，指揮作戰。但由於清軍在人數、武器上都佔優勢，又邊進攻，邊縱火。11 月 1 日（九月十一日），漢口失陷。大火一直延燒到 11 月 4 日（九月十四日），市區五分之一被毀。

為了保衛漢陽，11 月 3 日（九月十三日），湖北軍政府在閱馬廠設台拜將，由黎元洪向黃興親授委任狀、印信、令箭。同日，黃興在漢陽昭忠祠設立司令部，以李書城為參謀長。日人萱野長知等十數人遠道趕來參戰。當時擔任保衛

1　《紹英日記》2，國家圖書館出版社 2009 年版，上海人民出版社 1981 年版，第 240 頁。
2　溥偉《讓國御前會議日記》，《辛亥革命》（八），上海人民出版社 1981 年版，第 145 頁。
3　《宣統三年十六日上諭》，《辛亥革命》（八），上海人民出版社 1981 年版，第 145 頁。

漢陽任務的革命軍約一萬餘人，加上湖南援軍，共二萬人左右，士氣旺盛，但是，革命黨人卻在戰略上存在尖銳分歧。孫武、吳兆麟等認為新兵多，炮隊缺乏，主張堅守漢陽；黃興認為，清兵的主力集中於漢陽北面六十里的蔡甸，漢口兵力薄弱，主張乘機反攻。11月16日（九月二十六日）夜，湖南革命軍乘夜色渡過漢水，進攻漢口清軍，失利。11月17日（九月二十七日），馮國璋下令進攻漢陽，兩軍在美娘山、磨子山、扁擔山等地展開爭奪戰。11月26日（十月六日），革命軍全線潰退。黃興想以死殉職，被同志勸阻。11月27日（十月七日），漢陽失陷。革命軍約傷亡三千三百餘人。

　　漢陽失陷的當夜，湖北軍政府召開緊急會議，黃興建議放棄武昌，進攻南

京。黎元洪表示贊成，但多數革命黨人都反對。張振武拔刀起立，大聲說：「敢言放棄武昌者斬！」會議決議堅守武昌。當晚，黃興乘船東下。11 月 28 日（十月八日），黎元洪召集會議，決定戰時總司令由蔣翊武護理，以吳兆麟為總參謀長。12 月 1 日（十月十一日），都督府中彈起火，黎元洪出逃武昌下游的葛店。

由於漢口、漢陽相繼失陷，湖北方面革命黨人的力量呈現頹勢。但是，武昌起義已經在全國造成了連鎖反應，各省都在動作，奉命前往武昌鎮壓革命的海軍也站到了革命方面。

二　各省響應

武昌起義使長期奔突的地火有了噴射口，各省革命黨人紛紛動作。首先響應的是湖南、陝西、江西、山西、雲南、中國最大的城市上海以及貴州、浙江等省繼起，從而形成了全國性的革命高潮。自 10 月 10 日（八月十九日）武昌起義至 11 月 27 日（十月七日）四川軍政府成立止，共 49 天。內地 18 省中，宣告獨立的省份已達 14 個。其中，9 個省的省會是革命黨人通過武裝起義實現的，江蘇、廣西、安徽、廣東、四川五省的省會採取了「和平獨立」的形式。

現分述如下。

（一）武裝起義：

湖南：湖南新型知識份子中，參加同盟會的人數較多。據1906年（光緒三十二年）的同盟會會員名冊，湖南籍會員約佔百分之十六，僅次於廣東。[1]

光復湖南新軍將領合影

湖南新軍於1905年（光緒三十一年）編成一協，最早在其中從事革命活動的是在馬隊中任排長的劉文錦，3月31日（二月二十六日），劉文錦在長沙天心閣召集新軍各標營代表開會，報告革命宗旨，對江宣誓，共約死生。他一度被迫離軍，但仍聯繫軍中同志，準備起義，並為共進會的焦達峰介紹湖南軍中關係。武昌首義後，湖南新軍躍躍欲動。10月22日（九月一日），安定超率領駐紮長沙城外的新軍士兵分路攻城，守城的巡防營倒戈，新軍未發一槍即順利入城，包圍撫署，撫署衛隊立刻投誠。巡撫余誠格大呼：「兄弟們，我們都是漢人。」他用白布書寫「大漢」二字，命人懸掛桅杆，自己從後院牆挖洞，潛逃上海，巡防營統領黃忠浩及長沙知縣等四人被殺。當晚，各界代表在諮議局集會，焦達峰自稱「我是奉孫文的命令來的，孫將湖南的事交給了我」，被推為都督，新軍排長陳作新被推為副都督。經焦達峰提議，諮議局議長譚延闓任民政部長。當晚，軍政府會議，譚延闓提議成立臨時參議院。他說：「我們要建設民主制度，民主制度，應設議會。」次日，譚提出臨時參議院議員名單，多為原諮議局議員，被選為議長，譚又提出《都督發令條例》，規定參議院有規

譚延闓

1　金沖及、胡繩武《辛亥革命史稿》第3卷，上海人民出版社1991年版，第195頁。

劃軍民全域，行政用人等權利，都督命令必先經參議院審議同意。10 月 26 日（九月五日），譚人鳳到長沙，認為參議院要奪都督的權，建議取消參議院，得到都督府多數人同意，譚延闓辭去參議院議長職務。10 月 28 日（九月七日），湖南新軍獨立第一協北上援鄂，長沙空虛。原新軍管帶梅馨藉口「焦達峰只有會黨，不喜歡新軍」，於 10 月 31 日（九月十日）發動兵變，先後殺害陳作新與焦達峰。同日，叛兵擁立譚延闓為都督。

陝西：陝西在宣統三年編成一個混成協，其軍官大多是保定陸軍速成學堂的畢業生，共有同盟會員九名。白水縣人錢鼎於 1900 年（光緒二十六年）加入同盟會，在校時即與同學張鈁等人組織同袍社，暗中進行革命活動。由於陝西新軍士兵大多參加幫會，錢鼎為了活動方便，也加入了哥老會。1910 年（宣統二年）夏，錢鼎、張鈁、井勿幕與哥老會張雲山、萬炳南等在大雁塔歃血為盟，結成「三十六弟兄」。武昌起義後，西安將軍文瑞、護理巡撫錢能訓計劃將部分新軍調離西安，錢鼎等被迫緊急集會。會議決定，推同盟會會員、日本士官學校畢業生、新軍參謀張鳳翽為指揮，於 10 月 22 日（九月一日）立即發動。張表示：「成功了是國家民族之幸。萬一失敗，你們都說由我一人主使好了，千刀萬剮我願一人承受。」屆日，起義士兵順利佔領西安漢城。錢能訓藏匿隨從家裡，用手槍自殺未死，前陝甘總督升允則乘亂逃出城外。次日，哥老會頭目劉世傑等率隊進攻西安滿城。滿城在西安城中，住有旗民兩萬戶，有旗兵四、五千名。起義軍用大炮轟塌城牆，攻入城內，西安將軍文瑞投井自殺。10 月 26 日（九月四日），張鳳翽被推為秦隴復漢軍大統領，但由於哥老會各有山頭，會後，陸續任命錢鼎、萬炳南為副大統領，張雲山、劉世傑等六人為都督、副都督，陝西一時成為哥老會的天下。10 月 28 日（九月七日），錢鼎自請率兵抵抗向潼關進犯的清軍，在押運彈藥輜重行至渭南時，因護送人員過少，被當地民團殺害，11 月，升允逃到蘭州，與新任陝甘總督長庚起兵「勤王」，進攻陝西。張雲山、萬炳南率部西征。雙方激戰，一直相持到南北議和告成。

江西：九江是通商口岸，也是軍事重鎮，新軍第 27 混成協第 53 標駐九江，第 54 標駐南昌。10 月 23 日（九月二日），九江新軍在同盟會會員蔣群發動下起義，清朝文武官吏紛紛逃避，起義軍兵不血刃，獲得勝利。10 月 24 日

江西革命軍內河水師官兵合影

（九月三日），成立九江軍政分府，推標統馬毓寶為都督，蔣群為幫辦軍務兼參謀長。不久，江西人日本士官學校畢業生、同盟會會員李烈鈞潛返九江。他曾任雲南陸軍講武堂教官，蔣群便推他代替自己出任參謀長。10月28日（九月七日），由於同盟會員蔡公時做了許多工作，南昌新軍中的革命份子秘密集會，決定起義。10月30日（九月九日）夜，蔡森率領爬城隊，進入城內，與警察及撫台衛隊匯合，打開城門，新軍一擁而入，克復全城。警察縱火焚燒了皇城和撫台衙門兩側的鼓樓和旗杆，江西巡撫馮汝騤從後門逃走。10月31日（九月十日），江西宣告獨立，各界人士推協統吳介璋為都督，吳表示願將此職讓給馮汝騤，但馮堅決拒絕。11月1日（九月十一日），吳介璋就職，馮汝騤離開南昌，到九江後吞金自殺。不久，吳介璋因難以服眾，棄職出走，彭程萬、馬毓寶先後接任都督，但均無力掌控江西局勢，直到李烈鈞接任後，江西政局才安定下來。

甲午戰敗後，清廷重建海軍。至宣統年間，已有大小艦艇四十餘艘，由薩鎮冰任提督，下轄巡洋、長江兩個艦隊。前者由程璧光任統制，後者由沈壽堃任統制。武昌起義後，清廷急令薩鎮冰率艦隊到武漢配合陸軍進剿，但薩和海軍的多數官兵都同情革命，因此對清廷的命令持消極、敷衍態度。由於薩鎮冰

曾是黎元洪的老師,湯化龍便建議以黎的名義致電薩鎮冰,動員海軍起義。11月中旬,薩鎮冰率艦隊東下,以赴上海就醫為名離開,湯化龍的弟弟海軍高級參謀湯薌銘等在九江起義。九江軍政分府向武昌請示,湖北軍政府即派革命黨人李作棟帶著湯化龍的私函前去聯繫。不久,湯薌銘即率艦隊航返武昌,參加對清軍的作戰。[1]

山西:山西在 1902 年(光緒二十八年)設立武備學堂。三年後選拔優秀份子赴日進入士官學校深造。有閻錫山、溫壽泉、黃國樑、姚以價、喬煦、張瑜等。他們不僅加入同盟會,而且加入了同盟會在士官生中秘密組織的鐵血丈夫團。1909 年(宣統元年),山西新軍編為暫編陸軍第 43 協,黃國樑、閻錫山分任標統。姚以價、喬煦、張瑜分任管帶,溫壽泉任督練公所會辦兼陸軍小學堂監督。此外,保定陸軍速成學堂畢業來晉工作學生中也有不少同盟會會員。武昌起義後,山西巡撫陸鍾琦密謀將新軍調出太原,以巡防營警衛撫署。由於黃國樑的八十五標和閻錫山的八十六標中革命勢力較大,陸鍾琦決定將兩標分別調往晉南和晉北,加以分隔,並且命令八十五標即日出發。10 月 28 日(九月七日),新軍中的革命黨人集會,決定在省會起義。10 月 29 日(九月八日),被命首先出發的兩營士兵集合,姚以價發表演說,指責「滿清入關,虐我漢人二百餘年」,以及現在「外患日亟」、「諂媚外人」的情況。他聲淚俱下地說:「我們要不當這亡國奴,要救我們的中國,非先推倒滿清不可。」士兵們公推姚以價為總司令,進攻滿城與巡撫衙門,擊斃陸鍾琦及協統譚振德。同日,各界代表集會於諮議局,議長梁善濟聲稱「官廳不可推倒」,被人擠開。與會者公推閻錫山、溫壽泉為正副都督,溫壽泉兼軍政部長,黃國樑為參謀部長,山西軍政府產生。

雲南:雲南新軍為一鎮,下轄兩協、四個步兵標,一個炮兵標,一個馬兵標。其中,協統蔡鍔,管帶唐繼堯、劉存厚、陸軍小學堂總辦羅佩金、督練處副參議官李根源等,大都出身日本士官學校,都是革命份子。1909 年(宣統元年)秋,清廷在雲南設立講武堂,同盟會會員李根源、沈汪度先後擔任總辦。

---

1   參見楊天石《湯化龍密電辨訛》,《晚清史事》,中國人民大學出版社 2007 年版,第 454 頁。

蔡鍔

教官中的李烈鈞、方聲濤、張開儒，學生中的朱德、范石生、朱培德等也都是同盟會會員。這樣，同盟會在雲南新軍中就擁有較其他省份為強的力量。10 月 19 日（宣統三年八月二十八日）、11 月 12 日（九月十二日），蔡鍔、唐繼堯、劉存厚、沈汪度等人兩次集會於劉存厚寓所，歃血為盟：「協力同心，恢復漢室，有逾此盟，天人共殛。」10 月 30 日（九月九日），蔡鍔受革命黨人推舉，率領昆明新軍起義。次日晨，進攻督署。據參與此役的朱德回憶說：「衛隊營和我們有秘密聯繫，我自己過去也曾經奉命在衛隊營作過一些革命活動」，因此，衛隊很快繳械。[1] 新軍統制鍾麟同自殺未死，被士兵處決，總督李經羲就俘，被護送出境。11 月 3 日（九月十三日），成立雲南軍政府，蔡鍔被推為都督，李根源被推為軍政部總長兼參議院院長。

滇西的起義比昆明還早。10 月 27 日（九月六日），同盟會會員張文光聯絡傣族土司、同盟會會員刀安仁在雲南西部騰沖起義，成立滇西都督府。張文光、刀安仁分任第一、第二都督。

上海：上海當時屬於江蘇松江府，是全國最大的現代工商業和文化中心，新型知識份子數量最大，民族資本家的力量也較雄厚，長期是各種愛國運動和革命活動的策源地。同盟會中部總會設於上海，光復會也在上海設有銳進學社。清末以保衛雲南片馬為中心的保界運動發生後，上海商團等群眾自衛武裝迅速發展，但是，由於上海設有租界，清軍力量薄弱，沒有新軍，只有舊式的巡防營約千餘人、警察約千人。1911 年 10 月 24 日（宣統三年九月三日），陳其美、宋教仁與上海資本家沈縵雲、葉惠鈞等在《民立報》館集會，確定起義

1　朱德《辛亥革命回憶》，《辛亥革命回憶錄》第 1 集，文史資料出版社 1981 年版，第 5 頁。

方針，11月2日（九月十二日），陳其美與光復會的李燮和見面，決定第二天共同行動。11月3日（九月十三日）上午，與光復會有聯繫的警備隊隊長陳漢欽進攻設在閘北的巡警總局，宣佈閘

北獨立，上海道台劉燕翼逃入租界。下午，陳其美等發動商團和學生敢死隊，進攻當時中國最大的兵工廠 —— 位於上海南郊的江南製造局，製造局總辦張士珩（李鴻章的外甥）率部頑抗。陳其美自動入局勸降，被扣。11月4日（九月十四日）凌晨，新近由湖北歸來的新軍管帶、上海商團總司令李英石率領商團再次進攻，李燮和也帶領吳淞、閘北起義軍警趕來助戰，終於攻入製造局，救出陳其美，光復上海。11月6日（九月十六日），各團體集會，推舉滬軍都督，意見不一。敢死隊頭目劉福彪高舉手榴彈大喊，非選陳其美不可。會後再次協商，決定以陳其美為都督，資本家李平書、沈縵雲、王一亭等分任民政、財政、交通各部部長職務，虞洽卿等任顧問。李燮和則在吳淞設光復軍司令部，另組吳淞軍政分府。

貴州：1906年（光緒三十二年），貴州開辦陸軍小學堂，吸收 15 至 18 歲的青年入學。次年，受河口起義影響，學生中出現「歷史研究會」的組織，名為研究歷史，暗中鼓吹革命。1908年（光緒三十四年），貴州新軍練成一標，陸軍小學學生習正銘成立「皇漢公」，以袍哥「碼頭」的名義聯絡新軍士兵。1909年（宣統元年）之後，由貴州法政學堂學生張百麟發起的自治學社逐漸轉向革命。張百麟寫信給在東京的貴州籍同盟會會員平剛，表示自治學社願加入同盟會。武昌起義後，張百麟與憲政預備會任可澄等人決定合作，於11月2日（九月十二日）會見巡撫沈瑜慶，勸其獨立，沈不從。11月3日（九月十三日）夜，貴州陸

軍小學學生破庫取槍，首先發動；同時，新軍一標嘩變，教練官革命黨人楊藎誠自動出面，領導起義。沈瑜慶下令炮擊，但無人應命。沈不得已，派人到諮議局向議長譚西庚及張百麟等辭職，交出關防印信，經漢口赴上海。11 月 4 日（九月十四日），各界會議，推舉楊藎誠為都督，隊官趙德全為副都督。11 月 5 日（九月十五日），成立樞密院，以張百麟為院長，任可澄為副院長，周培藝為行政總理。根據貴州軍政府組織大綱，都督專管軍事，樞密院贊劃軍事，指導民政，行政總理主管民政。11 月 7 日（九月十七日），軍政府改諮議局為立法院，仍以譚西庚為議長。

浙江：浙江有武備學堂、陸軍小學堂等多所。1905 年（光緒三十一年）冬，秋瑾以光復會和同盟會的雙重身份發展會員。留日學生、同盟會員黃郛也在弁目學堂等處發展會員。1910 年（宣統二年），浙江新軍編成一鎮兩協，其中級軍官中有不少革命黨人。武昌起義後的第二天，陳其美即來杭，在西湖白雲庵召集革命黨人開會，著手準備。此後，黃郛、蔣志清（蔣介石）等人也相繼來杭，進行部署。11 月 3 日（九月十三日），浙江革命黨人推童保暄為臨時

蔣志清

都督，葛敬恩為臨時參謀，指揮起義。11 月 4 日（九月十四日）夜半，新軍入城。八十二標督隊官傅孟率領部分士兵會同蔣志清率領的敢死隊進攻撫署，俘獲巡撫增韞。衛隊沒有抵抗。起義軍只放了幾槍，扔了幾個炸彈，就大功告成，前後不滿四十分鐘。次日，杭州光復，旗營投降，清杭州將軍德濟在繳械後離開杭州。11 月 6 日（九月十六日），推舉浙江諮議局議長、時在上海的湯壽潛為都督。湯名聲雖大，但無實權。浙軍總司令由原第八十一標標統周承菼擔任，政事部長由原同盟會浙江支部長褚輔成擔任。湯壽潛於兩個月後離職，由同盟會會員蔣尊簋接任。

福建：福建新軍由左宗棠舊部湘軍改編而成，其中重要軍官大多曾留學日本士官學校，第二十協統領許崇智傾向革命。另有被革職的福建保甲總局總辦彭壽松也同情革命，於三二九起義前後，經同盟會福建支部總幹事林斯琛介

紹，加入同盟會。他提議創設軍警特別同盟軍，專門運動軍警。11月1日（九月十一日），林斯琛到上海、武漢聯絡後回福州，通過友人爭取福建新軍統領孫道仁成功，孫宣誓加入同盟會。11月8日（九月十八日），在同盟會福建支部領導下，福州武備學堂學生武裝分頭佔領城內外要地。11月9日（九月十九日），新軍出動，擊敗頑抗旗兵，八旗都統勝恩率1300多人投降，閩浙總督松壽自殺，福州將軍樸壽乘清軍反撲之機潛逃，被抓獲正法。11日，推孫道仁為都督。

（二）和平獨立：

江蘇：巡撫衙門設於蘇州。巡撫程德全，政治態度較為開明。當時，駐蘇新軍只有第二十三協的一個標。11月4日（九月十四日），該標統帶劉之潔向士兵訓話，聲稱「滿洲政府不久推翻」，蘇州之所以未有動作，原因在於「佈置未妥，恐流血殃民」。他宣佈，「現在時機成熟，不日即可宣告獨立」。當晚，上海民軍代表到蘇州動員新軍反正。次日，蘇州新軍、民軍入城，要求江蘇巡撫程德全獨立，程表示同意，命人用竹竿挑去大堂上幾片簷瓦，以示除舊佈新之意。[1]隨即成立江蘇都督府，程德全任都督。

11月11日（九月二十一日），上海都督陳其美致電程德全與湯壽潛，提議組織江浙聯軍，推徐紹楨為總司令，會攻

攻打南京的海軍

南京。當時，駐守南京的部隊有兩支，一為江南提督張勳所率領的江防營，約七千人，另一為新軍暫編第九鎮。前者是一支兇悍的反動軍隊，後者則受到革命影響，趙聲、柏文蔚、林述慶等長期在軍中活動。12月1日（十月十一日），聯軍經苦戰後攻克紫金山要塞天保城。當晚，張勳率清兵渡江北竄。兩江總督張人駿、江寧將軍鐵良倉皇乘日本軍艦逃走。12月3日（十月十三日），聯軍

1　錢偉大《說程德全二三事》，《辛亥革命江蘇地區史料》，江蘇人民出版社1961年版，第125頁。

光復南京。

廣西：為編練新軍，廣西於 1907 年（光緒三十三年）設立督練公所，下設兵備處，由莊蘊寬、鈕永建分任督辦與幫辦。莊思想開明，鈕為同盟會會員。在一段時期內，廣西集中過一部分日本士官學校和保定軍官速成學堂畢業的革命黨人，但後來陸續離去。同年 9 月，同盟會廣西支部成立，以耿毅為支部長，會員逐步發展。學兵營五百多學員中有會員一百多人，連諮議局都設有分部，有會員十餘人。李宗仁時為陸軍小學學生，也在這時加入同盟會。湖南獨立後，耿毅決定於 10 月 30 日（九月九日）起義，遇雨改期。第二天，曾在日本擔任過同盟會廣西分會負責人的劉崛召集綠林，在梧州獨立，桂林震動。商界擔心戰事導致地方糜爛。11 月 7 日（九月十七日），同盟會會員、諮議局副議長黃宏憲等反覆勸說巡撫沈秉堃和藩台王芝祥獨立，得到同意。王命人製作了幾百面黃色三角旗，上書「大漢廣西全省國民恭請沈都督宣佈獨立」字樣，遍插全城。次日，在諮議局召開大會，宣佈沈秉堃為都督，布政使王芝祥、清軍提督陸榮廷為副都督。11 月 9 日（九月十九日），王芝祥所部巡防營兵變，沈秉堃避匿，陸榮廷被推為都督。

安徽：革命黨人長期在安徽活動，基礎比較深厚。10 月 30 日（九月九日）晚，安徽同盟會主要負責人吳春陽組織新軍六十二標起義，未能成功。11 月 5 日（九月十五日），同盟會會員張匯滔在皖北組織信義會，在壽州起義，革命武裝迅速發展到兩萬多人。11 月 8 日（九月十八日），諮議局開會，決定宣佈安徽獨立，推安徽巡撫朱家寶為都督，同盟會員王天培為副都督，遭到革命黨人反對。11 月 11 日（九月二十一日），軍、學各界代表集會，推王天培為都督。朱家寶煽動巡防營哄鬧，迫使王天培出走，安徽出現混亂狀況。吳春陽向九江軍政分府都督馬毓寶乞援，馬派團長黃煥章率兵赴皖。黃到達安慶後，勒索諮議局，縱兵搶劫。朱家寶乘亂出逃。吳春陽到黃部責問，被殺，馬毓寶繼派李烈鈞到安慶，拘留黃煥章。李被推為都督，但不久，即以援鄂為理由離去。其時，安徽老同盟會員孫毓筠自南京出獄，被迎至安慶，成立軍政府。安徽軍政權力大體統一。不久，柏文蔚率軍北伐，接任安徽都督，安徽局面才趨於穩定，

廣東：廣東是革命黨人長期經營的重點，但在歷次起義中骨幹損失過大，

新軍大部遭到遣散，清廷又增調廣西提督龍濟光所部到廣東，因此一時難於發動。武昌起義後，在香港主持同盟會南方支部的胡漢民將動員重點轉向綠林和會黨。革命黨人陳炯明、王和順、高劍父、黃明堂、周之貞等紛紛在各地揭竿而起，當時稱為「民軍」。10月下旬（九月上旬），民軍紛紛進逼廣州，形成包圍勢態。廣東的士紳鉅賈擔心地方「糜爛」，倡言「利用官府」，實行「改良獨立」。10月29日（九月八日），廣州七十二行商總商會等團體兩次集會，要求兩廣總督張鳴岐宣佈獨立。廣東水師提督李準，震懾於革命形勢，力圖將功贖罪，主動派人與在港的胡漢民聯繫，約期反正。11月8日（九月十八日），各界代表會議於總商會，決定獨立，推兩廣總督張鳴岐為都督。張鳴岐不願受職，逃往香港。11月9日（九月十九日），李準下令各軍艦一律升起國民軍旗幟，電約胡漢民來省。諮議局與各界代表於是改推胡漢民為都督。11月10日（九月二十日），胡漢民等到達廣州。11月17日（九月二十七日），軍政府召開各界代表會議，推舉在惠州起義的陳炯明為副都督，高州新軍參謀黃士龍為參都督。

四川：廣安是共進會會長張伯祥的故鄉。1909年（宣統元年），具有同盟、共進雙重會籍的熊克武在廣安發動起義，雖失敗而影響仍在。武昌起義前夜，同盟會員、孝義會首領李紹伊率眾攻佔大竹。11月21日（十月一日），同盟會會員、廣安起義參加者曾省齋攻佔廣安，成立蜀北軍政府。次日，重慶革命黨人、重慶府中學堂學監張培爵等組織群眾，召開獨立大會，重慶知府在會上跪地請降。當晚，成立蜀軍政府，張培爵任都督，此前在簡陽起義的新軍督隊官夏之時任副都督，同盟會重慶支部總負責人楊恕堪及朱之洪為高等顧問，組成完全由同盟會掌握的政權。11月26日（十月六日），清吏劉朝望剪辮反正，成立川南軍政府。次日，被端方帶到四川的新軍鳴號整隊，

大漢四川軍政府都督尹昌衡接見外賓

殺死端方和他的弟弟端錦，經重慶開回武昌。至此，四川總督趙爾豐已完全孤立，與不久前被自己釋放的蒲殿俊等達成協議，表示願讓出政權。同日，大漢四川軍政府在成都成立，蒲殿俊為都督，新軍統制朱慶瀾為副都督，同盟會員、陸軍小學堂監督尹昌衡任陸軍部長。趙爾豐退居幕後，煽動巡防營士兵鬧事搶掠，尹昌衡率領陸軍小學堂學生平亂，12月9日（十月十九日），改組軍政府，尹昌衡任都督，羅綸為副都督。12月22日（十一月三日），尹昌衡將趙爾豐捕獲，梟首示眾。

至此，內地18省中，宣告獨立的省份已達14個。其中，上海以民間武裝商團為主力，湖南、陝西、江西、雲南、山西、貴州、浙江、福建等八省都是新軍主動、自覺地進行的。清廷建立新軍，本為統治人民、鎮壓人民，不料卻成了自己的掘墓人。新軍之所以迅速變質，其起義之所以一觸即發，一發即成，獲得廣泛的社會支持和同情，是同盟會長期、深入、細緻工作的結果。多年來，同盟會堅持武裝起義和革命宣傳並舉的方針，廣泛建立分支機構，大量出版革命書刊、報紙，大批同盟會員深入新軍，聯絡會黨，長期積蓄力量、艱苦奮鬥，百折不撓，救國必須革命的思想日益深入人心。江蘇等五省省會雖然採用了「和平獨立」的形式，但當地新軍起義的條件都已經成熟，或接近成熟，地方統治者不得不從權達變。

各地起義過程大都順利，沒有進行過激烈的戰鬥。清政府的官吏大都沒有反抗，或逃，或降，或自殺，或被擊斃。這些情況，既反映革命形勢的高度成熟，也反映出清廷地方官吏的腐朽與無能。在起義過程中，資產階級和立憲派附和、贊成革命，各省諮議局在安定社會和政權建設方面發揮過一定作用，但是，其中若干頭面人物，例如，江蘇的張謇、四川的蒲殿俊在武昌起義之後都還反對革命。10月16日（八月二十五日），張謇和雷奮、楊廷棟等為程德全起草奏摺，要求清廷「告廟誓民，提前宣佈憲法」，從而使消弭革命。[1] 蒲殿俊於11月14日（九月二十四日）被趙爾豐釋放後還發表《哀告全川叔伯兄弟》要求各路起義軍「息事歸農，力挽和平」。[2] 因此，不應過分誇大立憲派在武昌起義和各

1　參見《辛亥革命在上海資料選輯》，上海人民出版社1981年版，第987—989頁。
2　熊克武等《蜀黨史稿》，《辛亥革命史叢刊》第2輯，第178頁。

省回應過程中的作用。

北方狀況　在各省紛紛獨立的熱潮中，直隸、河南、甘肅、奉天等省的革命黨人也在不斷組織或醞釀起義。11 月初（九月中旬），新軍第六鎮統制吳祿貞與山西都督閻錫山計議，組織燕晉聯軍，直搗北京。不幸，吳祿貞被刺，未能實行。此後，革命黨人成立了同盟會京津保支部和北方革命協會，多次在張家口、任丘、通州、灤州、天津等地發動，使清廷的畿輔重地受到震撼。新疆遠處祖國西北邊陲，1912 年（民國元年）1 月，馮特民等在伊犁率領新軍起義，成立漢、滿、蒙、回、藏五族共進會和臨時都督府。山東巡撫孫寶琦曾在一度被迫宣佈獨立，後來又宣佈取消。同年 1 月 14 日，徐鏡心率領關東綠林軍，在山東登州登陸。東三省總督趙爾巽為了躲過革命的風暴，成立奉天保安會，捕殺革命黨人張榕等。1 月下旬，孫中山派藍天蔚率艦隊北上，在安東成立關外都督府。上述各省的革命雖然多一些困難，但清廷大勢已去，只要全國性的革命高潮再持續一段時期，它們的獨立都必然指日可待。

應該承認，同盟會在北方各省中所做工作遠不及南方，在北洋新軍中更缺少基礎，因此，不能像南方一呼即起，起來之後也不能鞏固和擴大。一個法國駐華外交官曾經說過：「中國的命運取決於北方，那裡有首都，有政府的所在地。孫逸仙離北京太遠了。」[1] 同盟會成立之後，革命黨人中不斷有人提倡「北方革命」和「首都革命」，甚至有人明確提出「革命必在京城」。[2] 但都未能引起足夠重視，成效始終不大。這是辛亥革命的武裝鬥爭未能獲致全國性勝利的重要原因。

三　南北議和

南北初步接觸　袁世凱老謀深算，認為對革命黨人，非單純使用武力可以

1　《革命運動和印度支那的中國人》，法國外交部檔案，《辛亥革命史資料新編》（7），湖北人民出版社 2006 年版，第 62 頁。

2　《漢幟》第 1 期，1907 年 1 月 25 日。

奏效。自 10 月下旬（九月上旬）起，袁世凱即通過襄陽人劉承恩連續致函黎元洪，提議「和平了結」。湖北軍政府決定利用這一機會動員袁世凱倒戈。1911年 11 月 7 日（宣統三年九月十七日），黎元洪接見清方信使稱：「現在要說和，須將皇族另置一地與他居住，管他的吃穿，不准他管我們漢人的事情。」11月 9 日（九月十九日），黃興致函袁世凱，提醒他不忘被滿洲貴族趕出朝廷的往事，建議他出而建拿破崙、華盛頓之事功，保證屆時南北人民都將「俯首聽命」。11 月 11 日（九月二十一日），劉承恩、蔡廷幹攜袁世凱手書到武昌談判，以實行君主立憲為條件要求兩軍停戰，遭到革命黨人拒絕，連原立憲黨人胡瑞霖都表示：「吾輩之主張者在民主國體，今除民主國體不議，則此次實無可議之餘地。」宋教仁則再次提出：倘袁世凱能「轉戈北征，驅逐建虜」，「將來自可被舉為大統領」。[1]11 月 12 日（九月二十二日），黎元洪覆函袁世凱，一方面建議袁「當仁不讓，見義勇為」，一方面則以「立憲」和「滿清不能參預」為底線，表示政體問題可以討論。[2]11 月 13 日（九月二十三日），蔡廷幹攜帶黎元洪覆函回北京向袁世凱覆命。

袁世凱進京後，向唐紹儀表示，總統一事，「我不能為，應讓黃興為之」，暗示政體可變。[3] 他指使楊度、汪精衛等組織國事共濟會，倡言南北議和，同時則支持唐紹儀會見慶親王，提出召開國民會議討論君主、民主問題。奕劻涕淚縱橫地表示同意，但聲明他個人不能決定，須次日答覆。第二天，奕劻改變主張，袁世凱估計是載灃作梗，決計一面竭力向清廷表現其忠誠，一面則施展手段，逐步逼迫清廷就範。

馮國璋

馮國璋所部攻陷漢陽後，清廷傳諭嘉獎，賞二等男爵。馮國璋本欲乘勝渡江，進攻武昌，但被袁世凱電話制止。顯然，袁世凱認為，徹底平定革命黨，並非自己之福，而將武昌保留在革命黨人

1　《武昌專函》，《民立報》，1911 年 11 月 20 日。
2　《近代史資料》1954 年第 1 期。
3　《辛亥革命》（八），上海人民出版社 1981 年版，第 77 頁。

手中，也許對自己更為有利。11 月 28 日（十月八日），袁世凱委任的湖廣總督段祺瑞到任。段到任的第二天，就致電清廷，聲稱漢陽雖下，當休息兵力。同日，袁世凱的長子袁克定秘密派人攜汪精衛函到鄂，和湖北方面談妥，南北聯合，推舉袁世凱為總統。

唐紹儀南下　漢陽失陷的當日，黎元洪即通過英國駐漢口領事葛福提出：一、停戰十五天，在此期間內，目前各方所佔領的領土應各自駐守；二、已加入革命黨的所有省份的代表在上海集會；他們將選出全權代表與袁世凱所指派的代表進行談判；三、如有必要，停戰繼續延長十五天。[1] 但是，袁世凱當時在軍事上佔有優勢，不願停戰時間過長。12 月 1 日（十月十一日），朱爾典致電葛福，轉述袁世凱提出的停戰三日等五項條件。12 月 2 日（十月十二日），葛福向清軍前線將領馮國璋的代表黃開文傳達了和黎元洪的協議，決定停戰三日。[2] 12 月 4 日（十月十四日），黎元洪回到武昌。12 月 5 日（十月十五日），停戰期滿，仍由葛福斡旋，繼續停戰三日。

當時，袁世凱的第一步計劃是在停戰之後於武昌召集各省代表會議，討論和平條款。12 月 3 日（十月十三日），朱爾典向葛福傳達了袁世凱的這一意圖，要他努力斡旋此事。[3] 12 月 4 日（十月十四日），朱爾典又與清廷外務部商定：一、停戰三日期滿，續停十五日；二、北軍不遣兵向南，南軍亦不遣兵向北；三、總理大臣袁世凱派北方居留各省代表人前往與南軍各代表討論大局；四、唐紹儀充任總理大臣代表，與黎元洪或其代表人談判。[4] 12 月 7 日（十月十七日），隆裕太后發佈懿旨，以袁世凱為

前進中的清軍

1　《朱爾典爵士致格雷爵士電》，1911 年 11 月 28 日，《英國藍皮書有關辛亥革命資料選譯》，中華書局 1984 年版，第 96 頁。

2　《收馮國璋電》，FO682/2296/26，倫敦公共檔案館藏原英國駐華大使館檔。

3　《朱爾典爵士致格雷爵士電》，《英國藍皮書有關辛亥革命資料選譯》，中華書局 1984 年版，第 105 頁。

4　《辛亥革命》（八），上海人民出版社 1981 年版，第 198 頁。

唐紹儀

全權大臣，由該大臣委派代表人馳赴南方，切實討論，以定大局。袁世凱奉旨後，隨即委任唐紹儀為全權大臣總代表，嚴修、楊士琦為代表，汪精衛、魏宸組、楊度為參贊，並以劉若曾等 14 人分別代表各省，南下談判。次日，袁世凱召集代表談話，聲稱：「君主制度，萬萬不可變更，本人世受國恩，更當捐軀圖報，只有維持君憲到底，不知其他。」12 月 9 日（十月十九日），南方 11 省軍政府代表推舉伍廷芳為南方和議代表。同日，雙方達成協議，決定自當日至 12 月 24 日（十一月五日）止，繼續停戰十五天，仍由葛福簽押保證。[1]

唐紹儀早年就學於美國哥倫比亞大學，具有共和思想。歸國後曾任袁世凱的英文翻譯，後來又歷任外務部右侍郎、奉天巡撫、郵傳部尚書等職。他受命作為議和代表南下後，即在火車上剪掉辮子。[2] 這一行動，意味著準備和清廷徹底決裂。12 月 11 日（十月二十一日），唐紹儀抵達漢口，迅即到武昌向黎元洪表示：「袁內閣亦主張共和，但須由國民會議議決，袁內閣據以告清廷，即可實行遜位。」[3]

雙方原訂在漢口談判，但漢口在清軍控制之下，伍廷芳致函英國駐滬總領事法磊斯稱，上海的許多朋友不希望他啟程赴漢，當地也有許多公務需要自己關心，要求英國公使出面，促使袁世凱指示唐紹儀來上海磋商。[4] 此時，袁世凱對朱爾典的話，可謂言聽計從。唐紹儀迅速得到指示，會談決定改在上海舉行。

談判地點雖然改變了，但是，武昌地區的革命黨人仍然抓緊機會，向唐紹儀提出了議和條件：一、推翻滿清王朝；二、優待皇室；三、對滿族人一律予以體恤；四、統一中國。這四條沒有涉及革命後的政體問題，顯示出在漢口、漢陽先後陷落後黎元洪等人在政體問題上的動搖。

伍廷芳與唐紹儀之間的公開談判　湖北地區戰火雖熄，但是，袁世凱的重

1　《辛亥革命》（八），上海人民出版社 1981 年版，第 201 頁。
2　《蔡廷幹來函》，《清末民初政情內幕》，第 810 頁。
3　劉星楠：《辛亥各省代表會議日誌》，《辛亥革命回憶錄》第 6 集，文史資料出版社 1981 年版，第 250 頁。
4　第 122 件，《英國藍皮書有關辛亥革命資料選譯》，中華書局 1984 年版，第 160 頁。

兵仍在進攻已經宣告獨立的山西、陝西。12 月 18 日（十月二十八日），民國總代表伍廷芳、中央軍政府代表王正廷，參贊溫宗堯、王寵惠、汪精衛、鈕永健與袁世凱內閣的全權代表唐紹儀等在上海英租界市政廳舉行首次會議。決定各處一律停戰。12 月 20 日（十一月一日），英國駐滬總領事法磊斯會同日、美、德、法、俄等五國的總領事向唐、伍二人遞交照會，聲稱他們決心堅持迄今所採取的絕對中立的態度，但戰事繼續進行，將使外國人的重要利益和安全遭到危險。照會要求雙方盡快達成協議，停止衝突。[1,2] 在當日舉行的第二次會上，伍廷芳堅決表示：「中國必須民主，由百姓公舉大總統，重新締造。」唐紹儀在會上表示：「共和立憲，萬眾一心。我等漢人，無不贊成。」他重提為奕劻拒絕過的方案：召開國民會議，討論君主、民主問題，取決多數。唐稱：此法可使清廷易於下台，袁世凱易於轉變，軍隊易於收束。伍廷芳等相信多數會在自己方面，同意唐的意見。

廖宇春、顧忠琛之間的秘密協定　與伍、唐的公開談判同時，在上海文明書局還有另外一個秘密談判的會場。北方出席者是陸軍小學堂總辦廖宇春和北京紅十字會會長夏浚貽。廖的使命得到段祺瑞的同意，攜有段的密碼本。南方出席者是和黃興關係密切的蘇軍總參謀長顧忠琛和元帥府秘書官俞仲還等。會談中，顧忠琛極為坦率地交出了底牌：「和戰之機，實惟項城操之。現在反正者十餘省，聯軍北伐者數十萬，決無屈服君主問題之理。項城果能顛覆清政府，為民造福，則大總統一席，願以相屬。」對此，廖宇春自然滿意，但他表示，希望得到黃興和程德全的「一紙證書」，並且訂立草約。12 月 20 日（十一月一日），顧忠琛將黃興的委任書交給廖，雙方議定五條：（一）確定共和政體；（二）優待清室；（三）先推覆清政府者為大總統；（四）南北滿漢出力將士，各享其應得之優待，並不負戰時害敵之責任；（五）同時組織臨時會議，恢復各省秩序。其中第三條，既有對袁世凱的保證，又有對袁世凱的督促。12 月 23 日（十一月四日），廖宇春回漢口向段祺瑞覆命。段祺瑞是袁世凱的心腹愛將，廖宇春此行自然和袁世凱關係密切。

1　　第 128 件，《英國藍皮書有關辛亥革命資料選譯》，中華書局 1984 年版，第 166 頁。
2　　《辛亥革命》（八），上海人民出版社 1981 年版，第 213 頁。

伍廷芳

伍唐會談的停頓與恢復 顧、廖之間的秘密會談雖然順利，但伍唐之間的公開談判卻在第二次會議之後即陷入停頓。其間，伍廷芳多次要求續開會議。12月25日（十一月六日），唐紹儀致電袁世凱，要袁痛下決心，或急速召開國會，或斷然辭去總理職務。12月27日（十一月八日），唐紹儀再電袁世凱，聲稱「默察東南各省情形，主張共和已成一往莫遏之勢」，「和議一輟，戰端再起，度支之竭蹶可虞，生民之塗炭愈甚，列強之分裂必乘，宗社之存亡莫卜」。他要求袁世凱以總理大臣身份，頒佈閣令，召集臨時國會，將君主、民主問題付之公議。[1] 12月28日（十一月九日），袁世凱與胡惟德等全體國務大臣聯銜上奏清廷，要求召開宗室王公會議討論，得到隆裕太后同意。但會議無結論，隆裕便召見袁世凱垂淚說：「汝看著應如何辦，即如何辦。無論大局如何，我斷不怨汝。皇上長大，有我在，亦不能怨汝。」袁世凱在答詞中強調作戰困難，並以戰敗後的恐怖局面嚇唬隆裕。他說：「論政體本應君主立憲，今既不能辦到，革黨不肯承認，即應決戰。但戰須有餉，現在庫中只有二十餘萬兩，不敷應用，外國又不肯借款，是以決戰亦無把握。今唐紹儀請召集國會公決，如議定君主立憲政體，固屬甚善；倘議定共和政體，必應優待皇室。如開戰，戰敗後，恐不能保全皇室。此事關係皇室安危，仍請召見近支王公再為商議。」[2] 同日，隆裕太后發佈懿旨，決定接受唐紹儀的方案。

基本原則既定，上海會談便於12月29日（十一月十日）恢復，議定停戰展期至1912年1月5日。12月30日（十一月十一日），議定國民大會組織法：分全國為二十四個區，每區各派代表三人，每人一票；如某區代表不滿三人，仍有投三票之權。[3] 12月31日（十一月十二日），議定《優待皇室條件》六條、

1　《辛亥革命》（八），上海人民出版社 1981 年版，第 223 頁。

2　《紹英日記》2，第 264 頁；參見馬一良（紹英之子）《清廷退位前後》，見《北京文史資料精華·世紀風雲》，北京出版社 2000 年版，第 31—32 頁。

3　第 143 件，《英國藍皮書有關辛亥革命資料選譯》，中華書局 1984 年版，第 177 頁；參見《南北代表會議問答速記錄》，《辛亥革命》（八），上海人民出版社 1981 年版，第 90—91 頁。

《優待滿蒙回藏人條件》五條。但是，在召集國民會議地點等問題上，雙方發生分歧。伍廷芳主張在上海開會，而袁世凱則堅主在北京。1912 年 1 月 1 日，南京臨時政府在南京成立，孫中山就任臨時大總統之職，唐紹儀致電袁世凱，要求在會議地點及代表選舉辦法兩個問題上不再堅持，同時，以「材力薄弱，奉職無狀」為理由，要求撤銷自己的代表職務。[1] 1 月 2 日，袁世凱批准唐紹儀辭職，致電伍廷芳稱，唐紹儀所議各條，「均未與本大臣商明，遽行簽定」，要伍今後與袁本人「直接往返電商」。[2] 一時間，南北關係又緊張起來。

唐紹儀所議各節，確實有些未經袁世凱同意，但二人之間並無根本分歧。袁世凱之所以作出斷然推翻前案的姿態，主要是因為孫中山的就任臨時大總統。在袁看來，這等於革命黨人推翻了原來作出的承諾。

四　列強動態

武昌起義後，列強最關心的是他們在中國的既得權益。由於同盟會承認清廷與各國簽訂的條約，所欠外債及賠款，湖北軍政府也作了相同的承諾，並宣佈保護外僑財產，列強覺得暫無武裝干涉的必要。他們一方面向中國增兵、增艦，保持戒備和壓力，一面則宣佈「中立」。10 月 18 日（八月二十七日），俄國領事敖康夫召集駐漢各國領事會議，會後佈告稱：「現值中國政府與中國民國軍互起戰爭」，根據國際公法，「外國人無干涉權」。[3] 此後，列強未對清廷提供較大規模的軍事或財政援助，但是，由於各國情況不同，他們對中國革命的對策也有差異。英國擔心戰火會損害在華的經濟利益，力圖既安撫革命黨人，又在中國找到更理想的利益代表者。日本堅決反對在中國建立共和政體，企圖出兵干涉，並企圖協助清廷遷都，在中國東北建立傀儡政權。俄國則看準機會，竭力策動外蒙王公、僧侶「獨立」。

1　《辛亥革命》（八），上海人民出版社 1981 年版，第 231—232 頁。
2　《辛亥革命》（八），上海人民出版社 1981 年版，第 234 頁。
3　楊玉如《辛亥革命先著記》，科學出版社 1957 年版，第 103 頁。

漢口英租界英國士兵

英國壓迫清廷議和 武昌起義發生，清廷的湖廣總督瑞澂即要求英國出動在長江的艦船，阻止起義軍渡江，英國駐漢口代理總領事葛福（H. Goffe）請示朱爾典，朱爾典將保護「英國人生命財產的安全」和「我們在漢口的利益」作為首要任務。[1]他明確地指示英國在華海軍總司令官，「提供他所能提供的一切幫助」。[2]但是，朱爾典很快就看出，這次革命非武力可以鎮壓，兩次致函英國外交大臣格雷 (E. Grey)，聲稱「運動的廣泛性以及它到處獲得勝利，使得以武力恢復國家原來面目的一切企圖難以實現」。11 月 15 日（九月二十五日），格雷訓示朱爾典，對袁世凱的再起表示滿意，表示希望在中國看到，「一個強有力的政府」，能夠「維持內部秩序和有利條件，使在中國建立起來的貿易獲得進展」。[3]

約在 11 月初（九月中旬），朱爾典即會見慶親王奕劻，迫使他作出「將停止繼續戰鬥」的保證。[4]11 月 25 日（十月五日），朱爾典又拜會袁世凱，以嚴重的「給他留下深刻印象」的語言強調：「戰事的繼續進行，將使漢口的英國人士遭受危險並感到惶惶不安。」袁世凱完全領會朱爾典的意思，立即保證：「如果能夠根據雙方都很滿意的條款達成一項休戰協定，他將樂於下令停戰。」袁當即授權朱爾典通過葛福向革命黨人轉達此意。[5]此後，武昌革命黨人與清軍的談判即在朱爾典和葛福的導演下進行。

1　第 5 件，第 6 件，《英國藍皮書有關辛亥革命資料選譯》，中華書局 1984 年版，第 3 頁。

2　《關於中國事件的函電：中國第一號》，《英國藍皮書有關辛亥革命資料選譯》上冊，北京：中華書局 1984 年版，第 1 頁。

3　第 58 件，《關於中國事件的函電：中國第一號》，胡濱《英國藍皮書有關辛亥革命資料選譯》上冊，北京：中華書局 1984 年版，第 58 頁。

4　《關於中國事件的函電：中國第一號》，《英國藍皮書有關辛亥革命資料選譯》上冊，北京：中華書局 1984 年版，第 111 頁。

5　《關於中國事件的函電：中國第一號》，《英國藍皮書有關辛亥革命資料選譯》上冊，北京：中華書局 1984 年版，第 73 頁。

日俄準備聯合干涉　武昌起義之後，日本陸相石本新六及駐清公使都主張出兵干涉，但日本政府顧忌英國反對，只同意由商人出面，向清廷陸軍部出售武器彈藥。10月24日（九月三日），閣議決定：「誘導清廷改採君主立憲制，並在此一大前提下，傾全力以擴大日本在華權益為要事。」同時決定：「多方策劃，使滿洲現狀得以永恆保持。」[1] 11月1日（九月十一日），日本陸軍省田中義一少將向俄國駐日武官表示，擬派部隊佔領天津、北京及相關鐵路，「支持中國皇帝」。11月3日（九月十三日），日本陸軍元老桂太郎約見俄國駐東京代辦，希望兩個最關心中華帝國命運的鄰國一致行動。當日，沙皇政府召開大臣會議，決定和日本密切配合，但是，內田康哉卻於同日否認田中傳達的訊息，聲稱目前無論何國出兵，其結果必將促使革命黨人立刻將槍口對準他們。內田向俄國人建議，先行等待，觀察袁世凱手中的權力將如何表現。[2]

列強控制海關關稅　在清廷的財政收入中，海關關稅是很大的一筆數字。辛丑合約後，清廷既須向列強繳納大量賠款，又須向列強舉借大量外債，為此，清廷不得不同意列強要求，以海關關稅作為擔保。但是，當時海關的各種稅款的支配權還在清廷手中，並由清廷指定的銀號保管。武昌起義爆發，總稅務司安格聯（Aglen F. A.）於10月15日（八月二十四日）致函江漢關稅務司，將稅款存入匯豐銀行。10月23日（九月二日），安格聯會見清廷稅務處幫辦大臣胡惟德，要求「採取某種方針確保關稅不致為革命黨用作軍費，並留供償還外債」。11月17日（九月二十七日），列強公使團議定，將中國「海關全部稅收均置於總稅務司之下」，由上海各外國銀行組織專門機構管理。其後，公使團指定匯豐、德華、華俄道勝等三家銀行聯合組成非常委員會控制和分配上述稅款。對此，朱爾典於11月23日（十月三日）向英國政府報告說：「當某一條約口岸的管理權從清廷落到革命黨手中時，徵收的款項就處在後者的支配之下，因而存在著一種嚴重的危險，即可能被他們用來充作軍費，或滿足叛黨政府的其他急需之用。」[3]

1　《閣議決定》，《日本外交文書清國事變》第50—51頁。
2　《駐東京代辦致代理外交大臣尼拉托夫》，《俄國外交檔選譯》（有關中國部分），第171頁。
3　《英國藍皮書有關辛亥革命資料選譯》第121號，中華書局1984年版，第107頁。

武昌起義後，漢口的革命黨人曾試圖接管江漢關，但當時長江中駐有各國軍艦多艘，江漢關稅務司以此為依仗，迫使革命黨人接受條件。10月22日（九月一日），長沙革命黨人起義成功，立即照會長沙關稅務司，自即日起，所有郵局、海關歸本軍政府管理。但湖南軍政府此舉立即受到安格聯和朱爾典等人的抵制。他們先後聲稱：「如果革命軍擅自挪用，可能會引起同列強的糾紛。」革命黨人一再讓步，提出變動建議，均遭拒絕，列強並派軍艦到長沙威嚇，最終迫使湖南軍政府妥協。11月，蔡鍔出任雲南都督，要求蒙自關將稅款解送軍政府，同樣遭到拒絕，安格聯以撤退海關人員、停止收稅及「同法國發生糾紛」相威脅，迫使蔡鍔撤回要求。12月5日（十月十五日），朱爾典向格雷報告：「所有各口的海關歲入現已完全置於海關稅務司的控制之下，供償付外債和賠款之用。」據統計，僅宣統三年陽曆的最後兩個月（1911年11、12月），存入上海匯豐等銀行的海關稅款即達330萬兩。

英日在中國政體問題上的矛盾　最初，列強普遍希望在中國建立君主立憲政權；日本擔心中國實行共和會對天皇制帶來巨大衝擊，對此尤為積極。11月18日（九月二十八日），伊集院訪問袁世凱，聲稱「以君主立憲統一全國，實為完全之策」。11月28日（十月八日），日本外務大臣內田康哉訓令駐英使節尋求英國支持。英國政府表示，實行君主立憲是「最良方策」，但應由雙方自行磋商。12月14日（十月二十四日），英國駐漢口領事葛福向唐紹儀建議，以「今上」的二十五歲為期，「屆時體察聖德、聖學如何及人民程度，再由國會議決君主、民主國體」。[1]但是，英國方面很快感到，這一方案不可能為革命黨人所接受，他們決定因應形勢，支持袁世凱出面，建立有「共和」之表的政權。

上海會談期間，英國《泰晤士報》記者莫里遜到會「採訪」。他遊說各方，建議中國改行共和政體，推袁世凱為大總統。英國公使朱爾典支持這一方案。12月21日（十一月二日），朱爾典訪問伊集院，詢問是否可按莫里遜所說，推袁為大總統，以求穩定於一時。他說：維持滿洲朝廷，實行君主立憲雖是最良方案，但無法強制革命軍接受。英國在華中、華南擁有貿易上的重大利害關

1　《上海唐、楊大臣來電》，FO682/2296/79，倫敦英國國家檔案館藏原英國公使館檔。

係，英國政府不能無視南方人的思想感情，甘冒遭受攻擊的危險。12 月 24 日（十一月五日），奕劻與袁世凱先後約見朱爾典和日本駐華公使伊集院彥吉，表示同意唐紹儀的方案，將在今後三個月內由各省選舉代表，組成國民會議，討論政體問題。[1] 朱爾典當即表示贊成，而伊集院則堅決反對。12 月 25 日（十一月六日），日本外務大臣內田康哉根據日本元老會議的決定，向英國駐日公使竇納樂（Sir C. M. MacDonald）建議，由兩國政府出面，聯合美、德、法、俄等國，向革命黨人施加壓力，令其接受君主立憲方案。[2] 次日，英國外交大臣格雷明確拒絕日本方案，聲稱就政體問題向中國提出建議，或者由列強共同出面，採取哪怕是一點微小的類似壓迫的行徑，都是重大的冒險行動。[3] 日本政府發覺無法改變英國的主意，又不願因此破裂和英國的同盟關係，便打算採取靜觀態度，聽任事態的自然發展。同日，內田心灰意冷地致電伊集院，聲稱在此情況下，如「帝國政府不顧兩國間之協調關係而單獨出面梗阻，亦屬無趣」。[4]

朱爾典和袁世凱之間的勾結　朱爾典始終注視著南北會談的進程。他雖身在北京，但是，袁世凱和唐紹儀之間的密電，他都得到副本。當他瞭解到袁、唐之間的分歧以及唐辭職的消息後，立即於 1912 年 1 月 1 日拜會袁世凱，「使他記住對決裂所應承擔的重大責任」。朱爾典贊成袁世凱在大部分問題上的立場。他向格雷彙報說：「在所有這些問題上，袁世凱這方面是較合情理的。在不到兩週的時間內召集中國每省各三名代表的會議，那只不過是一幕滑稽戲。在這種情況下召開的大會不能夠聲稱具有任何代表性。袁世凱說，按照這個方式達成的任何解決辦法都不可能是長久的，他的話是正確的。」[5]

1 月 11 日，袁世凱派親信訪問朱爾典，向他探詢，如果清廷願意讓位給袁世凱，或者授權給他，是否能得到各國的承認。朱爾典明確地告訴來人：「袁世凱得了各國的信任；他和南方首領們的爭吵既然是中國內部的事情，他們相互之間應當能夠達成協議。」[6] 14 日，袁世凱派私人秘書會見朱爾典，聲稱由於中

1　第 136 件，《英國藍皮書有關辛亥革命資料選譯》，中華書局 1984 年版，第 171 頁。
2　《內田外務大臣致山座駐英臨時代理大使電》，《日本外交文書選譯》，第 319 頁。
3　《山座駐英臨時代理大使覆內田外務大臣電》，《日本外交文書選譯》，第 328 頁。
4　《內田外務大臣覆伊集院駐清公使電》，《日本外交文書選譯》，第 326 頁。
5　第 63 件，《英國藍皮書有關辛亥革命資料選譯》，中華書局 1984 年版，第 307—308 頁。
6　第 38 件，《英國藍皮書有關辛亥革命資料選譯》，中華書局 1984 年版，第 241 頁。

國大部分地區都已宣佈贊成共和，袁世凱已決定接受「這個不可改變的命運」。來人向朱爾典透露，隆裕太后不久將發佈諭旨，宣佈王朝退位，授權袁世凱處理臨時政府工作。[1] 朱爾典對袁世凱即將對中國的統治感到放心，以各種方式為袁世凱出台製造輿論準備。15 日，包括張之洞的兒子在內的北京同志聯合會的五個成員訪問朱爾典，陳述該會的目的之一是促進中國的君主立憲事業時，朱爾典就表示：「各國所盼望的是一個使中國保持和平穩定的政府。許多外國人最初曾經認為，君主立憲最適合中國的需要，但鑑於南方的堅決反對，實現君主立憲是否可以不發生戰爭或不使中國分裂為兩個國家，看來這是令人懷疑的。」[2]

俄國唆使外蒙「獨立」 沙俄長期覬覦中國的外蒙地區。武昌起義後，沙皇政府認為攫取外蒙的時機已到，但因俄德矛盾尖銳，沙皇政府擔心德國干涉，不敢貿然出兵直接佔領，便極力策動外蒙封建主「獨立」，建立傀儡政權。沙俄除督促蒙古封建主利用「中國發生革命這個非常有利的機會」外，又送去數以萬計的步槍和軍刀。11 月 30 日（宣統三年十月十日），庫侖活佛哲布尊丹巴派人會見清廷署庫侖辦事大臣三多，聲稱已決定建立「大蒙古帝國」，要求三多在次日率領官員及兵丁出境。三多提出：「寧將予一人置諸鋒刃，不可受人愚弄，將蒙古送於他人之手。」他表示，「如欲改為自治，本大臣立刻即為電奏請旨」。[3] 當晚，哲布尊丹巴宣佈驅逐三多。12 月 1 日（十月十一日），宣佈「獨立」。12 月 28 日（十一月九日），宣佈建立「大蒙古國」，哲布尊丹巴在庫侖即皇帝位，號稱「眾人公舉之日光皇帝」。

「大蒙古國」完全處於沙俄控制之下。沙俄不僅在外蒙駐紮大量軍隊，而且直接控制政治和經濟。偽內閣總理大臣達喇嘛車林齊密特不願事事聽俄國人的指揮，就被俄國外交大臣下令撤掉，代之以「親俄黨領袖」。偽內務大臣達喇嘛車林多爾濟公然宣稱：「一切蒙事，由俄主持，他人不得干涉。」[4]

沙俄政府策動哲布尊丹巴「獨立」後，又指使叛匪進攻烏里雅蘇台，要求將軍奎芳等「自備資斧回籍」，遭到奎芳拒絕。1912 年 1 月 3 日，俄國駐北京

---

1 第 51 件，《英國藍皮書有關辛亥革命資料選譯》，中華書局 1984 年版，第 280—281 頁。
2 第 83 件附件 2，《英國藍皮書有關辛亥革命資料選譯》，中華書局 1984 年版，第 346—347 頁。
3 梁鶴年《庫侖獨立始末記》。
4 《烏里雅蘇台將軍兼土謝圖汗、車臣汗兩盟事宜和碩親王那彥圖、參贊李廷玉呈政府文》，1912 年 12 月。

代辦謝金致函清廷外務部，聲稱烏里雅蘇台形勢危急，要求清廷飭令奎芳邀請俄領事出面「調停」。清廷接受謝金建議，在俄國領事「調停」下，棄城返回內地。

日本的滿蒙「獨立」運動　1907 年（光緒三十三年）及 1910 年（宣統二年），日俄多次秘密協議，雙方分割滿洲及外蒙。1912 年 1 月 14 日，日本政界元老山縣有朋即撰寫《對清政略概要》，主張日本立即派兵進駐中國東北，協助清廷遷都。在此前後，日本參謀本部唆使浪人川島浪速組織義勇軍，聯絡肅清王善耆、東三省總督趙爾巽及蒙古王公喀喇親王等人，企圖在東北及內蒙地區建立新的王國。1 月 12 日，善耆自北京出走。2 月 6 日，在旅順出現。但是，英國隨即於 16 日提出警告，認為清廷既與袁世凱達成協議，由袁繼承其領土與主權，日本政府就不應支持肅親王另立朝廷，分裂中國。日本當時還不具備和英國抗衡的力量，不得不暫時遏制自己的侵略意圖，但是，卻一直在中國的滿蒙地區製造動亂和不寧。

五　民國建立

武昌、上海分別籌組中央政府　武昌起義後，久未建立中央政府。1911 年 11 月 7 日（宣統三年九月十七日），黎元洪向各地軍政府發出徵求意見電。次日，通電要求各省選派代表到武昌籌組臨時政府。11 月 11 日（九月二十一日），江蘇都督程德全、浙江都督湯壽潛聯名致電上海都督陳其美，建議由各省諮議局、各省都督府分別選派一人到滬，建立「臨時會議機關，磋商對內對外妥善之辦法」。11 月 13 日（九月二十三日），陳向各省發出邀請，建議仿照美國革命時建立「十三州會議總機關」的辦法，在上海建立「臨時會議總機關」。11 月 15 日（九月二十五日），江蘇都督府代表雷奮、滬軍都督府代表袁希洛、朱葆康、福建代表林長民以及鎮江、山東、湖南等七地代表舉行會議，議決成立各省都督府代表會議。11 月 20 日（九月三十日），議決承認武昌為民國軍政府，以鄂軍都督執行中央政務。武昌方面對 20 日的議決自無意見，但反對「政

湯壽潛

府設鄂，議會設滬」，兩者相距數千里的局面，提出代表會議應在武昌召開，並派居正等到上海邀請。11月23日（十月三日），上海方面議決各省代表均赴湖北，討論組織臨時政府事宜，同時又決定各省留一人在滬，聯絡聲氣。

11月30日（十月十日），湖北、湖南、浙江、江蘇、安徽、福建、廣西、四川、山東、直隸、河南等省代表23人到達武漢。此時，漢口已經陷落，武昌危急，代表會議只能在漢口英租界順昌洋行舉行。會議推湖南代表譚延闓為議長。議決在臨時政府未成立前，由湖北軍政府代行中央軍政府職權。12月1日（十月十一日），議決如袁世凱反正，當公舉為臨時大總統。12月2日（十月十二日），通過《中華民國臨時政府組織法》。該組織法分「臨時大總統」、「參議院」、「行政各部」等3章，共21條，規定臨時大總統由各省都督府代表選舉產生，參議院以各省都督府所派之參議員組織，設立外交、內政、財政、軍務、交通各部等。同日，江浙聯軍攻克南京。次日，代表們議決將臨時政府設於南京，於七天之內到南京開會。

各省代表赴鄂開會之後，陳其美、宋教仁等擔心同盟會大權旁落，程德全、湯壽潛等則擔心權力中心西移，南京光復為他們推翻舊案提供了機會。12月3日（十月十三日），各省留滬代表會議議決以南京為臨時政府所在地。12月4日（十月十四日），公舉黃興為「暫定大元帥」。章太炎當即反對，聲稱黃興功雖高，但在漢陽時已被黎元洪委任為總司令，部將怎能高過主帥？而且，此前已推武昌為中央，何可背言？正在此際，蘇軍將領顧忠琛橫刀直入，大聲說：諸君何故議而不決？我是軍人，不能容忍諸君猶豫！於是，以黃興為暫定大元帥之議遂定。章炳麟繼續表示異議，聲稱武昌先起，將處黎元洪於何地，於是，會議又推黎元洪為「暫定副元帥」，兼任鄂軍都督。[1]12月5日（十月十五日），議決以大元帥主持臨時政府，但黃興堅持不就。黃主張以黎元洪為大元

1　《章太炎年譜長編》上冊，中華書局1979年版，第350頁。

帥，以孫中山組織臨時政府，自己則領兵北伐。代表們反覆動員，黃興才同意暫時擔任。他致電汪精衛稱：「待項城舉事後即行辭職，便請項城充中華民國大統領，組織完全政府。」[1]

留在上海的各省代表原定任務是「聯絡聲氣」，因此，在漢口的代表們決議不承認其選舉結果，浙軍援蘇支隊司令朱瑞反對黃興出任「大元帥」尤烈。[2] 一時之間，「袒黃」、「袒黎」兩派鬧得不可開交，陶成章、李燮和乘機鼓吹與同盟會「分家」。[3] 12 月 7 日（十月十七日），黎元洪按照漢口代表們的決議致電各省都督，聲稱上海的推舉「情節甚為支離」，「如確有其事，請設法聲明取消，以免淆亂耳目」。[4]

12 月 13 日（十月二十三日），14 省代表 39 人齊集南京。12 月 14 日（十月二十四日）開會，選舉浙江代表湯爾和為議長，廣東代表王寵惠為副議長，定於 12 月 16 日（十月二十六日）選舉臨時大總統。此際，得到消息，唐紹儀到漢口時，曾表示袁內閣亦主張共和，經國民會議議決後，清廷即可遜位。會議決定暫緩選舉臨時大總統，承認上海代表所選大元帥、副元帥。但黃興經過前番周折，再次決定不就大元帥之職，通電力辭。12 月 17 日（十月二十七日），代表會議改選黎元洪為大元帥，黃興為副元帥，代行大元帥職權，組織臨時政府。12 月 20 日（十一月一日），會議改推景耀月為代理議長，議決函請黃興來寧組織臨時政府。次日，黎元洪致電代表會議，接受大元帥名義，委託黃興代行職權。

孫中山的歐洲之行　武昌起義時，孫中山正在美國。得到起義爆發消息後，孫中山並沒有立即束裝歸國，而是企圖首先為革命黨人解決外交和財政。10 月 18 日（八月二十七日），孫中山到華盛頓，致函美國國務卿諾克斯（P.C.Knox），要求會晤，未得允許。孫中山便致電宮崎寅藏，探詢以公開身份訪日可能，意在要求日本政府藉此顯示對中國革命的同情，但日本政府只同意孫中山改名登陸。10 月 26 日（九月五日），孫中山到紐約，會見日本駐紐約

1　《黃興集》，中華書局 1981 年版，第 94 頁。
2　《章太炎年譜長編》，上冊，中華書局 1979 年版，第 350 頁。
3　葛敬恩《辛亥革命在浙江》，《辛亥革命回憶錄》第 4 集，文史資料出版社 1981 年版，第 123—124 頁。
4　《黎副總統政書》卷 1。

孫中山從歐洲歸國經香港時與同志合影

總領事的代表鶴岡永太郎，也無結果。11 月 2 日（九月十二日），孫中山到倫敦，託人向英國外交大臣格雷提出三項要求：止絕清廷一切借款；制止日本援助清廷；取消各處英屬政府的放逐令，獲得英國政府同意。但是，格雷也命人轉告孫中山，英國人尊敬袁世凱，贊成給予他總統職位。11 月 21 日（十月一日），孫中山到達巴黎，先後會見法國首相、外交部長等人。在接受巴黎《政治星期報》記者訪問時，孫中山表示，新政府將廢除與外國通商的種種障礙，也將和外人商談，重訂海關稅則，不使外商「獨享其利」。[1] 在和法國東方匯理銀行總理西蒙（S. Simon）談話時，孫中山要求在最短期間貸款給革命臨時政府，西蒙答以目前無法立刻照辦，四國銀行團和他們的政府決定「嚴格採取中立」，「不僅無法予臨時政府以財政援助，即清政府也同樣不會獲得任何支援」，「一旦民軍建立一個為全國所接受，為列強所承認之正規政府時，他們對於在財政上之幫助革命黨將不表反對」。孫中山表示希望重新掌握中國的海關及其稅收，而以礦權、土地稅等取代關稅作為抵押，西蒙答以「絕對不可能」。[2]

12 月 21 日（十一月二日），孫中山到達香港，胡漢民、廖仲愷到港迎接。胡邀孫留在廣東，孫要求胡同赴上海、南京。雙方爭論了一天。胡認為袁世凱居心叵測，首鼠兩端，建議孫留粵練兵，徐圖大計。孫中山稱，滬寧在前方，自己不可不身當其衝。如不親到當地，一切對內、對外大計，無人主持。他說：「今日中國如能以和平收革命之功，此亦足開世界未有之例，何必言兵。」[3]

1　許師慎《孫中山先生自美經歐返國》《革命開國文獻》第一輯，史料（三），台北：國史館 1996 年版，第 2059 頁。

2　陳三井《法文資料中所見的孫中山先生》，台北：中華民國史料研究中心編《研究中山先生的史料與史學》1975 年版，第 284、287 頁。

3　許師慎《孫中山先生自美經歐返國》，《革命開國文獻》第一輯，史料（三），台北：國史館 1996 年版，第 2061 頁。

他表示：袁世凱雖不可信，但利用他推翻清廷，「勝於用兵十萬」。「縱其欲繼滿洲以為惡，而其基礎已遠不如，覆之自易。故今日可先成一圓滿之段落。」[1] 胡漢民為孫中山的遠見所折服，命陳炯明代理廣東都督職務，自己隨孫北上。

12月25日（十一月六日），孫中山回到上海。他向《民立報》記者發表談話：「今歸上海，得睹國內近狀。從前種種困難雖幸破除，而來日大難，尤甚於昔。今日非我同仁持一真精神真力量以與此困難戰，則過去之辛勞，將歸於無效。」[2] 記者們問他帶回多少錢來，孫只能回答：「予不名一文也，所帶者，革命之精神耳！革命之目的不達，無和議之可言也。」[3] 26日（十一月七日），同盟會召開最高幹部會議，討論總統制與內閣制的取捨，決定總統人選。孫中山主張總統制，而宋教仁則主張內閣制，二人爭得面紅耳赤。黃興調解其間，提議將爭論交付南京各省代表會議決定。27日（十一月八日），各省代表會議在南京江蘇諮議局召開，黃興提出用陽曆，改為中華民國紀元，採用總統制等三條意見。一、二兩條順利通過，討論第三條時，宋教仁仍力反總統制，歷數其弊端，討論很久，但多數贊成採用總統制，遂通過。

南京臨時政府建立　12月29日（十一月十日），在南京的各省代表會議投票選舉臨時大總統。出席17省代表45人。以浙江省代表湯爾和為主席，廣東省代表王寵惠為副主席。每省一票。在孫中山、黃興、黎元洪三個候選人中，孫中山得16票，黃興得1票。選舉揭曉時，代表們高呼「中華共和國萬歲」，音樂大作，歡聲雷動。1912年元旦（十一月十三日），孫中山自上海前往南京就職。臨時總統府設於舊兩江總督衙門（原太平天國天王府）。當晚11時，舉行受任典禮。孫中山宣讀誓詞：「顛覆滿清專制政府，鞏固中華民國，圖謀民生幸福，此國民之公意，文實遵之，以忠於國，為眾服務。至專制政府既倒，國內無變亂，民國卓立於世界，為列邦公認，斯時文當解臨時大

臨時大總統孫中山

1　《胡漢民自傳》，《近代史資料》第45號。

2　《民立報》，1911年12月26日。

3　《孫中山全集》第6卷，中華書局1981年版，第246頁。

大總統誓詞

總統之職。」接著，發佈《臨時大總統宣言書》及《告全國同胞書》等文件。《宣言》表示：將「盡掃專制之餘毒，確定共和，普利民生」。對內，實現「民族之統一」、「領土之統一」、「軍政之統一」、「內治之統一」、「財政之統一」；對外，洗去「滿清時代辱國之舉措及排外之心理」，「持平和主義，與我友邦益增親睦，將使中國見重於國際社會，且將使世界漸趨於大同」。孫中山宣佈，定國號為中華民國，改用世界通行的陽曆。

民國元年（1912 年）1 月 3 日，由各省都督代表組成臨時參議院，選舉副總統，黎元洪以 17 票全票當選。其後，即審議孫中山所提九名國務員名單。孫中山原擬以王寵惠為外交總長、宋教仁為內務總長、章炳麟為教育總長，但部分代表反對。黃興即與孫中山商量，提出「部長取名，次長取實」的原則及以蔡元培掌教育等調整意見。二人協商後的新名單得到一致同意，當日確定各部部長、次長名單如下：

陸軍總長　黃　興　次長　蔣作賓
海軍總長　黃鍾瑛　次長　湯薌銘
外交總長　王寵惠　次長　魏宸組
內務總長　程德全　次長　居　正
財政總長　陳錦濤　次長　王鴻猷
司法總長　伍廷芳　次長　呂志伊
教育總長　蔡元培　次長　景耀月
實業總長　張　謇　次長　馬君武
交通總長　湯壽潛　次長　于右任

上述人選，包括革命黨人、立憲派和反正的舊官僚等三種成分。部長中，同盟會會員僅有三名；次長中，除湯薌銘外，均為同盟會會員。

當日還決定委任胡漢民為總統府秘書長，黃興為參謀總長。

1月10日，臨時參議會議決以五色旗（紅、黃、藍、白、黑）為中華民國國旗，暗喻漢、滿、蒙、回、藏「五族共和」。12日，武昌方面提議用首義時的「十八星旗」，孫中山遂覆函參議會，推薦「青天白日」旗，認為革命黨人已使用十餘年，表示「光明正照平等自由」之義，他建議「五色旗」暫勿頒定施行。[1]

根據《臨時政府組織大綱》，參議院由每省都督府派遣參議員三人組織之。1月28日，臨時參議院開正式大會。次日，選舉林森為正議長，陳陶怡為副議長。不久，制訂國會組織法大綱，其要旨為：一、採取兩院制，即定名為元老院、代議院。二、元老院取地方代表主義，各地人數均等。三、代議院取人口比例主義。四、兩院同時開會、閉會。五、國會期限以四個月為限，但得延長。六、代議院議員任期四年，元老院議員任期每兩年改選三分之一。七、國會之職權依約法。可以看出，它明顯模仿美國的兩院制。

為了加強法制建設，南京臨時政府特於各部之外，設立法制局（後升格為院），以宋教仁為局長，負責編訂法制。

除舊佈新的各項政策與法令　新政府由於根基不厚，實力不足，因此，首先致力於安定內外關係，減少敵對力量。對外：1月12日，外交總長王寵惠照會各省都督，批判清廷喪權辱國的外交政策，表示新政府成立後，自當亟圖挽救，但值此軍情緊急之際，不宜多起交涉。「重大事件雖不可退讓，其餘自應暫仍舊貫，留待後圖。」照會提出，上海租界的行政、警察等權，操於外人之手，應俟大局底定之後，設法收回；租界內的華人不可率行抵抗或魯莽從事。[2] 同月31日，外交部根據孫中山命令，致電各省都督，要求加意保護外人生命財產。[3] 對內：1月28日，程德全根據孫中山指示，發佈保護人民財產令五條：一、凡在民國勢力範圍之人民所有一切私產，均應歸人民享有。二、前為清政府官產，現入民國勢力範圍者，應歸民國政府享有。三、前為清政府官吏所得之私

1　《覆參議會論國旗函》，《孫中山全集》第2卷，中華書局1981年版，第18頁。

2　《王寵惠照會》，《中華民國史檔案資料彙編》第2輯，江蘇人民出版社1981年版，第9—10頁。

3　《外交部為保護外人致各省都督電》，《臨時政府公報》第7號。

孫中山祭明孝陵後與文武官員合影

產，現無確實反對民國證據，已在民國保護之下者，應歸該私人享有。四、現雖為清政府官吏，其本人確無反對民國之證據，而其財產在民國勢力範圍下者，應歸民國政府保護，俟該本人投歸民國時，將其財產交該本人享有。五、現為清政府官吏，而又為清政府出力反對民國政府，虐殺民國人民，其財產在民國勢力範圍內者，應一律查抄，歸民國政府享有。[1] 這五條，其著重點顯然在於安定社會秩序，爭取清廷官吏擁護民國。

　　自 2 月 1 日教育部頒發《普通教育暫行辦法》起，南京臨時政府陸續公佈了一系列政策與法令，在除舊佈新方面做了不少工作。《普通教育暫行辦法》共 14 條，要求將學堂改稱學校，監督、堂長改稱校長；凡教科書，均須合乎共和民國宗旨，禁用清學部頒行的教科書；廢除小學讀經；允許小學男女同校。同月 8 日，教育部長蔡元培發表《對於新教育之意見》，將清學部規定的「忠君、尊孔、尚公、尚武、尚實」的教育宗旨，改為「軍國民主義、實利主義、公民道德、世界觀、美育」。蔡元培特別指出：「忠君與共和政體不合，尊孔與信仰

1　《內務部通飭保護人民財產文電》，《臨時政府公報》第 6 號。

自由相違，所以刪去。」[1]3 月 8 日，通令高等以上學校廢止各項有礙民國精神的科目，禁止講授《大清會典》、《大清律例》、《皇朝掌故》、《國朝事實》一類文獻。

為了促進民族團結，孫中山於 2 月 18 日頒佈《佈告國民消融意見蠲除畛域令》，宣稱「中華民國已完全統一」，「中華民國之建設，專為擁護億兆國民之自由權利，合漢、滿、蒙、回、藏為一家，相與和衷共濟，丕興實業，促進教育，推廣東球之商務，維持世界之和平，俾五洲列國益敦親睦，於我視為唇齒兄弟之邦。因此敢告我國民，而今而後，務當消融意見，蠲除畛域；以營私為無利，以公益為當謀，增祖國之榮光，造後民之幸福，文謹惓惓焉。」[2]興中會時期，孫中山以「驅除韃虜」相號召，本令要求「合漢、滿、蒙、回、藏為一家」，標誌著孫中山對開闢民族團結新時代的期望。在孫中山的影響下，陳其美、王人文發起成立融洽漢滿禁書會，聲稱「中華民國由五大族公同組合而成，自宜聯絡感情，以收協同統一之效」，要求禁止「從前鼓吹排滿各書」。5月 24 日，經唐紹儀等附署，由袁世凱發佈《禁止排滿書籍令》。[3]與此同時，同盟會員劉揆一與吳景濂等成立民族大同會，上書指稱：武昌起義後，各省間有旗人公私財產被沒收情況，要求根據「民國肇建，五族一家」原則，設法保護旗人公私財產。6 月 2 日，經唐紹儀等附署，袁世凱發佈《保護旗人財產令》。[4]可以看出，上述二令，雖由袁世凱頒佈，但均是孫中山和同盟會相關政策的繼續。

武昌起義後，新聞業迅速發展，急需制訂相關條例。3 月 6 日，臨時政府內務部頒佈《暫行報律》三條：一、新聞、雜誌已出版及今後出版者，其發行人及編輯人姓名須向內務部註冊，或由就近高級官廳呈明註冊。二、流言煽惑關於共和國體有破壞弊害者，除停止其出版外，其發行人、編輯人坐以應得之罪。三、調查失實，污毀個人名譽者，經被污毀人提起訴訟，訊明得酌量科

1　《民立報》，1912 年 2 月 8—10 日。

2　《民立報》，1912 年 2 月 20 日。

3　《政府公報》第 26 號，1912 年 5 月 26 日。

4　《政府公報》第 35 號，1912 年 6 月 4 日。

罰。[1] 該項報律公佈後，受到上海報界的強烈反對。章太炎專門為《大共和日報》撰寫社論，認為內務部沒有「造作法律之權」，而所定報律，又有「偏黨模糊之失」。孫中山考慮各方意見，從維護言論自由，接受輿論監督的大局出發，於同月9日宣佈《報律》無效。他說：「言論自由，各國憲法所重，善從惡改，古人常以為師，自非專制淫威，從無過事摧抑者。該部所佈暫行報律，雖出補偏救敝之苦心，實昧先後緩急之要序，使議者疑滿清鉗制輿論之惡政，復見於今，甚無謂也。」[2]

南京臨時政府公佈的其他法令有：禁止刑訊、革除前清官廳稱呼、禁止鴉片、限期剪辮、禁止賭博、勸禁纏足、改變「賤民」身份，禁止買賣人口，禁絕販賣豬仔，廢止大人、老爺一類稱謂，廢止跪拜，改行鞠躬等，都具有反對專制，保障人權，改革陋習和移風易俗的作用。但是，對於清廷的各種舉措，孫中山並不一律排斥。清末，在司法方面實行四級三審制，民國建立後，江西南昌地方檢察長提出，輕案採取二審制，孫中山立即批示反對，批文稱：「以案情之輕重，定審級之繁簡，殊非慎重人民生命財產之道。且上訴權為人民權利之一種。關於權利存廢問題，豈可率爾解決。」[3]

在發展實業方面，南京臨時政府實業部曾於1912年2月5日致電各省都督，聲稱「實業為民國將來生存命脈」，「已成者當竭力保存，未成者宜先事籌劃」，要求各省迅速建立實業司。3月初，實業部制訂商業註冊章程，准許各商號自由註冊。同月，《臨時政府公報》發表中華民國工業建設會發起《旨趣》及章程，聲稱：「政治革命，丕換新猷，自必首重民生，為更始之要義，尤必首重工業。」3月13日，孫中山指示內務部通飭各省重視農業，「勞來農民」，「其有耕種之具不給者，公田由地方公款，私田由各田主設法資助」。此外，孫中山還曾指示財政部創設農業、殖邊銀行，以財政支持西北墾荒。當黃興發起組織拓殖協會，計劃開發西北資源時，孫中山立即批示撥款30萬元支持。不過，由於南京臨時政府存在時間短促，軍政事務繁忙，沒有可能在上述領域做更多

---

1   《臨時政府公報》第30號。
2   《臨時政府公報》第33號。
3   《英國藍皮書有關辛亥革命資料選譯》，中華書局1984年版，第266頁。

的工作。

財政困難與北伐夭折　伍廷芳和唐紹儀之間的和談雖有協議，但旋即為袁世凱所否認，因此，南京臨時政府成立後，立即面臨著繼續北伐的問題。1月4日，孫中山致電陳炯明，聲稱「中央政府成立，士氣百倍，和議無論如何，北伐斷不可懈」。[1]他要求廣東民軍迅速進發，同時表示，在和議破裂之後，將親率大軍北伐。同月9日，陸軍部成立，黃興計劃分兵六路，自京漢、津浦等線北上，進攻北京。不過，六路中，只有寧皖、淮揚、煙台、關外四路有所行動，湘鄂、山陝並無動作。

南京臨時政府的北伐之所以無法順利進行，主要在於財政困難。革命黨人沒有財源，在興中會成立以後的各次革命活動中，孫中山始終為經費所窘。武昌起義後，為進行革命所必須的各種開銷急劇膨脹，但各國公

廣東北伐敢死隊

使團強行決定，將中國各海關淨存稅款匯解上海，存入匯豐等三家外國銀行，作為償還外債之用。這樣，臨時政府就失去了可以動用的一項大宗財源。它雖曾採取發行軍需公債、軍用鈔票以及募捐等辦法，但杯水車薪，無濟於事。臨時政府最困難的時候，金庫僅存十洋。[2]當時，南京周圍有十幾萬部隊，每天到陸軍部索餉者多達數十起，臨時政府無法應付，自然，更無法解決北伐所必須的巨額經費。英國駐南京領事偉晉頌向英國公使朱爾典報告說：「作為臨時政府處境窘迫的一個例證，有人告訴我說，可供行政管理費用的稅收甚至不夠支付各部總長的薪金。」[3]這應是實情。

為了解決臨時政府的財政危機，革命黨人的唯一辦法是借外債。除少數數

1　《孫中山全集》第1卷，中華書局1981年版，第7—8頁。

2　《胡漢民自傳》，《近代史資料》第45號。

3　《英國藍皮書有關辛亥革命資料選譯》，中華書局1984年版，第454頁。

額不大項目成功外，其他均先後失敗。

一、江蘇鐵路公司借款。1912年1月27日，由江蘇鐵路公司出面，以滬杭甬鐵路的財產權和營運權為擔保，與日本大倉洋行及橫濱正金等五家銀行團簽訂協定，借款300萬元。其中250萬元轉借南京臨時政府，用以支付向日本大倉組訂購的武器、彈藥費用，另50萬元轉借江蘇都督府。

二、三井洋行借款。1912年2月，以國庫券為擔保向三井洋行借款250萬（僅交200萬日元）日元，接濟南京臨時政府用費。[1]

三、陸軍部軍裝借款，200萬日元，用於訂購軍械、被服。

四、漢冶萍借款。漢冶萍煤鐵公司是當時中國最大的重工業企業。1912年1月下旬，臨時政府通過盛宣懷與日本三井及正金財團簽訂草約，由中日雙方合資辦理，股本日金3000萬元，中日各半。在日本應付的股金中，提出500萬元，轉借給臨時政府，部分交現金，部分用以購買軍火。消息傳出，輿論大嘩，紛紛反對。孫中山在《覆章太炎函》中訴苦說：「無論和戰如何，軍人無術使之枵腹，前敵之士，猶時有嘩潰之勢。」「年內無鉅宗收入，將且立踣。」他比喻說：「此事弟非不知利權有外溢之處，其不敢愛惜聲名，冒不韙而為之者，猶之寒天解衣付質，療飢為急。」[2] 其後，孫中山採納眾議，決定廢約，改用私人押借辦法，借得200萬元，用以應付士兵索餉，但款隨到隨盡，並未發生多大作用。3月22日，漢冶萍公司召開臨時股東會，投票決定，取消草約。

五、輪船招商局借款。輪船招商局成立於1872年（同治十一年），初為官督商辦企業，1909年（宣統元年）改為商辦，1910年（宣統二年）再度改為官督商辦。1月2日，臨時政府內閣會議決定，為籌措軍餉，擬將輪船招商局為抵押，向日本郵船株式會社借款1000萬兩。此事遭到招商局董事的堅決抵制。同月20日，黃興和廣東北伐軍總司令姚雨平、光復軍總司令李燮和等致函招商局總理等人，限令於48小時答覆，否則，「將執干戈與貴局從事」。經反覆疏通，招商局方面才勉強同意。當時，英、德、美等國資本加入競爭，日方態度積極，但是，招商局為日資控制，將觸犯英國在長江流域的傳統利益，英國政

1　杜恂誠：《日本在舊中國的投資》，第415頁。
2　《孫中山全集》，中華書局1981年版，第1卷。

府聲稱，借款將提供革命軍作為軍費之用，要求日本政府制止。2月6日，日本郵船株式會社代表伊東米次郎與孫中山、黃興簽訂《契約書》草案，但日方很快改變主意，要求將抵押貸款改為中日合資。對此，黃興和臨時參議院都持反對態度，談判因而停頓。[1]

六、租讓滿洲借款。1月上旬，日本政界元老山縣有朋得知中國革命黨人財政困難，指示三井財閥總頭目益田孝乘機活動，取得中國東北。2月3日，三井物產公司代表森恪在南京與孫中山等會談，以提供 1000 萬元為餌，誘使革命黨人租讓滿洲。當時，孫中山急於獲得維持革命軍對所必須的經費，在談判中表示：「倘或有幸，此刻能獲得防止軍隊解散之足夠經費，余等即可延緩與袁議和，俟年關過後再進一步籌措資金，而後繼續排袁，仍按原計劃，堅決以武力消除南北之異端，斬斷他日內亂禍根，樹立完全之共和政體。」[2] 為此，孫中山將與袁世凱的和議延期至 2月9日，至期，日方沒有回音。10 日，孫中山急催日方答覆，並準備派黃興前往日本秘密簽約，但是，日本陸軍大臣石本新六認為日本在東北「理應享有一切權利，而無須以金錢收買」，談判未能成功。[3] 11日，隆裕太后接受優待清室條件，同意清朝皇帝退位。14 日，孫中山向參議院辭職，並推舉袁世凱自代。對於這一段歷史，當年在孫中山身邊的日人山田純三郎回憶說：「孫先生方面，既無打倒袁世凱的武器，又無資金」，「不得不含淚同意南北妥協，最終讓位於袁世凱」。[4] 這應是事實。

七、華俄道勝銀行借款。儘管孫中山讓位袁世凱已經成為難以改變的事實，但是，南京臨時政府仍在運轉，需要經費維持。2月21日，臨時政府財政總長陳錦濤與華俄道勝銀行代表在上海簽訂草約，以賦稅所入為擔保，向該行借款 150 萬英鎊。在臨時參議院討論中，此案遭到湖北參議員張伯烈、劉成禺等人的強烈反對，張等並憤而宣佈辭去職務，引發參議院危機，28 日參議院會議，出席議員僅 12 人，不足半數。以湖北革命黨人為主組織的民社支援本省參

1　參見楊天石《國民黨人與前期中華民國》，中國人民大學出版社 2007 年版，第 51—70 頁。
2　《森恪致益田孝函》，參見楊天石《孫中山與「租讓滿洲」問題》，《國民黨與前期中華民國》，中國人民大學出版社 2007 年版，第 30 頁。
3　參閱楊天石《孫中山與租讓滿洲問題》，《尋求歷史的謎底》，首都師範大學出版社 1993 年版。
4　《シナ革命と孫中山の中日聯盟》，見嘉治隆一編《第一人者の言葉》，第 268 頁。

議員，以上海《民聲日報》為陣地猛攻臨時政府和參議院。共和建設會、公民急進黨、社會黨、共和黨等一批黨派群起應和。同月底，孫中山致電陳錦濤，借款案暫緩簽字，南京臨時政府企圖依靠外債解決財政困難的努力最後失敗。[1]

當時，曾有不少革命黨人反對議和，南社的柳亞子在上海《天鐸報》連續發表多篇文章，與當時已成為南京臨時政府機關報的《民立報》論戰，闡述議和的不當與不智。他指出：「袁之為人，專制錮毒，根於天性，與共和政體，無相容之理。」又指出：袁世凱「一方面借民軍勢力逼脅虜廷，而另一方面又挾虜廷名號劫制民軍，俾虜廷退位與南都臨時政府取消，同時並行，彼得坐收漁人之利，由大總統而進為大皇帝。」[2]柳亞子對袁世凱的上述認識，可謂如見肺肝。與此同時，光復軍總司令李燮和也致函孫中山，表示願「秣馬厲兵」，追隨「諸君子」之後北伐，但是，如果連維持南京臨時政府自身運轉的費用都難以籌措，遑言其他！在此情況下，孫中山只能實行他在香港時和胡漢民談論的策略，首先推翻帝制，建立共和政體，為中國革命劃上「圓滿之段落」。

臨時約法的公佈　臨時參議院的主要工作是制訂的《中華民國臨時約法》。該約法於 3 月 11 日由臨時政府公佈，計分《總綱》、《人民》、《參議院》、《臨時大總統副總統》、《國務員》、《法院》、《附則》等七章，共五十六條。

第一章《總綱》共四條，規定「中華民國由中華人民組織之」，「主權屬於國民全體」。

第二章《人民》共十一條：規定「中華民國人民一律平等，無種族、階級、宗教之區別」；規定人民擁有七項自由、六項權利、二項義務。七項自由為：身體非依法律不得逮捕、拘禁、審問、處罰，家宅非依法律不得侵入或搜索；有保有財產及營業之自由，有言論、著作刊行、集會、結社、書信秘密、居住遷徙、信教等自由。六項權利為：請願於議會，陳訴於行政官署，訴訟於法院，向平政院陳訴違法損害利權的官吏，以及有任官、考試、選舉及被選舉等權利，有納稅、服兵役等義務。

1　參閱楊天石《華俄道勝銀行借款案與南京臨時政府危機》，《國民黨人與前期中華民國》，中國人民大學出版社 2007 年版，第 43—50 頁。
2　參閱楊天石《柳亞子民初反議和文選》，《近代文學史料》，中國社會科學出版社 1985 年版，第 193—215 頁。

第三章《參議院》，規定參議院行使立法權，參議員由每行省、內蒙古、外蒙古、西藏各選派五人，青海選派一人組成。

第四章《總統》，規定臨時大總統、副總統由參議院選舉，出席總員四分之三，得票三分之二以上者當選；「臨時大總統受參議院彈劾後，由最高法院審判官互選九人組織特別法庭審判之」。

第五章《國務員》，規定國務總理及各部總長均稱為國務員；在臨時大總統公佈法律，發佈命令時，有副署權；在受參議院彈劾後，臨時大總統應免其職，但得交參議院覆議。

第六章《法院》規定法官獨立審判，不受上級官廳之干涉。

第七章《附則》，規定在憲法未實施以前，其效力與憲法等；其增修，須由議員三分之二以上，或臨時大總統提議，經參議員五分之四以上出席，四分之三同意。

《臨時約法》是南京臨時政府在法制建設上的最大成就。它是中國歷史上第一個比較充分地體現民主精神和權力制衡原則的「根本大法」。其制訂、公佈，具有劃時代的意義。後來近代中國歷史上綿延多年的「護法運動」即根源於此。

六　清帝退位

南北交涉的繼續　1911 年 12 月 29 日（宣統三年十一月十日），孫中山當選為臨時大總統。同日，孫中山致電袁世凱，說明南方組織臨時政府的必要，自己只是「暫時承乏」，一旦時機成熟，即行辭職，希望袁「早定大計」。民國元年（1912 年）1 月 2 日，孫中山就職的次日，再電袁世凱保證：「倘由君之力，不勞戰爭，達國民之志願，保民族之調和，清室亦得安樂，一舉數善，推功讓能，自是公論。」

袁世凱無法公開表示對孫中山就職的不滿，便以國體問題做文章，覆電孫中山說：「國體尚待公決」，意在從根本上否認臨時政府。1 月 2 日，段祺瑞、馮國璋等北洋將領四十餘人聯名致電清廷，主張君主立憲，堅決反對共和，聲

段祺瑞

稱如以少數意見強行共和，必將誓死反抗。4日，袁世凱致電伍廷芳質問：「設國會議決君主立憲，該政府及總統是否亦即取消？」但這些都不過是表面文章，在私下，袁世凱卻在積極準備由他自己來當「共和」總統。

1月10日，他指使親信，通過莫里遜動員上海外商出面呼籲清廷退位。11日，又派親信訪問朱爾典，向他探詢，如果清廷願意讓位給袁世凱，或者授權給他，是否能得到各國的承認。14日，再次派人會見朱爾典，聲稱由於中國大部分地區都已宣佈贊成共和，袁世凱已決定接受「這個不可改變的命運」。18日，袁世凱向朱爾典透露，他已建議清廷：授權他在各省代表選舉共和國總統之前，組織臨時政府；同時袁還透露，打算把臨時政府暫遷天津幾個月。[1]19日，袁世凱授意趙秉鈞於御前會議後正式向隆裕太后提出，同時取消清朝政府和南京臨時政府，由袁世凱在天津成立統一的臨時政府。20日，袁世凱致電伍廷芳，要求在清廷退位後二日，南京臨時政府即行解散。

孫中山堅決反對袁世凱的方案，並且想方設法約束袁世凱。1月18日、19日，孫中山連電伍廷芳，提出三項條件：一、清政府退位，其一切政權同時消滅，不得私授予其臣。二、北京不得更設臨時政府。三、各國承認中華民國之後，臨時總統即行辭職，請參議院舉袁為大總統。22日，孫中山向報界公開提出：一、清帝退位，由袁同時知照駐京各國公使，電知民國政府。二、袁須宣佈政見，絕對贊同共和主義。三、文接到外交團或領事團通知清帝退位佈告後，即行辭職。四、由參議院舉袁為臨時總統。五、袁被舉為臨時總統後，誓守參議院所定之憲法，乃能接權受事。孫稱，此為最後解決辦法，如袁不能接受，則「戰爭復起，天下流血，其罪當有所歸」。袁世凱無法公開回答孫中山的條件，只好一聲不吭。

1　第56件，《英國藍皮書有關辛亥革命資料選譯》，中華書局1984年版，第287頁。

英國繼續支持袁世凱　朱爾典始終注視著南北會談的進程。他雖身在北京，但是，袁世凱和唐紹儀之間的密電，他都得到副本。1911 年 12 月 31 日（宣統三年十一月十二日），唐紹儀向袁世凱請辭議和代表職務，南北會談出現危機後，朱爾典即於民國元年（1912 年）1 月 1 日拜會袁世凱，「使他記住對決裂所應承擔的重大責任」。但是，朱爾典贊成袁世凱對和議的各項意見。他向格雷彙報說：「在所有這些問題上，袁世凱這方面是較合情理的。」[1] 1 月 11 日，袁世凱派親信訪問朱爾典，朱爾典明確地告訴來人：「袁世凱得了各國的信任。」[2] 同月 20 日，在孫中山明確表示，袁世凱不得在北方設立臨時政府，朱爾典致函格雷說：「民黨的目的無疑是要表明，勝利是屬於他們的，但如何實現這一目的而不在此地造成危險局勢，則不是很清楚的。」[3] 22 日，《泰晤士報》為此發表社論，指責孫中山所提條件「有失審慎」。2 月 9 日，朱爾典致函格雷，聲稱南京人民「對革命軍政府的體驗已經極為不滿」，「在許多場合下，他們開始對他們所給予革命運動的同情和支持感到後悔」。函稱：「看來很明顯，內閣總理大臣最後擔任總統職位，是使中國能夠恢復和平和秩序的唯一可能的辦法。」[4]

袁世凱向清廷逼宮　袁世凱一面和南方議和，一面則向清廷逼宮。當時，清廷也已陷入財政危機中。據統計，至 1911 年 12 月 1 日（宣統三年十月十一日），清廷的國庫存銀只有九十八萬七千餘兩。[5] 因此，袁世凱 12 月 28 日（十一月九日）向隆裕所稱「庫中只有廿餘萬兩」屬於有意少報。1912 年 1 月 3 日（辛亥十一月十五日），隆裕太后從內庫中撥出黃金八萬兩交給度支部。[6] 自然，這仍然是區區小數，不足以應付和革命軍作戰的巨額需要。此前，清廷曾與法國協商借款，合同已經資政院通過，但不久，英、美、法、德、俄、日本等國會議，決定「中國借款，概行拒絕」。於是，袁世凱裝模作樣地命署理度支大臣紹英調查親貴大臣在各銀行存款，同年 2 月 14 日（辛亥十一月二十六日），紹

1　第 63 件，《英國藍皮書有關辛亥革命資料選譯》，中華書局 1984 年版，第 307—308 頁。
2　第 38 件，《英國藍皮書有關辛亥革命資料選譯》，中華書局 1984 年版，第 241 頁。
3　第 95 件，《英國藍皮書有關辛亥革命資料選譯》，中華書局 1984 年版，第 360 頁。
4　第 126 件，《英國藍皮書有關辛亥革命資料選譯》，中華書局 1984 年版，第 444—445 頁。
5　《紹英日記》2，國家圖書館出版社 2009 年版，第 247 頁。
6　《紹英日記》2，國家圖書館出版社 2009 年版，第 268 頁。

英向袁世凱彙報，經查，並無存款。

在此之後，袁世凱就進一步向清廷施加壓力了。他表示：「欲戰，則兵少餉絀，欲和，則君主立憲難保。」因此，他向清廷辭職，要求另派「賢員」辦理。[1]1912 年 1 月 16 日（辛亥十一月二十八日）袁世凱與內閣諸大臣聯銜密奏清廷，聲稱民軍堅持共和，大局危迫，「餉無可籌，兵不敷遣，度支艱難，計無可出」，「常此遷延，必有內潰之一日」。他以法國革命，王室子孫「靡有孑遺」的可怕情景威嚇隆裕，要她召集皇族，密開果決會議，速定方針。[2] 這一天，隆裕不斷流淚，袁世凱「滿臉淚痕」，「跪在紅毯子墊上」，「一邊抽縮著鼻子一邊說話」的情景，都給年幼的溥儀留下了極深的印象。[3] 奏事完畢，袁世凱出朝，馬車駛到王府井丁字街道時，京津同盟會會員張先培、楊禹昌、黃之萌從一家茶葉店樓上投下炸彈，但未能擊中袁世凱，三人被捕犧牲。自此，袁世凱即託病不朝。1 月 17 日，內閣會議，袁世凱派趙秉鈞、梁士詒為代表出席。參加會議的還有慶親王奕劻及胡惟德等人。趙稱：「革命黨勢甚強，各省響應，北方軍不足恃。袁總理欲設臨時政府於天津，與彼開議，或戰或和，再定辦法。」[4] 恭親王溥偉強烈反對，與趙、梁、胡辯論。奕劻提議請旨辦理。

當時，強烈反對皇帝退位的主要是滿族親貴，除溥偉外，還有肅親王善耆、毓朗、良弼、鐵良等人。他們於 1 月 19 日成立君主立憲維持會，計劃撤換袁世凱。同日，開御前會議，隆裕太后問與會諸人，「君主好，還是共和好？」王公們紛紛表示「無主張共和之理」。隆裕太后無奈地表示：「我何嘗要共和，都是奕劻同袁世凱說，革命黨太厲害，我們沒槍炮，沒軍餉，

隆裕太后與隨從合影

1　　《紹英日記》2，國家圖書館出版社 2009 年版，第 269—270 頁。
2　　楊玉茹《辛亥革命先著記》，科學出版社 1957 年版，第 279 頁。
3　　溥儀《我的前半生》，群眾出版社 1964 年版，第 38 頁。
4　　溥偉《讓國御前會議日記》，《辛亥革命》（八），上海人民出版社 1981 年版，第 111 頁。

萬不能打仗。」這時，清廷財政支絀，確是事實。她坦率地告訴與會諸人：「前次所發之三萬現金，是皇帝內庫的。我真沒有。」聽了隆裕的話，溥偉以頭碰地，要求隆裕將宮中金銀器皿，賞出幾件，暫充戰費，甚至向隆裕請兵，表示願殺賊救國。載澤、善耆支持溥偉，但隆裕擔心戰敗之後，連「優待條件」都丟了。她詢問管陸軍的載濤：「我們的兵力怎麼樣？」載濤回答說：「奴才沒有打過仗，不知道。」此後，隆裕多次召開御前會議，討論和戰問題，兩派相持，始終無法決定。

　　這一時期，要求共和的呼聲不僅瀰漫社會，而且也逐漸瀰漫到統治集團內部。1911 年 12 月 25 日（宣統三年十一月六日），出使俄國大臣陸徵祥、出使荷國大臣劉鏡人聯名致電外務部，聲稱「今政變紛乘，人懷民主」，暗示清廷順應時勢，免蹈漢、唐、宋、明覆轍。1912 年 1 月 8 日，原兩廣總督岑春煊致電袁世凱，聲稱「今日國民多數均以共和為目的」，要求清廷接受唐紹儀與革命黨人議定的條款，「為世界歷史開一未有之局」。此後，廣西宣慰使趙炳麟、開缺兩廣總督袁樹勳、出使義國大臣吳宗濂、出使日本大臣汪大燮等紛紛致電清廷，出現「請願共和」熱潮。其中，尤其使清廷坐立不安的是軍隊的變化。1 月 23 日，段祺瑞致電清內閣、軍諮府及陸軍部，聲言共和思想，在將領中「頗有勃勃不可遏之勢」。25 日，段祺瑞再電清內閣，藉將領之口，說明「人民進步，非共和不可」。26 日，段祺瑞以第一軍總統官名義，與毅軍總統姜貴題、長江提督張勳等 46 名軍官共同上奏，要求「明降諭旨，宣示中外，立定共和政體。」[2]

　　當時，宗社黨計劃撤換袁世凱，以鐵良組閣，蒙古王公那彥圖並打算邀請康有為、梁啟超歸國，共同倒袁扶清；康有為因此幻想聯合滿族親貴，共同反袁。[3] 1 月 23 日，袁世凱的秘書密告朱爾典，袁的地位變得很不穩固。但是，突然發生的意外事件化解了這場危機。1 月 26 日，革命黨人彭家珍炸死宗社黨頭子良弼，反對「變更國體」的王公們人人自危，不敢再有動作。2 月 3 日，隆

1　溥偉《讓國御前會議日記》，《辛亥革命》（八），上海人民出版社 1981 年版，第 112—114 頁。
2　溥偉《讓國御前會議日記》，《辛亥革命》（八），上海人民出版社 1981 年版，第 171—175 頁。
3　參閱楊天石《康有為的聯滿倒袁計劃》，《晚清史事》，中國人民大學出版社 2007 年版，第 462 頁。

裕太后授權袁世凱全權研究宗廟、陵寢、皇室優禮、皇族安全、八旗生計、蒙古、回、藏待遇等問題，作退位打算。[1]5日，段祺瑞偕統制王占元等九人再次致電清廷，指責王公親貴敗壞大局，耽誤和議，陷九廟、兩宮於危險之地。電稱：「國體一日不決，則百姓之因兵燹凍餒死於非命者日何啻數萬。瑞等不忍宇內有此等敗類也，豈敢坐視乘輿之危而不救。謹率全軍將士入京，與王公剖陳利害。祖宗神明實式鑒之。揮淚登車，昧死上達。」至此，段祺瑞在半個月之內，向清廷連致四電，口氣一通比一通強烈、急迫。最後一通，有類通牒。

清廷宣佈退位　除段祺瑞的武力威脅之外，2月9日，署理直隸總督張鎮芳聯合兩江總督、署理兩湖總督、河南、安徽、山西、吉林等各地封疆大吏八人致電清廷，陳述危急形勢，要求「速降明諭，宣佈共和」。[2]隆裕太后再也坐不住了。2月12日（辛亥年十二月二十五日），她代替宣統皇帝發佈退位詔：

> 今全國人民心理多傾向共和，南中各省既倡議於前，北方諸將亦主張於後，人心所向，天命可知。予亦何忍因一姓之尊榮，拂兆民之好惡。是用外觀大勢，內審輿情，特率皇帝將統治公諸全國，定為共和立憲國體，近慰海內厭亂望治之心，遠協古聖天下為公之義。袁世凱前經資政院選舉為總理大臣。當茲新舊代謝之際，宜有南北統一之方，由袁世凱以全權組織臨時共和政府，與民軍協商統一辦法。總期人民安堵，海宇乂安，仍合滿漢蒙回藏五族完全領土為一大中華民國，予與皇帝得以退處悠閒，悠遊歲月，長受國民之優禮，親見郅治之告成，豈不懿歟！[3]

清帝退位詔書

1　《清鑒綱目》卷 16。
2　《辛亥革命》（八），上海人民出版社 1981 年版，第 181 頁。
3　《辛亥革命》（八），上海人民出版社 1981 年版，第 183 頁。

該詔由胡漢民命張謇起草。[1]應該說，文章是寫得相當不錯的。它強調「人心所向，天命可知」。「天命」不可見，它通過「人心」體現出來，可以說，「人心」代表了歷史發展的趨向。「何忍因一姓之尊榮，拂兆民之好惡」，這一原則適用於古往今來的一切居高位的、掌權的統治者，在「一姓尊榮」和「兆民好惡」之間，要以「兆民好惡」為去取。「厭亂望治」，「天下為公」，前者表達人民的社會期待，後者提出了根本的執政原則。「合滿漢蒙回藏五族完全領土為一大中華民國」一句更表達了中國各族人民團結和諧、國家統一的願望。該詔經唐紹儀轉交袁世凱。在發表時袁添加了「由袁世凱以全權組織臨時共和政府與民軍協商統一辦法」一句。

同時宣佈的還有與革命黨人商定的《清室優待條件》。該條件分三部分：

甲、關於清朝皇帝辭位後的優待條件：一、皇帝辭位之後，尊號仍存不廢，中華民國以待各外國君主之禮相待。二、皇帝辭位之後，歲用四百萬兩，俟改鑄新幣後改為四百萬圓，此款由中華民國撥用。三、皇帝辭位之後，暫居宮禁，日後移居頤和園，侍衛人等照常留用。四、皇帝辭位之後，其宗廟陵寢永遠奉祀，由中華民國酌設衛兵妥慎保護。五、德宗崇陵未完工程如制妥修，其奉安典禮仍如舊制，所有實用經費均由中華民國支出。六、以前宮內所用各項執事人員可照常留用，惟以後不得再招閹人。七、皇帝辭位之後，其原有之私產由中華民國特別保護。八、原有之禁衛軍歸中華民國陸軍部編制，額數俸餉仍如其舊。

乙、關於清皇族待遇之條件：一、清王公世爵概仍其舊。二、清皇族對於中華民國國家之公權及私權與國民同等。三、清皇族私產一體保護。四、清皇族免當兵之義務。

丙、關於滿蒙回藏各族待遇之條件：一、與漢人平等。二、保護其原有之私產。三、王公世爵概仍其舊。四、王公中有生計過艱者設法代籌生計。五、先籌八旗生計，於未籌定之前八旗兵弁俸餉仍舊支放。六、從前營業居住等限制一律蠲除，各州縣聽其自由入籍。七、滿蒙回藏原有之宗教聽其自由信仰。

1　《辛亥革命》（八），上海人民出版社 1981 年版，第 45—46 頁。

以上各條，較之上海會談中伍廷芳、唐紹儀所擬，更加優厚，也更加寬宏、細緻，從中可以看出，革命黨人在盡力減少阻礙，避免社會震撼，以期迅速、和平地實現制度轉型。

宣統皇帝退位的這一天，據當時在場的侍衛武官唐在禮回憶：袁世凱遇刺後，就時常請假在家辦公，當日，由外務大臣胡惟德率領各國務大臣入宮，隆裕上殿後，胡惟德領著大家鞠了三個躬，這是大臣們上朝改變禮節第一次，隆裕點了點頭算是還禮。還禮後，隆裕落座在正中的寶座上，溥儀坐在旁邊的椅子上。胡惟德趨前一步，說明袁世凱不能親自見駕的原因，隆裕將退位詔書拿在手裡說：

> 我和皇上為了全國老百姓早一天得到安頓，國家早一天得到統一，過太平日子不打仗，所以我按照議和的條件把國家的大權交出來，交給袁世凱辦共和政府。今天頒佈詔書，實行退位，叫袁世凱早點出來，使天下早點安寧吧。

說完，隆裕將詔書交給胡惟德，胡說了幾句安慰太后的話，接過詔書。太后臉上露出淒慘的樣子，溥儀則呆坐在旁邊。接著，隆裕領著溥儀退朝，胡惟德也領著諸大臣出宮，坐上馬車，直奔石大人胡同外交大樓，將詔書交給袁世凱。[1] 據說，袁世凱當晚就剪了辮子，在剪的時候，不斷哈哈大笑。

至此，滿洲貴族統治中國 268 年的歷史結束，延續兩千多年的君主專制制度在中國的統治結束。

在革命過程中，革命黨人曾經幻想過直搗黃龍，痛飲慶功酒，將滿洲貴族的腦袋或者耳朵割下來，高掛在大白旗上。武昌起義爆發後，部分滿人擔心漢人會以殺還殺，重演他們的祖上在揚州、嘉定所曾經做過的一切，因而紛紛改姓，或姓金，或姓關，或姓趙，但是，歷史沒有重演，清朝皇帝既沒有像法國國王一樣被送上斷頭台，也沒有像沙皇全家一樣，被十月革命後的布爾什維克秘密處死。溥儀在紫禁城中關起門來繼續當皇帝、享優待，廣大滿人安安穩穩

1　唐在禮《辛亥前後我所親歷的大事》，《辛亥革命回憶錄》第六集，文史資料出版社 1981 年版，第 336 —339 頁。

地當起「共和民」。

　　辛亥革命的結果是和平轉移政權，社會基本穩定，安堵如常，沒有革命通常所不可避免的大規模的流血、犧牲、破壞和殺戮。它是一次勝利迅速、代價很小的人道主義的革命。從這一意義上說，在世界革命史上，這是少見的例子。

帝制終結，專制難除

中國傳統社會是皇權專制地主小農社會。農民是皇權專制主義的衝擊者，又是其基礎。中國歷史上曾多次發生農民起義。其規模之大，次數之頻，世所罕有，它們猛烈衝擊舊帝國、舊秩序。但是，農民不代表先進生產力，創造不出先進文化和新的社會制度。一次次的農民起義不是被鎮壓，就是被野心家利用，作為改朝換代的工具，或是自己成為統治者，建立起新的君主專制制度。你方唱罷我登場，兩千多年的中國史彷彿成了君主們的走馬燈，表現出中國歷史發展特有的惰性。

中國歷代先進思想家對君主專制制度進行過長期批判。遠在戰國時代，孟子就宣稱「民為貴，君為輕」。兩晉時期的鮑敬言提倡「無君論」，認為人世間的諸種罪惡、災難，「皆有君之所致」。明清之際的黃宗羲寫作《原君》，認為設立君主的目的本來是為了「使天下受其利」、「釋其害」，而後來的君主卻「以天下之利盡歸於己，以天下之害盡歸於人」，「以我之大私，為天下之大公」，「視天下為莫大之產業，傳之子孫，受享無窮」，這就從根本上否定君主專制制度的合法性。戊戌維新時期的譚嗣同認為中國二千年來的政治都是秦始皇的「大盜」之政，讚美「法人之改民主」表示要「殺盡天下君主，使流血滿地球，以洩萬民之恨」。但是，所有這一切，都淹沒在「皇上聖明」、「謝主隆恩」、「萬歲」、「萬萬歲」的頌歌聲中，引不起多大反響。

辛亥革命結束了君主專制制度在中國的統治，揭開了民主共和的新一頁。從此，中國不再被稱為「帝國」，而稱為「民國」。由「帝」而「民」，標示著國家性質以及人民地位的變化。儘管以後的歷史實際常常名不副實，「民國」並不真正屬於人民。但是，至少在理論上，人民是國家的主人，應該充分享各種自由和權利，而國家的統治者卻成為人民的「公僕」。人民有權議論國是，發表政見，決定國家大事，掌握歷史航向；有權監督、制約、批評為自己服務的「公僕」，考察其服務的優劣；有權通過選舉，任用賢者、有能者，業績優異者，更換、罷免其平庸者、無能者、劣者。這是中國歷史的一次重大的撥亂反正，也是中國歷史的一次巨大飛躍和前所未有的創舉。從此，閘門打開，中國匯入了世界奔騰發展中的民主主義大潮，洶湧澎湃而不可阻遏。

當南北議和，孫中山決定讓位於袁世凱時，部分激烈派革命黨人反對，他

們認為，以袁世凱其人，他日必將由「大總統」進而為「大皇帝」，復辟帝制。這部分革命黨人是有見地的。但是，終究還是孫中山說得對：「覆之自易」，經過了辛亥革命的民主洗禮，袁世凱、張勳們的「復辟」鬧劇，只如電光火石，一閃而已。

然而，人們畢竟不能低估君主專制主義的影響。在有形的皇權專制主義被推翻以後，無形的專制主義在近代中國歷史上卻是難以克服的痼疾。人們不再匍匐在皇帝腳下山呼「吾皇萬歲，萬萬歲」了，但是，後來中華大地卻又在某個時期重新響起「萬壽無疆」、「萬壽無疆」、「萬壽無疆」的呼聲，個人掌握絕對的不受限制的權力，獨斷專行的情況還時有發生。因此，紀念辛亥革命100 周年，堅持民主、堅持政治體制改革仍然應該是中國人民不懈的追求。

附錄

一　辛亥革命與共和知識份子——對一種傳統觀點的質疑

辛亥革命是誰領導的？多年來的回答是中國民族資產階級。與此密切相連的問題是：辛亥革命的階級基礎是什麼？以孫中山為代表的革命黨人代表哪一個階級的利益？通常的回答是：民族資產階級，或曰民族資產階級中下層。我以為，這些回答都不準確。

那麼，到底誰是這一革命的領導力量呢？答曰：倘不從某些既定的概念或原則出發，而從客觀存在的歷史事實出發，答案其實是十分清楚而明白的。這就是，那個時期出現並形成的共和知識份子是辛亥革命的領導力量。這個問題搞清楚了，辛亥革命的階級基礎、革命黨人代表哪一個階級利益等問題也就迎刃而解了。

試說其理由。

辛亥革命時期的中國民族資產階級狀況

中國的民族資本主義工業在洋務運動期間開始出現，戊戌維新前後略有發展，但是，到了辛亥革命前夜，仍然十分微弱。早些年有學者有關統計，夠得上稱為近代企業的不過 500 家左右。近年來有學者重新作了統計，數字有所擴大，但也不過 1000 家左右。[1] 這 1000 家左右的近代企業能夠產生多少資產階級份子呢，充其量不會超過萬人吧？如果加上具有近代特徵的新式航運業、金融業和商業，資產階級份子的數量會大一些。有人根據 1911 年各地商務總會的會員數和商務分會會董數，約略估計當時民族資本家的數字為 52630 人。[2] 但是，商務總會的成員和分會會董的情況很複雜，難以一概視為近代意義上的資本家。即使上述數字大體準確，對於幅員廣大的中國說來也仍然是十分微弱的。

1　杜恂誠《民族資本主義與舊中國政府》，上海社會科學出版社 1991 年 6 月版，第 31 頁。
2　黃逸峰、姜鐸等《舊中國民族資產階級》，江蘇古籍出版社 1990 年 10 月版，第 88 頁。

當時，這一階級不僅人數不多，經濟力量薄弱，而且，對政治的影響力極為有限。這樣一支隊伍怎麼可能會領導像辛亥革命這樣具有廣闊規模的全國性革命呢？我們不能任意地擴大資產階級的隊伍，不能把當時出現的新型知識份子，包括學生、教員、企業僱員以及記者、醫生等自由職業者一概視為資產階級，更不能把舊式商人以至小業主視為資產階級，我贊成丁日初教授的觀點，不籠統地說資產階級，而說資本家階級，這樣可以有一個嚴格的界定，不至於把資產階級擴大化，易於進行科學的討論。

辛亥革命時期的中國民族資本家階級是否可以分為上層和中下層呢？從理論上當然可以分，但是，實際上卻很難分得清楚，似乎迄今也還沒有人作過仔細的區分和精確的定性與定量研究。上層資本家階級通常以張謇為代表，那麼，下層呢？通常以禹之謨為代表（其實，禹之謨辦的只是手工作坊，目的在於掩護革命）。除了禹之謨還有誰，似乎不大好找了。如果辛亥革命的階級基礎是民族資產階級中下層的話，那麼，代表就不能是一個、兩個，一個、兩個怎麼能構成階級基礎呢？其實，如果我們實事求是地進行研究的話，就會發現，辛亥革命前夜的中國民族資本家階級內部在政治態度和政治主張上並無鮮明的分歧，相反，卻是頗為一致的。這就是，參加某些具有反帝愛國性質的運動，如抵制美貨運動、收回利權運動等，在政治上，他們一般反對革命，主張君主立憲，求穩怕亂，是立憲運動和國會請願運動的積極參加者。只是到了清廷鎮壓國會請願運動，建立皇族內閣之後，他們才對清廷感到絕望，個別人如沈縵雲才轉向革命。武昌起義之後，這個階級才附合革命。但是，他們仍然怕亂求穩，畏懼革命黨人的激烈言論和行動。其結果，在孫中山和袁世凱之間，他們選擇了袁世凱。二次革命期間，除沈縵雲等少數人外，他們更拋棄了孫中山，贊成袁世凱對革命黨人的鎮壓。在以後的年代裡，我們也未見有多少資本家階級份子試圖影響孫中山等人的政策並予以大量財力支持（華僑資產階級有支持孫中山的，也有支持康有為、梁啟超的，應作別論）。

多年來，我們習慣於簡單地以經濟地位來劃分政治派別，或者簡單地以經濟地位來說明政治態度。似乎「大」、「上層」就一定反動，而「中」、「小」、「下層」就一定進步點。例如研究中國封建社會的學者有所謂「中小地主階級」說，

似乎王安石等改革派、岳飛等主戰派，杜甫、白居易、陸游等同情人民疾苦的詩人都是「中小地主階級」或「地主階級中下層」的代表，其實，歷史的真相何嘗如此！鄉村裡的中小地主剝削起農民來一點也不比大地主輕，抗日戰爭中，給日本人當漢奸、狗腿子的恐怕中小地主不少吧！這種地主階級中下層進步說和民族資產階級中下層進步說都不是從歷史事實中抽象出來的科學理論，而是根據某些概念、原則，主觀演繹的結果。

關於共和知識份子

辛亥革命前夜，中國社會逐漸出現幾種熱潮，這就是留學熱、辦新式學堂熱、出版新式書刊報紙熱，由於這些原因，中國社會就出現了一個新的階層（有些學者稱為群體），這就是新型知識份子。這個階層發展很快，數量很大，試看下列數字：留學生：1903 年為 1300 人，1904 年為 2400 人，1905 年為 8500 人，1906 年 13000 人。國內新式學堂學生：1907 年為 101.3 萬餘人，1908 年為 128.4 萬人，1909 年為 162.6 萬餘人。較之民族資本家階級說來，這是一支數量較大、政治上更為活躍的社會力量。

和傳統的封建知識份子比起來，他們有若干特點：

一、具有近代科學知識。從知識結構的主體看，不再是子曰詩云，而是聲、光、化、電和達爾文、赫胥黎的進化、天演之學。

二、具有近代民主主義思想。從思想的主流看，不再是「普天之下，莫非王土；率土之濱，莫非王臣」和「臣當盡忠，子當盡孝」的舊觀念，而是以盧梭為代表的「主權在民」說。

三、他們出賣腦力，或即將出賣腦力，以知識為謀生手段，主要服務於新興的科學、文化、教育事業，不必依靠地產，也不必依靠科舉，在一定程度上擺脫了對地主階級和清廷的依附。

能把他們看作是資產階級份子嗎？不能。因為他們中的大多數是學堂學生、留學生，還沒有進入社會生產關係的網絡，尚不存在對資本家的依附關係，和資本家階級的經濟利益可謂風馬牛不相及。即使他們中的少數人已經受僱於新型企業，他們也是僱用腦力勞動者，而不是資產階級。把知識份子統統歸入資產階級的範疇，這是「左」傾思潮影響下的觀念，我們不應繼續沿襲。

能把他們看成是資本家階級的代表或資本家階級中下層的代表嗎？也不完全合適。這是因為，他們和西方資產階級革命時期的新型知識份子的情況也有不同：

一、推動他們投入社會政治運動的主要原因是救亡，從帝國主義的侵略下挽救祖國，振興中華，並不是資本家階級的經濟利益。當他們離鄉去國，尋求真理的時候，當他們拋妻別子，準備武裝起義的時候，他們所想到的是如何使災難深重的祖國免於瓜分，如何使可愛的民族免於淪為馬牛。至於發展資本主義，他們中的許多人連想都沒有想過。

二、他們不少人的思想中程度不同地存在著批判資本主義或反資本主義的內容，並表現出對社會主義的同情和嚮往。例如鄒容，1903 年出了本《革命軍》，這是長期被人們認為是提出了資產階級共和國方案的一本書，然而，沒過幾天，他就宣佈，他本人對《革命軍》一書已經不那麼有興趣，現在要寫《均平賦》了。所謂「均平」，正是社會主義思想在近代中國早期傳播時的同義語。又如章太炎，1903 年以前嚮往的確實是西方資本主義，但是，走出上海西牢，到了日本之後，一看，不對了，原來資本主義社會也有很多問題，那貧富懸殊不論，單就議會選舉過程來說，真是千奇百怪，醜惡骯髒得很，於是，他懷疑了、憤怒了，表示要扒開拿破崙、華盛頓的墳墓，用金錘去砸他們的頭。金者，鐵也，分量是很重的。他設想了一個「無政府、無聚落、無人類、無眾生、無世界」的五無境界，以之作為最高理想。當然，章太炎明白，這是幻想。於是，他又大講善惡並進，俱分進化，提倡社會倒退，認為人類愈文明也就愈醜惡，倒是野蠻人善良，主張學習野蠻人，甚至學猴子，「吾輩擬猿可也」。這一時期的章太炎顯然不能視為資本家階級的代表。當然，章太炎的上述思想比較極端，但是，當時像章太炎一樣大罵資本主義的人卻大有人在。1907 年東京中國革命黨人中有一個社會主義講習會，每會必講中國不能走資本主義道路。當然，他們所謂的「社會主義」，其實是無政府主義，那時，在中國革命黨人中，不同程度地受到無政府主義影響的人不在少數！這裡，附帶說一句，毛澤東到五四時期還崇信無政府主義呢！文革時期，紅衛兵找到了毛澤東發表於《湘江評論》上的《民眾的大聯合》一文，如獲至寶，譽為馬克思主

義的文獻，其實，那裡面雖然提到馬克思，但歌頌的卻是「意思更廣、更深遠」的克魯泡特金！辛亥革命前後，有那麼一個階段，拿破崙、華盛頓不那麼吃香了，盧梭也不那麼吃香了，吃香的是巴枯寧、蒲魯東，特別是克魯泡特金的共產無政府主義，受到許多人的信仰。這不是偶然的。辛亥革命發生於西方資本主義社會矛盾相對尖銳、工人運動相對發展的時期。既然資本主義有那麼多問題，而共產無政府主義又顯得那麼美好，徹底地平等，徹底地公正，徹底地消滅了剝削和壓迫，那麼，一步跨進這個天堂豈不是很好嗎？所以，中國革命中超越資本主義、避免資本主義的思想是由來已久的。

這裡，要著重談談孫中山思想。還在 1903 年，他就表示，西方社會貧富懸殊，不是理想世界。他也像鄒容一樣談「均平」，聲稱社會主義乃是一刻也不能忘記的東西。1905 年 月，他在比利時訪問社會黨國際局（第二國際），要求接納他的黨，同時表示：將吸收歐洲文明的精華，使「中世紀的生產方式直接過渡到社會主義的階段，而工人不必經受被資本家剝削的痛苦」。[1] 同年，他在《民報》發刊詞中創立了民生主義概念，明確表示，中國不能走歐美老路。1912 年，他覺得民族、民主革命已經成功，該是他搞社會革命的時候了，於是到處罵資本家，罵資本主義，大講社會主義，推崇馬克思。1914 年 5 月，又致函社會黨國際局，希望得到該組織成員的說明，「讓中國成為世界上第一個社會主義國家」。[2] 對此，人們應該充分肯定它在中國革命史上的破天荒的意義和孫中山的偉大追求，不應該根據某些凝固的社會主義模式加以挑剔。同時，應該指出的是，孫中山懂得，在生產力十分落後的中國，資本主義並不是只有壞作用，相反，倒是不可或缺的東西。因此，他於 1918 年在《實業計劃》中提出，要獎勵和保護私人資本主義，但是，孫中山本人的興趣和感情都傾注在國有和公有經濟上。他要最大可能地發展國有和公有經濟，同時，限制和節制私人資本主義。在政權問題上，孫中山在 1912 年就批判西方資本主義民主，認為那只是富人的民主。十月革命後，他提出要建立俄國式的「最新式的共和國」，後來又提出要建設一個非少數人所得而私的真正民主的國家，還曾表示要當「工人總

1　《孫中山全集》第 卷，中華書局 1981 年版，第 273—274 頁。
2　《孫中山集外集》，上海人民出版社 1990 年版，第 365 頁。

統」。[1] 顯然，孫中山的思想和西方資產階級革命家的思想是有所不同的。馬克思說過：「同樣，也不應該認為，所有的民主派代表人物都是小店主或小店主的崇拜人。按照他們所受的教育和個人的地位來說，他們可能和小店主相隔天壤。使他們成為小資產階級代表人物的是下面這樣一種情況：他們的思想不能越出小資產階級的生活所越不出的界限。他們在理論上得出的任務和決定，就是小生產者出於自己的物質利益和自己的社會地位在實踐中所得出的那些任務和決定。一般說來，一個階級的政治代表和著作方面的代表人物和他們所代表的階級間的關係，都是這樣。」[2] 但是，孫中山的某些思想恰恰超出了資產階級的「物質利益」和「社會地位」，將它們全部、完全說成是代表了資本家階級的利益是說不通的。相反，如果從知識份子尋求救國救民的真理的角度去理解，那就一切都在情理之中了。有些事，按照事物的本來面貌去解釋，本來是清楚的；按照某些教條主義的原則去解釋，可能愈說愈糊塗。

孫中山並不是一個人。廖仲愷、朱執信，以至胡漢民、早期的馮自由等都有類似的思想。這是一個派別，有一群人。當然，就這一時期投身革命的知識份子的主體來說，無政府主義或社會主義都還不佔支配地位。他們投身革命的目的也還不是在中國實現社會主義，而是為了救國，振興中華，建設一個強大的、實行共和制的「主權在民」的民主主義國家。因此，我覺得，稱他們為共和知識份子比較合適。當然，也可以稱他們為平民知識份子、民主知識份子，或革命民主知識份子，意思都一樣。但是，如果考慮辛亥革命前後的時代特徵，並和近代中國其他時期其他類型的知識份子相區別的話，我覺得稱他們為共和知識份子比較恰當。

反對帝國主義，振興中華，推翻以清朝貴族為代表的封建專制制度，建設共和國，這是有利於中國資本主義發展的，從這個意義上說，共和知識份子代表了中國民族資本家階級的利益未嘗不可，但是，在當時的歷史條件下，他們難道不代表民族的利益、人民的利益？如果僅僅把他們看成是資本家階級利益的代表者，是不是縮小了辛亥革命的意義和內涵？是不是不符合、至少不完全

---

1   《孫文力助工人之宣言》，《香港華字日報》，1921 年 6 月 9 日。
2   《路易·波拿巴的霧月十八日》，此段譯文，參考了《列寧全集》第 2 卷，第 185 頁的譯文。

符合那個時代大批仁人志士的精神面貌？對於那些斷頭瀝血，慷慨捐軀的烈士們是不是有點不敬？

辛亥革命時期共和知識份子是中國前所未有的社會力量，也是中國知識份子中前所未有的類型。他們既部分地代表中國民族資本家階級，又不完全代表中國民族資本家階級的利益。這一社會力量的出現立即使中國歷史出現了新特色。

辛亥革命舞台上的活動角色與領導力量

活躍在辛亥革命舞台上的主要是四種社會力量：共和知識份子、新軍、會黨和立憲派士紳（立憲知識份子、民族資本家、資產階級化的地主）。如前所述，立憲派士紳是武昌起義前夜或起義高潮中參加進來的，具有附和革命甚至投機革命的特點，雖然，他們的參加對於加速清廷的崩潰，促進各省光復具有重要的意義，但是，他們不是辛亥革命的領導力量是不言而喻的。新軍是武昌起義的發動者，也是若干省份光復的主要力量，但是新軍的作用主要在後期，而且，參加起義的新軍實際上是穿上軍裝的共和知識份子。他們進過新式學堂。其軍官中的不少人還留過洋。這是新軍和「舊軍」巡防營不同的地方。至於會黨，他們沒有自己的政治綱領，並不是一支獨立的政治力量，更不能起領導作用。因此，在辛亥革命時期，起領導作用的力量只能是共和知識份子。辛亥革命之所以不同於舊式的農民起義，也不同於中國歷史上多次反覆出現的改朝換代，其原因，就在於出現了具有新思想、新觀念的共和知識份子，就在於共和知識份子發揮了領導作用。

共和知識份子對辛亥革命的領導作用主要體現在以下幾個方面：

一、他們是革命綱領的制訂者和革命思想的孕育者、傳播者。

二、他們是各革命團體的組織者和領導者。

三、他們是多次反帝愛國運動的發起者。

四、他們是歷次武裝起義的組織者和領導者。

五、他們是南京臨時政府的領導主體。

有了這幾條，夠不夠呢？我看夠了。因此，我們可以理直氣壯地說：辛亥革命是共和知識份子（或曰革命民主知識份子）領導的。

共和知識份子本身不是資產階級（也不是所謂「廣義的資產階級」），其產生的主要社會基礎和社會條件是近代中國的民族危機和西方民主主義文化的傳播（附帶說一句，西方民主主義文化並不全是資產階級文化，提倡「主權在民」的盧梭通常被認為是小資產階級的思想家），和近代中國民族資本主義經濟的發展與民族資本家階級的產生沒有必然的直接的聯繫。設想一下，如果辛亥革命前夜，中國的近代企業只有一二百家，幾十家、一兩家，甚至一家都沒有，那麼，辛亥革命還會不會發生呢，我以為，只要中國的半封建、半殖民地的社會性質不變，只要中國產生了一批共和知識份子，那麼，類似辛亥革命的革命總要發生。相反，如果中國不出現一大批共和知識份子，那麼，即使民族資本主義更發達，資本家階級的陣容更強大，類似辛亥革命的革命也不會發生。倒是為資本家階級所支持的立憲運動會成功。我們不能把政治和經濟的關係理解得過於機械，過於簡單和直接。不客氣地說，那樣一種理解，是庸俗社會學，好像是在運用馬克思主義，其實不是馬克思主義，是馬克思和恩格斯都反對過的。

　　有些現象，按照庸俗社會學的觀點是無法解釋的。例如，洪仁玕的《資政新篇》無疑是在中國發展資本主義的方案，但是，當時中國的資本主義和資本家階級在哪裡呢？很顯然，《資政新篇》是「舶來品」，是洪仁玕根據他對西方資本主義國家的瞭解構想的。思想具有相對的獨立性；同樣，知識份子也具有相對的獨立性。

　　當然，知識份子的作用是有限的，知識份子的弱點也是明顯的。思想必須和一定的物質力量相結合，才能發揮作用；知識份子也必須和其他社會力量相結合，才能對社會變革發生強大的作用。辛亥革命時期的共和知識份子得不到中國民族資本家階級的有力支持，找不到和中國社會人數最多、革命潛力最為深厚的農民相結合的道路，又沒有像後來的共產知識份子一樣有一個較好的國際靠山（共產國際和蘇聯），其失敗有其歷史的必然性。我們的史學家們好從中國民族資產階級的局限性來論證辛亥革命的局限性，至於民族資產階級的這種局限性是如何制約、傳遞到那一時期的革命家身上，如何制約、影響著革命綱領、革命政策的制訂與革命的實際進程，卻很少有人作過具體而認真的分析。這種以政治分析代替歷史論證的學風是不可取的。我覺得，如果不僅從中國民

族資產階級的特點、局限，而且也從那個時期共和知識份子的特點、局限來說明辛亥革命的特點、局限，包括其失敗的原因，也許更接近於真理。

把辛亥革命說成是共和知識份子領導的是不是有悖於馬克思主義呢？並不。這裡，我們不妨看看列寧是如何分析俄國革命的。在《紀念赫爾岑》一文中，列寧說過：「我們紀念赫爾岑時，清楚地看到先後在俄國革命中活動的三代人物，三個階級。起初是貴族和地主，十二月黨人和赫爾岑。」「響應、擴大和加強了這種革命鼓動的，是平民知識份子革命家，從車爾尼雪夫斯基到『民意黨』的英雄。」然後才是無產階級。[1] 可見，中間有一段是由「平民知識份子革命家」領導的。當時，俄國資產階級和資產階級化的地主積極鼓吹改良，反對革命，希望在保存地主土地所有制和沙皇政權的前提下進行改革。其代表卡維林稱：「從上而下地廢除農奴制度，就可以使俄國在 500 年內保持平靜。」相反，平民知識份子是主張推翻沙皇制度的，因此，儘管有時列寧把平民知識份子稱為「自由民主資產階級的受過教育的代表」，[2] 但是，他仍然將他們和俄國資產階級區分開來。毛澤東在分析五四運動時也說：「五四運動，在其開始，是共產主義的知識份子、革命的小資產階級知識份子和資產階級知識份子（他們是當時運動中的右翼）三部分人的統一戰線的革命運動。」[3] 毛澤東這裡並沒有講五四運動是資產階級領導的，也沒有講是無產階級領導的，而是從參加運動的三種類型的知識份子的角度作了分析。那麼，對於辛亥革命為什麼不可以從知識份子的角度作分析呢？毛澤東還說過：「知識份子和青年學生並不是一個階級或階層。但是，從他們的家庭出身看，從他們的生活條件看，從他們的政治立場看，現代中國知識份子和青年學生的多數是可以歸入小資產階級的範疇。」[4] 這裡，先不論毛澤東的階級劃分標準是否和列寧相一致。列寧說過：「區別各階級的基本標誌，是他們在社會生產中所處的地位，也就是他們對生產資料的關係。」[5] 也先不論小資產階級是一個被用得過於寬泛，失去了科學性的概念，我

1　《列寧全集》第 18 卷，人民出版社版 1984 年版，第 15 頁。

2　《俄國工人報刊的歷史》，《列寧全集》，人民出版社 1984 年版，第 20 卷，第 240 頁。

3　《新民主主義論》，《毛澤東選集》合訂本，人民出版社 1967 年版，第 660 頁。

4　《中國革命和中國共產黨》，人民出版社 1967 年版，第 604 頁。

5　《社會革命黨人所復活的庸俗社會主義和民粹主義》，《列寧全集》中文第 2 版第 7 卷，第 30 頁。

只想說的是，如果毛澤東所說現代中國知識份子和青年學生多數「可以歸入小資產階級的範疇」可以成立的話，那麼，也應該得出，是小資產階級，而不是資產階級領導了辛亥革命。

我們還可以從日本史的角度進行一點分析。如所周知，明治維新是一次資產階級的改革運動，從那以後，日本迅速走上了資本主義的發展道路。然而，明治維新是誰領導的呢？下級武士。下級武士是貴族，而不是資本家階級。可見，資產階級改革、資產階級革命的領導不一定是資產階級。俄國歷史也有類似的情況。1861 年，沙皇亞歷山大二世批准廢除農奴制的法令，即所謂 1861 年改革，它是由農奴主實行的。

近代中國知識份子的嬗變與近代中國歷史的演進

鴉片戰爭前，中國社會只有封建知識份子，沒有近代意義的新型知識份子。當然，封建知識份子也不是只有一種類型，鐵板一塊，有朱熹那樣代表地主階級總體利益和長遠利益，熱心為封建制度衛道的知識份子，也有李贄、戴震、曹雪芹那樣不滿封建束縛，夢想未來社會和新生活的異端知識份子。但是我想，那個時期沒有近代意義上的新型知識份子，大家都會同意的。

近代中國的新型知識份子萌生於洋務運動中。在那個時期內，向國外派遣了第一批留學生，辦起了一批新式學堂，於是，有一批知識份子掌握了西方近代自然科學，他們的知識結構和封建知識份子發生了很大不同。這批人，可以稱為洋務知識份子。此後，隨著西方社會科學的傳入和日益為人們所接受，中國知識份子的知識結構和思想主流，也就是世界觀、人生觀發生了愈來愈大的變化，新型知識份子階層遂勃然興起，並給予中國社會以越來越大的影響。

我以為，活躍於近代中國政治舞台上的主要是三種類型的知識份子：維新知識份子、共和知識份子、共產知識份子（或稱共產主義知識份子）。洋務知識份子因為人數少，對近代中國的政治影響不大，而且大體上可以納入維新知識份子的範疇，故本文略而不論。維新知識份子以康有為、梁啟超、嚴復為代表。他們剛剛從封建知識份子中分化出來，舊思想、舊影響還比較多，新思想還不充分、不成熟。他們的主要思想特徵是：只搞維新（改良），不搞革命；主張君主立憲，不搞民主共和；要求發展資本主義，反對社會主義。在《民報》

和《新民叢報》論戰期間，梁啟超曾大講中國不能搞社會主義，大講中國必須獎勵資本家，中國的壟斷資本家不是多了，而是少了。為了發展中國的資本主義，和外國資本競爭，即使讓勞動者吃點虧也是應該的。在政治上，他們求穩怕亂，力圖通過君主立憲為中國資本主義的發展創造一個穩定的環境。我以為這才是代表中國資本家階級利益和發展要求的言論。後來的立憲知識份子也可以歸入這一類。

在維新知識份子中間，康有為提出過大同理想，當然不代表資產階級的利益。但是，這是一種烏托邦，不是康有為的現實政治綱領，不影響他作為維新知識份子的性質。同時還應該指出的是，知識份子的思想常常可以超出於特定階級的局限之外，融會、接受其他階級的思想，以為一個人頭腦裡，只能有一個階級的思想。無產階級只有無產階級思想，資產階級只有資產階級思想，那是不符合事實的。孫中山、黃興是共和知識份子的代表。他們和封建地主階級的聯繫較少，接受的封建文化影響也較少，相反，接受的西方民主主義文化則較多。和維新知識份子比起來，他們是更完全意義上的新型知識份子。這一部分知識份子有強烈的民主主義思想，具有徹底地、不妥協地反對封建專制制度的精神，同時，又不同程度上接受社會主義的影響，希望盡可能避免資本主義的惡果，將民主革命和社會革命「畢其功於一役」。當然，這批知識份子中也有一些人只接受民主革命，反對社會革命，千方百計地要將「社會革命」改為「社會政策」。這部分人，後來成為共和知識份子中的右翼，五四運動以後成為自由知識份子。

共產知識份子以李大釗、陳獨秀、毛澤東為其代表。他們繼承了共和知識子中嚮往社會主義的那一部分人的特點，在辛亥革命失敗以後開始了新探求，在俄國十月革命勝利的影響下找到了產生於西方的馬克思主義。這樣，他們就不止滿足於在中國進行民主革命，而要在中國建設社會主義和共產主義，以便消滅人世間的一切不合理的現象，達到盡善美的理想境界。他們把自己的希望寄託於中國無產階級身上，明確地以無產階級的階級代表自任。中國共產黨的發起者和領導人主要就是這樣一批共產知識份子。

三種知識份子之間沒有不可逾越的界限，可以互相轉化，也大量存在著

這種轉化的事實。維新知識份子轉化為共和知識份子，共和知識份子轉化為共產知識份子的情況不是很多嗎？這種轉化，並非由於階級利益的變化，而是思想的變遷。許多政治上的分歧常常是思想、認識的分歧，有些政治派別（注意，不是全部）的分歧也只是政策、策略的分歧，一切都從經濟利益或階級關係來分析是說不通的。例如，辛亥革命以後，孫中山、黃興之間發生多方面的分歧。孫中山主張立即發動反袁的第三次革命，黃興則主張暫停革命；孫中山主張建立黨的領袖的絕對權威，黃興則堅決反對，甚至因此而拒絕加入中華革命黨；孫中山主張聯日，爭取日本政府的援助，為此，不惜向日方提出了中日盟約十一條，黃興則對此持嚴厲批判態度。這裡，你能說反映著階級關係的不同嗎？又如，1959年的廬山會議，當時彭德懷被定為資產階級野心家，彭德懷與毛澤東的分歧被視為無產階級與資產階級兩大階級的生死鬥爭。歷史已經證明，真理是在彭德懷一邊。按照我們多年來的思維定勢，無產階級總是正確的，當然，彭德懷代表了無產階級的利益，那麼，毛澤東代表什麼？多年來，我們在現實生活中經常喜歡給人劃階級，定成份，特別喜歡給人扣資產階級的帽子，影響所及，學術研究，特別是近代史研究、中共黨史研究中，更是帽子滿天飛，似乎非此不是馬克思主義的學術！其實，現實生活中的帽子常常戴得不準，不合適，我們學術研究中戴的那些帽子就都準，都合適嗎？我是主張多做分析，帽子少戴、慎戴（不是完全不戴）的。

話說遠了，還是收回來。當我們縱觀戊戌以來的中國近代史時，可以清楚地看出，近代中國政治的風雲雷雨主要是這三代知識份子活動的結果。隨著近代中國新型知識份子思想的嬗變發展，中國近代史也就表現為三個不同的階段，呈現出不同的特點和色彩。

附記：本文是作者1992年12月29日在上海中山學社所作的學術報告。其中所引孫中山1914年5月致社會黨國際局函，根據1994年上海人民出版社版《孫中山集外集補編》，應為1915年11月10日之作。

（原載上海《近代中國》第4輯，收入楊天石《國民黨人與前期中華民國》，中國人民大學出版社2007年版。）

二　孫中山是平民知識份子革命家

　　長期以來，孫中山被定性為資產階級革命家，我覺得，此說與事實不合，於情理有悖，試作質疑如次。

　　孫中山出身農民家庭。父親孫達成當過鞋匠，後租種田地六畝餘，兼充更夫。孫中山本人早年求學，後來長期以革命為職業，拮据一生，不是資產階級份子；背後也沒有什麼財團支持他。

　　孫中山投身革命的時候，西方資本主義社會矛盾尖銳，共產主義的「怪影」已在歐洲大地迴蕩了近 50 年。對資本主義持批判、否定態度的不僅有馬克思、恩格斯的社會主義、共產主義思想，而且還有態度更為激烈，否定更為徹底的無政府主義。孫中山長期生活在西方，對此，自然是瞭解的。

　　根據可靠資料，孫中山曾於 1905 年到比利時布魯塞爾走訪國際社會黨（第二國際）執行局，要求接納他的黨。孫中山闡述的該黨綱領有兩條值得注意：一、土地全部或大部為公共所有，由公社按一定章程租給農民；二、採用機器生產，但防止歐洲已經發生的「一個階級剝奪另一個階級」的情況，使「工人階級不必經受被資本家剝削的痛苦」。顯然，這是地地道道的社會主義綱領。稍後，孫中山又特別將英文中的「社會主義」（socialism）一詞翻譯為「民生主義」，和「民族主義」、「民權主義」並列，作為中國革命的三大任務。孫中山特別提出：「歐美強矣，其民實困」，中國革命決不能「追逐於人已然之末軌」。這就說明，當時，孫中山就在追求一種有別於歐美資本主義的新的社會形態。

　　辛亥革命後，孫中山繼續宣傳、闡述他的社會主義思想。他一面尖銳地指斥「資本家以機器為資本，壟斷利源，工人勞動所生之產，皆為資本家所坐享」，一面勇敢地預言：「政府有推翻之一日，資本家亦有推翻之一日。」他設想，在他的「民生主義」推行之後，實業將建設於「合作的基礎之上」，勞工將在優良的條件下工作，不僅獲得「其勞力所獲之全部」，而且將「知識日進，獲得充分之娛樂與幸福」。1915 年 11 月，他再次致函國際社會黨執行局，聲稱「中國的工業尚未發展，資本主義尚未抬頭」，「可以輕易的塑造成任何形狀」。

他呼籲執行局，提供人才，協助自己「把中國建立成全世界第一個社會主義國家」。

在政治制度上，孫中山也力圖超越西方模式。辛亥革命前，他就提出「我們這回革命，不但要做國民的國家，而且要做社會的國家」，希望能在中國創建一種「破天荒的政體」。辛亥革命後不久，他又尖銳地指責歐美等國的政治，「操之大資本家之手」，「富人享之，貧者無與焉」。此後，他曾設想過一種瑞士式的「直接民權」模式，企圖使人民擁有全部政治權力，真正成為國家的主人，也曾對後起的與法、美不同的蘇俄模式感到興趣。1924 年，他多年來對於人民民主的追求終於凝聚為國民黨「一大」宣言中的一段著名文字：「近世各國所謂民權制度，往往為資產階級所專有，適成為壓迫平民之工具。若國民黨之民權主義，非少數者所得而私也。」

資產階級革命家，顧名思義，他應該從資產階級的利益出發，處處為資產階級著想。孫中山的上述理想有一絲一毫的為資產階級著想的成分嗎？

正因為如此，孫中山一生中得到的來自資產階級方面的支持並不多。辛亥革命前，國內的資產階級大部分投身立憲運動和國會請願運動，不贊成他的武裝起義方案。武昌起義後，資產階級一度附和革命，但他們對孫中山的「激烈」主張不放心，很快選擇了袁世凱。其後，孫中山到處旅行、演講，宣傳「社會革命」，但是也到處受到反對。他的舊日戰友公開聲明：「近日吾國實業衰落，急當獎勵資本家以開發富源，不當以社會主義過為遏抑」，明確地要和孫中山分道揚鑣。1913 年，他發動反袁的「二次革命」時，資本家們普遍反對。1924 年，廣東的商人們更發動「商團叛亂」，反對孫中山及其政府。固然，這次叛亂的領導者是買辦資產階級份子，但其參加者大部還是一般工商業者。假如孫中山是所謂代表資產階級利益的革命家，能一而再、再而三地發生上述情況嗎？

近代中國，特別是戊戌維新以後，隨著大批年輕人出洋留學，也隨著廢科舉，興學堂，中國社會出現了一大批新型知識份子。這是前此中國不曾有過的一種社會力量。他們具備現代科學文化知識，是以出賣腦力和知識為生的僱傭勞動者。他們不是資產階級，也不是當權派，在社會身份上屬於「平民階層」

或接近「平民階層」。其中有些人附庸於清朝政府，或附庸於資產階級，成為他們的代言人，但是其中也有不少人始終以「平民」的代言人和利益的代表者自居。驅使他們投身革命的動機是救亡，是民主，是將中國從列強瓜分和封建壓迫中解救出來，而不是發展資本主義的要求和資產階級一個階級的利益。自然，他們在設計未來社會的模式時，易於接受社會主義、共產主義以至無政府主義的影響。這一部分知識份子可以稱為「平民知識份子」。孫中山正是這一部分知識份子的傑出代表。因此，我覺得，與其將孫中山定性為「資產階級革命家」，不如定性為「平民知識份子革命家」，或簡稱「平民革命家」為妥。

說到這裡，需要著重分析孫中山提出的兩條具體綱領：「平均地權」與「節制資本」。

「平均地權」，按照孫中山的解釋是：地主自報地價，政府照價徵稅；一旦交通發達，工商業發展，該片地價增值，則原價歸地主，增價為全社會所有。例如，上海黃浦灘的某片土地，地主報價 100 元，後來增值為 10000 元時，地主所得僅為 100 元，而其餘的 9900 元則按照「漲價歸公」的原則，「為國民所共用」。同時，國家還可以按 100 元的原價收買這塊土地。這一政策，剝奪土地所有者壟斷土地，成為暴富的機會，既使國家掌握大量財富，又使國家可以廉價取得為發展國有經濟所必須的土地。因此，孫中山認為，這是實行社會主義的簡便辦法。

「節制資本」，按照孫中山的解釋是：能操縱國計民生的大企業歸國家所有，能夠「委諸個人」，「或其較國家經營為適宜者」，「應任個人為之」。這不是發展資本主義是什麼？

問題是，孫中山雖然表示過，要保護並獎勵民營企業，但是，他為之留下的活動餘地很小。他曾在《實業計劃》中宣佈，「既廢手工採機器，又統一而國有之」，「擬將一概工業組成一極大公司，歸諸中國人民公有」。請注意這裡的「一概工業」四字，由此不難想見，他所準備組建的「極大公司」的規模。

「國有」、「公有」、「私有」之間的長短優劣，近百年來一直爭論不休，有待歷史檢驗。值得注意的是，孫中山卻始終袒護「公有制」。1922 年 12 月，美國一位記者訪問孫中山，談到國有企業的種種弊病，孫中山卻不以為然。他

一方面表示，積累經驗，數十年後，問題不難解決；一方面則明確聲明：「余以為為公共利益作工，不為私利作工，縱有上述之弊，亦為利重弊輕」，「利害相權，吾終以為國有企業較勝於現時之私有制。」請看，這像一個資產階級革命家的口吻嗎？

金要足赤，人要完人。人們總以為事物越純越好，其實不一定。在《民生主義》演講中，孫中山曾經談到，像馬克思所設想的那種社會主義，連俄國都沒有資格實行，何況比俄國更落後的中國？可見，孫中山不是不想一步就跨進盡善盡美的境界，而是認真考慮過中國國情，同時也考慮到資本主義還存在著的強大活力。非不願也，勢不能也。改革開放前的中國，毛澤東匆匆忙忙，改造農業、改造手工業，改造資本主義工商業，急於「大躍進」，建設沒有任何雜質的「純而又純」的社會主義，而其結果呢？

允許資本主義適當發展的不一定是資產階級革命家。俄國的列寧，最初搞軍事共產主義，行不通，於是改行新經濟政策；毛澤東，主張在新民主主義革命時期，要允許資本主義有一個比較大的發展；鄧小平，搞改革開放，將私營經濟作為社會主義多種所有制成分中的一種。難道因此能稱他們為資產階級革命家嗎？

很長時期內，我們流行著一種「非無即資」的思維方式。據說，「百家爭鳴」其實只是無產階級和資產階級「兩家」之爭，於是，凡與「我」不合者或與某些「經典」不合者均成了資產階級。一段時期內，資產階級帽子滿天飛，資產階級右派、資產階級右傾機會主義份子、走資本主義道路的當權派、資產階級反動權威、資產階級知識份子……如此等等，不一而足；在學術領域內也同樣如此，許多歷史人物常常被扣上資產階級的帽子，而無須作任何嚴格的論證與分析。

現在，資產階級右派、資產階級知識份子一類的帽子已經摘掉了，難道戴在歷史人物頭上的那些帽子就都很合適嗎？

（原載香港《明報》月刊 2001 年第 6 期，收入楊天石《哲人與文士》，中國人民大學出版社 2007 年版。）

三　師其意不用其法——孫中山與馬克思主義三題

孫中山高度評價馬克思。1924 年 8 月，孫中山在《民生主義》演講中提出：「實業革命以後，研究社會問題的人不下千百家，其中研究得最透徹和最有心得的，就是大家所知道的馬克思。」他尊稱馬克思是「社會主義中的聖人」，盛讚馬克思的學說。「集幾千年來人類思想的大成」，「專從事實與歷史方面用功，原原本本把社會問題的經濟變遷，闡發無遺」，和「烏托邦派」不同，是「科學社會主義」。應該承認，在此前的中國思想家中，對馬克思和馬克思主義能做出如此崇高評價的，大概很少見。但是，孫中山卻又主張，在當時的中國，可以師馬克思之意，而不可用馬克思之法，他說：「我們今日師馬克思之意則可，用馬克思之法則不可。」對馬克思主義，師其意而不用其法，這是孫中山的重要思想，多年來很少有人論及，值得認真討論，認真研究。

孫中山與列寧的「新經濟政策」

中國人最初通過日本，後來通過俄國，知道了馬克思及其學說。五四運動之後，馬克思主義在中國有了廣泛的傳播。柳亞子詩云：「孔、佛、耶、回付一噓，空言淑世總非宜。能持主義融科學，獨拜彌天馬克思。」[1] 這四句詩很能傳達當時部分左派人士對馬克思及其學說的崇拜之情。但是，孫中山卻對這種情況有所批評。他說：

> 現在一般青年學者信仰馬克思主義，一講到社會主義，便主張用馬克思的辦法來解決中國社會經濟問題，這就是無異「不翻北風就壞人民」一樣的口調。不知中國今是患貧，不是患不均。在不均的社會，當然可以用馬克思的辦法，提倡階級戰爭去打平他，但在中國實業尚未發達的時候，馬克思的階級戰爭、無產專制便用不著。所以我們今日師馬克思之意則可，用馬克思之法則不可。[2]

在這一段話之前，孫中山曾經講到，三十多年前，他在廣州當學生的時

---

[1]　柳亞子《磨劍室詩詞集》，上海人民出版社 1985 年版，第 531 頁。
[2]　《孫中山選集》，人民出版社 1981 年版，第 842 頁。

候，富家子弟為炫富，一到冬天便穿皮衣，其實廣州天氣不冷，並無須穿皮衣。一天，天氣突然變暖，穿了厚厚的「大毛皮衣」的富家子弟發愁說：「現在這樣的天氣，如果不翻（變）北風，便會壞人民了。」孫中山用這個例子說明，穿衣必須適應當地氣候，以此說明主義、政策必須適應當地實際。孫中山認為，歐美資本主義社會，財富發達，貧富差距懸殊，形成「不均的社會」，因此馬克思提倡階級鬥爭，消滅資本主義是正確的，但是，中國「患貧」，現代「實業」不發達，財富不發達，因此不能提倡「階級戰爭」和「無產專制」。

孫中山的話是有道理的。二十世紀二十年代的中國，基本上還是一個落後的農業國，現代工業、現代商業還很微弱，在國民經濟中所佔比重很小，因此，中國的最大問題是「患貧」，首要任務是發展生產，發展現代實業，以便極大地積累財富，從這個意義上，資本主義的生產方式在中國仍有其進步意義，有其發展的必要性。

1848 年，馬克思、恩格斯在《共產黨宣言》中宣佈：「無產階級將利用自己的政治統治，一步一步地奪取資產階級的全部資本，把一切生產工具集中在國家即組織成為統治階級的無產階級手裡，並且盡可能快地增加生產力的總量。」按照這一設想，無產階級奪取政權後，將對資產階級進行剝奪，由國家按共產主義原則進行生產和分配。十月革命以後，蘇俄由於急於進入共產主義，又處於列強的包圍和軍事進攻中，自 1918 年至 1920 年，實行戰時共產主義，企圖「直接過渡」。其內容是，取消商品和貨幣，在全國範圍內實行生產資料公有制，在城市實行供給制，按計劃調撥和統一分配消費品，在農村實行餘糧徵集制。農民除口糧外，餘糧全部上繳國家。這種做法，忽視國情，特別是忽視社會生產力水準低下和商品經濟落後的實際情況，造成社會生產力的極大破壞。1921 年，蘇俄各地的工人、農民普遍出現不滿。工人不斷舉行罷工和示威，伏爾加河流域、烏克蘭、西伯利亞等地的農民群起暴動。當年 2 月末，海軍要塞喀琅施塔得的士兵發生兵變，集中反映出農民的不滿情緒。這樣，蘇維埃國家就面臨嚴重的政治危機和經濟危機。列寧審時度勢，於同年 3 月，在俄共（布）第十次代表大會上宣佈立即廢止戰時共產主義，實行「新經濟政策」，允許多種經濟成份存在，允許商品交換，貨幣流通和自由貿易，培植國家

資本主義，利用外資和外國技術，列寧說：「由於我們企圖過渡到共產主義，到1921 年春天我們遭到了嚴重的失敗，現實生活說明我們錯了。」[1] 1921 年 5 月，蘇維埃政權通過關於交換的法令，宣佈實行產品交換，國家通過合作社組織工業品同農民手中餘糧直接交換。同時，允許私人在地方範圍內進行商業往來。在工業方面，一切涉及國家經濟命脈的重要廠礦企業仍歸國家所有，由國家經營。而中小企業和國家暫時無力興辦的企業則允許私人經營。1920 年 11 月，人民委員會發佈租讓法令，允許外國資本家在蘇俄經營租讓企業，或同蘇維埃國家組織合營股份公司。1922 年，政府通過《土地法令大綱》，允許農民自由使用土地和在蘇維埃監督下出租土地和僱傭工人。列寧認為：新經濟政策「是一個要在若干年內長期實行的政策」，是找到建設社會主義經濟基礎真正途徑的「唯一辦法」。」[2]

孫中山注意到了蘇俄實行「戰時共產主義」失敗和改行「新經濟政策」的狀況。他說：

> 馬克思的門徒，於一千八百四十八年在比利時開了一個國際社會黨大會，定了許多辦法。現在各國馬克思派的社會黨所用的辦法，許多還是奉行那年所定的大綱。當歐戰發生以後，俄國便拿那種主義去實行，現在俄國已經把那種主義改變了。[3]

1847 年 11 月，共產主義者同盟在倫敦召開第二次代表大會，決定委託馬克思和恩格斯起草《共產黨宣言》。次年 2 月，《共產黨宣言》出版。孫中山這裡所說的「國際社會黨」，指的就是「共產主義者同盟」，所述「定了許多辦法，指的就是《共產黨宣言》所提出的一系列主張」。所述「俄國已經把那種主義改變了」，指的就是廢止「戰時共產主義」，實行「新經濟政策」。

蘇俄為何從「戰時共產主義」轉為實行「新經濟政策」，在孫中山看來，主要是由於「社會經濟程度太低」。他說：

1　《列寧全集》，人民出版社 1984 年版，第 42 卷，第 176 頁。
2　《列寧選集》第 4 卷，人民出版社 1995 年版，第 533、660 頁。
3　《孫中山選集》，人民出版社 1981 年版，第 811 頁。

我們講到民生主義，雖然是很崇拜馬克思的學問，但是不能用馬克思的辦法來實行。這個理由很容易明白，就是俄國實行馬克思的辦法，革命以後行到今日，對於經濟問題還是要改用新經濟政策。俄國之所以要改用新經濟政策，就是由於他們的社會經濟程度還比不上英國、美國那樣的發達，還是不夠實行馬克思的辦法。俄國的社會經濟程度尚且比不上英國、美國，我們中國的社會經濟程度怎麼能夠比得上呢？又怎麼能夠實行馬克思的辦法呢？

一個社會採取什麼樣的「制度」，實行什麼樣的「政策」，不取決於人的願望，而是取決於「社會經濟程度」。孫中山的這一思想顯然符合歷史唯物主義的基本原則。他在研究蘇俄的歷史和經驗之後，認為連蘇俄都無法實行馬克思、恩格斯的「直接過渡」，自然，社會經濟發展水準遠不如俄國的中國更加無法實行「馬克思的辦法」。

基於中國的社會經濟發展水準，孫中山認為，在中國，還不是實行馬克思[1]所主張的社會主義革命問題，必須允許資本主義的發展。因此，他既表示：「我們的民生主義，目的是打破資本制度。」但是，他同時又說：「我們實行民生主義來解決中國的吃飯問題，對於資本制度只可以逐漸改良，不能夠馬上推翻。」這種既反對資本主義，又利用資本主義的思想和列寧的「新經濟政策」完全一致。因此，他在 1924 年 1 月曾說：「（俄國）最初之共產主義，亦由六年間之經驗漸與民生主義相暗合。可見俄之革命，事實上是三民主義。」[2] 俄國革命的指導思想，當然不是三民主義，但是孫中山這裡所說的「漸與民生主義相暗合」，指的就是「新經濟政策」。過了一個多月，他又說：

> 俄國政府兩年前實行的政策，其原則與方針與我政府是完全不同的。但是俄國政府的現行政策 —— 新經濟政策，其主要點與應在中國實行的我的《建國方略》如出一轍…… 這個政策在兩國實施的情況迥異，但是它們的政策基本上是相同的。[3]

---

1   《孫中山選集》，人民出版社 1981 年版，第 861 頁。
2   《關於組織國民政府案之說明》，《孫中山全集》，第 9 卷，中華書局 1981 年版，第 103—104 頁。
3   《孫中山全集》，中華書局 1981 年版，第 9 卷，第 671 頁。

「暗合」也好，「如出一轍」也好，「基本上是相同的」也好，說的都是「民生主義」和「新經濟政策」的一致性。

《建國方略》寫作於 1917 年至 1919 年間，分「心理建設」、「物質建設」、「社會建設」三大部分。在「物質建設」中，孫中山提出了他的發展中國經濟的龐大規劃和主要政策。其規劃部分，分交通之開發，商港之開闢，水力之發展，冶鐵、製鋼、士敏土（水泥）等大工廠之設立，礦業之發展，農業之發展，蒙古、新疆之灌溉，中國北部和中部的造林、東三省、蒙古、新疆、青海、西藏的移民等十大類，幾乎囊括了當時國民經濟的所有重要部門。可以看出，孫中山完全懂得，現代社會必須以工業為主導。

其政策部分，涉及如何對待本國資本主義和外國資本主義兩大問題。孫中山將實業分為兩類。一類是個人企業，一類是國家企業。孫中山主張：「凡事物之可以委諸個人或其較國家經營為適宜者，應任個人為之，由國家獎勵，而以法律保護之。」為此，孫中山主張廢止多年來所實行的自殺的稅制，改良貨幣，排除官吏障礙，為個人企業的發展創造便利條件。值得注意的是，在兩類企業中孫中山將個人企業放在第一位。孫中山主張，發展和保護本國資本主義，使個人企業與國家企業並存，組成混合經濟。二是利用外資、外才。關於國營企業，孫中山提出，必須吸集外國資本，引用外國人才，受僱外才必須訓練、培養中國人員，以為將來接班「繼承其乏」之用。在其他許多地方，孫中山多次強調，中國必須大量吸引和利用外資，實行開放政策。[1]

孫中山很早就嚮往社會主義。早在 1905 年 5 月，孫中山在歐洲「組黨」之初，就曾親自訪問在比利時的社會黨國際局，和該局主席王德威爾得、書記胡斯曼談話，要求接納他的「黨」作為國際局成員。孫中山保證，將使中國從「中世紀的生產方式」過渡到「社會主義的生產階段」，「工人不必經受資本家壓迫的痛苦」。他滿懷信心地表示：「當你們還在為實現你們的計劃而努力的時候，我們將已生活在最純正的集體主義制度之中了」。[2]1915 年 11 月，他又致函社會

---

1   參見楊天石《孫中山思想的現代價值》，收入《哲人與文士》，中國人民大學出版社 2007 年版，第 151 —164 頁。

2   《孫中山全集》，中華書局 1981 年版，第 1 卷，第 272—273 頁。

黨國際局，呼籲國際局的「同志」委派優秀人才來中國各地服務，將「精力化在中國身上」，「讓中國成為世界上第一個社會主義國家」。[1] 因此，就孫中山的主觀願望考察，《建國方略》可以視為他所設計的在中國建設「社會主義國家」的藍圖。

孫中山要建設社會主義，但是，他卻既允許本國資本主義在一定程度上的存在和發展，也主張在發展本國資本主義的同時，要借助外國資本主義的力量。他所稱《建國方略》和「新經濟政策」兩者「如出一轍」，顯然主要是指在社會主義大目標下對資本主義的政策相同。值得指出的是，孫中山提出上述兩點對國內外資本主義政策的時候，列寧尚未提出「新經濟政策」。人們曾經盛讚列寧的「新經濟政策」是「對經濟落後國家向社會主義過渡道路的探索和重新選擇」，是「社會主義制度的又一種實踐形式」，甚至說：「是對社會主義理論的革命性突破，是對馬克思列寧主義理論的重大突破」。[2] 那麼，人們應該怎樣評價先於列寧「新經濟政策」的孫中山的有關思想呢？

1985 年 8 月。鄧小平曾經說過：「社會主義究竟是個什麼樣子，蘇聯搞了很多年，也並沒有完全搞清楚，可能列寧的思路比較好，搞了個新經濟政策，但是後來蘇聯的模式僵化了。」[3] 如果「列寧的思路比較好」，那麼，孫中山在《建國方略》中的「思路」是否也「比較好」呢？

孫中山的高明之處在於，他雖然允許資本主義在中國發展，但是，並不主張任其自由氾濫，而是提出要「思患預防」。他說：

> 我們主張解決民生問題的方法，不是先提出一種毫不合時用的劇烈辦法，再等到實業發達以求適用，是要用一種思患預防的辦法阻止私人大資本，防備將來社會貧富不均的大毛病。[4]

資本主義的發展必將出現「私人大資本」，也必將出現「社會財富不均的大毛病」，孫中山有見及此，主張從制度上、政策上加以「預防」。因此，他的口

1　《孫中山集外集》，上海人民出版社 1990 年版，第 364—365 頁。
2　王麗華主編《歷史性突破——俄羅斯學者論新經濟政策》，人民出版社 2005 年版，《前言》第 1—2 頁。
3　《鄧小平文選》，人民出版社 1993 年版，第 139 頁。
4　《孫中山選集》，人民出版社 1981 年版，第 842 頁。

號只是「節制資本」，而不是聽任資本主義的自由發展。改革開放中，鄧小平提出「要允許一部分人先富起來」，這對於克服平均主義這一中國社會久遠的痼疾來說是必要的，但是，如何防止「私人大資本」，特別是「權貴資本主義」和「社會貧富不均的大毛病」的出現，卻仍然是擺在中國人民面前的一個需要解決的問題。

列寧曾經說過，在無產階級領導的特定條件下，「有可能通過私人資本主義（更不用說國家資本主義）來促進社會主義」。[1] 在《建國方略》中，孫中山表示：「吾之意見，蓋欲使外國之資本主義以造成中國之社會主義，而調和此人類進化之兩種經濟能力，使之互相為用，以促進將來世界之文明也。」[2] 在《民生主義》演講中，他甚至表示：「我們要拿外國已成的資本，來造成中國將來的共產世界。能夠這樣做去，才是事半功倍。」[3] 俄國、中國都長期處於農業社會，小生產佔絕對優勢，資本主義的發展嚴重威脅小生產者的生產和生活方式，因此，俄國和中國社會長期民粹主義流行，恐資、仇資思想嚴重。孫中山曾經嚴厲地批判過資本主義和資產階級，但是，從他的上述言論可以看出，孫中山並不將資本主義視為垂死的、沒落、腐朽，應該打倒、消滅的生產方式，也並不將它視為與社會主義格格不能相容的敵對力量，而是仍然視為推進人類社會發展和文明進步的「經濟能力」，主張調和兩者，使之「互相為用」，共同促進人類的文明發展。所謂「互相為用」，那意思是說：社會主義可以利用資本主義，資本主義也可以利用社會主義，相互借鑒、相互吸取，人類社會因而得以前進、發展。這是一種充滿辯證思想的遠見卓識，可惜，孫中山並未展開充分論述，但是，人類歷史的發展已經證明並將進一步證明這一思想的偉大意義。

福特汽車廠與孫中山對馬克思的批評

馬克思、恩格斯對資本主義進行過多方面的、嚴厲無情地批判。早在 1847 年 12 月，馬克思就在一次演講中指出，工人的利益和資本家的利益處於「對立狀態」——利潤和工資「互成反比」，意思是說，資本家追求利潤的慾望愈高，

1　《列寧選集》，人民出版社 1984 年版，第 4 卷，第 514 頁。
2　《孫中山選集》，人民出版社 1981 年版，第 369 頁。
3　《孫中山選集》，人民出版社 1981 年版，第 843 頁。

則工人的工資愈低。[1]1848 年，馬克思、恩格斯在《共產黨宣言》中宣稱：「現代的工人卻相反，他們並不是隨著工業的進步而上升，而是越來越降到本階級的生存條件以下。工人變成赤貧者，貧困比人口和財富增長得還要快。」[2]1865年，馬克思又指出：「資本家經常力圖把（工人）工資降低到生理上所能容許的最低限度，把工作日延長到生理上所能容許的最高限度。」[3]1867 年，馬克思在他的巨著《資本論》第一卷中更指出：「資本主義生產 —— 實質上就是剩餘價值的生產，就是剩餘勞動的吸取 —— 通過延長工作日，不僅使人的勞動力由於被奪去了道德上和身體上的正常發展和活動條件而處於萎縮狀態，而且使勞動力未老先衰和死亡。它縮短工人的壽命，在一定期限內延長工人的生產時間。」[4]孫中山也曾嚴厲批判資本主義剝削，批判資本家的缺乏道德，他將馬克思所分析的榨取工人剩餘價值的手段歸納為三種：一是減少工人的工資，二是延長工人做工的時間，三是抬高出品的價格。但是，孫中山卻根據 20 世紀 20 年代的社會現實，對馬克思的有關看法提出了不同意見。他以美國福特汽車工廠為例說：

> 馬克思所說的是資本家要延長工人做工的時間，福特車廠所實行的是縮短工人做工的時間；馬克思所說的是資本家要減少工人的工錢，福特車廠所實行的是增加工人的工錢；馬克思所說的是資本家要抬高出品的價格，福特車廠所實行的是減低出品的價格。像這些相反的道理，從前馬克思都不明白，所以他以前的主張便大錯特錯。馬克思研究社會問題，所知道的都是以往的事實。至於後來的事實，他一點都沒有料到。

馬克思出生於 19 世紀初葉，逝世於 19 世紀 80 年代，當時，資本主義正處於早期階段，以殘酷的剝削和壓迫為特徵，正如馬克思所云：「（工人）只要有一塊肉，一根筋，一滴血可供榨取，吸血鬼就決不甘休。」[5]馬克思的這些言論

1　馬克思《僱傭勞動與資本》，《馬克思、恩格斯選集》，人民出版社 1984 年版，第 1 卷，第 3—2 頁。
2　《共產黨宣言》。
3　馬克思《工資、價格和利潤》，《馬克思、恩格斯選集》，人民出版社 1984 年版，第 2 卷，第 200 頁。
4　《資本論》第 1 卷，《馬克思、恩格斯全集》第 23 卷，人民出版社 1979 年版，第 295 頁。在《資本論》第 1 卷，第 276 頁上說：資本家必須靠延長工人的工作時間來最大限度地榨取工人的剩餘價值。時間原子便是剩餘利潤的要素。
5　《資本論》第 1 卷，《馬克思、恩格斯全集》第 23 卷，人民出版社 1979 年版，第 334—335 頁。

控訴了早期資本主義的罪惡，反映出早期工人階級對資本主義的憤懣和仇視。然而，由於工人的反抗鬥爭不斷發生，社會主義運動不斷發展、科學技術水準不斷提升，社會生產力不斷發展等諸多原因，資本主義社會逐漸走上自我調節的改良道路。這種變化首先從美國的福特汽車工廠表現出來。

1909 年，美國工程師泰勒出版《科學管理原理》一書，認為工人不是簡單的機器，為了提高自己的經濟利益，工人具有提高生產的潛力，關鍵是科學管理。美國企業家福特根據泰勒提出的主張，於 1913 年在自己汽車公司裡開發出世界上第一條流水線，實行大規模生產，用以取代以往的手工或單個機器的小批量生產。這是 20 世紀生產管理和組織方式領域中一次偉大的變革，空前提高了生產力，工人的工資、福利相應有了大幅度的提高。當時，其他工廠是 2.34 美元 /9 小時，而福特則提高到了 5 美元 /8 小時。與此同時，成本大大降低，福特汽車遍佈地球，億萬人成為有車階級，福特被尊稱「為世界裝上輪子的人」。他所創造的生產方式成為現代資本主義典型的組織社會生產的方式，被稱為福特主義。1920 年，資本主義世界爆發過第一次世界大戰後首次經濟危機。危機過後，美國經濟迅速增長，1923 年直到 1929 年秋天，每年的生產率增長 4%。創造了資本主義經濟史上的奇跡。二戰後，福特主義西方世界被更廣泛推行，粗放型的資本積累模式發展為以泰勒制的勞動組織和大規模生產消費性商品為特徵的密集型資本積累模式，促成了二戰後資本主義世界的長期繁榮。

在中國政治家和思想家中，孫中山最早看到並肯定「福特主義」的積極作用，也最早看到了福特制推廣而造成的資本主義的發展和變化，這說明，他的目光不斷緊跟世界範圍內先進生產力的發展，並據此發展自己的思想，他是一個與時俱進的傑出思想家。

世界不斷變化，問題不斷出現，自然，解決問題的方案也應不斷發展變化。如果只見到早期資本主義的殘酷的剝削和壓迫，自然容易得出資本主義必須迅速推翻和消滅的結論，但是，如果看到在資本主義制度下，資產階級具有自我調節、自我改革、改良的能力，生產力仍在發展，社會仍在發展，自然，就不會急於提出推翻資本主義，消滅資產階級的結論。通過福特制，孫中山看到了一條馬克思所主張的「革命」之外的辦法。他說：依照馬克思的判斷，「資

本發達到極點的國家，現在應該到消滅的時期，應該要起革命。但是，從他至今有了七十多年，我們所見歐美各國的事實和他的判斷剛剛是相反。當馬克思的時代，英國工人要求八小時的工作時間，用罷工的手段向資本家要脅。馬克思便批評以為這是一種夢想，資本家一定是不許可的，要得到八小時的工作時間，必須用革命手段才可以做得到。到了後來，英國工人八小時的要求，不但是居然成為事實，並且由英國國家定為一種通行的法律，令所有全國的大工廠、銀行、鐵路中的工人都是做工八小時。」[1] 革命是歷史的火車頭，但是，它只是社會發展的一種推動力量，決不是唯一的推動力量。

多年以來，人們普遍認為，資產階級是一個貪婪、自私、腐朽的階級，主張消滅、打倒，但是，孫中山看到了這個階級在發展生產和管理生產中的作用，因此對這個階級的未來持觀察、研究的態度，他說：「馬克思社會主義的目的，根本上主張要推倒資本家。究竟資本家應該不應該推倒，還要後來詳細研究才能夠清楚。」[2] 這是一種審慎的、務實的態度。

社會進化方法四種

怎樣解決資本主義發展所形成的各種弊病呢？孫中山眼觀世界，認為近年來歐美的社會進化辦法主要是四種：第一是社會與工業之改良；第二是運輸與交通事業收歸國有；第三是直接徵稅；第四是分配之社會化。他說：「這四種社會經濟事業，都是用改良的方法進化出來的。從今以往，更是日日改良，日日進步的。」[3]

關於第一種，社會與工業之改良。孫中山說：「就是要用政府的力量改良工人的教育，保護工人的衛生，改良工廠和機器，以求極安全和極舒服的工作。能夠這樣改良，工人便有做工的大能力，便極願去做工，生產的效力便是很大。」[4] 孫中山的這段話涉及生產力的兩個基本要素，即生產者和生產工具。關於前者，孫中山主張通過教育，提高生產者的素質，通過改良勞動條件，確保生產者具有安全、舒適的勞動條件；關於後者，孫中山主張「改良工廠和機

1　《孫中山選集》，人民出版社 1981 年版，第 820 頁。
2　《孫中山選集》，人民出版社 1981 年版，第 823 頁。
3　《孫中山選集》，人民出版社 1981 年版，第 814 頁。
4　《孫中山選集》，人民出版社 1981 年版，第 814 頁。

器」。這就牽涉到提高科學技術水準，以新技術裝備、革新生產工具等問題。孫中山認為，社會改良與工業改良，工人素質、工人勞動積極性的提高與工具、機器的改良並重，將會極大地提高社會生產力。孫中山的缺點是，沒有充分強調科學和技術的作用。

關於第二種，運輸與交通事業收歸國有。孫中山一向重視交通在現代社會生產中的作用，認為：「運輸迅速，交通靈便，然後各處的原料才是（能）很容易運到工廠內去用。工廠內製造的出品，才是（能）很容易運到市場去賣，便不致多費時間，令原料與出品在中道停滯，受極大的損失。」[1] 但是，孫中山認為，私人財力不足，後者壟斷的阻力大，因此，孫中山主張電車、火車、輪船、郵政、電政、交通等大事業都由政府辦理。

關於第三種，直接徵稅。孫中山認為，舊時的稅收，只有錢糧和關稅兩種，其課稅對象主要是「一般貧民」，資本家只享權利，不盡義務，因此，他主張實行累進稅率，「多徵資本家的所得稅和遺產稅」。他說：「行這種稅法，就可以令國家的財源多是由資本家而來。資本家的入息較多，所謂多取之而不為虐。」[2] 他舉例說，在德國政府的歲入中，百分之六十至八十由所得稅和遺產稅。美國僅 1918 年，所得稅收入即達美金 40 億元。

關於第四種，分配之社會化。孫中山認為，人類社會發明金錢後，一切日常消耗物均由商人採買，商人低價買進，高價賣出，一轉手便賺許多佣錢。因此，孫中山主張，「不必由商人分配，可以由社會組織團體來分配，或者是由政府來分配」。[3] 他認為，英國的消費合作社是由社會組織團體分配的例子，歐美各國市政府供給水電、煤氣、麵包、牛奶、牛油等食物是由政府分配的例子。孫中山將這種新的分配方法稱之為「分配之社會化」，「就是行社會主義來分配貨物」。

在以上四種方法中，有些和社會主義的原則有一致之處，例如社會與工業之改良，有些是《共產黨宣言》中的具體要求，例如：徵收高額累進稅，廢除

1　《孫中山選集》，人民出版社 1981 年版，第 814 頁。

2　《孫中山選集》，人民出版社 1981 年版，第 815 頁。

3　《孫中山選集》，人民出版社 1981 年版，第 815 頁。

繼承權，把全部運輸業集中在國家手裡，有些則是社會主義可以參酌使用的，如分配之社會化。孫中山認為，以上四種方法推進了歐美社會的發展，資本家和工人互利雙贏：「資本家改良工人的生活，增加工人的生產力。工人有了大生產力，便為資本家多生產。在資本家一面可以多得出產，在工人一面也可以多得工錢。」孫中山認為，這些方法，其目的都是使大多數人的「利益相調和」，「這種經濟利益相調和的事業發達以後，社會便極有進化，大多數便享幸福。」[2]

社會發展和進步的途徑和原因是多元的。革命是途徑之一，改革、改良也是途徑之一；激烈的、暴風雨般的鬥爭可，溫和的、漸進的調和亦可。採用哪一種途徑和方法，當視社會歷史條件而定，不可一概而論。孫中山提出的是一種改良的、調和的方法。它是社會發展進步的途徑之一，有助於糾正「唯革命」、「唯鬥爭」的偏頗，但是，它同樣不是唯一的途徑，將「改良」、「調和」視之為「唯一」的途徑，就會陷入另一種偏頗。

結語

真理都是具體的。一切真理都有其適用的環境和條件。世界上沒有一種真理可以適用於一切時間和空間。孫中山尊崇馬克思，但是並不迷信馬克思，不認為馬克思的話句句是真理，必須堅決奉行，而不能有任何變動。他研究中國國情，從中國社會實際出發，主張師其意而不用其法。馬克思為人類提出的是推倒資產階級，消滅資本主義的任務，但是，孫中山卻認為，中國的經濟發展程度低下，既要允許私人資本主義在一定程度上的發展，又要藉助外國資本主義的力量。同時，孫中山又研究馬克思逝世以後世界資本主義的新發展，認為它仍在自我改革和自我調節的過程中，推倒資產階級，消滅資本主義，還不是需要立即提上日程的任務。

到底是用和平的方法，還是用激烈的方法，解決世界資本主義的問題，孫中山表示還說不清。他說：「到底歐美將來解決社會問題是用什麼方法，現在還是看不出，還是料不到。」不過，孫中山估計，少數人壟斷世界物質，圖個人私利，要一般人都做奴隸，終將演變為「人與人爭的激烈時代」，「這種鬥爭要

1　《孫中山選集》，人民出版社 1981 年版，第 816 頁。
2　《孫中山選集》，人民出版社 1981 年版，第 818—819 頁。

附錄　　　　　　　　　　　　　　　　　　　　　　　　　　　　389

到什麼時候才可以解決？必要再恢復到一種新共產時代，才可以解決。」[1] 孫中山這裡所說的「新共產時代」有別於人類早期的原始共產主義，大概就是馬克思所主張的「共產主義」了。

孫中山還提出過一些與馬克思主義有別的思想，例如階級鬥爭是社會的病症，民生是社會進化發展的動力，以及剩餘價值觀念等等。有些問題，拙文《孫中山思想的現代價值》已有述及（見拙著《哲人與文士》，中國人民大學出版社 2007 年版），有些則需另文詳論。

1　《孫中山選集》，人民出版社 1981 年版，第 829 頁。

責任編輯　李斌

裝幀計設　a_kun

書　　名　帝制的終結：辛亥革命簡史（插圖版）

著　　者　楊天石

出　　版　三聯書店（香港）有限公司
　　　　　香港北角英皇道 499 號北角工業大廈 20 樓
　　　　　Joint Publishing (H.K.) Co., Ltd.
　　　　　20/F., North Point Industrial Building,
　　　　　499 King's Road, North Point, Hong Kong

香港發行　香港聯合書刊物流有限公司
　　　　　香港新界荃灣德士古道 220 - 248 號 16 樓

印　　刷　美雅印刷製本有限公司
　　　　　香港九龍觀塘榮業街 6 號 4 樓 A 室

版　　次　2021 年 10 月香港第一版第一次印刷
　　　　　2024 年 3 月香港第一版第二次印刷

規　　格　16 開（170 × 230 mm）400 面

國際書號　ISBN 978-962-04-4871-3